ERRATUM

Les plus beaux Villages de France

Guide officiel de l'Association
Les Plus Beaux Villages de France

Flammarion

Balazuc

Sentinelle de l'Ardèche

Ardèche (07) • Population: 352 • Altitude: 183 m

Face au soleil couchant, Balazuc monte à l'assaut d'une vertigineuse falaise calcaire surplombant l'Ardèche.

Simples chevaliers, croisés ou troubadours, les seigneurs de Balazuc ont, du haut Moyen Âge jusqu'aux guerres de Religion, fait du village une importante place forte. En témoignent le château du XIIIe s, remanié aux XVIIe et XVIIIe s (aujourd'hui propriété privée), la tour carrée du XIIIe s, qui possède encore, sur la façade, une tige de fer servant autrefois à accrocher la balance du peseur public de cocons de vers à soie, l'église romane fortifiée, coiffée d'un clocher à peigne de style provençal, le portail d'Été ou encore la porte de la Sablière. De la période médiévale Balazuc a aussi conservé sa trame caractéristique, véritable labyrinthe de ruelles tortueuses, de passages voûtés, d'escaliers taillés dans le roc. À l'extérieur du village, le Chemin royal mène lentement vers l'Ardèche et, au-delà du pont, au hameau renaissant du Viel Audon.

Par la route : autoroute A7, sortie n° 17-Montélimar Nord (52 km), N102 (12 km).
Par le train : gare TGV de Montélimar (41 km).
Par avion : aéroport d'Avignon- Caumont (129 km).

Office de Tourisme du Pays Ruomsois : 04 75 93 91 90
Point i Balazuc : 04 75 37 75 60 (en saison)
www.ot-pays-ruomsois.com

Découvrir

• Église romane du XIe s (pendant les expositions de mars à septembre) : restaurée en 2007 et décorée de vitraux de Jacques Yankel, elle possède deux nefs contiguës, l'une voûtée en berceau avec quatre arcs doubleaux, l'autre avec un chœur en cul-de-four (rens. : 04 75 37 75 60 ou 04 75 37 75 08).
• Le Viel Audon : ce hameau restauré depuis les années 1970 abrite notamment un centre de formation à l'environnement et au développement durable.
• Village : balade contée mercredi matin en juillet-août (rens. : 04 75 37 75 60 ou 04 75 37 75 08).

Se loger

• Chambres d'hôtes
La Cloche qui rit (06 07 48 94 71)
Château de Balazuc (04 75 88 23 27).
Les Dolines (04 75 89 17 70).
• Gîtes, gîtes d'étape, meublés
Rens. : 04 75 37 75 08 / www.ot-pays-ruomsois.com.
• Campings
La Falaise*** (04 75 37 74 27).
Beaume-Giraud** (04 75 89 09 36).
Le Retourtier** (04 75 37 77 67).
Barbine, camping à la ferme (04 75 37 70 16).
Aire naturelle La Croix du Bois (04 75 37 70 20).

Se restaurer

Chez Paulette (04 75 87 17 40).
La Fenière, crêperie-pizzeria (04 75 37 01 08 ou 04 75 88 85 50).
En saison :
Le Viel Audon, assiettes de pays (04 75 37 73 80).
Le Fazao, snack (04 75 37 04 44).
Le Buron (04 75 37 70 21).
Le Celtis (04 75 87 13 61)
Le Cigalou (04 75 37 02 15).
Granja delh gourmandás (06 30 11 67 08 ou 06 98 22 05 77).

Saveurs et savoir-faire

• Spécialités et produits du terroir
Fromages de chèvre • Produits à base de plantes aromatiques (sirops…)
• Vins AOC Côtes du Vivarais, vins de pays des Coteaux de l'Ardèche.
• Art et artisanat
Potiers • Créateur de bijoux • Sculpteur.

Rendez-vous

Marché : juillet-août, producteurs locaux le mardi à 18 h 30 pl. de la Croisette.
Juillet : fête du village (juillet).
Juillet-août : concerts et expositions d'art dans l'église romane.
Août : bal folk.

Pleine nature

• Baignade surveillée (Ardèche).
• Canoë-kayak (location).
• Escalade.
• Pêche (Ardèche).
• Randonnée pédestre : circuits balisés (topoguide).
• VTT (topoguide).

Aux alentours

• *Vogüé (7 km), voir p. 153.
• Ruoms et Largentière (10 km).
• Village et gorges de Labeaume (15 km).
• Vallon-Pont-d'Arc et Caverne du Pont d'Arc (17 km).
• Aubenas (20 km).
• Gorges de l'Ardèche (de 19 à 57 km).
• Aven d'Orgnac (38 km).

Les villages sont présentés à travers quatre grandes zones géographiques

Saint-Céneri-le-Gérei Orne

Retrouvez les cartes

Nord-ouest, p. 16-55
Nord-est, p. 56 -83
Sud-est, p. 84-155
Sud-ouest, p. 156-263

et un index alphabétique des villages

p. 270-271

- Forêt d'Écouves et château de Carrouges (de 20 à 30 km).
- Parc naturel régional Normandie-Maine, Carrouges (30 km).
- Bagnoles-de-l'Orne (40 km).
- Haras national du Pin (55 km).

Pour la petite histoire
Dans la chapelle du xve s édifiée à l'emplacement de l'ermitage de saint Céneri se trouve la stèle de granit qui aurait servie de lit à l'ermite. Cette stèle aurait la réputation de guérir de l'incontinence, tandis que la statue du saint permettrait aux jeunes filles, si elles lui plantent une aiguille dans les pieds, de trouver un mari.

49

Pleine nature
Les activités de découverte nature possibles sur place (randonnées, activités nautiques…).

Aux alentours
Les lieux touristiques, villes et autres Plus Beaux Villages (identifiés grâce à un astérisque placé devant le nom du village) situés dans un rayon de 50 km (1 heure).

Pour la petite histoire
Anecdote, focus historique sur le village.

Signes et abréviations utilisés
* Cet astérisque équivaut aux étoiles des hôtes et aux épis ou gerbes des chambres d'hôtes et gîtes.

alt.	altitude	nov.	novembre	sept.	septembre
ap.	après	oct.	octobre	tlj	tous les jours
av.	avant	pl.	place	w.-e.	week-end
déc.	décembre	quinz.	quinzaine	♥	Partenaires du Club des Amis des Plus Beaux Villages de France (voir page de gardes en fin d'ouvrage)
dern.	dernier	RDV	rendez-vous		
dim.	dimanche	rens.	renseignements		
fév.	février	sam.	samedi		
janv.	janvier	sem.	semaine		

Les plus beaux
Villages de France

Conception graphique : Audrey Sednaoui
Mise en pages : Serge Bilous

ISBN : 978-2-0813-8003-5
N° d'édition : L.01EBAN000447.N001
Dépôt légal : février 2016
editions.flammarion.com

Les plus beaux
Villages de France

Guide officiel de l'Association
Les Plus Beaux Villages de France

Flammarion

Préface

Écouter les pierres raconter leur histoire, s'attarder à la terrasse du café, tendre la main vers l'eau fraîche de la fontaine, admirer le savoir-faire de l'artisan d'art, s'endormir dans un château ou dans un pigeonnier, emprunter les chemins de randonnée, aller de festivals en fêtes patronales, goûter à toutes les spécialités, rapporter les meilleurs produits du marché...

Découvrir, rencontrer, s'émerveiller, prendre le temps. Les Plus Beaux Villages de France sont autant d'invitations à vivre des moments simples ou singuliers, dans un cadre exceptionnel où tous les sens sont en éveil. De l'Alsace au Pays basque, de la Bretagne à la Provence, de la Picardie au Languedoc en passant par la Corse et jusqu'en Outre-mer, plus de 150 destinations originales, riches d'un patrimoine et d'une architecture uniques et animées par la passion de leurs habitants, célèbrent « l'art de vivre à la française » dans toute la diversité de leur terroir. Pour une escapade ou pour vos vacances, en toutes saisons et en toutes occasions, ce guide sera votre compagnon de route idéal pour ne rien manquer de ces lieux magiques et organiser votre séjour dans les meilleures conditions. Envie d'une échappée belle en campagne ? Les Plus Beaux Villages de France vous attendent...

Maurice Chabert,
Président de l'association Les Plus Beaux Villages de France,
Maire honoraire de Gordes (Vaucluse)

Les Plus Beaux Villages de France

Pour la petite histoire…

L'Association des Plus Beaux Villages de France est née de la rencontre, au début de l'été 1981, entre un livre et un homme. Le livre était l'album édité par Sélection du Reader's Digest, *Les Plus Beaux Villages de France*, l'homme était Charles Ceyrac, maire du village de Collonges-la-Rouge, en Corrèze. De cette rencontre jaillit l'idée d'unir force et passion pour sauvegarder et promouvoir un patrimoine remarquable hérité de l'histoire : 66 maires suivront Charles Ceyrac dans cette aventure officialisée le 6 mars 1982 à Salers, dans le Cantal.

Un réseau, une stratégie

Aujourd'hui, 153 villages répartis dans 14 régions *(nouvelles régions administratives)* et 68 départements constituent le réseau national (il n'existe pas de délégations locales). Représentée par son maire ou un élu désigné au sein du conseil municipal, chaque commune membre participe au financement de l'association par une adhésion annuelle fixée à 3 € par habitant (plafonnée à 2 000 habitants). Depuis leur création, *Les Plus Beaux Villages de France* ont ancré leur stratégie autour du triptyque « Qualité, Notoriété, Développement ». Préserver et valoriser le patrimoine de ces lieux d'exception pour accroître leur notoriété et favoriser leur développement économique, telle est l'ambition de ce concept toujours d'actualité.

Comment devient-on l'un des « Plus Beaux Villages de France » ?

Une sélection rigoureuse

Dans un premier temps, la commune candidate doit répondre, sur dossier, à trois critères éliminatoires :
– avoir une population agglomérée (bourg ou hameau) inférieure ou égale à 2 000 habitants ;
– posséder 2 sites ou monuments protégés (monuments historiques…) ;
– attester de sa volonté d'adhésion par délibération municipale.
Si ces trois conditions sont remplies, la demande est recevable et le village fait l'objet d'une expertise sur site permettant, à l'aide d'une grille de 27 critères, d'évaluer sa qualité patrimoniale, architecturale, urbanistique et environnementale de même que ses efforts de mise en valeur. Enfin, le compte-rendu d'expertise est présenté devant la Commission Qualité de l'association, qui a seule le pouvoir de prononcer les décisions de classement. En moyenne, 1 candidature sur 5 seulement aboutit favorablement.

Une distinction et un engagement

Le classement n'est pas une fin en soi. La charte de qualité, dont la signature officialise le classement de la commune, l'engage également à poursuivre ses efforts de protection et de valorisation. Les villages classés font par ailleurs l'objet de réexpertises régulières dont les conclusions peuvent aller de simples recommandations ou réserves à un déclassement.
Cette sélectivité et cette exigence permanente de qualité génèrent ainsi, au sein des villages de l'association, une dynamique et une émulation nécessaires pour garantir au visiteur l'excellence exprimée dans l'appellation « Les Plus Beaux Villages de France ».

Un concept qui s'exporte

Les enjeux de préservation et de valorisation du patrimoine rural dépassant les frontières nationales, plusieurs initiatives, en Europe et à travers le monde, ont donné naissance à d'autres associations de « Plus Beaux Villages » sur le modèle français. Ainsi ont été créés Les Plus Beaux Villages de Wallonie (Belgique) en 1994, Les Plus Beaux Villages du Québec (Canada) en 1998, Les Plus Beaux Villages d'Italie en 2001 et Les Plus Beaux Villages du Japon en 2005. À travers la Fédération des Plus Beaux Villages de la Terre, qui officialise en 2012 leur coopération, les cinq associations pionnières apportent leur expertise technique aux réseaux émergeant en Roumanie, en Saxe (Allemagne), en Espagne, en Corée du Sud ou encore en Russie.
www.facebook.com/beautifulvillagesoftheworld

En savoir plus sur l'association :

www.lesplusbeauxvillagesdefrance.org

Rendez-vous sur la toile…

Pour connaître les dernières actualités, rêver un peu devant votre écran, partager photos et bons plans ou trouver votre prochaine destination, Les Plus Beaux Villages de France vous attendent « on line » !

Le site Internet et la newsletter

Idées week-ends, nouveaux villages classés, galerie photos, événements, boutique en ligne… Avec le site Internet **www.lesplusbeauxvillagesdefrance.org** et la newsletter *Vivons l'exception !**, information et plaisir de la découverte sont réunis sur le web ! Et pour ne manquer aucun de ces 153 lieux incontournables sur votre itinéraire, retrouvez le site Internet en version mobile sur votre Smartphone avec son système de géolocalisation !

* Abonnement à la newsletter gratuit depuis le site Internet www.lesplusbeauxvillagesdefrance.org

Les réseaux sociaux

Échangez sur votre village favori, partagez les photos de vos escapades et restez informé sur l'actualité des villages…

Les Plus Beaux Villages de France sont aussi sur Facebook et Twitter !

Créez votre propre expérience !

Les Plus Beaux Villages de France, c'est encore mieux dans la réalité ! Séjour sur mesure ou clef en main, accueil privilégié dans les villages… 153 destinations de charme se tiennent prêtes à vous accueillir pour une expérience unique !

Réservez en ligne

Nouveau ! Les Plus Beaux Villages de France disposent désormais de leur site de réservation dédié ! Adapté aux formats tablette et Smartphone, il fonctionne de manière simple : choisissez votre destination, votre type d'hébergement, vos activités, vos dates de séjour et faites votre choix selon les disponibilités !
www.lesplusbeauxvillagesdefrance.org - Rubrique « Les séjours ».

Devenez membre de l'association

Participez à la sauvegarde du patrimoine de nos villages et devenez l'hôte privilégié de ces 153 lieux d'émotions en adhérant au Club des Amis des Plus Beaux Villages de France ! En retour de votre adhésion, bénéficiez d'offres privilèges (cadeaux, réductions…) idéales pour vos séjours dans Les Plus Beaux Villages de France.
N.B. : les prestataires participant à cette opération sont signalés par un ♥ dans le guide.
Informations détaillées et bulletin d'adhésion en fin d'ouvrage.
www.lesplusbeauxvillagesdefrance.org - Rubrique « Club des Amis ».

Partez sur « La Route des Villages Paris-Cannes® »

Fondatrice d'un concept de tourisme d'art de vivre autour de la 2 CV, la société 4roues sous 1parapluie propose depuis 2011, en partenariat avec l'association, un rallye d'exception à la découverte des Plus Beaux Villages de France situés entre Paris et Cannes. Durant une semaine en mai, à bord de la plus mythique des voitures décapotables, les participants suivent un scénario original de chasse au trésor et découvrent le patrimoine rural français à travers des étapes de charme…
4roues sous 1parapluie : 0 800 80 06 31
www.4roues-sous-1parapluie.com

Prenez date

Patrimoine, gastronomie, savoir-faire... Les Plus Beaux Villages de France s'apprécient sous tous les angles et en toutes saisons à l'occasion d'événements destinés aux amoureux de bonnes et belles choses !

Journées Européennes des Métiers d'Art® (1er w.-e. d'avril)

Un cadre d'exception pour trouver l'inspiration ? Artistes et artisans d'art ne s'y sont pas trompés et ont investi en nombre Les Plus Beaux Villages de France pour exercer leurs talents. Partenaire de l'Assemblée permanente des chambres des métiers et de l'Institut national des métiers d'art, l'association mobilise chaque année les forces créatives des villages à l'occasion des Journées Européennes des Métiers d'Art. Ouvertures d'ateliers, démonstrations, stages, expositions-ventes... Les propositions sont nombreuses et variées, le temps d'un week-end où se conjuguent patrimoine et savoir-faire.
www.lesplusbeauxvillagesdefrance.org
- Rubrique « Les Événements »
www.journéesdesmetiersdart.fr.

LES JOURNÉES EUROPÉENNES DES MÉTIERS D'ART

Marché aux Vins des Plus Beaux Villages de France® (2e w.-e. d'avril)

Hauts lieux de patrimoine, les Plus Beaux Villages de France sont également des fleurons de la gastronomie française dans lesquels s'épanouissent des vignobles de renom. Depuis 1998, la cité mosellane de Rodemack, aux frontières du Luxembourg, de la Belgique et de l'Allemagne, accueille le marché aux vins des Plus Beaux Villages de France au cours duquel les producteurs vous invitent à une découverte de leur terroir mais aussi de leur village.
Office de Tourisme Communautaire de Rodemack : 03 82 56 00 22
www.tourisme-ccce.fr

Journées Européennes du Patrimoine® (3e w.-e. de septembre)

Ce rendez-vous devenu incontournable pour les passionnés de patrimoine et d'histoire constitue sans doute l'une des meilleures occasions de découvrir Les Plus Beaux Villages de France. Quel que soit le thème retenu, ils sont nombreux chaque année à proposer un programme spécial à l'attention du public : visites guidées, expositions, ouvertures spéciales de monuments, conférences... Une escapade culturelle agrémentée par les charmes de l'arrière-saison !
www.lesplusbeauxvillagesdefrance.org
- Rubrique « Les Événements ».

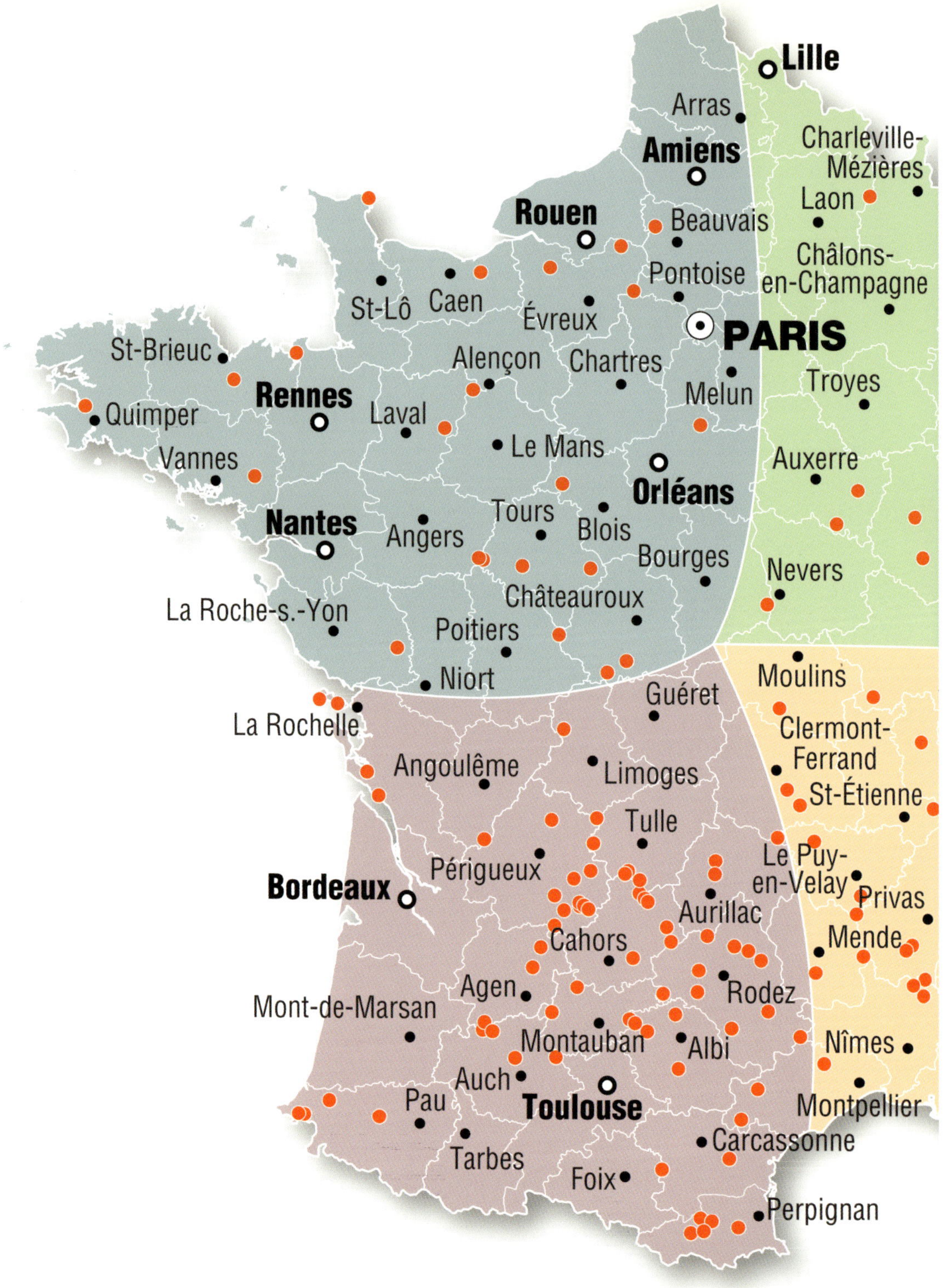
Lille
Arras
Amiens
Charleville-Mézières
Laon
Rouen
Beauvais
Châlons-en-Champagne
Pontoise
St-Lô
Caen
Évreux
PARIS
St-Brieuc
Alençon
Chartres
Troyes
Rennes
Melun
Quimper
Laval
Le Mans
Auxerre
Vannes
Orléans
Tours
Nantes
Blois
Angers
Bourges
Nevers
Châteauroux
La Roche-s.-Yon
Poitiers
Niort
Moulins
Guéret
La Rochelle
Clermont-Ferrand
Angoulême
Limoges
St-Étienne
Tulle
Le Puy-en-Velay
Périgueux
Privas
Bordeaux
Aurillac
Mende
Cahors
Agen
Rodez
Mont-de-Marsan
Montauban
Albi
Nîmes
Auch
Toulouse
Montpellier
Pau
Carcassonne
Tarbes
Foix
Perpignan

Classement des 153 Plus Beaux Villages de France par zones géographiques

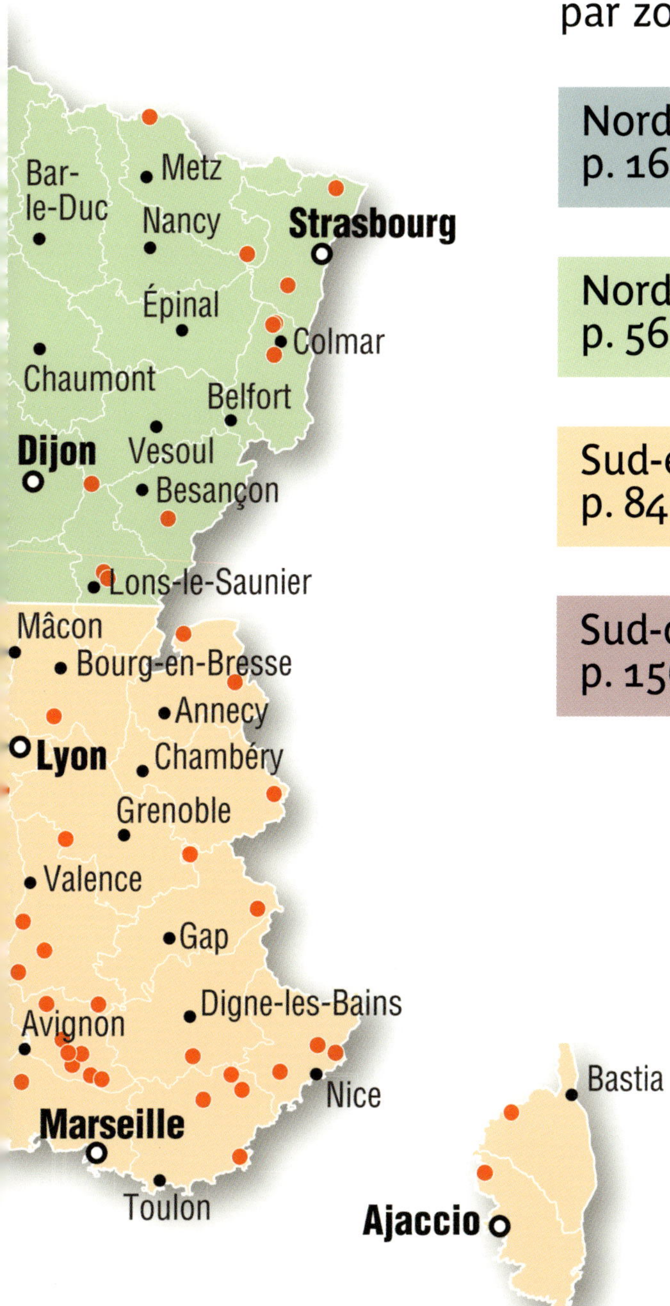

Nord-ouest

Échelle des cartes : 1 / 2 600 000

0 50 km

©éditerra
Manche
Dunkerque
Calais
Cap Blanc-Nez
Cap Gris-Nez
Gent
Bruxelles
Kortrijk
Menen
Tourcoing
Roubaix
Lille
Boulogne-s.-Mer
St-Omer
Armentières
Béthune
Bruay-la-B.
Liévin
Lens
Mons
Charleroi
Douai
Denain
Maubeuge
Hesdin
Arras
Baie de Somme
Doullens
Abbeville
Cambrai
Dieppe
Amiens
St-Quentin
Charleville-Mézières
Vervins
Parfondeval
Fécamp
Cap d'Antifer
Gerberoy
Noyon
Laon
Rethel
Le Havre
Rouen
Lyons-la-Forêt
Beauvais
Compiègne
Soissons
Deauville
Cabourg
Le Bec-Hellouin
Reims
Caen
Beuvron-en-Auge
Lisieux
La Roche-Guyon
Senlis
Château-Thierry
Épernay
Bernay
Pontoise
Évreux
Mantes
St-Denis
Bobigny
Nanterre
Meaux
Châlons-en-Champagne
Paris
Versailles
Créteil
Vitry-le-François
Argentan
Verneuil
Dreux
Palaiseau
Évry
St-Dizier
Provins
Melun
t-Céneri-le-Gérei
Alençon
Chartres
Étampes
Troyes
Nogent-le-Rotrou
Yèvre-le-Châtel
Sens
Ste-Suzanne
Châteaudun
Montargis
Le Mans
Orléans
Tonnerre
Auxerre
Noyers
Lavardin
Vendôme
La Flèche
Gien
Flavigny-s.-Ozerain
Blois
Vézelay
Avallon
Tours
Dijon
Saumur
Crissay-s.-Manse
Châteauneuf
Montsoreau
Candes-St-Martin
Montrésor
Vierzon
Bourges
Beaune
Loudun
Issoudun
Apremont-s.-Allier
Nevers
Autun
Châtellerault
Châteauroux
Le Creusot
Parthenay
Chalon-s.-Saône
Poitiers
Angles-s.-l'Anglin
Gargilesse-Dampierre
Montceau-les-Mines
Moulins
Tournus
La Châtre
St-Benoît-du-Sault
Paray-le-Monial

Angles-sur-l'Anglin

Au fil des jours et de l'Anglin

Vienne (86) • 385 habitants • Altitude : 101 m

Sur les rives de l'Anglin, Angles perpétue le savoir-faire ancestral de ses brodeuses de jours...
Du haut de la falaise, les ruines de la forteresse, édifiée entre le XIe et le XVe s par les comtes de Lusignan, dominent la rivière. Dans la ville haute, l'église St-Martin, au clocher roman poitevin, côtoie la chapelle St-Pierre, du XIIe s. La « Huche Corne » offre un point de vue magnifique sur la ville basse où la chapelle Ste-Croix, ancienne abbatiale au portail du XIIIe s, fait face à la rivière bordée de saules pleureurs. Avec son vieux pont et son moulin à roue, cet environnement romantique constitue un cadre d'inspiration idéal pour les peintres. Le chemin de la Cueille, le Truchon, l'Arceau ou la Tranchée des Anglais relient le haut et le bas du village, où s'égrènent les jolies maisons de pierre blonde. À proximité, le site du Roc aux Sorciers, creusé dans le calcaire, abrite une frise magdalénienne sculptée il y a 15 000 ans, aujourd'hui protégée mais reconstituée au Centre d'interprétation. Depuis 150 ans, Angles est célèbre pour ses « jours ». Retirant les fils d'un tissu pour le rebroder ensuite avec un autre fil, marqueuses, ajoureuses et cordonneuses ont longtemps approvisionné les grands magasins parisiens en lingerie de luxe.

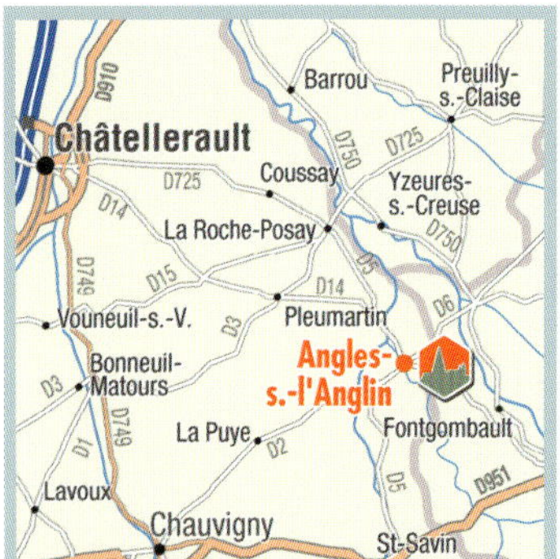

Par la route : autoroute A10, sortie n° 26-Châtellerault Centre (35 km).
Par le train : gare de Châtellerault (33 km), gare TGV de Poitiers (50 km).
Par avion : aéroport de Poitiers-Biart (60 km).

ⓘ **Maison du Tourisme** : 05 49 48 86 87
www.anglessuranglin.com

Découvrir

• **Centre d'interprétation du Roc aux Sorciers :** reconstitution d'une frise préhistorique de l'époque magdalénienne d'une longueur de 20 m, grandeur nature, à découvrir au travers de restitutions innovantes. Rens. : 05 49 83 37 27.
• **Forteresse d'Angles (en juillet-août) :** vestiges de la forteresse édifiée du XIe au XVe s (05 49 48 86 87).
• **Maison des jours d'Angles et du tourisme :** démonstration de la technique des jours et vente de linge brodé. Rens. : 05 49 48 86 87.
• **Village :** visite guidée vend. à 11 h et 15 h et sam. à 15 h pour les individuels ; sur RDV pour les groupes (05 49 48 86 87).

Se loger

Hôtel
Le Relais du Lyon d'Or*** (05 49 48 32 53).
Chambres d'hôtes
Artemisia*** (05 49 84 01 83).
Le Grenier des Robins (05 49 48 60 86).
La Ligne (06 18 34 17 96).
Lorna et Tony Wilkes (05 49 48 29 85).
Gîtes et meublés
Rens. : 05 49 48 86 87
www.anglessuranglin.com.

Se restaurer

Restaurants
Le Relais du Lyon d'or (05 49 48 32 53).
La Grange des Dames (05 49 84 54 78).
Café de la Place, brasserie (05 49 84 18 37).
Crêperie d'Angles (05 49 48 95 53).
Le Marsala, pizzeria (05 49 48 65 44).
Salon de thé
N° 15 (05 49 91 01 25).

Saveurs et savoir-faire

Spécialités et produits du terroir
Broyé du Poitou (galette au beurre).
Art et artisanat
Antiquités • Bouquinerie – reliure artisanale • Jours d'Angles • Peintres • Point de croix, dentelle, décoration • Création de vêtements, chapeaux et accessoires • Sculptures sur bois.

★ **Rendez-vous**

Marché : jeudi matin et dimanche matin.
Mai-Oct. : expositions.
Juin : Journée du patrimoine de pays.
Juillet : Journées artisanales médiévales (w.-e. du 14).
Août : spectacle pyrotechnique et mélodique (1er dim.), festival « Des livres et vous » (sem. du 15).

Pleine nature

Canoë • Escalade • Pêche dans l'Anglin • Randonnée pédestre • VTT • Pétanque.

Aux alentours

- Abbaye de Fontgombault (9 km).
- La Roche-Posay (12 km).
- Abbaye de Saint-Savin (16 km).
- Le Blanc (17 km).
- Ferme et ligne acadiennes d'Archigny (24 km).
- Chauvigny (26 km).
- Futuroscope (49 km).
- Poitiers (50 km).

Pour la petite histoire

Comme l'Angleterre, le village tiendrait son nom de la turbulente tribu germanique des Angles, qui avait participé à l'invasion de la grande île au Ve s. Quatre siècles plus tard, Charlemagne dut diriger une partie des descendants des membres de la tribu restés en Germanie vers les bords d'une rivière, affluent de la Gartempe, qui fut l'Angle avant de devenir l'Anglin, d'où le nom d'Angles-sur-l'Anglin.

Barfleur

Un port face à l'Angleterre

Manche (50) • 600 habitants • Altitude : 3 m

Premier port du Cotentin au Moyen Âge, le village est lié à l'histoire des ducs de Normandie et d'Angleterre.
C'est un Barfleurais prénommé Étienne qui, en 1066, porta Guillaume sur le drakkar Mora pour conquérir l'Angleterre. En 1120, les héritiers du roi Henri Ier, fils de Guillaume, échouèrent à bord de la Blanche-Nef sur le rocher de Quillebeuf, à la pointe de Barfleur. En 1346, début de la Guerre de Cent Ans, les Anglais revinrent dans la cité portuaire qui fut alors pillée et incendiée. L'église romane du XIe s, située à l'emplacement actuel de la station de sauvetage, fut remplacée par l'église St-Nicolas, édifiée entre le XVIIe et le XIXe s. Entouré de son cimetière marin, l'édifice renferme, en guise d'ex-voto, un baleinier à trois mâts offert à la naissance du peintre Paul Blanvillain. La chapelle de la Bretonne, construite en 1983 par les Barfleurais en l'honneur de la béatification de mère Marie-Madeleine, conserve de remarquables vitraux retraçant la vie de la sainte et de nombreuses statues ornant ses murs. Côtoyant les modestes maisons de pêcheurs entourées de charmants jardinets, les maisons cossues de la cour Sainte-Catherine (XVe s), face au port de pêche et de plaisance, sont, comme celles du bourg, de la Bretonne ou l'ancien prieuré des Augustins (XVIIIe s), de ce granit gris qui fait le charme austère de Barfleur.

Par la route : N13, sortie Valognes (26 km) ; autoroute A84, sortie n° 40-Cherbourg (107 km).
Par le train : gares de Valognes (25 km) ou de Cherbourg (28 km).
Par avion : aéroport de Cherbourg-Maupertus (17 km).

Office de Tourisme : 02 33 54 02 48
www.ville-barfleur.fr

Découvrir

- **Église St-Nicolas :** édifiée du XVIIe au XIXe s sur un promontoire rocheux au centre d'un cimetière marin, elle est de style classique et renferme une superbe Visitation de l'école flamande du XVIe s classée monument historique.
- **Ancien prieuré des Augustins** (XVIIIe s) et son jardin.
- **Chapelle de la Bretonne :** vitraux classés retraçant la vie de Marie-Madeleine Postel.
- **Cour Sainte-Catherine :** vestige d'un ancien manoir (fin du XVe s – début du XVIe s).
- **Station de sauvetage :** première station de sauvetage construite en France en 1865 sur le modèle des stations anglaises.
- **Village :** visite guidée en saison (rens. : 02 33 54 02 48).

Se loger

Hôtel
Le Conquérant** (02 33 54 00 82).
Chambres d'hôtes, gîtes, gîtes d'étape, meublés et campings
Rens. : 02 33 54 02 48
www.ville-barfleur.fr.

Se restaurer

Restaurants

Café de France (02 33 54 00 38).
La Marée (02 33 20 81 88).
Le Moderne (02 33 23 12 44).
Le Phare (02 33 54 10 33).
Chez Buck, crêperie (02 33 54 02 16).
Le Comptoir de la Presqu'île (02 33 20 37 51).

Saveurs et savoir-faire

Spécialités et produits du terroir

Moules, crustacés et poissons

Art et artisanat

Antiquaire • Décoration • Galerie de peinture • Potier d'art.

Rendez-vous

Marché : En saison : mardi et sam. 8 h-13 h, pl. Henri-Chardon. Hors saison : le samedi.

De juin à août : expositions de peintures et sculptures.

Fin juillet-début août : Été musical de Barfleur (musique classique).

Août : Village des antiquaires (3e ou 4e w.-e.).

Pleine nature

Randonnée : GR 223 ; circuits pédestres et VTT • Base nautique : voile, kayak, plongée.

Aux alentours

- Pointe de Barfleur (3 km).
- Église de Montfarville et ses peintures (3 km).
- Phare de Gatteville (3,5 km).
- La Pernelle : panorama (7 km).
- Saint-Vaast-la-Hougue et les tours Vauban (15 km).
- Valognes, « Versailles normand » (25 km)
- Cherbourg et la cité de la Mer (29 km).
- Château de Bricquebec (38 km).

Pour la petite histoire

Certains ne se déplaceraient que pour elle ! La « Blonde » de Barfleur, cette moule sauvage issue de gisements naturels tout proches du port, est pêchée par des bateaux de pêche professionnelle à la « drague à moule » et se déguste idéalement de juin à septembre.

Le Bec-Hellouin

Étape spirituelle dans la campagne normande

Eure (27) • 419 habitants • Altitude : 50 m

Entre Rouen et Lisieux, ce village normand typique tire son nom du ruisseau qui le borde et du fondateur de sa célèbre abbaye. Fondée en 1034, à l'époque de Guillaume le Conquérant, duc de Normandie et premier roi normand d'Angleterre, l'abbaye du Bec a pour père Herluin (Hellouin), chevalier du comte de Brionne. Le suivant dans la solitude avec ses premiers compagnons, deux hommes devaient être formés par lui et avoir une influence considérable dans l'Occident chrétien : Lanfranc (1042), écolâtre et bâtisseur ; saint Anselme (1059), philosophe et maître spirituel. L'un et l'autre ont porté la tradition culturelle et spirituelle du Bec en Angleterre à partir de Canterbury, dont ils furent les archevêques-primats après avoir été moines, prieurs et abbés du Bec. Plusieurs fois détruite et reconstruite, l'abbaye fut ruinée sous la Révolution et l'Empire. Seul vestige de l'ensemble abbatial du Moyen Âge, la tour St-Nicolas (XVe s) domine encore le site. En 1948, l'abbaye est restaurée et reprend vie avec l'arrivée d'une communauté de moines bénédictins. Si Le Bec-Hellouin doit son rayonnement au prestige religieux de cet édifice remarquable, le village lui-même gagne à être connu, avec ses maisons à colombages et pans de bois aux balcons fleuris au cœur d'une campagne verdoyante de bocages et de pommiers.

Par la route : autoroute A28, sortie n° 13-Le Neubourg-Brionne (6 km).
Par le train : gares de Brionne (7 km) et de Bernay (25 km).
Par avion : aéroport de Deauville-Saint-Gatien (8 km).

Office de Tourisme du Pays Brionnais : 02 32 45 70 51
www.tourismecantonbrionne.com
www.lebechellouin.fr

Découvrir

• **Abbaye N.-D.-du-Bec :** architecture mauriste des XVIIe et XVIIIe s ; ancienne église abbatiale, cloître (rens. : 02 32 43 72 60).
• **Église paroissiale St-André** (XIVe s) ; importante statuaire du XIIIe au XVIIIe s.

Se loger

Hôtel
Auberge de l'Abbaye*** (02 32 44 86 02).
Gîtes et meublés
Le Petit Moulin*** (02 32 35 40 22).
Au Chant des Oiseaux (00 44 13 86 76 59 72).
La Maison du Bec (06 14 20 12 22).
La Parenthèse (02 32 45 97 51).
Camping
Camping St-Nicolas***, du 15 mars au 15 octobre (02 32 44 83 55).

Se restaurer

Restaurants
Auberge de l'Abbaye (02 32 44 86 02).
Restaurant de la Tour (02 32 44 86 15).
Au Relais du Bec fin (02 32 44 82 95).
La Crêpe dans le Bec, crêperie (02 32 47 24 46).
L'Archange, crêperie (02 32 43 67 64).

Saveurs et savoir-faire

Spécialités et produits du terroir
Produits biologiques.
Art et artisanat
Art et antiquités • Artisanat monastique.

Rendez-vous

Avril : marché aux plantes (dern. dim.).
Juillet : Foire à tout (dim. le plus proche du 14) et Gourmandart (dim. après le 14).
Juillet-août : expositions de peintures et sculptures (salle des fêtes).

Pleine nature

Équitation • Pêche (ruisseau du Bec) • Randonnée (3 circuits balisés) et voie verte (44 km de pistes multi-randonnées) sur l'ancienne voie ferrée (randonnée pédestre, vélo, roller).

Aux alentours

- Brionne (6 km) : donjon, ancienne justice de paix, activités nautiques sur le lac.
- Harcourt (13 km) : château et arboretum.
- Sainte-Opportune-du-Bosc : château du Champ-de-Bataille (14 km).
- Le Neubourg : musée d'anatomie de l'Écorché (18 km).
- Pont-Audemer (20 km) : musée A.-Canel, Venise normande.
- Bernay (22 km) : musée, abbatiale.
- Beaumesnil (38 km) : musée, château
- Évreux (43 km) : cathédrale, Gisacum.
- Rouen (44 km).

Pour la petite histoire

Lors de fouilles dans l'abbaye en 1232 fut découvert le corps de l'impératrice Mathilde, fille d'Henri Ier, roi d'Angleterre, dans un cuir de bœuf, comme cela était d'usage au Moyen Âge qui avait été déposé en 1167 devant l'autel de la Vierge, sous une table de marbre.

Beuvron-en-Auge

Saveurs normandes

Calvados (14) • 246 habitants • Altitude : 10 m

Entre vallons parsemés de pommiers et fermes à colombages, Beuvron est, autour de sa halle, une vitrine du pays d'Auge.
Beuvron n'est constitué, au XIIe s, que d'un petit château féodal et d'une église. À la fin du XIVe s, avec la notoriété de la famille d'Harcourt, la cité connaît ses heures de gloire. Jusqu'à la Révolution, la famille contribue à développer l'activité commerciale, et édifie l'église actuelle et la chapelle St-Michel-de-Clermont en surplomb de la vallée d'Auge. Ornées de géraniums, les façades en pisé enduit ou en briques roses des maisons à pans de bois droits ou croisés rappellent les quatre siècles d'or du village. Autrefois couvertes de chaume, les toitures assez pentues sont à présent revêtues d'ardoises ou de tuiles. En marge du bourg, où les maisons et commerces se resserrent autour de la halle magnifiquement restaurée, fermes, manoirs et haras se dispersent dans le bocage, qui font vivre les traditions et les spécialités du terroir local.

Par la route : autoroute A13, sortie n° 29-Cabourg (7 km).
Par le train : gare de Lisieux (29 km) ; gare de Caen (31 km).
Par avion : aéroport de Caen-Carpiquet (42 km)

Office de Tourisme : 02 31 39 59 14
www.beuvroncambremer.fr

Pour la petite histoire

La halle de la place de Beuvron n'est pas aussi ancienne qu'elle le paraît. Édifiée en 1975 sur l'emplacement de l'ancienne, elle a été construite avec des matériaux récupérés dans les fermes et les granges condamnées à disparaître par la création de l'autoroute de Normandie.

Découvrir

- **Église (xviiie s) :** maître-autel du xviiie s, vitraux de Louis Barillet, chaire de style Louis XVI.
- **Chapelle St-Michel-de-Clermont** (xiie-xviie s): statuaire dédiée à saint Michel et saint Jean-Baptiste.
- **Haras de Sens :** découverte d'un haras de trotteurs où sont pratiqués l'élevage, la reproduction et l'entraînement ; groupes sur RDV (02 31 79 23 05).
- **Espace des métiers d'art :** dans l'ancienne école, cinq ateliers dédiés aux professionnels des métiers d'art et un espace d'exposition polyvalent. Rens. : 02 31 39 59 14.
- **Village :** visites guidées pour les individuels en saison et pour les groupes sur réservation. Rens : 02 31 39 59 14.

Se loger

Chambres et maisons d'hôtes

♥ Le Clos Fleuri*** (02 31 39 00 62).
Aux Trois Damoiselles (02 31 39 61 38).
Domaine d'Hatalaya (02 31 85 46 41).
Le Pavé d'Hôtes (02 31 39 39 10).
Le Pressoir (06 83 29 42 52).
Manoir de Sens (02 31 79 23 05).
M. et Mme Pierre de La Brière (02 31 79 10 20).

Gîtes

M. Patrick De Labbey*** (02 31 79 12 05).
La Maison du Haras (06 98 25 51 84).

Aire de camping-cars

Rens. : 02 31 39 59 14.

Se restaurer

Restaurants

Le Café Forges (02 31 74 01 78).
Le Pavé d'Auge (02 31 79 26 71).
La Colomb'Auge, crêperie (02 31 39 02 65).
Café du Coiffeur (02 31 79 25 62).
L'Orée du village (02 31 79 49 91).

Saveurs et savoir-faire

Spécialités et produits du terroir

Cidre AOC, cidre du Beuvronnais - Route du cidre • Calvados.

Art et artisanat

Antiquaires • Ateliers d'art • Créatrice de mode • Peintre • Sculpteur, santonnier, animalier.

Rendez-vous

Avril : Boogie Blues au haras de Sens.
Mai : foire aux géraniums.
Juillet : Salon des antiquaires.
Juillet-août : expositions d'art et d'artisanat.
Août : grande brocante.
Oct. : grand marché et fête du Cidre à l'ancienne, Boogie-woogie au haras de Sens.
Déc. : marché de Noël.

Pleine nature

Pêche • Randonnée pédestre (1 circuit balisé).

Aux alentours

- Manoirs et châteaux du Beuvronnais (de 1 à 10 km).
- Cambremer (10 km).
- Côte fleurie (15 km).
- Caen (30 km).

Candes-Saint-Martin

Blanche du confluent

Indre-et-Loire (37) • 224 habitants • Altitude : 40 m

Bâti à flanc de coteau, Candes se mire dans les eaux de la Vienne et de la Loire.
Né d'une confluence, Candes fut longtemps un village de mariniers qui prenaient une part active au trafic intense de la Loire et de la Vienne en écoulant à bord de leurs toues et chalands de Loire les productions locales de vins, de pruneaux et de pierre du tuffeau, dont la blancheur éclatante pare toujours, sous des toits sombres d'ardoises ou de tuiles plates, les façades du village et de son imposante collégiale. Édifiée entre 1175 et 1225, à l'emplacement même d'une église primitive fondée par saint Martin, la collégiale fortifiée au XVe s est dédiée à l'évêque de Tours, évangélisateur de la Gaule. L'un de ses vitraux évoque l'enlèvement nocturne de son corps par des moines tourangeaux, et, plus de seize siècles après sa mort, saint Martin est toujours vénéré à travers de multiples légendes miraculeuses. La plus belle sans doute raconte qu'au passage de sa dépouille, ramenée par bateau à Tours le 11 novembre 397, les rives de la Loire se mirent à refleurir. Ce fut le premier « été de la Saint-Martin ».

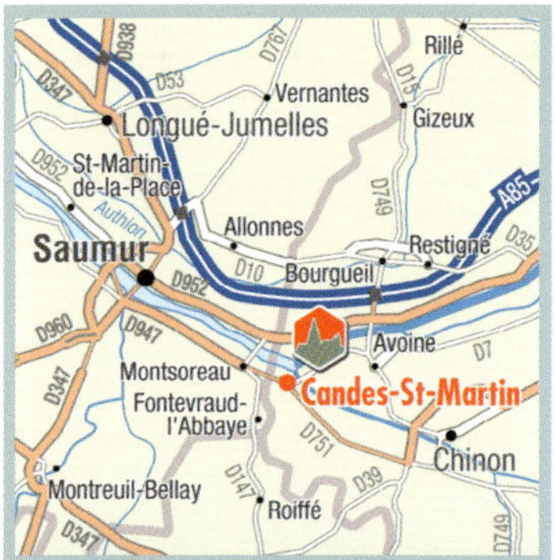

Par la route : autoroute A85, sortie n° 5-Bourgueil (10 km).
Par le train : gare de Saumur (14 km) ; gare TGV de Saint-Pierre-des-Corps (68 km).
Par avion : aéroport de Tours-Saint-Symphorien (70 km).

Office de Tourisme du Pays de Chinon : 02 47 93 17 85
www.chinon-valdeloire.com

Découvrir

• **Collégiale St-Martin** (XIIe et XIIIe s) : de style gothique Plantagenêt, fortifiée au XVe s.
• **Comptoir du confluent :** découverte du patrimoine fluvial (conférences, croisières, expositions…) en juillet-août (02 47 95 93 57).
• **Village :** visite guidée du village et/ou de la collégiale par l'Association des Amis de Candes (02 47 95 90 71).

Se loger

Chambres d'hôtes
La Fontaine** (02 47 95 83 66).
La Basinière (02 47 95 98 45).
Gîtes et meublés
Le Château de Candes**** et *** (02 47 58 88 88).
Le Gîte de la Confluence**** (02 45 95 87 12).
Le Logis de la Renaissance*** (02 41 62 25 21).
Le Moulin Saint-Michel (02 41 51 18 23).
Camping
Camping Belle Rive (02 47 97 46 03).

Se restaurer

Restaurants
L'Onde viennoise, brasserie (02 47 95 90 66).
La Route d'or (02 47 95 81 10).
La Brocante Gourmande, librairie-salon de thé (02 47 95 96 39).

Saveurs et savoir-faire

Spécialités et produits du terroir
Vins AOC de Touraine, de Chinon-Touraine et de Saumur-Touraine.
Art et artisanat
Céramistes • Librairie ancienne • Orfèvres • Créateur de luminaires.

Rendez-vous

Marché paysan : le sam. matin de 9 h à 13 h, parking Est.
Toute l'année : concerts (02 47 95 90 61).
Juillet-août : « Flâneries piétonnes » les dim. de 14 h à 18 h (village sans voiture, animations…).
Août : fête des ricochets ; fête du village (2e dim.) ; concerts (fin août).

Pleine nature

Baignade : plage du Confluent (non surveillée) • Pêche • Promenade en bateau sur les toues du Centre permanent d'initiative pour l'Environnement • Randonnée (sentier de bord de Loire, via Sancti Martini) • Vélo : circuit « Loire à vélo ».

Aux alentours

• *Montsoreau (1 km), voir p. 41.
• Abbaye de Fontevraud (7 km).
• Chinon (17 km).
• Châteaux de la Loire et de l'Indre (de 19 à 37 km).
• *Crissay-sur-Manse (38 km), voir p. 27.
• Seuilly : la Devinière, maison de Rabelais (15 km).

Crissay-sur-Manse

Charme Renaissance en Touraine

Indre-et-Loire (37) • 116 habitants • Altitude : 60 m

Ancien Crisseium au IXᵉ s, « lieu où se dresse une forteresse », Crissay a conservé son château, ses logis, ses jardins et deux lavoirs bordant la Manse, qui serpente sous les peupliers.
D'abord châtellenie appartenant à L'Île-Bouchard et à l'archevêché de Tours, Crissay devient pendant près de cinq siècles le fief de Guillaume de Turpin et de ses descendants. C'est sur les fondations de la forteresse que le château de Crissay est bâti au XVᵉ s. De cette demeure seigneuriale, qui n'a jamais été achevée ni habitée, il ne reste que le corps principal et le donjon des XIᵉ et XIIᵉ s, et des souterrains refuges. Construite en 1527 sur commande des Turpin, l'église renferme deux statues en bois du XVIᵉ s représentant saint Jean et la Vierge, ainsi qu'une piscine aux rinceaux fleuris dans le chœur. C'est aussi là que se trouve le tombeau de Catherine du Bellay, cousine du poète. Sur la place haute, des logis du XVᵉ s rappellent l'âge d'or de la cité en mariant fenêtres à meneaux cruciformes et lucarnes à pinacles.

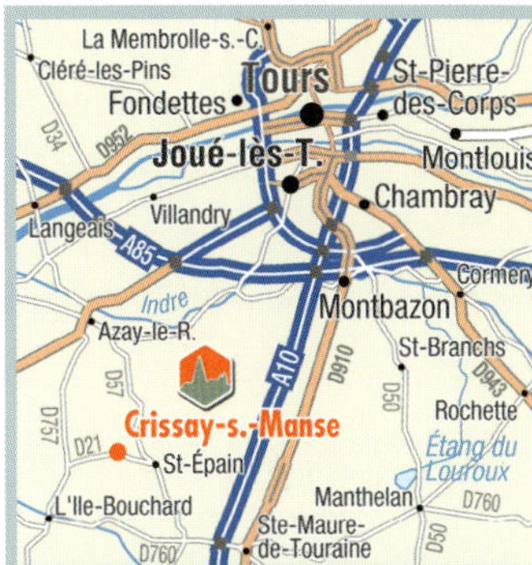

Par la route : autoroute A10, sortie n° 25-Saint-Maure-de-Touraine (12 km).
Par le train : gare de Noyant-de-Touraine (10 km) ; gare de Tours (47 km) ; gare TGV de Saint-Pierre-des-Corps (48 km).
Par avion : aéroport de Tours Saint-Symphorien (50 km).

ⓘ **Mairie :** 02 47 58 54 05

Découvrir
- **Château** (XVᵉ s) : sur RDV (02 47 58 54 03).
- **Église St-Maurice** (XVIᵉ s) : statues du XVIᵉ s.
- **Village** : visite guidée sur RDV (02 47 58 64 99).

Se loger
Hôtel
L'Auberge de Crissay (02 47 58 58 11).
Chambres d'hôtes
M. Guérin (02 47 97 07 81).
Gîtes
Les Rageaux (02 47 58 54 26).
La Chaume (02 47 97 07 33).
Rochebourdeau (02 47 95 23 84).

Se restaurer
Restaurant
Auberge de Crissay, bar à vins-restaurant (02 47 58 58 11).

Saveurs et savoir-faire
Spécialités et produits du terroir
Fromages de chèvre • Miel • Vins Chardonnay, AOC de Chinon et vin de pays.

Rendez-vous
Avril : randonnée pédestre (3ᵉ dim.).
Dim. de Pentecôte : foire aux « vieilleries ».
Juil.-août : théâtre classique et moderne dans la cour du château (2ᵉ quinz.).

Pleine nature
Randonnée pédestre : 2 circuits balisés.

Aux alentours
- Collégiale des Roches-Tranchelion (2 km).
- Vallée de la Vienne : de L'Île-Bouchard à Chinon (de 7 à 22 km).
- Azay-le-Rideau : château (20 km).
- * Candes-Saint-Martin (38 km), voir p. 26.
- * Montsoreau (39 km), voir p. 41.

Pour la petite histoire
Outre la Manse, Crissay est aussi arrosée par les eaux de la fontaine aux Huguenots. La légende raconte qu'en 1562 les protestants prirent une cloche à l'église. Malheureusement, le chariot qui la portait s'enlisa dans le marais et la cloche ne reparut jamais. D'eau pure et de température constante, cette fontaine est vouée, tous les 100 ans, à sonner sa colère…

Gargilesse-Dampierre

Le Berry de George Sand

Indre (36) • 325 habitants • Altitude : 145 m

Refuge de George Sand, ce village romantique aux maisons harmonieuses, dominé par le château et l'église, s'étire sur un promontoire pentu noyé dans la verdure.
En 1844, George Sand découvrit ce village, dont « les maisons se groupent autour de l'église plantée sur le rocher central, et s'en vont en pente, par les ruelles étroites, jusque vers le lit d'un délicieux petit torrent dont, à peu de distance, les eaux se perdent encore plus bas dans la Creuse ». Du château médiéval, détruit en 1650 au moment de la Fronde et rebâti au XVIIIe s, il ne subsiste qu'une poterne et deux tours rondes. L'église romane, des XIe et XIIe s, au bel appareillage de calcaire blanc, y est accolée. Elle possède dans sa nef un ensemble de chapiteaux historiés, dont les 24 vieillards de l'Apocalypse à la croisée et des scènes de l'Ancien et du Nouveau Testament dans les absides. La crypte est ornée de fresques du XIIe et du XVIe s d'une rare beauté, représentant les instruments de la Passion et diverses scènes de la vie du Christ et de Marie. Après Claude Monet, de nombreux peintres perpétuent la vocation artistique du village et exposent leurs toiles inspirées du site.

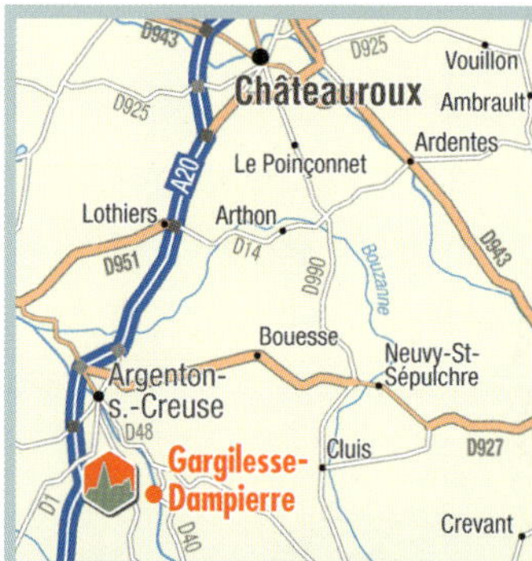

Par la route : autoroute A20, sortie n° 17-Argenton-sur-Creuse (17 km).
Par le train : gare d'Argenton-sur-Creuse (13 km) ; gare de Châteauroux (41 km).
Par avion : aéroport de Limoges-Bellegarde (100 km).

Office de Tourisme : 02 54 47 85 06
www.gargilesse.fr

Découvrir

• **Château** (XIIe-XVIIIe s) : galerie d'art (06 81 19 65 53).
• **Église romane** (XIIe s) : chapiteaux historiés composés des 24 vieillards de l'Apocalypse et de scènes de l'Ancien et du Nouveau Testament, crypte, fresques des XIIIe et XVIe s représentant les instruments de la Passion et diverses scènes de la vie du Christ et de Marie, vierge en bois polychrome (XIIe s) ; visite commentée tlj en saison (02 54 47 85 06).
• **Maison George-Sand « Algira » :** collection d'effets personnels de l'auteure (02 54 47 70 16).
• **Musée Serge-Delaveau :** collection d'œuvres du peintre ayant vécu à Gargilesse. Rens. : 02 54 47 85 06.

Se loger

Hôtel
Les Artistes (02 54 47 84 05).
Chambres d'hôtes
Le Haut Verger (02 54 60 16 54).
Gîtes
Rens. : 02 54 47 85 06 / www.gargilesse.fr.
Camping et chalets municipaux
La Chaumerette** (02 54 47 84 22).

Se restaurer

Restaurants
Les Artistes (02 54 47 84 05).
Le George-Sand, en saison (02 54 47 83 06).
La Chaumerette (02 54 60 16 54).
Café de Dampierre (02 54 47 84 16).

Saveurs et savoir-faire

Spécialités et produits du terroir
Fromage de chèvre (Gargilesse).
Art et artisanat
Encadreuse • Ferronnier • Galeries d'art et de peinture • Poterie • Savonnier pâtissier Bijoux • Sculpteur • Antiquités-brocante.

Rendez-vous

Mai : marché aux fleurs et aux produits fermiers (2e dim.).
Juin à fin Sept. : concerts et expositions
Août : exposition d'art libre dans la rue (dim. av. le 15), festival de harpe et de musique de chambre (3e sem.).
Sept. : journées du livre (dern. w.-e.).

Pleine nature

Baignade • Pêche • Randonnée pédestre : GR Pays val de Creuse et 654-chemin de Compostelle, et 3 circuits balisés.

Aux alentours

- Gorges de la Creuse (2 km).
- Lac d'Éguzon (11 km).
- Argenton-sur-Creuse (14 km).
- Crozant (18 km).
- *Saint-Benoît-du-Sault (24 km), voir p. 47.
- Nohant-Vic (39 km).

Pour la petite histoire

« En attendant que la mode étende son sceptre sur ces agrestes solitudes, je me garde bien de nommer le village en question : je l'appelle sans façon mon village, comme on dit ma trouvaille ou mon rêve. » C'est à Gargilesse que George Sand aime venir se reposer des fastes de Nohant, à l'Algira, sa maison de pierres sèches.

Gerberoy

Les roses de Picardie

Oise (60) • 88 habitants • Altitude : 188 m

À la frontière de deux régions autrefois rivales, les maisons gerboréennes allient traditions normande et picarde dans leurs torchis à colombages et leurs hourdis de briques.

En bordure du pays de Bray, le village se dote en 922 d'un château fort, sous l'impulsion du vicomte de Fulco, seigneur et premier vidame de Gerberoy. Son fils et successeur, le vidame Francon, complète l'ensemble d'un donjon, d'un hôtel-Dieu puis d'une collégiale en 1015. Très vite, par sa position stratégique au carrefour de deux royaumes, le village de Gerberoy est convoité et disputé. La cité fortifiée appartient aux seigneurs de Beauvais, puis est successivement assiégée par Jean sans Peur, Bourguignons et Ligueurs. La tour carrée qui commandait l'enceinte est le seul vestige du château qui autrefois jouxtait la collégiale St-Pierre. Reconstruite au XVe s. après avoir été incendiée par les Anglais, celle-ci continue d'abriter un trésor dans sa salle capitulaire. De la tour-porte on peut apercevoir, en contrebas, la cour pavée et la maison qui accueillit en 1592 le roi Henri IV, blessé à la bataille d'Aumale. Séduit par « Gerberoy la silencieuse », le peintre postimpressionniste Henri Le Sidaner créa de beaux jardins à l'italienne, toujours visibles depuis les remparts, et contribua à faire de Gerberoy la cité des roses, fêtées chaque année depuis 1928.

Par la route : autoroute A16, sortie n° 15-Beauvais-Nord (20 km) ; autoroute A29, sortie n° 16-Hardivillers (32 km).
Par le train : gare de Marseille-en-Beauvaisis (10 km) ou de Milly-sur-Thérain (11 km); gare de Beauvais (23 km).
Par avion : aéroport de Beauvais-Tillé (26 km) ; aéroport de Paris Roissy-Charles De Gaulle (101 km).

Office de Tourisme de la Picardie Verte et ses Vallées : 03 44 46 32 20 ou 03 44 82 54 86
ot.picardieverte.free.fr / www.gerberoy.fr

Découvrir

- **Collégiale St-Pierre** (XIe et XVe s) : stalles du XVe s.
- ♥ **Jardins Le Sidaner** : classés « Jardins Remarquables » ; terrasses de l'ancienne forteresse transformées en jardins par le peintre Henri Le Sidaner (4 000 m²) ; atelier-musée du peintre (03 44 82 36 63).
- **Musée municipal** : archéologie, artisanat, peintures, dessins de Le Sidaner.
- **Village** : groupes toute l'année sur RDV (03 44 82 54 86 ou 03 44 46 32 20).

Se loger

Chambres d'hôtes
Le Logis de Gerberoy**** (03 44 82 36 80).

Se restaurer

Restaurants
Les Jardins du Vidamé, Bistrot de pays (03 44 82 45 32).
Le Vieux Logis, restaurant et salon de thé (03 44 82 71 66).
Salons de thé
Ambassade de Picardie (03 44 82 16 50).
L'Atelier Gourmand de Sarah (06 73 19 02 06).
La Terrasse (03 44 82 68 65).

Saveurs et savoir-faire

Spécialité et produits du terroir
Produits à la rose (savons, confits, bougies…).

Rendez-vous

Avril-Sept. : expositions d'art et artisanat.
Juin : festival « Moments musicaux de Gerberoy », fête des Roses (3e dim.).

Pleine nature

Randonnée pédestre : GR 125 et 3 circuits balisés.

Aux alentours

- *Lyons-la-Forêt (36 km), voir p. 35.
- Picardie verte et ses vallées : Songeons, Hétomesnil, Saint-Arnoult, Vendeuil-Caply (de 10 à 40 km).
- Pays de Bray : Gournay-en-Bray, Saint-Germer-de-Fly (13 km).

Lavardin

Moyen Âge et légendes au pays de Ronsard

Loir-et-Cher (41) • 220 habitants • Altitude : 80 m

Au pays de Ronsard, le village a conservé son château fort, son caractère médiéval et ses légendes…
Lavardin s'est illustré en résistant, grâce au système de défense étagé de son château, à l'assaut de Richard Cœur de Lion, en 1118. Face à Henri IV et à ses troupes, les seigneurs de la région ne pourront en revanche pas lutter. Furieux du refus de ses sujets de se convertir au protestantisme, le jeune roi de Navarre et duc de Vendôme démantèle les forteresses de Montoire, Vendôme et Lavardin. Du haut d'une falaise de calcaire, les vestiges de la forteresse dominent le village. Un pont gothique à huit arches en tuffeau enjambe le Loir. Au cœur du village se dresse l'église romane St-Genest, dont la nef et le chœur s'ornent de peintures murales des XIIe et XVIe s. Toutes les époques ont laissé leur empreinte à Lavardin qui mêle maisons troglodytiques, gothiques et Renaissance. Ici façades blanches, là pans de bois et tuiles plates. Lavardin s'enorgueillit aussi de ses grottes uniques en France où, selon la légende toujours tenace, un puissant collège druidique se serait adonné à des rites sacrificiels sanguinaires.

Par la route : N10 (11 km) ; autoroute A10, sortie n° 18-Château-Renault (33 km).
Par le train : gare de Vendôme (26 km) ; gare TGV de Vendôme (31 km).
Par avion : aéroport de Tours-Saint-Symphorien (51 km).

Office de Tourisme de Montoire-sur-le-Loir : 02 54 85 23 30
Mairie : 02 54 85 07 74 / www.lavardin.net

Découvrir
• **Château** (XIe et XIVe s) : châtelet, dépendances, pont-levis, escalier d'honneur, salle des gardes, donjon… Ouvert de mai à sept. (06 81 86 12 80).
• **Église St-Genest** (XIe s) : peintures murales des XIIe et XVIe s représentant le baptême du Christ et la Passion (02 54 85 07 74).
• **Musée de Lavardin** : histoire du village et patrimoine du château. Ouvert de mai à sept.

Se loger
Chambres d'hôtes
À la Folie (02 54 72 60 12).
Gîte de l'Arche (06 21 21 78 36).
Gîtes
À la Folie (02 54 72 60 12).
Gîte de l'Arche (06 21 21 18 36).
Les Roches neuves, gîte troglodytique (02 54 72 26 56).

Se restaurer
Restaurants
Le Relais d'antan (02 54 86 61 33).

Saveurs et savoir-faire
Vins des Coteaux du Vendômois
• Boutique de produits régionaux (miel, fromage de chèvre, charcuterie, champignons, cidre, glaces…).

Rendez-vous
Janv. : fête de la Saint-Vincent.
Mars : championnat du monde de chouine (1er dim.).
Ascension : « Peintres au village ».
Juin : feu de la Saint-Jean.
Juil. : embrasement du château.
Déc. : marché de Noël (1er w.-e.).

Pleine nature
Randonnée pédestre : GR 35, GR 335 et 3 circuits balisés.

Aux alentours
• Troo (collégiale, village troglodytique) et Couture-sur-Loir (manoir de Ronsard) (de 8 à 15 km).
• Thoré-la-Rochette (train touristique) et Vendôme (de 10 à 20 km).

Pour la petite histoire
Chaque année se déroule à Lavardin le championnat du monde de chouine, un jeu de cartes qui remonte au XVIe s.

Locronan

Le fil et la pierre

Finistère (29) • 800 habitants • Altitude : 145 m

Ancienne cité tisserande drapée de granit, Locronan doit son nom à saint Ronan, l'ermite qui en fut le fondateur.
Encore habité du souvenir des cultes druidiques, le bois de Névet accueille au VIe-VIIe s l'ermitage de Ronan. Grâce aux ducs de Bretagne, Locronan devient au XVe s l'un des joyaux de l'art ogival breton. L'église priorale est édifiée entre 1420 et 1480. Accolée à l'église, la chapelle du Pénity, des XVe et XVIe s, abrite le gisant de saint Ronan. À la Renaissance, la manufacture de tissage du bourg étend sa renommée : la Compagnie des Indes lui accorde sa préférence, et les toiles de chanvre de Locronan équipent les navires de la Royale. Sur la place du village subsistent l'hôtel de la Compagnie des Indes et les logis du XVIIe s des notaires du roi et des négociants. De Philippe de Broca (*Chouans !*) à Jean-Pierre Jeunet (*Un long dimanche de fiançailles*) en passant par Roman Polanski (*Tess*), l'élégance Renaissance et minérale de Locronan a séduit de grands cinéastes. Dans l'ancien quartier des tisserands, la chapelle N.-D.-de-Bonne-Nouvelle (XVIe s) est parée de vitraux de Manessier.

Par la route : N165, sortie Audierne-Douarnenez (5 km).
Par le train : gare de Quimper (18 km).
Par avion : aéroport de Quimper-Cornouaille (17 km) ; aéroport de Brest-Guipavas (63 km).

Office de Tourisme : 02 98 91 70 14
www.locronan-tourisme.com

Découvrir
• **Église St-Ronan** (XVe s) : maîtresse vitre du XVe s, statuaire, trésor.
• **Chapelle du Pénity** (XVIe s) : gisant de saint Ronan en pierre de Kersanton (XVe s).
• **Chapelle N.-D.-de-Bonne-Nouvelle** (XVIe s) : vitraux modernes d'Alfred Manessier ; calvaire et lavoir.
• **Musée d'Art et d'Histoire** : « l'Industrie de la toile » (métier à tisser du XVIIIe s, confection de costumes traditionnels…) et « Locronan, étape de la route des peintres en Cornouaille » (collection de toiles d'une cinquantaine de peintres du début du XXe s), coiffes et costumes bretons, intérieur breton reconstitué.
• **Village** : visite guidée pour les groupes et les individuels (rens. : 02 98 91 70 14).

Se loger
Hôtels
Le Manoir de Moëllien*** (02 98 92 50 40).
Latitude Ouest*** (02 98 91 70 67).
Le Prieuré** (02 98 91 70 89).
Chambres d'hôtes
Mme Camus*** (02 98 91 85 34).
Mme Le Doaré (02 98 91 83 97).
Mme Douy (02 98 91 74 85).
Meublés
Rens. : 02 98 91 70 14
www.locronan-tourisme.org.
Camping
Camping Locronan***
(02 98 91 87 76 ou 06 28 80 44 74).

Se restaurer
Restaurants
Au Coin du feu (02 98 51 82 44).
Le Comptoir des Voyageurs (02 98 91 70 74).
Le Grimaldi (02 56 10 18 37).
Le Prieuré (02 98 91 70 89).
Crêperies
Les 3 Fées (02 98 91 70 23).
Breiz Izel (02 98 91 82 23).
Chez Annie (02 98 91 87 92).
Le Temps passé (02 98 91 87 29).
Ty Coz (02 98 91 70 79).

Pour la petite histoire
Locronan est l'un des rares lieux de l'Europe celtique à avoir conservé, toujours inscrit dans son paysage, le Nemeton. Ce grand quadrilatère d'une douzaine de kilomètres de périmètre, comportant douze points remarquables correspondant aux douze mois de l'année celtique, avait pour fonction sacrée la représentation sur terre du parcours des astres dans le ciel. Tous les six ans, à l'occasion d'une procession religieuse en l'honneur de saint Ronan appelée Grande Troménie, les habitants de Locronan parcourent ce chemin sacré.

Saveurs et savoir-faire
Spécialités et produits du terroir
Galettes, gâteau breton et kouign-amann.
Art et artisanat
Aquarelliste • Antiquaire • Céramistes • Travail du cuir et de l'étain • Travail du bronze • Maroquinier • Peintres • Photographe d'art • Souffleurs de verre • Tisserands • Sculpteurs sur bois • Sculpteur de cuillères de mariage.

Rendez-vous
Marché : Tous les mardis matin pl. de la Mairie.
Mai : marché aux fleurs.
Juillet : pardon de la Petite Troménie (2e dim.).
Juillet-août : les marchés aux Étoiles, marché nocturne d'artisanat et de terroir (les jeudis de mi-juillet à mi-août), concerts (les mardis), foires à la brocante et aux antiquités.
Déc. : illuminations et marché de Noël.

Pleine nature
Randonnée : GR 38 et circuits balisés (bois de Névet ; boucle accessible aux personnes handicapées moteur) • VTT (bois de Névet).

Aux alentours
• Douarnenez (10 km).
• Châteaulin et canal de Nantes à Brest (16 km).
• Quimper (17 km).
• Audierne (30 km).
• Presqu'île de Crozon (30 km).
• Pont-l'Abbé et le pays bigouden (39 km).

Lyons-la-Forêt

Village-clairière

Eure (27) • 759 habitants • Altitude : 95 m

Au cœur de l'une des plus belles hêtraies d'Europe et du plus grand massif forestier de Normandie, Lyons marie coquettement fleurs et façades à colombages.

Du Bout-de-Bas, berceau gallo-romain du village, jusqu'à La Rigole, Lyons-la-Forêt s'étire le long de la Lieure, que dominent l'église St-Denis (XIIe-XVIe s), puis les anciens couvents des Bénédictines et des Cordeliers. Dans sa partie centrale, le village fait cercle autour des vestiges du château, où mourut Henri Ier d'Angleterre, fils de Guillaume le Conquérant. Il fait aussi triangle autour de sa halle du XVIIIe s. Un triangle animé des commerces et services d'un chef-lieu de canton paré de torchis colorés, de briques, de colombages et de fleurs. Le Vieux Logis, la Sergenterie, la maison de Benserade, poète de la cour de Louis XIV, le Fresne, où composa Maurice Ravel, et l'ancien siège du bailliage, devenu mairie, en sont les fleurons.

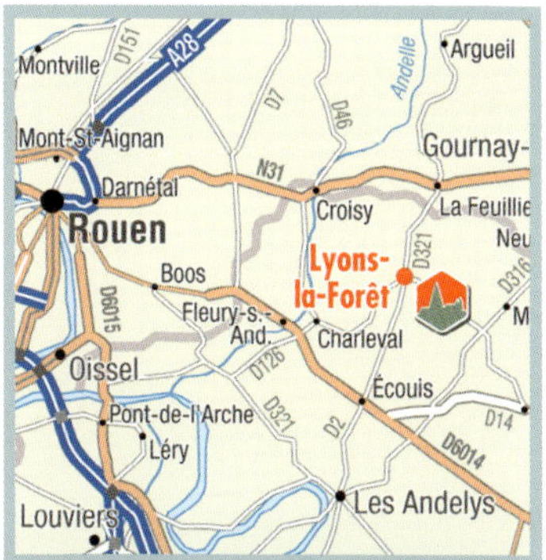

Par la route : autoroute A16, sortie n° 15-Beauvais centre (59 km) ; autoroute A13, sortie n°20-Criquebeuf (34 km).

Par le train : gare de Rouen (33 km).

Par avion : aéroport de Rouen-Vallée de la Seine (27 km) ; aéroport de Beauvais-Tillé (55 km) ; aéroport de Roissy-Charles de Gaulle (114 km).

Office de Tourisme du Pays de Lyons : 02 32 49 31 65 • www.paysdelyons.com

Découvrir

• **Hôtel de ville :** cachot et salle du tribunal du XVIIIe s. (02 32 49 31 65).
• **Village :** visite guidée pour les groupes sur RDV (02 32 49 31 65).

Se loger

Hôtels
♥ La Licorne**** (02 32 49 62 02).
Le Grand Cerf *** (02 32 49 60 44).
Les Lions de Beauclerc (02 32 49 18 90).
Auberge de pays
Le Domaine Saint-Paul*** (02 32 49 60 57).
Chambres d'hôtes
L'Escapade de Marijac (02 32 49 96 62).
Le Vieux Logis (06 80 40 00 40).
Gîtes
Rens. : 02 32 49 31 65
www.paysdelyons.com.
Campings
Saint-Paul*** (02 32 49 42 02).
Le Bois Mareuil, club naturiste (06 63 98 00 45).

Pour la petite histoire

Lyons-la-Forêt accueillit deux fois le tournage de *Madame Bovary*. La première fois en 1933, pour le film réalisé par Jean Renoir ; la seconde en 1991, pour celui de Claude Chabrol, avec Isabelle Huppert.

Se restaurer

Restaurants
♥ La Licorne Royale, gastronomique (02 32 49 62 02).
La Halle (02 32 49 49 92).
Le Commerce (02 32 49 49 92).
Le Domaine Saint-Paul (02 32 49 60 57).
Le Grand Cerf (02 32 49 60 44).
Le Petit Lyons (02 32 49 61 71).
Les Lions de Beauclerc (02 32 49 18 90).

Saveurs et savoir-faire

Spécialités et produits du terroir
Boutique de produits du terroir normand.
Art et artisanat
Antiquaires • Décoration • Faïence • Lutherie.

Rendez-vous

Marché : jeudi, sam. et dim. 8 h 30 13 h.
1er Mai : foire à tout.
Pentecôte : fête artisanale.
Juillet : fête de la Fleur (1er w.-e.).
Oct. : fête de la Saint-Denis (mi-oct.).
Déc. : marché de Noël.

Pleine nature

Arboretum • Équitation • Randonnée cycliste et pédestre.

Aux alentours

• Abbaye de Mortemer, châteaux de Fleury-la-Forêt, de Heudicourt, de Vascoeuil et de Martainville, abbaye de Fontaine-Guérard, musée de la Ferme de Rome (de 5 à 20 km).
• Château-Gaillard, château de Gisors, Rouen (de 20 à 35 km).
• *Gerberoy (37 km), voir p. 30.

Moncontour

Sur la trace des Chouans

Côtes-d'Armor (22) • 957 habitants • Altitude : 120 m

Au confluent de deux vallées verdoyantes, Moncontour est toujours ceinturé de ses imposants remparts médiévaux.
La cité fut fondée au XIe s pour défendre Lamballe, capitale du Penthièvre. Malmenée par de nombreux assauts durant tout le Moyen Âge et même démantelée sur ordre de Richelieu, elle parvint toutefois à conserver onze des quinze tours de l'ancienne enceinte ainsi que la Porte-d'en-Haut et la poterne St-Jean. Du XVIIIe s à la Révolution Industrielle, à l'image de sa voisine finistérienne Locronan, Moncontour se développa autour de la production de berlingue (toile de chanvre et de lin), exportée en Amérique du Sud et jusqu'aux Indes. Dans un univers tout de granit et d'ardoises, les riches hôtels particuliers, l'hôtel de ville ou encore l'église St-Mathurin témoignent de cette époque florissante. La Maison de la Chouannerie et de la Révolution rappelle que, pendant les insurrections de la fin du XVIIIe s, le général Hoche avait établi son quartier général dans un hôtel particulier de la place de Penthièvre.

Par la route : N12, sortie Moncontour (14 km).
Par le train : gare de Lamballe (16 km) ; gare de Saint-Brieuc (25 km).
Par avion : aéroport de Saint-Brieuc (36 km) ; aéroport de Rennes-Saint-Jacques (96 km).

Office de Tourisme : 02 96 73 49 57
www.tourisme-moncontour.com

Découvrir

• **Église St-Mathurin** (XVIe et XVIIIe s) : vitraux classés du XVIe s (02 96 73 49 57).
• **Maison de la Chouannerie et de la Révolution** : expositions permanentes sur la Chouannerie aux XIXe et début du XXe s (02 96 73 49 57).
• **Théâtre du Costume** : expositions permanentes sur « la vie d'un chevalier à travers le Moyen Âge » et « L'évolution du costume de Louis XII à 1900 ». Rens. : Carolyne Morel (06 81 87 33 40).
• **Village** : Circuit d'interprétation du patrimoine « La forteresse médiévale » (1 h 30). Visites guidées proposées aux individuels en été (le jeudi) et toute l'année pour les groupes sur RDV ; visites guidées thématiques en été ; balade en calèche les lundis en été (02 96 73 49 57).

Se loger

Hôtel
Hostellerie de la Poterne** (02 96 73 40 01).
Chambres d'hôtes
À la garde ducale*** (02 96 73 52 18).
La Vallée** (02 96 73 55 12).
Gîtes et meublés
Mme Georgelin** (02 96 73 44 24 ou 06 71 20 13 72).
Mme Leroux** (02 99 64 52 28 ou 06 87 48 30 21).
M. Ruffet** (02 56 26 91 05 ou 06 33 38 37 18).

Mme Picard (02 96 61 46 85 ou 06 61 94 38 45).
Moncontour Cité médiévale (02 96 61 46 85).

Camping
La Tourelle** (02 96 73 50 65 ou 06 76 74 85 04).

Se restaurer

Restaurants
La Mulette (02 96 73 50 37).
Le Chaudron magique (02 96 73 40 34).
Les Remparts (02 96 73 54 83).
Au Coin du feu, crêperie-pizzeria (02 96 73 49 10).
La Poterne (02 96 73 40 01).
Adana Kebab (02 96 76 02 72).

Saveurs et savoir-faire

Art et artisanat
Céramiste • Couturière-chapelière • Perlier d'art • Styliste • Costumière • Peintre • Vitrailliste • Résidence des Arts (expositions et résidences d'artistes et artisans d'art).

Rendez-vous

Marché : Marché de produits locaux le mardi soir.
Mai : Balade des 7.com.
Pentecôte : Pardon de saint Mathurin, festivités de la Pentecôte.
Juillet-août : animations sportives et culturelles (tlj).
Août (années impaires) : fête médiévale (1er dim.).
Sept. : Journée des peintres ; festival Dell Arte, arts de la rue (1er w.-e.).
Déc. : Ménestrail.

Pleine nature

Randonnée pédestre, équestre et VTT • Marche nordique • Pêche.

Aux alentours

- Plemy (5 km).
- Hénon, Quessoy, Trébry : parcs des Demeures de parlementaires de l'Ancien Régime (de 6 à 8 km).
- Saint-Glen : le Village des automates (10 km).
- Lamballe (16 km).
- Saint-Brieuc (26 km).
- Loudéac (27 km).
- Quintin : château, musée-atelier du Tisserand et des Toiles (29 km).
- Le Foeil (32 km).

Montrésor

Depuis les Balcons de l'Indrois

Indre-et-Loire (37) • 341 habitants • Altitude : 100 m

C'est au trésorier du chapitre de la cathédrale de Tours, qui avait ici son domaine au Xe s, que Montrésor doit son nom.

Dès le début du XIe s, le puissant comte d'Anjou Foulques III, dit Nerra (le noir), fait construire à Montrésor, pour défendre l'approche de la Touraine, une forteresse dont les vestiges de la double ceinture de défense sont encore visibles. C'est à l'intérieur de son enceinte qu'à la fin du XVe s Imbert de Bastarnay, conseiller des rois Louis XI, Charles VIII, Louis XII et François Ier, édifie l'actuel château de style Renaissance ; on lui doit également la collégiale St-Jean-Baptiste, qui abrite, avec les tombeaux des membres de sa famille, une Annonciation de Philippe de Champaigne. En 1849, le château devient la propriété d'un comte polonais ami de Napoléon III, Xavier Branicki, qui le restaure et le dote de nombreuses œuvres d'art : sculptures de Pierre Vaneau, tableaux des écoles de grands maîtres comme Raphaël, Véronèse, le Caravage, Kaplinski ou Winterhalter. Ce comte Branicki a aussi donné son nom à l'une des rues taillées dans le rocher où les maisons à demi troglodytiques côtoient celles à colombages. Réhabilitée en espace culturel et lieu d'exposition permanente, la halle des Cardeux, du début du XVIIIe s, autrefois halle aux laines, rappelle l'activité passée du village. Le logis du Chancelier, du XVIe s, avec son échauguette, abrite désormais la mairie. Le long de la rivière, la promenade des Balcons de l'Indrois offre, depuis la passerelle du pont du Jardinier, construite par l'atelier d'Eiffel, de belles vues sur le village.

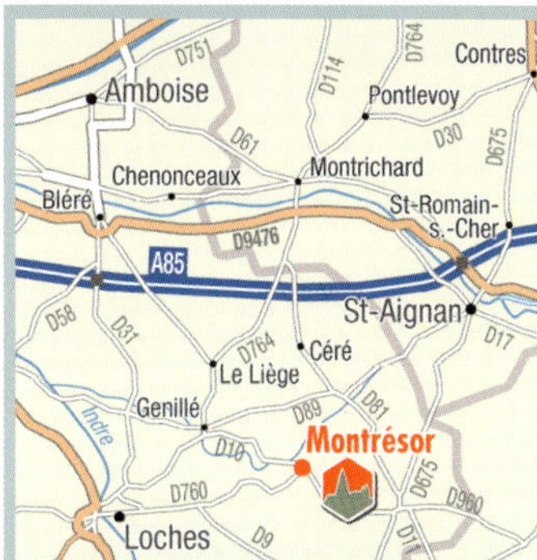

Par la route : autoroute A85, sortie n° 11-Bléré (28 km) ; N76 (27 km).
Par le train : gare de Tours (55 km) ; gare TGV de Saint-Pierre-des-Corps (54 km).
Par avion : aéroport de Tours-Saint-Symphorien (67 km).

ⓘ **Office de Tourisme :** 02 47 92 70 71
www.tourisme-valdindroismontresor.com
www.village-montresor.fr

Pour la petite histoire

D'après la légende, le jeune roi Gontran, fils de Clotaire Ier et petit-fils de Clovis, endormi au bord d'un ruisseau sur les genoux de son écuyer, rêve d'un trésor caché dans une grotte. Bientôt, l'écuyer voit passer sur le visage de Gontran un petit lézard qui court vers le coteau voisin et en revient couvert d'or. Informé de cette vision, le roi s'empresse de faire fouiller le coteau, qui recèle d'immenses richesses. Mais les chroniques du Moyen Âge révèlent que ce domaine relevait jadis du trésorier capitulaire de la cathédrale de Tours. Ainsi s'explique l'appellation Mons Thesauri du xe s : « mont du Trésorier », qui deviendra enfin « Montrésor ».

Découvrir

- **Château** (xie-xve s) : musée d'Art polonais (02 47 92 60 04).
- **Collégiale St-Jean-Baptiste** (xvie s) : tombeau d'albâtre aux trois gisants, Annonciation du xviie s de Philippe de Champaigne.
- **Halle aux Cardeux** : exposition permanente sur l'histoire du Montrésorois.
- **Village** : visite guidée pour groupes uniquement et sur réservation (02 47 92 70 71).

Se loger

Chambres d'hôtes
Le Moulin de Montrésor***
(02 47 92 68 20).
La Grenache (02 47 92 71 39).
Gîtes et meublés
Rens. : 02 47 27 70 71.

Se restaurer

Restaurant
Montrésor Café (02 47 92 75 31).

Saveurs et savoir-faire

Spécialités et produits du terroir
Macarons de Montrésor • Rillettes de Montrésor.
Art et artisanat
Artisanat régional (boutique de la Maison de Pays) • Peintre.

Rendez-vous

Juillet-août : Nuits Solaires ; fête des Peintres (15 août).
Déc. : marché de Noël.

Pleine nature

Boulodrome • Pêche • Randonnée pédestre : 2 circuits balisés • Randonnées à vélo.

Aux alentours

- Loches, vallée de l'Indre (17 km).
- Château de Montpoupon, vallées du Cher (Chenonceaux) et de la Loire (Amboise) (de 25 à 45 km).
- Château de Valençay (30 km).
- Tours (50 km).

Montsoreau

Le château de la Dame

Maine-et-Loire (49) • 431 habitants • Altitude : 33 m

Avec la Loire pour horizon, Montsoreau est, entre Anjou et Touraine, terre d'Histoire, de douceur et d'harmonie.
Tout près de l'abbaye royale de Fontevraud, Montsoreau est bâti autour de son château du XVe s, entre Loire et coteau. Le village conserve un riche patrimoine marqué par la marine de Loire et sa Dame, Françoise de Maridor, dont Alexandre Dumas a conté les amours tumultueuses et fatales avec Bussy d'Amboise. Découvrir Montsoreau, c'est prendre des chemins bordés de fleurs montant vers les vignes, admirer des demeures de tuffeau blanc et des jardins soigneusement entretenus, flâner dans cours et ruelles avec, à perte de vue, la Loire, parcourir le coteau du Saut aux Loups, où se nichent d'anciennes habitations troglodytiques, déguster en fin de visite quelques crus renommés de Saumur Champigny et de Crémant de Loire.

Par la route : autoroute A85, sortie n° 5-Bourgueil (12 km).
Par le train : gare de Saumur (13 km).
Par avion : aéroport d'Angers-Marcé (63 km) ; aéroport de Tours-Saint-Symphorien (73 km) ; aéroport de Nantes-Atlantique (177 km).

Office de Tourisme : 02 41 51 70 22
www.saumur-tourisme.com
www.ville-montsoreau.fr

Découvrir

- **Château** (xve s) : Rens. - 02 41 67 12 60.
- **Église St-Pierre-de-Rest** (xiiie au xviiie s, 02 41 51 70 15).
- **Champignonnière Le Saut aux Loups :** au sein d'un ensemble d'habitations troglodytiques du xve s utilisées pour la culture du champignon, reconstitution d'une champignonnière du début du xxe s, sculptures, exposition, collection lapidaire (02 41 51 70 30).
- **Maison du parc naturel régional Loire-Anjou-Touraine :** parcours scénographique permanent (découverte de la faune et de la flore), expositions, boutique… Rens. : 02 41 38 38 88.
- **Marché des vins de Loire :** dans une cave troglodytique, découverte des appellations de la Vallée de la Loire à travers un parcours œnologique de 10 étapes allant de Nantes à Sancerre (02 41 38 15 05).
- **Village :** visite guidée (rens. : 02 41 51 70 22).

Se loger

Hôtels
La Marine de Loire**** (02 41 50 18 21).
Le Bussy*** (02 41 38 11 11).
Chambres d'hôtes
Juliette (02 41 51 75 70).
La Fauvette (06 08 93 85 61).
La Forge (02 41 52 35 47).
Gîtes et meublés
Rens. : 02 41 51 70 22
www.ville-montsoreau.fr.
Camping
L'Isle Verte**** (02 41 51 76 60).

Se restaurer

Restaurants
Aigue-Marine, bateau-restaurant (02 41 38 12 52).
Diane-de-Méridor, restaurant gastronomique (02 41 51 71 76).
La Cave du Saut aux Loups (02 41 51 70 30).
La Dentellière, crêperie-saladerie (02 41 52 41 58).
Le Mail, brasserie (02 41 51 73 29).
Le Montsorelli (02 41 51 70 18).
Le Lion d'or, crêperie (02 41 51 70 12).
Le P'tit Bar, brasserie-gril (02 41 51 72 45).

Saveurs et savoir-faire

Spécialités et produits du terroir
Champignons • Pommes et poires bio • Vins AOC de Saumur, Saumur-Champigny, Crémant de Loire.
Art et artisanat
Antiquaires et galeries d'art.

Rendez-vous

Marché : dim. 8 h-13 h, pl. du Mail.
Juillet-août : Les Musicales de Montsoreau au château et à l'église.
Toute l'année : les puces de Montsoreau (2e dim. de chaque mois).

Pleine nature

Boucle équestre, VTT • Croisières sur la Loire • Pêche • Sports nautiques sur la Loire • Randonnée pédestre : GR 3, 1 circuit balisé (17 km) et circuit du patrimoine « Au temps des mariniers de Loire » de Montsoreau à Candes-Saint-Martin • Vélo (circuits « Loire à vélo »).

Aux alentours

- *Candes-Saint-Martin (1 km), voir p. 26.
- Abbaye de Fontevraud (4 km).
- Saumur (12 km).
- Chinon (19 km).
- *Crissay-sur-Manse (39 km), voir p. 27.

Pour la petite histoire

Au cœur du village, un lieu insolite perpétue une tradition ancestrale : celle de la boule de fort, classée jeu patrimonial ligérien par le ministère de la Culture. Dans les anciennes halles de Montsoreau, à « l'Union », se déroule une sorte de piste incurvée sur laquelle les joueurs, obligatoirement en pantoufles, font rouler des boules de 13 cm de diamètre aux côtés aplatis qu'il faut approcher le plus près du « maître », boule plus petite disposée au centre du jeu.

Rochefort-en-Terre

La Bretagne en fleurs

Morbihan (56) • 710 habitants • Altitude : 50 m

À mi-chemin entre le Golfe du Morbihan et la forêt de Merlin l'Enchanteur, le village fut une « roche forte » contrôlant les routes commerciales entre terre et mer.

Village médiéval dont les origines remontent au XIe s, Rochefort-en-Terre est l'une des plus anciennes seigneuries de Bretagne. Sa position, sur un éperon rocheux entouré de vallons profonds, lui conféra une place stratégique et un rôle de premier plan. Les traces de cette histoire riche se dévoilent dans la ville haute – héritage d'un passé prospère lié à l'exploitation des ardoisières –, avec les anciennes halles, la collégiale du XIIe s, les ruines du château médiéval des comtes de Rochefort et le château du XXe s, ainsi que les hôtels particuliers des XVIe et XVIIe s, aux façades de granit et de schiste richement fleuries. Devenue cité de peintres au XXe s grâce au portraitiste américain Alfred Klots, Rochefort-en-Terre a conservé sa tradition picturale mais aussi florale.

Par la route : N166, sortie Bohal (15 km) ; N165, sortie n° 17-Marzan (23 km).
Par le train : gares de Questembert (10 km), Redon (25 km), Vannes (32 km) ; gare TGV de Rennes (100 km).
Par avion : aéroports de Rennes-Saint-Jacques (96 km), de Nantes-Atlnatique (100 km), de Lorient-Lann Bihoué (103 km).

Office de Tourisme : 02 97 26 56 00
www.rochefort-en-terre.bzh

Découvrir

• **Parc du château :** vue sur les ruines du château médiéval et sur le château du XXe s bâti sur des écuries du XVIIe s.
• **Église collégiale N.-D. de la Tronchaye** (XIIe-XIVe s).
• **Village :** circuit touristique de la Petite Cité ; visite guidée toute l'année pour les groupes sur réservation ; tous les mar. et jeu. matins en juil.-août et les ven. et sam. de décembre pendant les illuminations) pour les individuels (02 97 26 56 00).
• **Naïa Museum :** musée d'arts contemporain, fantastique, numérique et cinétique ; parc du château (02 97 40 12 35 www.naiamuseum.com).

Se loger

Hôtel
Le Pélican** (02 97 43 38 48).
Village de vacances
VVF Villages Le Moulin neuf (02 97 43 35 50).
Résidence de tourisme
Domaine Ar Peoc'h (02 97 43 37 88).
Chambres d'hôtes
La Tour du Lion (02 97 43 36 94 ou 06 63 34 77 27).
François Pinat (02 97 43 30 43).

Gîtes et meublés
Rens. : 02 97 26 56 00
www.rochefort-en-terre.bzh.
Camping
Camping Au Gré des Vents
(02 97 43 37 52 ou 06 23 32 51 53).

Se restaurer

Restaurants
Freine le Temps (02 97 43 31 63).
L'Ancolie (02 97 43 33 09).
Les Ardoisières (02 97 43 47 55).
Le Ménestrel (02 97 43 38 33).
Le Pélican (02 97 43 38 48).
La Petite Bretonne, crêperie (02 97 43 37 68).
La Crêperie du Puits (02 97 43 30 43).
La Tour du Lion, crêperie-brasserie (06 63 34 77 27).
Le Café breton, crêperie (02 97 43 32 60).
Le Local des Saveurs, pizzeria (02 97 47 57 85).

Saveurs et savoir-faire

Spécialités et produits du terroir
Biscuits, sablés bretons, kouign amann • Pain d'épice • Galettes bretonnes • Miel • Chouchen • Cidre • Jus de pomme.
Art et artisanat
Artisanat du bois • Artisanat du métal • Artisanat ardoisier • Bougies artisanales • Broderies d'art • Créateur de bijoux et sculptures • Créations textiles • Maroquinier • Peintres • Plasticiens • Savonnier.

Rendez-vous

De juin à Sept. : expositions temporaires d'artistes peintres et sculpteurs.
Juillet : marché des potiers.
Août : fête médiéval (vers le 15) ; Pardon de Notre-Dame de la Tronchaye (dim. ap. le 15) ; festival de musique ; « Les Loustiks de l'Akoustic » (fin août).
Juil.-août : concerts au Café de la Pente (ts les jeu.) et à la salle de spectacle de l'Etang Moderne.
Déc. : illuminations de Noël.

Pleine nature

Randonnée : GR 38 et circuits balisés autour de Rochefort.

Aux alentours

- Malansac : parc de la Préhistoire (4 km).
- Caden : musée des Maquettes de machines agricoles et centre d'art (10 km).
- Questembert : halles du XVIe s (10 km).
- Malestroit (16 km).
- La Vraie-Croix : chapelle du XIIIe s (17 km).
- La Gacilly : artisans d'art, végétarium Yves-Rocher, festival de photographie (18 km).
- Le Guerno : parc animalier de Branféré (19 km).
- La Roche-Bernard (19 km).
- Forêt de Brocéliande (35 km).
- Vannes (35 km).
- Golfe du Morbihan : île d'Arz, île aux Moines... (40 km).

Pour la petite histoire

En 1911, quatre années après avoir racheté le château, le peintre américain Alfred Klots créa le concours des fenêtres fleuries afin d'égayer un peu plus les anciennes demeures du village. Pour cela, il offrit à chaque habitant des boutures de géraniums destinées à orner les fenêtres. La tradition du fleurissement a ainsi perduré à Rochefort ce qui lui vaut les plus grandes distinctions dans ce domaine.

Par la route : autoroute A13, sortie n° 14-Vernon (11 km) ou sortie n° 11-Mantes-la-Jolie-Est (17 km).
Par le train : gare de Vernon (14 km), de Mantes-la-Jolie (16 km) ; gares de Paris-TGV (75 km).
Par avion : aéroport de Paris-Roissy Charles de Gaulle (89 km) ; aéroport de Paris-Orly (90 km).

Mairie : 01 34 79 70 55
www.larocheguyon.fr

La Roche-Guyon

Paris-Normandie

Val-d'oise (95) • 520 habitants • Altitude : 120 m

Dans un méandre de la Seine creusé dans les falaises de craie et de silex, La Roche-Guyon mêle architecture d'Île-de-France et colombages normands.
Le village, à l'origine troglodytique, était composé de boves, habitations où bêtes et hommes cohabitaient et qui servent aujourd'hui de remises. Le donjon du XIIe s est entouré d'une enceinte et relié au château par un impressionnant passage secret de plus de 100 m. Construit au XIIIe s, remanié au XVIIIe s, le château conserve de son époque féodale des tourelles d'angle surmontées de toits en poivrière. Le bâtiment principal fut complété de pavillons d'angle et de terrasses sous Louis XV. Implanté sur l'axe principal entre le château et la Seine, le potager du château, créé en 1741, fut restauré en 2004 selon les plans originaux du XVIIIe s et donne lieu à de véritables créations artistiques réalisées par des sculpteurs et paysagistes. Les vieilles rues du bourg invitent à la flânerie, et l'on se laisse mener par la charrière des Bois ou celle de Gasny jusqu'aux bords de Seine. Le village fait partie du parc naturel régional du Vexin français et de la réserve naturelle des Coteaux de la Seine.

Découvrir

• **Château** (XIIIe-XVIIIe s) : visites à thèmes (circuit médiéval, circuit des salons, circuit du donjon et des chapelles, circuit des casemates et des boves), potager ; animations jeune public, programmation culturelle… (01 34 79 74 42).
• **Église St-Samson** (XVe s) : statue en marbre de François de Silly, propriétaire du château au XVIIe s (01 34 79 70 55).

Se loger

Hôtel
Les Bords de Seine** (01 30 98 32 52).
Chambres d'hôtes
M. Buffet (01 75 74 41 85).
Gîte
Le Logis du Château (06 98 70 58 77).
Gîte d'étape
Rens. : 01 34 79 72 67 et 07 63 16 31 14.

Se restaurer

Restaurants
Les Bords de Seine (01 30 98 32 52).
Le Relais du Château (01 34 79 70 52).
Casa Mia, pizzeria (01 34 79 70 73).
La Cancalaise, crêperie (01 34 79 74 48).

Saveurs et savoir-faire

Spécialités et produits du terroir
Cours de cuisine et de pâtisserie.
Art et artisanat
Ferronnier • Mosaïste • Peintre • Potière • Tapissier.

Rendez-vous

Mai : Plantes, plaisir, passions (1er w.-e.).
Juin : marché du terroir (2e dim.).
Ascension : grande brocante.
14 Juillet : banquet citoyen.
Nov. : salon du vin (2e w.-e.) et marché de l'avent (dern. w.-e.).

Pleine nature

Randonnée - Promenades balisées en forêt et dans le village (topo-guide en mairie) • VTT.

Aux alentours

• Route des crêtes, GR 2 (2 km).
• Haute-Isle : église troglodytique (3 km).
• Village de Vétheuil (6 km).
• Chaussy : château de Villarceaux, golf et manoir (10 km).
• Jardins et maison de Claude Monet à Giverny (9 km).
• Vernon (13 km).
• Mantes-la-Jolie (16 km).
• Les Andelys, Château-Gaillard (30 km).

Pour la petite histoire

En février 1944, le maréchal Rommel établit son quartier général au château. Opposé aux théories nazies et désireux de mettre fin à la guerre, il entre en contact avec la résistance allemande. Le château devient alors le lieu de rencontres secrètes destinées à négocier la paix avec les Alliés, tout en essayant de convaincre Hitler de l'inutilité de son combat et de la défaite qu'il pressent toute proche. Rommel n'aura pas le temps de mettre ses plans à exécution : le 6 juin 1944, les Alliés débarquent sur les plages normandes.

Saint-Benoît-du-Sault

Un prieuré aux portes du Limousin

Indre (36) • 615 habitants • Altitude : 220 m

Bâti sur un éperon granitique, le village de Saint-Benoît-du-Sault est l'une des portes de l'Occitanie.
Enserré par une double ceinture de remparts, en partie intacts, Saint-Benoît a conservé de son passé médiéval une porte fortifiée, un beffroi du XIVe s et un ancien chemin de ronde. À l'extrémité du promontoire rocheux, un prieuré bénédictin offre la vue sur la vallée. L'église, majestueuse et sobre, du début du roman, renferme des chapiteaux et une cuve baptismale du XIe s. Dans le cœur du village, les maisons des XVe-XVIe s bordent les rues étroites, souvent en pente raide : le Portail et la maison de l'Argentier, au linteau sculpté, sont les plus remarquables. Des sentiers de promenade permettent de découvrir l'ensemble du village, bâti en amphithéâtre, et le prieuré, qui domine une pièce d'eau dans laquelle il se reflète. Ce bâtiment doit être prochainement restauré : il abritera un centre culturel et touristique.

Par la route : autoroute A20, sortie n° 20-Saint-Benoît-du-Sault (8 km).
Par le train : gare d'Argenton-sur-Creuse (21 km).
Par avion : aéroport de Limoges-Bellegarde (80 km).

Office de Tourisme : 02 54 47 67 95
www.saint-benoit-du-sault.fr

Découvrir
• **Église** (XIe, XIIIe et XIVe s) : vitraux de Jean Mauret.
• **Prieuré** : ouvert à la visite lors des expositions.
• **Village** : visite guidée les mercredis et sam. (02 54 47 67 95).

Se loger
Hôtel
Le Centre (02 54 47 51 51).
Chambres d'hôtes
Le Portail*** (02 54 47 57 20).
La Châtille*** (02 54 47 50 12).
Outre-l'Étang (02 54 24 83 97).
La Treille (09 60 02 10 50).
Gîte
M. Level (02 54 24 89 16).
Gîte d'étape
La Maison des Voyageurs (02 54 47 51 44).

Se restaurer
Restaurants
L'Auberge du Champ de Foire (02 54 27 43 77).
L'Entrecôte, pizzeria-gril (02 54 47 66 82).
Hôtel du Centre (02 54 47 51 51).

Saveurs et savoir-faire
Art et artisanat
Éditeur de livres d'artistes et poésie • Graveur et peintre • Photographe • Teinturier et façonnier de laine angora.

Rendez-vous
Mars : festival de ciné-concert (fin mars).
Avril : foire aux vins des Pays de la Loire.
Juillet : brocante (le 13).
Juin : exposition d'art contemporain.
Juillet-août : théatre, concerts.
Août : foire interrégionale de béliers (le 4), fête patronale (le 15), foire bovine (dern. sem.).
Déc. : foire grasse d'oies et canards de la région de Brive.

Pleine nature
Pêche • Tennis • Circuits de randonnée.

Aux alentours
• Gargilesse-Dampierre (24 km).
• Dolmens des Gorces (2 km) et de Passebonneau (3 km).
• Église de Roussines (4 km).
• Parc naturel régional de la Brenne (de 5 à 50 km).
• Site du château de Brosse (10 km).
• Vallée de la Creuse, musée archéologique d'Argentomagus, lac de Chambon, site de Crozant (de 18 à 27 km).

Saint-Céneri-le-Gérei

Au bonheur des peintres

Orne (61) • 140 habitants • Altitude : 127 m

Au cœur des Alpes mancelles, Saint-Céneri-le-Gérei allie l'eau, la pierre et le bois.
Blotti dans un méandre de la Sarthe, le village a été fondé par saint Céneri. Cet ermite d'origine italienne créa un monastère qui fut par la suite incendié par les Normands. Sur son emplacement une église fut construite au XIe s. Coiffée d'un toit en bâtière, elle émerge aujourd'hui au-dessus des arbres. Sa tour est décorée de colonnes et de baies. À l'intérieur, elle abrite des peintures murales du XIIe s exceptionnelles et un plafond unique en France, qui ont été restaurés récemment. Tout autour de l'église, les anciennes maisons du bourg sont préservées. En contrebas se niche une charmante chapelle du XVe s. Sur la rive opposée se trouve la fontaine miraculeuse que fit jaillir saint Céneri en 660. La croyance populaire accorde à cette fontaine le pouvoir de guérir des maladies des yeux. Le village a charmé par le passé de nombreux peintres célèbres, comme Corot ou Boudin. À l'Auberge des Sœurs Moisy, où ils avaient leurs habitudes, subsistent des profils d'artistes et de gens du village dessinés au fusain, à la lumière de la bougie.

Par la route : autoroute A28, sortie n° 18- Alençon centre (20 km), N12 (12 km).
Par le train : gare d'Alençon (19 km).
Par avion : aéroport de Caen-Carpiquet (133 km).

Office de Tourisme des Alpes mancelles : 02 43 33 28 04
Point info : 02 33 27 84 47
www.saintceneri.org

Découvrir

- **Église St-Céneri** (XIe s) : peintures murales, chemin de croix.
- **Chapelle** (XVe s) : statue de saint Céneri.
- **Auberge des Sœurs Moisy :** musée des Peintres du XIXe et du XXe s.
- **Village :** circuit de visite audio (www.saintceneri.org).

Se loger

Gîtes et meublés
Chez Martine (02 33 32 23 93).
La Giroise (02 43 33 79 22).
La Cassine (02 33 26 93 66).

Se restaurer

Restaurants
Auberge des Peintres (02 33 26 49 18).
Auberge de la Vallée (02 33 28 94 70).
La Taverne giroise (02 33 32 24 51).
Le Petit Caboulot (02 14 17 65 04).
Lez'Arts à Table (02 33 81 91 21).

Saveurs et savoir-faire

Art et artisanat
Marqueterie, restauration de tableaux
Peintres • Peintre-sculpteur.

Rendez-vous

Pentecôte : Rencontre des peintres.
Juillet : « Saint Scène » (musique).
Août : vide-greniers (1er dim.).

Pleine nature

Canoë-kayak • Pêche • Randonnée pédestre : GR 36, plusieurs circuits balisés par le parc naturel régional Normandie-Maine et chemin des Arts vers le mont des Avaloirs • VTT • Circuit d'interprétation Monts et Marche.

Aux alentours

- Saint-Léonard-des-Bois (5 km).
- Mont des Avaloirs (15 km).
- Alençon, musée de la dentelle (15 km).

- Forêt d'Écouves et château de Carrouges (de 20 à 30 km).
- Parc naturel régional Normandie-Maine, Carrouges (30 km).
- Bagnoles-de-l'Orne (40 km).
- Haras national du Pin (55 km).

Pour la petite histoire

Dans la chapelle du XVe s édifiée à l'emplacement de l'ermitage de saint Céneri se trouve la stèle de granit qui aurait servie de lit à l'ermite. Cette stèle aurait la réputation de guérir de l'incontinence, tandis que la statue du saint permettrait aux jeunes filles, si elles lui plantent une aiguille dans les pieds, de trouver un mari.

Saint-Suliac

Entre terre et mer

Ille-et-Vilaine (35) • 930 habitants • Altitude : 21 m

Dans un paysage remarquablement préservé, Saint-Suliac offre un panorama grandiose sur l'estuaire de la Rance.
Sertie au centre d'un lacis de ruelles étroites bordées de maisons de pêcheurs ou de murets de granit ceinturant des jardins, l'église de Saint-Suliac domine de son imposant clocher un vieux cimetière avec lequel elle constitue un enclos paroissial unique en haute Bretagne. Sur le territoire du village, des sentiers partent à la rencontre de sites aussi variés qu'imprévus, tels le moulin à marée de Beauchet, les anciennes salines des Guettes, créées en 1736, le menhir de Chablé, dit Dent de Gargantua, ou les vestiges énigmatique d'un camp viking. Le port de pêche et de plaisance rappelle le riche passé maritime de Saint-Suliac. Beaucoup d'hommes ici furent marins, et la Vierge de Grainfollet, patronne des terre-neuvas, témoigne, au-dessus du village, du lourd tribut que ces paysans du rivage durent payer à la mer pour assurer la vie de leur famille.

Par la route : autoroute A84, sortie n° 34-Saint-Malo (52 km) ; N175 puis N176 sortie Châteauneuf-d'Ille-et-Vilaine (4 km).
Par le train : gare de Saint-Malo (13 km) ; gare de Dinan (25 km).
Par avion : aéroport de Dinard-Pleurtuit (25 km) ; aéroport de Rennes-Saint-Jacques (69 km).

ⓘ **Office de Tourisme :** 02 99 58 39 15
www.saint-suliac-tourisme.com

Découvrir
- **Église** (XIIIe s) : vitraux, sculpture en bois, ex-voto marins.
- **Village** : visite guidée sur RDV (Guillemette Tremaudan : 02 23 15 03 85).

Se loger
Chambres d'hôtes
L'Acadie**** (02 23 15 04 94).
La Chabossière (02 99 58 32 87).
Entre Terre et Mer (02 23 15 00 92).
Les Mouettes (02 99 58 30 41).
Les Salines de la Rance (02 99 58 21 37).
La Vie en Rose (02 23 15 07 97).
Gîtes
Brigitte Lefrancois*** (05 62 95 08 61).
L'Escale**** (02 99 82 38 61).
La Métairie du Clos de Broons*** (02 99 89 12 30).
Autres gîtes et meublés
Rens. : 02 99 58 39 15
www.saint-suliac-tourisme.com
Camping
Les Cours** (06 07 80 48 51).
Mobil-home
Le Bigorneau (06 59 87 71 72).

Se restaurer
Restaurants
La Ferme du Boucanier (02 23 15 06 35).
Le Galichon (02 99 58 49 49).
La Guinguette (02 99 58 32 21).

Pour la petite histoire
L'histoire des terre-neuvas inspira le téléfilm *Entre terre et mer*, réalisé en 1995 à Saint-Suliac avec Didier Bienaimé, Bernard Fresson, Claude Piéplu, Odette Laure ou encore Roland Blanche. Les Suliaçais gardent un souvenir ému de cette rencontre avec ces illustres acteurs, dont certains sont aujourd'hui disparus, et de ce quotidien partagé pendant plusieurs mois avec toute l'équipe du tournage.

Saveurs et savoir-faire
Spécialités et produits du terroir
Cidre • Galettes de blé noir • Poisson, coquillages et crustacés.
Art et artisanat
Artisanat floral • Peintre.

Rendez-vous
Marché d'été du 20 juin au 31 août.
Juin : feu de la Saint-Jean (2e quinz.), triathlon (der. w.-e.).
Août : « Saint-Suliac Autrefois » (1er w.-e.), pardon en mer à N.-D.-de-Grainfollet (le 15).
Sept. : fête nautique des Copeaux d'abord (der. w.-e.)
Déc. : marché de Noël et crèche vivante (1er et 2e w.-e.).

Pleine nature
Baignade • Pêche en mer • Voile • Équitation • Randonnée pédestre : 3 circuits balisés, départ GR 34 et GR du Pays Malouin • VTT.

Aux alentours
- Saint-Malo (10 km).
- Cancale (18 km).
- Mont-Dol (19 km).
- Dinan (22 km).
- Mont-Saint-Michel (30 km).

Sainte-Suzanne

Belle et rebelle

Mayenne (53) • 1 008 habitants • Altitude : 160 m

Cité médiévale perchée sur un piton rocheux dominant la vallée de l'Erve, celle que l'on surnomme la « perle du Maine » résista à Guillaume le Conquérant.

Sainte Suzanne, patronne des fiancés, donna son nom au village de Saint-Jean-de-Hautefeuille lorsque ses reliques y furent ramenées des croisades. Belle et rebelle, la cité médiévale, fortifiée au XIe s, résista fièrement à Guillaume le Conquérant mais dut céder aux Anglais durant la guerre de Cent Ans. Au sommet d'une butte faisant face au village, le site du tertre Ganne, occupé par les troupes du comte de Salisbury lors du siège de 1425, offre un panorama exceptionnel sur la fière silhouette de Sainte-Suzanne. Si le donjon a en partie résisté à cette période tumultueuse, la double enceinte de remparts (édifiée au XIIe s) doit son actuelle allure aux travaux de Guillaume Fouquet de La Varenne. Le contrôleur général des Postes – auquel Henri IV avait cédé la citadelle – est également le bâtisseur du logis Renaissance. Le hameau de la Rivière, où serpente la « Promenade des Moulins », offre les plus beaux paysages vers la cité médiévale.

Par la route : autoroute A81, sortie n° 2-Sablé (20 km).
Par le train : gare d'Évron (7,5 km) ; gare de Laval (34 km).
Par avion : aéroport d'Angers-Marcé (73 km).

ⓘ Office de Tourisme des Coëvrons :
02 43 01 43 60
www.coevrons-tourisme.com
www.ste-suzanne.fr

Découvrir

- **Château** (XVIIe s) : Centre d'interprétation de l'architecture et du patrimoine de la Mayenne ; expositions et animations (02 43 58 13 00).
- **Donjon roman** (XIe s) : visite libre (escaliers et passerelles intérieures).
- **Musée de l'Auditoire :** histoire de la cité fortifiée (02 43 01 42 65).
- **Grand Moulin :** ancien moulin banal des seigneurs de Sainte-Suzanne ; mécanisme dit « à l'anglaise ». Possibilités de visites guidées ou semi-guidées, ateliers pédagogiques (02 43 90 57 17).
- **Camp des Anglais :** camp retranché qui servit de base aux troupes de Guillaume-le-Conquérant entre 1083 et 1086, ensemble de fortifications militaires (02 43 01 43 60).
- **Dolmen des Erves** (à 3 km) : monument mégalithique vieux de 6 000 ans.
- **Village :** diverses possibilités de visite guidée. Rens. – Office de Tourisme (02 43 01 43 60).

Se loger

Hôtel
Hôtel Beauséjour** (02 43 01 40 31).
Chambres d'hôtes
Côté Jardin**** (02 43 98 93 66).
Gîtes
Le Passe-muraille**** (06 42 78 11 71).
Les Fiancés de Sainte-Suzanne**** (02 43 53 52 43 ou 06 09 11 40 70).
Les Remparts**** (06 42 78 11 71).
Le Grand Moulin*** (0820 153 053).
La Patache***, gîte de pêche (02 43 90 65 55).
La Forge** au « Pont Neuf » (02 43 53 58 82).
Accueil paysan
La Sorie, ferme équestre (02 43 01 40 63).
Village de vacances
VVF-villages « La Croix couverte »*** (02 43 01 40 76).
Aire de camping-cars
Les Charrières (02 43 01 40 10).

Se restaurer

Restaurants
Hôtel-restaurant Beauséjour (02 43 01 40 31).
Péché de Gourmandise, Le Bistrot (06 83 75 10 76).
Café des Tours, petite restauration (02 43 66 81 10).
La Cabane (en saison), petite restauration (06 11 32 58 01).

Saveurs et savoir-faire

Spécialités et produits du terroir
Bières et limonades artisanales • Miel.
Art et artisanat
Antiquaire • Artisanat médiéval • Calligraphe-enlumineur • Peinture, sculpture et bijoux • Savonnerie artisanale.

Rendez-vous

Marché : sam. matin, pl. Ambroise-de-Loré.
De mai à Sept. : les puces suzannaises (1er dim. du mois).
Juillet : Journée des peintres et de la photo (3e w.-e.), animations médiévales.
Août : festival de théâtre des Nuits de la Mayenne.
Sept. : fête des vieux papiers et des métiers de tradition au hameau de la rivière.
Décembre : marché de Noël.

Pleine nature

Aire de loisirs (La Croix couverte).
Équitation • Randonnée pédestre, équestre ou VTT (plans-guides à l'Office de Tourisme).

Aux alentours

- La promenade des Moulins, hameau de La Rivière (1 km).
- Le Tertre Ganne : panorama sur le village (2 km).
- Pays d'art et d'histoire Coëvrons-Mayenne : Évron, Saulges, Jublains, Mayenne (de 5 à 35 km).
- Laval (36 km).
- Le Mans (54 km).

Pour la petite histoire

C'est au musée de l'Auditoire de Sainte-Suzanne qu'est exposée la plus vieille armure de France (1410-1430).

Vouvant

Village de peintres et de légendes

Vendée (85) • 919 habitants • Altitude : 110 m

Au sein de la forêt de Vouvant-Mervent, la rivière Mère s'enroule autour de Vouvant, dans un paysage propice à l'inspiration artistique et aux mystères.
Guillaume IV d'Aquitaine découvrit le site de Vouvant lors d'une partie de chasse. Frappé par la position stratégique du lieu, il fit bâtir au XIe s un château, une église et un monastère. De l'église on admire aujourd'hui le portail du XIIe s, l'abside du XIIe s et la crypte du XIe s. Le château n'a conservé que son donjon, la tour Mélusine, des fragments de remparts et une poterne du XIIIe s qu'emprunta Saint Louis. Un pont roman relie les berges en enjambant la rivière Mère. Deux personnages ont marqué l'histoire de Vouvant : le père Montfort, réputé pour ses prédications, sa foi et le « miracle du cerisier », et la fée Mélusine, qui hante encore les esprits. Le quotidien du village est aujourd'hui enchanté par les nombreux artistes peintres regroupés dans l'association « Vouvant, village de peintres », qui ouvrent leurs portes au public à l'occasion de manifestations très variées.

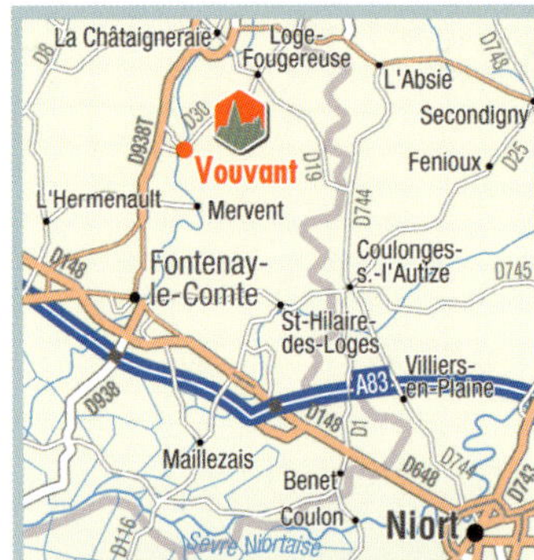

Par la route : autoroute A83, sortie n° 8-Fontenay-Ouest (17 km).
Par le train : gare de Fontenayle-Comte (16 km) ; gare TGV de Niort (56 km).
Par avion : aéroport de La Rochelle-Laleu (65 km).

Office de Tourisme : 02 51 00 86 80
www.tourisme-sudvendee.com

Découvrir

- **Église Notre-Dame** (XIe et XIIIe s).
- **Nef Théodelin** (XIe s) : salle d'expositions.
- **Tour Mélusine** (XIIIe s) : tour haute de 35 m ; vue sur le village et le Bocage vendéen, muséographie sur la légende de Mélusine dans la maison du XIXe s (02 51 00 86 80).

Se loger

Chambres d'hôtes
♥ La Grange aux Peintres**** (06 98 24 12 00).
♥ La Porte aux Moines*** (02 53 72 01 37).
Auberge de Maître Pannetier** (02 51 00 80 12).
Les Pousses Vieilles, Pierre Blanche (02 51 00 36 48).
M. et Mme Berland (02 51 00 83 56 / 06 17 27 87 35).
M. et Mme Roy (02 51 52 65 67).
Gîtes
Bruno et Isabelle de la Pintière*** (02 51 99 66 94).
Louis et Anne-Marie Robin*** (02 51 69 64 38).
Maison familiale de vacances
Relais Mélusine (02 51 00 80 14).
Village de vacances
La Girouette (02 51 50 10 50).

Se restaurer

Restaurants
Auberge de Maître Pannetier (02 51 00 80 12).
Le Pic vert (02 51 00 88 49).
V., café-salon de thé (02 51 00 85 69).

Saveurs et savoir-faire

Spécialités et produits du terroir
Brioches et gâteaux • Pâtés, foie gras et confit de canard • Miel.
Art et artisanat
Ateliers de peintres • Galeries d'art • Peintre d'icônes.

Rendez-vous

Juillet-août : « Vouvant, village de peintres » (expositions, animations).
Août : fête villageoise (2e dim.), festival des Nuits musicales en Vendée romane.

Pleine nature

Équitation • Pêche • Tennis • Randonnée pédestre et VTT : 3 circuits balisés.

Aux alentours

- Mervent, forêt de Vouvant-Mervent (7 km).
- Fontenay-le-Comte (16 km).
- Marais poitevin (30 km).
- Puy-du-Fou (45 km).

Pour la petite histoire

Ancêtre des seigneurs de Lusignan, la fée Mélusine, mi-femme, mi-serpent, aurait construit le château en une nuit « avec trois dornées de pierres et une goulée d'ève »...

Yèvre-le-Châtel
par Yèvre-la-Ville

Inspiration contemporaine entre Beauce et Gâtinais

Loiret (45) • 231 habitants • Altitude : 110 m

Aux lisières de la Beauce et du Gâtinais, Yèvre-le-Châtel marie avec bonheur patrimoine médiéval et art contemporain. Veillant par-delà la vallée de la Rimarde sur de vastes horizons, la forteresse de Yèvre, construite sous Philippe Auguste et récemment restaurée, domine de ses hautes murailles et de ses quatre tours rondes l'église romane St-Gault et la nef inachevée de St-Lubin. Un chemin de ronde permet de circuler sur les courtines et, du haut des tours, on embrasse un vaste panorama sur la Beauce, le Gâtinais et les lisières de la forêt d'Orléans. Au fil des rues toujours très fleuries, de la place du bourg, près de l'ancien puits, au pont de Souville, qui enjambe la Rimarde, le village cache à l'arrière de murets de calcaire de vieilles demeures entourées de jardins qui, après avoir séduit des peintres de réputation internationale comme Vieira da Silva, Arpad Szenes ou Eduardo Luiz, attirent aujourd'hui artistes et galeries.

Par la route : autoroute A6, sortie n° 14-Malesherbes (43 km), N152 (9 km) ; N20 (33 km) ; autoroute A19, sortie n° 7-Pithiviers (14 km).
Par avion : aéroport de Paris-Orly (95 km).

Point Information : 02 38 34 25 91
www.yevre-la-ville.fr

Découvrir
- **Château fort** (XIIIe s) (02 38 34 25 91).
- **Église St-Gault** (XIIe s).
- **Vestiges de l'église St-Lubin** (XIIIe s).
- **Village :** visite guidée sur RDV (02 38 34 25 91).

Se loger
Gîtes
M. et Mme Liger**** (02 38 62 04 88).
M. et Mme Blanvillain*** (02 38 34 25 22).

Se restaurer
Restaurant
La Rolanciène (02 38 34 28 47).
Salon de thé
Le Courtil (02 18 13 21 52).

Saveurs et savoir-faire
Art et artisanat
Galeries d'art.
Spécialités et produits du terroir
Produits fermiers (huile, miel, safran, cidre, vin, confiture...).

Rendez-vous
Marché : dim. matin, pl. du Bourg.
Mai-Sept. : expositions de peinture et de sculpture en salle et plein air.
Juillet-août : concerts en l'église St-Gault, promenades nocturnes dans le village.
Août : animations médiévales.

Pleine nature
Randonnée pédestre : GR 655 et vallée de la Rimarde.

Aux alentours
- Boynes : musée du Safran (6 km).
- Pithiviers (6 km).
- Pithiviers-le-Vieil : site gallo-romain (8 km).
- Vrigny : écomusée beauceron (12 km).
- Château de Chamerolles (20 km).
- Malesherbes (25 km).
- Montargis (42 km).
- Orléans (45 km).

Pour la petite histoire
Yèvre et son château séduisirent Victor Hugo, qui, dans une lettre du 22 août 1834 à son épouse, écrit : « J'ai passé hier une admirable journée à Pithiviers et aux environs. Yèvre-le-Châtel, qui est à deux lieues et où je suis allé à pied avec mes souliers percés, contient à lui seul un couvent et un château, ruiné, mais complet. C'est magnifique. Je dessine tout ce que je vois. » Deux de ces dessins sont du reste conservés à la maison de Victor Hugo, à Paris.

Gent
Calais
Dunkerque
Cap Blanc-Nez
Cap Gris-Nez
Kortrijk
Menen
Tourcoing
Roubaix
Boulogne-s.-Mer
St-Omer
Armentières
Lomme
Lille
Béthune
Bruay-la-B.
Liévin
Lens
Mons
Douai
Hesdin
Arras
Denain
Maubeuge
Manche
Baie de Somme
Doullens
Cambrai
Abbeville
Dieppe
Amiens
St-Quentin
Vervins
Parfondeval
Pointe de Barfleur
Fécamp
Cap d'Antifer
Barfleur
Noyon
Gerberoy
Laon
Valognes
Le Havre
Rouen
Beauvais
Compiègne
Lyons-la-Forêt
Deauville
Cabourg
Soissons
Reims
Bayeux
Caen
Le Bec-Hellouin
Beuvron-en-Auge
Lisieux
St-Lô
Senlis
La Roche-Guyon
Coutances
Bernay
Pontoise
Château-Thierry
Épernay
Évreux
Mantes
St-Denis
Bobigny
Meaux
Vire
Nanterre
Paris
Versailles
Flers
Créteil
Avranches
Argentan
Verneuil
Dreux
Palaiseau
Évry
Provins
Melun
Fougères
St-Céneri-le-Gérei
Alençon
Chartres
Étampes
Troyes
Mayenne
Nogent-le-Rotrou
Sens
Yèvre-le-Châtel
Ste-Suzanne
Laval
Châteaudun
Montargis
Le Mans
Orléans
Tonnerre
Auxerre
Noyers
Lavardin
Vendôme
Châteaubriant
La Flèche
Gien
Vézelay
Avallon
Angers
Blois
Tours
Saumur
Vierzon
Montsoreau
Crissay-s.-Manse
Candes-St-Martin
Montrésor
Bourges
Cholet
Apremont-s.-Allier
Nevers
Loudun
Issoudun
Châtellerault
Châteauroux
Bressuire
Parthenay
Angles-s.-l'Anglin
La Châtre
Vouvant
Poitiers
Moulins
Gargilesse-Dampierre
St-Benoît-du-Sault
Paray-le-Monial

Nord-est

Échelle des cartes : 1 / 2 600 000
0 50 km
Bruxelles
Hasselt
PAYS-BAS
Köln
Siegen
Aachen
Bonn
Liège
BELGIQUE
arleroi
Koblenz
Charleville-
Mézières
LUXEMBOURG
Luxembourg
Mannheim
Longwy
Rethel
Rodemack
Thionville
ALLEMAGNE
Forbach
Verdun
Metz
Sarreguemines
Karlsruhe
Hunspach
Stuttgart
Châlons-en-
Champagne
Haguenau
Vitry-le-
François
Bar-le-Duc
Toul
Nancy
St-Quirin
Schiltigheim
Strasbourg
St-Dizier
Lunéville
Mittelbergheim
St-Dié
Sélestat
Vittel
Riquewihr
Hunawihr
Freiburg-
im-Breisgau
Chaumont
Épinal
Colmar
Remiremont
Eguisheim
Langres
Mulhouse
Belfort
Basel
Vesoul
Flavigny-
s.-Ozerain
Montbéliard
Zürich
Dijon
Pesmes
Châteauneuf
Besançon
Lods
Dole
Beaune
Bern
SUISSE
Pontarlier
Creusot
Château-Chalon
Baume-
les-Messieurs
Chalon-
s.-Saône
ontceau-
s-Mines
Tournus
Lausanne
Yvoire
Thonon-les-Bains
©éditerra

Apremont-sur-Allier

Le village-jardin

Cher (18) • 77 habitants • Altitude : 177 m

Dominé par un château cerné de son parc floral, le village, entièrement restauré au siècle dernier, a l'Allier pour miroir.
À l'est du Cher, Apremont est berrichon. Par le paysage de bocage qui l'enserre et le pénètre de ses hautes haies de feuillus. Par son sol aussi, qui en fit longtemps un humble village de carriers et de bateliers acheminant, sur l'Allier puis la Loire, les pierres de taille qui parent encore la cathédrale d'Orléans ou l'abbaye de Saint-Benoît-sur-Loire et dont la Maison des Mariniers conserve, au bout du village, le souvenir. C'est pourtant en Bourgogne que son destin s'est joué à deux reprises. Au Moyen Âge d'abord, le château d'Apremont, possession la plus occidentale du duché bourguignon, est une puissante forteresse. Quatre siècles plus tard, en 1894, Eugène Schneider, troisième de la dynastie des puissants maîtres des forges du Creusot, épouse Antoinette de Saint-Sauveur, descendante en ligne féminine directe de la famille devenue propriétaire du château en 1722. Jusqu'à sa disparition en 1942, il ne cessera, avec l'aide de l'architecte décorateur de Galea, de restaurer passionnément ce château et, dans le style berrichon, chacune des maisons d'Apremont. Son petit-fils, Gilles de Brissac, poursuit son œuvre et crée à partir de 1970, au pied du château, un parc floral inspiré par le jardin anglais de Vita Sackville-West, à Sissinghurst. Entre étangs et cascades, senteurs et couleurs de plus d'un millier d'essences d'arbres et de fleurs, la présence d'un pont-pagode chinois, d'un pavillon turc ou d'un belvédère décoré en faïence de Nevers, conçus dans l'esprit des « fabriques » du XVIIIe s, ajoute une délicate touche d'exotisme.

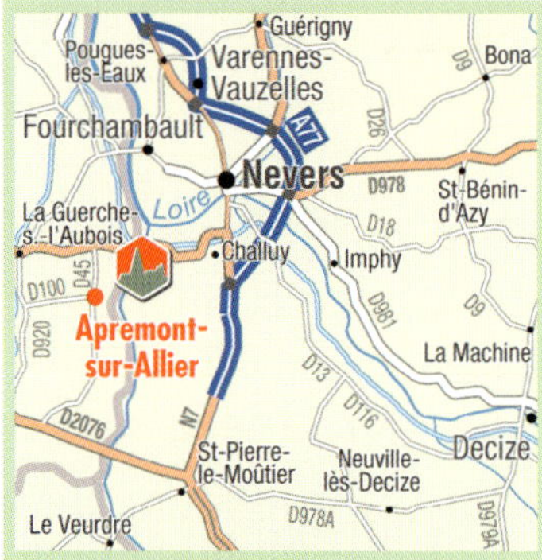

Par la route : autoroute A77, sortie n° 37-Bourges (14 km) ; N7, sortie n° 76-Bourges (32 km).
Par le train : gare de Nevers (16 km).
Par avion : aéroport de Clermont-Ferrand-Auvergne (157 km).

ⓘ Office de Tourisme du Val d'Aubois : 02 48 74 25 60
Parc floral : 02 48 77 55 06
www.mairie-apremontsurallier.info

Pleine nature

Pêche • Randonnée pédestre sur les chemins de Saint-Jacques-de-Compostelle par le GR 654 ; promenade sur les bords de l'Allier • Vélo : itinéraire de la Loire à vélo.

Découvrir

- **Parc floral** (classé « jardin remarquable »), musée des calèches, expositions permanente et temporaire et promenade sur les remparts du château (02 48 77 55 06).
- **Village** : visite guidée sur RDV (02 48 74 25 60).

Rendez-vous

Mai : fête des Plantes de printemps (3e w.-e.), festival de musique classique.
Juin : brocante de charme (4e w.-e.).
Octobre : Fête du Vin et de la Gastronomie (3e w.-e.)

Aux alentours

- Bec d'Allier et pont-canal du Guétin (5 km).
- Espace métal/Halle de Grossouvre (10 km).
- Nevers (15 km).
- Abbaye de Fontmorigny (20 km).
- Château de Sagonne (25 km).

Se restaurer

Restaurant
La Brasserie du Lavoir (02 48 80 25 76).
La Carpe frite (06 59 70 25 02).

Pour la petite histoire

Dix années de travail ont été nécessaires à la réalisation des huit panneaux en faïence de Nevers qui ornent le belvédère du parc floral. Leurs motifs, créés par Alexandre Sérébriakof, représentent le voyage imaginaire autour du monde des Pulcinelli, polichinelles de la commedia dell'arte dont le périple s'achève, bien sûr, par la visite du parc floral d'Apremont…

Baume-les-Messieurs

Abbaye impériale en vallée jurassienne

Jura (39) • 196 habitants • Altitude : 330 m

Baume-les-Messieurs allie la simplicité d'un village à la spiritualité d'une abbaye inspiratrice de la fondation de l'ordre de Cluny, qui rayonna sur tout l'Occident médiéval.

Niché au creux d'une reculée typique du paysage jurassien formée par la Seille, le monastère de Balma connaît un essor remarquable pendant tout le Moyen Âge. Développé à partir du IXe s, sous l'impulsion de l'abbé Bernon, fondateur de Cluny, il bénéficie d'un tel rayonnement que Frédéric Barberousse en fait une abbaye impériale. D'une grande richesse architecturale (premier art roman, remaniements au XVIe s), l'abbaye compte plusieurs bâtiments conventuels, un retable flamand du XVIe s, une chapelle de tombeaux et une statuaire bourguignonne. À la Révolution, l'abbaye est divisée en habitations privées. Bercées par le doux bruit de la fontaine du cloître ou par celui, plus intense, de la Seille qui tombe non loin en cascades, les maisons aux façades claires et aux toits bruns vivent en harmonie avec cette vallée verdoyante et sauvage dont la terre généreuse produit parmi les meilleurs vins.

Par la route : autoroute A39, sortie n° 8-Lons-le-Saunier (27 km).
Par le train : gare de Lons-le-Saunier (14 km).
Par avion : aéroport de Dijon-Bourgogne (98 km) ; aéroport de Genève-Meyrin, (109 km).

Office de Tourisme des Coteaux du Jura : 03 84 44 62 47
www.tourisme-coteau-jura.com

Découvrir
• **Abbaye impériale :** église abbatiale, retable flamand du XVIe s, statuaire bourguignonne du XVe s, chapelle des Tombeaux. Visites guidées (rens. et rés. : 03 84 44 99 28 ou 03 84 44 61 41) ; audio-guides en français, anglais et allemand.
• **Grottes de Baume :** considérées parmi les plus spectaculaires en Europe avec 1 km de galeries aménagées ; nouvelle mise en lumière (rens. et réservations : 03 84 48 23 02 ou 03 84 44 61 41).
• **Cascades des Tufs.**

Se loger
Chambres d'hôtes
Ghislain Broulard** (03 84 44 64 47).
Rex Andrews* (03 84 44 65 72).
Didier Favre (03 84 44 68 37).
Bernard Lechat (03 84 85 26 49).
La Grange à Nicolas (03 84 85 20 39).
Le Dortoir des Moines (03 84 44 97 31).
Félicette Debonis (03 84 85 29 28).
Chez Josette (06 42 69 34 47).
Daniel Coudorc (03 84 44 61 84).
Yvan Remeuf (06 74 99 83 60).
Gîtes, meublés et campings
Rens. : 03 84 44 99 28 ou 03 84 44 61 41
www.tourisme-coteaux-jura.com.

Se restaurer
Des Grottes et des roches (03 84 48 23 15).
L'Abbaye (03 84 44 63 44).
Le Grand Jardin (03 84 44 68 37).

Saveurs et savoir-faire
Spécialités et produits du terroir
Vins AOC des Côtes du Jura • Vins du Jura AOC et miel • Produits d'abbaye.
Art et artisanat
Fabrication de marionnettes et figurines végétales • Potier.

Rendez-vous
Pentecôte : vide-greniers.
Déc. : marché de Noël (1er w.-e.), les Fayes, célébration du solstice d'hiver (le 25).

Pleine nature
Randonnée équestre, pédestre et VTT : GR 59 et 5 circuits à thème.

Aux alentours
• *Château-Chalon (12 km), voir p. 60.
• Voiteur (5 km).
• Châteaux du Pin et d'Arlay (16 km).
• Lons-le-Saunier (18 km).
• Lac de Chalain (25 km).
• Cascades du Hérisson (30 km).

Château-Chalon

Phare des vignobles jurassiens

Jura (39) • 162 habitants • Altitude : 466 m

Dominant la vallée de la Seille et la plaine de Bresse, Château-Chalon veille sur son vignoble, berceau du célèbre vin jaune.
Entre les herbages ou les forêts du plateau jurassien et les vignes plongeant sous sa falaise, le village est né autour d'une abbaye de bénédictines, dont témoigne l'église romane St-Pierre, couverte de « laves » calcaires, et d'un château, réduit aujourd'hui aux vestiges d'un donjon. Bordée de solides maisons vigneronnes souvent flanquées d'un perron et percées de larges ouvertures en plein cintre, chaque rue ou presque de Château-Chalon conduit à l'un des quatre belvédères surplombant le vignoble, où le savagnin règne en maître. De ce cépage typique les vignerons ont su tirer, dans le secret de leurs caves, le vin jaune, nectar vieilli en fût de chêne durant au moins six ans et trois mois. Au cœur du village, l'ancienne fromagerie revit pour livrer les clés de la fabrication et de l'affinage du comté. L'école, reconstituée comme en 1928, ravive la nostalgie de la « communale » d'autrefois, tandis que la maison de la Haute-Seille abrite l'office de tourisme ainsi qu'un musée interactif sur le terroir jurassien.

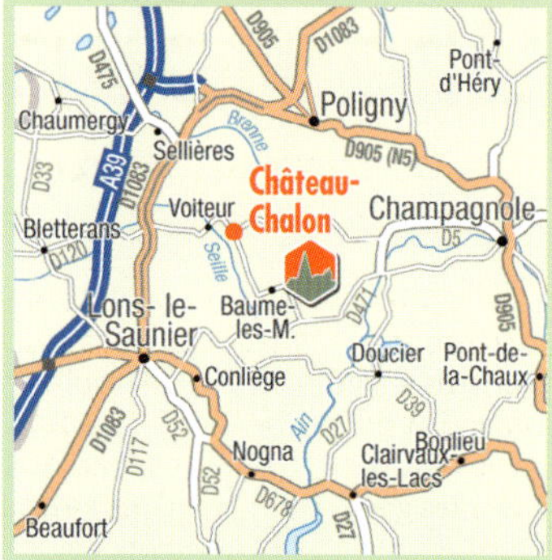

Par la route : autoroute A39, sortie n° 7-Poligny (12 km).
Par le train : gare de Lons-le- Saunier (15 km).
Par avion : aéroport de Dole-Jura (49 km).

Office de Tourisme des Coteaux du Jura : 03 84 24 65 01
www.tourisme-coteaux-jura.com

Découvrir

- **Maison de la Haute-Seille** : musée interactif et découverte du vignoble jurassien (03 84 24 76 05).
- **Église St-Pierre** : art roman et gothique ; peintures murales, riche mobilier, trésor des Abbesses (reliquaires, pièces d'orfèvrerie, statues).
- **École d'autrefois** : mobilier et matériel pédagogique des années 1880-1930 ; animations d'avril à octobre (03 84 44 62 47).
- **Fromagerie à l'ancienne** : visites guidées (03 84 44 92 25).
- **Vigne-conservatoire** : 53 anciens cépages jurassiens du XIXe s (03 84 44 62 47).

Se loger

Chambres d'hôtes
La Tour Charlemagne**** (03 84 47 21 98).
La Maison d'Eusébia (03 84 44 66 58).
Le Relais des Abesses (03 84 44 98 56).
T'Nature (03 84 85 29 83).
Gîtes
La Maison d'Anna (03 84 52 50 87).
La Maison Vincent (03 84 44 60 48).

Se restaurer

Restaurants
La Taverne du Roc (03 84 85 24 17).
Le P'tit Castel (03 84 44 20 50).
Les Seize Quartiers (03 84 44 68 23).

Saveurs et savoir-faire

Spécialités et produits du terroir
Fromages • Vins AOC Château-Chalon, Côtes du Jura, Crémant, Macvin, vin de Paille.

Rendez-vous

Avril : fête de la Saint-Vernier (3e dim.).
Juin-Sept. : manifestations, soirées dégustations, balades gourmandes (03 84 44 62 47).
Juillet : spectacle son et lumière
Déc. : les fayes, fête du solstice d'hiver (25).

Pleine nature

Randonnée pédestre : GR 59 et 5 circuits balisés de découverte du vignoble • VTT : 2 circuits • Découverte du territoire en vélo électrique.

Aux alentours

- Paysage classé « Site remarquable ».
- Château de Frontenay (6 km).
- *Baume-les-Messieurs (12 km), voir p. 59.
- Château d'Arlay (12 km).
- Poligny et Arbois (de 12 à 15 km).
- Lons-le-Saunier (15 km).

Châteauneuf

Un château en Auxois

Côte-d'Or (21) • 87 habitants • Altitude : 475 m

À la proue du village, le château reflète dans les eaux du canal de Bourgogne son architecture militaire médiévale.
Destinée à commander l'ancienne route de Dijon à Autun, la forteresse fut édifiée à la fin du XIIe s par Jean de Chaudenay. Elle doit sa sévérité à son enceinte polygonale flanquée de tours massives et à ses larges fossés que l'on franchit par l'un des anciens ponts-levis transformé en pont dormant.
Dans la cour intérieure, le donjon primitif s'entoure de deux corps de logis du XVe s. En contrebas du château, l'église abrite une chaire au décor Renaissance et une Vierge à l'oiseau du XIVe s. Face à l'édifice, la maison Blondeau est l'une des nombreuses demeures d'anciens marchands des XIVe, XVe et XVIe s. Repérables à leur tourelle, cartouches décorés, fenêtres à meneaux et linteaux en accolade, ces maisons rythment la visite du bourg fortifié, qui conduit par la porte du Nord à la croix de mission. De là, la vue embrasse les coteaux boisés de l'Auxois, avec à l'arrière-plan les monts du Morvan et de l'Autunois.

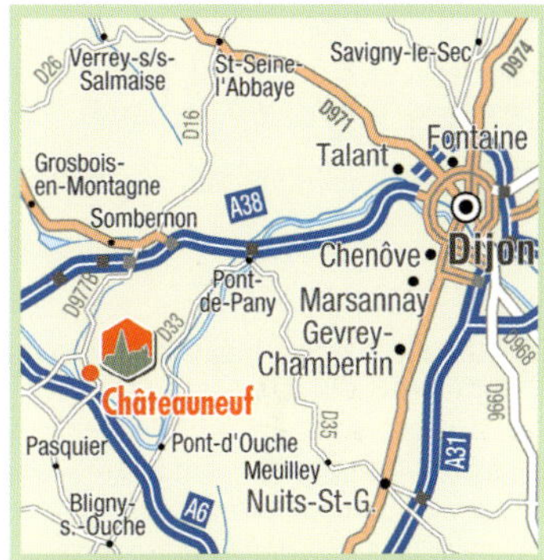

Par la route : autoroute A6, sortie Pouilly-en-Auxois (9 km) ; autoroute A38, sortie n° 24-Autun (9 km).
Par le train : gare de Dijon (43 km).
Par avion : aéroport de Dijon-Bourgogne (56 km).

ⓘ **Office de Tourisme de Pouilly-en-Auxois :** 03 80 90 74 24
www.pouilly-auxois.com

Découvrir

• **Château :** donjon du XIIe s, grand logis du xve s (tapisseries des Flandres, mobilier médiéval), logis de Philippe Pot (XVe s), chapelle (peintures du XVe s « à la détrempe », copie du gisant de Philippe Pot conservé au Louvre), tour sud du XIVe s ; centre d'interprétation multimédia ; jardin médiéval ; animations médiévales pour enfants (03 80 49 21 89).
• **Église St-Jacques-et-St-Philippe** (XVIe s) : statues, Vierge à l'oiseau du XIVe s (03 80 49 21 59).
• **Village :** visite sur RDV (03 80 49 21 59).

Se loger

Hôtel
Hostellerie du Château** (03 80 49 22 00).
Chambres d'hôtes
Au Bois Dormant*** (06 79 49 25 62).
Mme Bagatelle*** (03 80 49 21 00).
Gîtes et meublés
Rens. : 03 80 90 74 24
www.pouilly-auxois.com.

Se restaurer

Restaurants
Au Marronnier (03 80 49 21 91).
Hostellerie du Château (03 80 49 22 00).
Le Grill du Castel (03 80 49 26 82).
L'Orée du bois (03 80 49 25 32).

Saveurs et savoir-faire

Art et artisanat
Antiquaires • Céramistes • Sculpteurs • Peintres • Sculpteur sur bois.

Rendez-vous

Juillet (années paires) : marché médiéval (dern. w.-e.).
Oct. : messe de la Saint-Hubert et marché gourmand de produits locaux (1er dim.).
Déc. : messe de Noël avec crèche vivante, d'après une peinture du XVe s de Flémalle (24).
Toute l'année : expositions d'art et d'artisanat d'art, concerts, théâtre (château, église, halles, Maison des Amis).

Pleine nature

Équitation • Pêche • VTT • Randonnée tour des lacs de l'Auxois, sentier des chapelles romanes.

Aux alentours

• Châteaux en Auxois : Chailly-sur-Armançon, Commarin, Mont-St-Jean (de 8 à 30 km).
• Pouilly-en-Auxois et canal de Bourgogne : promenade en bateau (10 km).
• Abbaye de la Bussière et vallée de l'Ouche (12 km).
• Beaune et vignoble bourguignon (35 km).
• Dijon (43 km).

Eguisheim

Entrez dans la ronde

Haut-Rhin (68) • 1 802 habitants • Altitude : 210 m

Aux portes de Colmar, le village, berceau du vignoble alsacien, s'enroule en cercles concentriques autour de son château.
Autour du château qui, au cœur du village, vit naître le futur pape saint Léon IX, comme au long des remparts qui l'encerclent, Eguisheim invite à tourner en rond. De cour en fontaine, de ruelle en placette, la courbe toujours présente renouvelle à chaque pas le regard sur des façades colorées, parées de fleurs et de colombages ou d'oriels. Remaniée en style gothique, l'église Saint-Pierre-et-Saint-Paul se singularise par sa haute tour carrée de grès jaune et un magnifique tympan représentant le Christ en majesté entouré des deux saints ainsi que la parabole des vierges sages et des vierges folles. Les maisons de vignerons et de tonneliers, agrémentées de grandes cours, rappellent qu'au plaisir des yeux Eguisheim ajoute ceux de la table et des grands crus de son vignoble que des fêtes célèbrent en toutes saisons.

Par la route : autoroute A35, sortie n° 27-Sainte-Croix-en-Plaine (7 km).
Par le train : gare de Colmar (7 km).
Par avion : aéroport de Bâle-Mulhouse (56 km) ; aéroport de Strasbourg-Inter (72 km).

Office de Tourisme : 03 89 23 40 33
www.ot-eguisheim.fr

Découvrir

Chapelle du château St-Léon (XIXe s, style néo-roman) : reliques du pape saint Léon IX.
• **Église St-Pierre-et-St-Paul** (XIe au XIVe s) : Vierge ouvrante en bois polychrome (XIIIe s), porche de l'ancienne église.
• **Parc des Cigognes :** accès libre à l'enclos, panneau explicatif sur la vie de l'oiseau mythique d'Alsace.
• **Vignoble :** visite guidée du sentier viticole suivie d'une dégustation commentée des vins d'Alsace. Sur réservation auprès des vignerons et les sam. de mi-juin à mi sept. et les mar. en août (03 89 23 40 33).
• **Village :** visite guidée toute l'année pour les groupes sur réservation et les jeu. de mi-juin à mi sept. (03 89 23 40 23) ; visite commentée en petit train et visite des environs avec le Train Gourmand du Vignoble les mar. et jeu. (03 89 73 74 24), circuit découverte de la vieille ville (panneaux explicatifs).

Se loger

Hôtels
Auberge alsacienne*** (03 89 41 50 20).
♥ Hostellerie du Château*** (03 89 23 72 00).
Ferme du Pape*** (03 89 41 41 21).
Hôtel Saint-Hubert*** (03 89 41 40 50).
À la Ville de Nancy** (03 89 41 78 75).
Auberge des Trois Châteaux** (03 89 23 70 61).
Hostellerie des Comtes** (03 89 41 16 99).
Auberge du Rempart (03 89 41 16 87).
Résidence de tourisme
Résidence*** Pierre et Vacances (03 89 30 41 20).
Chambres d'hôtes
♥ M. et Mme Bomberger (03 89 23 71 19)
Autres chambres d'hôtes, gîtes et meublés
Rens. : 03 89 23 40 33 / www.ot-eguisheim.fr.
Camping
Les Trois Châteaux*** (03 89 23 19 39).

Se restaurer

Restaurants
À la Ville de Nancy (03 89 41 78 75).
Au Vieux Porche (03 89 24 01 90).
Auberge alsacienne (03 89 41 50 20).
Auberge des Trois Châteaux (03 89 23 70 61).
Auberge du Rempart (03 89 41 16 87).
Caveau des Douceurs (03 89 23 10 01).
Caveau Heuhaus (03 89 41 85 72).
Ferme du Pape (03 89 41 41 21).

La Grangelière (03 89 23 00 30).
Hostellerie des Comtes (03 89 41 16 99)
Le Dagsbourg (03 89 41 51 90).
Le Pavillon gourmand (03 89 24 36 88).
Wistub-bierstub Kas Fratz (03 89 41 87 66).

Saveurs et savoir-faire

Spécialités et produits du terroir
Bretzels • Pains d'épices • Champignons • Charcuterie alsacienne • Vins AOC Alsace et grands crus Eichberg et Pfersigberg.

Art et artisanat
Ateliers d'artistes • Galerie d'art • Peinture • Tapisserie-décoration.

Rendez-vous

Juillet : Semaine des vins d'Eguisheim et Nuit des grands crus (2e quinz.).
Août : journée découverte du parc à cigognes (1er dim.), dégustation commentée et illustrée des vins (1re semaine), fête des Vignerons (dern. w.-e.).
Sept. : fête du Vin nouveau (dern. w.-e.).
Oct. : fête du Vin nouveau (1er w.-e.), fête du Champignon (dern. w.-e.).
Nov.-Déc. : marché de Noël (tlj les 4 semaines de l'avent).

Pour la petite histoire

Ici les pierres racontent l'histoire de l'illustre famille des comtes d'Eguisheim, dont est issu Brunon, fils de Hugues IV. Homme de grande qualité, il est appelé à la charge papale. C'est en marchant, bâton à la main, cape sur l'épaule, tel que la statue de la place du château le représente, que Brunon se rend à Rome. À son arrivée, il est acclamé par le peuple romain et sacré pape sous le nom de Léon X.

Pleine nature

Découverte du village en ULM • Location de vélos standards et électriques • Randonnée pédestre : 12 circuits balisés • Balade en segway.

Aux alentours

- Route des vins d'Alsace.
- Château du Hohlandsbourg et route des cinq châteaux (8 km).
- Hautes Vosges, vallée de Munster et col de la Schlucht (de 5 à 30 km).
- Colmar (6 km).
- Turckheim (8 km).
- Rouffach (11 km).
- Kaysersberg (13 km).
- *Riquewihr (17 km), voir p. 76.
- *Hunawihr (19 km), voir p. 66.
- Guebwiller (21 km).
- Neuf-Brisach (21 km).

Flavigny-sur-Ozerain

Les douceurs de l'abbaye

Côte-d'Or (21) • 338 habitants • Altitude : 426 m

Née d'une abbaye, la cité de Flavigny doit à la foi des hommes une activité religieuse toujours vivante et un bonbon à l'anis dégusté dans le monde entier !
Site choisi par le camp romain lors du siège d'Alésia en 52 av. J.-C., la cité se développe à partir du VIIIe s avec la fondation de l'abbaye Saint-Pierre par les Bénédictins, devenu aujourd'hui le lieu de production des célèbres anis. L'église paroissiale Saint-Genest, dont la nef et les bas-côtés sont en partie surmontés d'une galerie du XIIIe s, renferme des stalles de facture compagnonnique du XIVe s et une riche statuaire bourguignonne des XIVe et XVe s. Flavigny garde ancrée dans ses pierres sa prospérité artisanale et commerciale visible aujourd'hui à travers les baies d'échoppes comme à la maison au Donataire (Point i). De ses fortifications médiévales Flavigny a conservé les portes du Val et du Bourg et son chemin de ronde, d'où la vue s'étend sur les vertes collines de l'Auxois.

Par la route : autoroute A6, sortie n° 23-Bierre-lès-Semur (22 km).
Par le train : gare de Venareyles-Laumes (8 km) ; gare TGV de Montbard (24 km).
Par avion : aéroport de Dijon-Bourgogne (73 km).

Point I : 03 80 96 25 34
www.flavigny-sur-ozerain.fr
Office de tourisme du pays d'Alésia et de la Seine : 03 80 96 89 13

Découvrir

• **Crypte de l'abbaye St-Pierre** (VIIIe s). **Église St-Genest** (XIIIe-XVIe s) : de style gothique, stalles du XVe s, reliques de sainte Reine (03 80 96 25 34 ou 03 80 96 21 73).
• **Fabrique d'anis :** installée dans le bâtiment de l'ancienne abbaye St-Pierre ; visite et dégustation gratuites (03 80 96 20 88).
• **Maison des Arts textiles et du Design :** musée-collections Algranate, expositions, atelier autour de la tradition des tisserands de l'Auxois (03 80 96 20 40).
• **Village :** visite guidée pour les groupes sur RDV (03 80 96 25 34).
• **Vignoble de Flavigny-Alésia :** visite libre de la cuverie et dégustation gratuite (03 80 96 25 63).

Se loger

Chambres d'hôtes
L'Ange souriant*** (03 80 96 24 93).
Chez elle (03 80 96 28 23).
Couvent des Castafours (03 80 96 24 92).
La Maison du Tisserand (03 80 96 20 40).
Le Logis abbatial (06 87 25 60 08).
Le Logis de l'Ozerain (06 84 83 18 99).

Les Adages (06 64 52 18 60).
Mme Troubat (03 80 96 24 00).
Gîtes, gîte de groupes
Rens. : 03 80 96 25 34
www.flavigny-sur-ozerain.fr.

Se restaurer

Restaurants
Le Garum (03 80 89 07 78).
Le Relais de Flavigny (03 80 96 27 77).
Auberge à la ferme
La Grange des 4 Heures Soupatoires (03 80 96 20 62).

Saveurs et savoir-faire

Spécialités et produits du terroir
Anis de l'abbaye de Flavigny, spécialités de confiseries • Charcuterie • Fromages (Époisses) • Vins de Bourgogne ; vins de pays des Coteaux de l'Auxois.
Art et artisanat
Forgeron-ferronnier d'art • Galeries d'art • Imprimeur en lithographie • Production de laine vierge bio et teintures végétales.

Rendez-vous

Hiver : concerts « Hors Saison Musicale »
We de l'Ascension : randonnées pédestres ouvertes à tous.
Juin. : festival de musique Pimpinella.
Juillet : repas villageois (le 14).
Août : stage de violoncelle PontiCelli (début août).
Oct. : marché de la Saint-Simon (avant dern.dim.).
Déc.-janv. : crèches de Noël exposées dans les rues, jour de l'an au vieux lavoir.

Pleine nature

Chasse • Pêche • VTT • Randonnées pédestre et équestre de Bibracte à Alésia et 5 circuits balisés.

Aux alentours

• Site d'Alésia et château de Bussy-Rabutin (de 5 à 10 km).
• Venarey-les-Laumes : canal de Bourgogne (8 km).
• Semur-en-Auxois (17 km).
• Montbard, forge de Buffon, abbaye de Fontenay (de 20 à 25 km).

Pour la petite histoire

D'après Saint Simon, Louis XIV était un amateur de bonbons à « l'anisse », qu'il aimait avoir sur lui dans un drageoir de poche. Mme de Sévigné, Mme de Pompadour ainsi que la comtesse de Ségur raffolaient des anis et en offraient à leurs amis.

Hunawihr

Haut-Rhin (68) • 603 habitants • Altitude : 160 m

Aux couleurs des vignes

Situé sur la route des vins d'Alsace, serti dans un écrin de vignes, Hunawihr est un village alsacien typique, particulièrement fleuri. Hunawihr doit son nom à la sainte lavandière Huna, qui, selon la légende, y aurait vécu au VIIe s avec son époux, le seigneur franc Hunon. L'église, des XVe et XVIe s, abrite des fresques du XVe s retraçant la vie de saint Nicolas. Entourée d'un cimetière fortifié de six bastions, elle est bâtie sur la colline qui domine le village, aux curiosités à découvrir : la fontaine Ste-Hune avec son lavoir, la mairie (ancienne halle aux blés), la maison Schickhart, de style Renaissance, les maisons à colombages et les demeures bourgeoises, datant des XVIe et XIXe s. Pour les amoureux de la nature, le Centre de réintroduction des cigognes et des loutres et le Jardin des papillons sont deux lieux magiques.

Par la route : autoroute A35, sortie n° 23-Ribeauvillé puis N83 (9 km).
Par le train : gare de Colmar (17 km).
Par avion : aéroport de Bâle-Mulhouse (76 km).

Office de Tourisme : 03 89 73 23 23
www.ribeauville-riquewihr.com

Découvrir

- **Église** (XVe et XVIe s) **et cimetière fortifiés :** fresques de saint Nicolas (XVe s).
- **Centre de réintroduction des cigognes et des loutres :** parc animalier de 5 ha au cœur d'anciens marais destiné à la découverte et à la sauvegarde de différentes espèces locales (03 89 73 72 62).
- **Jardin des papillons :** plusieurs centaines de papillons exotiques venus d'Afrique, d'Asie et d'Amérique évoluant dans un jardin luxuriant... (03 89 73 33 33).
- **Village :** circuit touristique-visite de l'église fortifiée et du village ts les mer. et ven. en juil.-août. (03 89 73 23 23).
- **Sentier viticole des Grands Crus :** circuit de découverte permanent ; visite accompagnée par un viticulteur et dégustation gratuite en saison estivale. Rens. : office de tourisme (03 89 73 23 23).
- **Vignoble :** visite guidée clôturée par une dégustation commentée ts les jeu. à 15 h 30 en juil.-août. Rens. : Cave vinicole (03 89 73 61 67).

Se loger

Chambres d'hôtes
M. Richter Gilbert (03 89 73 71 61).
Mme Schwach (03 89 73 62 15).
Gîtes et meublés
Rens. : 03 89 73 23 23
www.ribeauville-riquewihr.com.

Se restaurer

Restaurants
O'Goutchi (03 89 58 88 23).
Caveau du Vigneron (03 89 73 70 15).
Wistub Suzel (03 89 73 30 85).

Saveurs et savoir-faire

Spécialités et produits du terroir
Eaux-de-vie • Vins AOC d'Alsace et grand cru Rosacker (gewurztraminer, riesling, pinot gris).

Rendez-vous

Août : Hunafascht, soirées alsacienne sous les lampions et les étoiles (1er ven. et sam.).

Pleine nature

Cyclotourisme • Randonnée pédestre • VTT : 1 circuit balisé.

Aux alentours

- Route des vins d'Alsace : *Riquewihr (2 km, voir p. 76), Ribeauvillé, Bergheim, Kintzheim, *Eguisheim (19 km, voir p. 62).
- Haut-Koenigsbourg (14 km).
- Colmar, Sélestat (15 km).
- *Mittelbergheim (37 km), voir p. 71.

Pour la petite histoire

Le village est passé à la Réforme en 1537. Après le rattachement de l'Alsace à la France en 1648, la religion catholique fut réintroduite : ainsi, le « simultaneum », c'est-à-dire la pratique des deux religions protestante et catholique en une même église, fut instauré en 1687 et a toujours cours.

Hunspach

L'Alsace de l'Outre-Forêt

Bas-Rhin (67) • 700 habitants • Altitude : 160 m

Typique de la région de Wissembourg, Hunspach est un village aux maisons de torchis et de bois où le charpentier reste le maître des lieux. Quasi exsangue à l'issue de la guerre de Trente Ans, Hunspach doit son salut à quelques réfugiés français et, surtout, à des immigrants suisses auxquels on cède des terres à cultiver. Avec le bois et l'argile à disposition, ils construisent des maisons à colombages comme chez eux où le noir et le blanc dominent. Celles-ci font encore aujourd'hui le charme et le pittoresque du village. Avec leurs toits à pans coupés et leurs auvents, elles s'alignent harmonieusement le long de la rue principale, autour du temple au clocher de grès rose. Partout, les géraniums fleurissent généreusement fenêtres ou murets, mais, dans ce village où tout est net et clair, le mystère existe pourtant. Les vitres au verre bombé des fenêtres d'Hunspach, tel un miroir déformant, renvoient au passant un reflet infidèle et lui interdisent toute vue à l'intérieur. Derrière leurs fenêtres, les habitants voient sans jamais être vus...

Par la route : autoroute A35, sortie n° 57-Seltz (20 km) ; autoroute A4, sortie n° 47-Haguenau (38 km).
Par le train : gare de Hunspach (1,5 km) ; gare de Wissembourg (10 km).
Par avion : aéroport de Strasbourg-Inter (77 km).

ⓘ **Office de Tourisme :** 03 88 80 59 39
www.hunspach.com

Saveurs et savoir-faire
Spécialités et produits du terroir
Vin • Dickerkuche (brioche) • Fleischknepfle (quenelles de viande).
Art et artisanat
Peintre • Objets d'Alsace • linge en tissu kelsch.

Rendez-vous
Juin : fête du Folklore (dern. w.-e. du printemps).
Juillet-août : animations et soirées folkloriques (03 88 80 59 39).
Déc. : marché de Noël campagnard (2e dim. de l'avent).

Pleine nature
Sentier pédestre autour du village.

Aux alentours
- Parc Naturel Régional des Vosges du Nord
- Route des villages pittoresques : Hoffen, Seebach, Steinselz, Cleebourg (3 à 10 km).
- Route du vin : Steinselz, Oberhoffen, Rott-Cleebourg (7 km).
- Villages de potiers : Betschdorf et Soufflenheim (8 et 18 km).
- Wissembourg (10 km).
- Allemagne : Palatinat, Vignoble et Forêt Noire (10 à 40 km).
- Haguenau (22 km).
- Niederbronn-les-Bains (27 km).
- Strasbourg (55 km).

Découvrir
♥ **Fort de Schoenenbourg** (ligne Maginot) : forteresse de la Seconde Guerre mondiale édifiée entre 1930 et 1940 ; le plus important ouvrage de la ligne Maginot visitable en Alsace ; visite des blocs de combat, poste de commandement, galerie, casemates d'infanterie, cuisine... Accessible aux personnes à mobilité réduite (03 88 80 96 19).
• **Village :** visite guidée pour groupes à partir de 15 personnes sur réservation (03 88 80 59 39) et visite libre au fil du circuit historique (plan disponible à l'Office de Tourisme).

Se loger
Chambres d'hôtes
Maison Ungerer*** (03 88 80 59 39).
Mme Billmann*** (03 88 54 76 93).
Gîtes
Maison Ungerer*** et ** (03 88 80 59 39).
Mme Billmann*** (03 88 54 76 93).
Mme Lehmann** (03 88 80 42 25).
Meublé
Mme Derrendinger (03 88 80 43 95).

Se restaurer
Restaurants
Au Cerf (03 88 80 41 59).
Chez Massimo (03 88 80 42 32).

Pour la petite histoire
Le fort de Schoenenbourg fut conçu pour accueillir 600 hommes et assurer leur autonomie pendant trois mois. Il ne fut jamais pris par les Allemands, les hommes durent se rendre sur ordre de l'état-major français.

Lods

Né de la rivière

Doubs (25) • 231 habitants • Altitude : 370 m

Traversé par la Loue, qui jaillit à quelques kilomètres de là, Lods est un ancien village de vignerons et de forgerons.
Petite localité du Doubs, Lods a longtemps exploité l'énergie de la Loue, résurgence de rivière souterraine en partie alimentée par le Doubs. Les forges ne sont plus en activité, et Lods a dû abandonner la culture de la vigne, mais le village conserve les maisons de vignerons des XVIe et XVIIe s aux vastes caves voûtées, imbriquées les unes dans les autres autour de l'église du XVIIIe s au clocher de tuf. Le musée de la Vigne et du Vin, installé dans une belle demeure du XVIe s, les anciens bâtiments des forges, situés de l'autre côté de la rivière et un parcours ethnologique tracé dans le village content l'histoire de ses anciens forgerons et vignerons.

Par la route : autoroute A36, sortie n° 3-Pontarlier (66 km), N57 (11 km).
Par le train : gare de Pontarlier (25 km), gare de Besançon-Viotte (37 km).
Par avion : aéroport de Genève-Meyrin (140 km) ; aéroport de Dijon-Bourgogne (148 km).

Office de Tourisme d'Ornans-Vallées de la Loue et du Lison : 03 81 62 21 50
www.ornans-lou-lison.com
www.lods-village.fr

Découvrir

- Église St-Théodule.
- Musée de la Vigne et du Vin (03 81 60 90 11).

Se loger

Hôtels
La Truite d'or** (03 81 60 95 48).
Hôtel de France (03 81 60 95 29).

Chambres d'hôtes
Au Fil de Lods***, homologuées gîtes de pêche (03 81 60 97 51).

Gîtes et meublés
Rens. : 03 81 62 21 50.

Camping
Champaloux** (03 81 60 90 11).

Se restaurer

Restaurants
La Truite d'or (03 81 60 95 48).
Hôtel de France (03 81 60 95 29).

Saveurs et savoir-faire

Spécialités et produits du terroir
Jésus de Morteau • Truite • Jambon de montagne • Comté • Cancoillotte.

Art et artisanat
Peintres.

Pleine nature

Canoë-kayak • Pêche • Randonnée pédestre • VTT.

Aux alentours

- Ornans : musée Courbet et musée du Costume (12 km).
- Source de la Loue, Pontarlier, fort de Joux et lac de Saint-Point (de 10 à 50 km).
- Vallée de la Loue, Ornans et Besançon (de 12 à 37 km).
- Dino-zoo (20 km).

Pour la petite histoire

À Lods, la légende de la vouivre, très célèbre en Franche-Comté, est encore vivace. Ce serpent portant au front une pierre précieuse d'une valeur inestimable et tant convoitée par les hommes a inspiré le réalisateur Edwin Baily, venu dans le village en 2010 tourner la série *Le Repaire de la vouivre*, avec notamment Jean-Marc Barr et Rufus.

Mittelbergheim

Le grès rose du Zotzenberg

Bas-rhin (67) • 682 habitants • Altitude : 220 m

Sur la route des vins d'Alsace, au pied du mont Ste-Odile, Mittelbergheim ajoute à une remarquable unité architecturale l'art de cultiver ses vignes et son hospitalité.
Né à l'époque franque sur le piémont des Vosges, à proximité du mont dédié à sainte Odile, patronne de l'Alsace, Mittelbergheim fut longtemps dépendant de la toute proche abbaye d'Andlau, fondée au IXe s par l'épouse de l'empereur Charles le Gros. Le village est voué à la vigne. Parée des multiples couleurs de l'automne ou fleurie au printemps de tulipes sauvages, elle encercle la cité depuis sa partie basse, où commence la plaine du Rhin, jusqu'en haut de la colline du Zotzenberg, où le sylvaner, l'un des cépages du vignoble, atteint les sommets des grands crus. Omniprésente dans le paysage, la vigne l'est aussi dans l'architecture de Mittelbergheim. Alignées le long des rues en d'harmonieuses perspectives, les façades des demeures du village, datées des XVIe ou XVIIe s et remarquablement conservées, ornent les rues de leurs imposants porches de grès rose. Grands ouverts dès le matin sur de vastes cours intérieures tout en longueur qu'encadrent les bâtiments liés à l'activité viticole, de massifs portails de bois se referment chaque soir à la nuit tombante sur le secret des caves où vieillissent, avec rieslings, pinots gris ou autres gewurztraminers, les sylvaners du Zotzenberg, seuls sylvaners à être classés grands crus en Alsace.

Par la route : autoroute A35, sortie n° 13-Mittelbergheim (3 km).
Par le train : gare de Barr (2 km) ; gare TGV de Strasbourg (37 km).
Par avion : aéroport de Strasbourg Inter (31 km) ; aéroport de Bâle-Mulhouse (101 km).

Office de Tourisme du Pays de Barr et du Bernstein : 03 88 08 66 65
www.pays-de-bahr.com
www.mittelbergheim.fr

Découvrir

- **Ancien moulin à huile** (XVIIIe s).
- **Musée « Mémoire de Vignerons »** : Conservatoire du patrimoine viticole avec une large collection d'objets se rapportant à la viticulture ; ouvert les dim. de juil. à oct. et sur RDV. (03 88 08 00 96).
- **Sentier viticole** : tlj.
- **Village** : visite guidée sur RDV ; visite libre à l'aide d'une dizaine de tableaux (plan à disposition, 03 88 08 92 29).

Se loger

Hôtel
Winstub Gilg** (03 88 08 91 37).
Chambres d'hôtes
Robert Boeckel (03 88 08 42 40).
Henri Dietrich (03 88 08 93 54).
Christian Dolder (03 88 08 96 08).
Jacqueline Dolder (03 88 08 15 23).
Marie-Paule Dolder (03 88 08 17 49).
Bernard Haegi (03 88 08 95 80).
Paul Hirtz (03 88 08 54 86).
Le Petit Nid (06 87 36 11 17).
Charles Schmitz (03 88 08 09 39).
André Wittmann (03 88 08 95 79).
Gîtes et meublés
Rens. : 03 88 08 66 65
www.pays-de-bahr.com.

Se restaurer

Restaurants
Am Lindeplatzel (03 88 08 10 69).
Au Raisin d'or (03 88 08 93 54).
Winstub Gilg (03 88 08 91 37).

Saveurs et savoir-faire

Spécialités et produits du terroir
Confitures • Miel • Vins AOC d'Alsace et grand cru Zotzenberg.
Art et artisanat
Ébéniste.

Rendez-vous

Jan.-Juin : expositions.
Mars-Avril : Henterem Kallerladel, portes ouvertes des caves viticoles (fin mars.-début avr.).
Juillet : fête du Vin (dern. w.-e.).
Juil.-août : Sommermarik, marché de terroir (les mer. soir)
Oct. : fête du Vin nouveau (2e w.-e.).
Déc. : Bredelmarik, marché des gâteaux alsaciens de Noël (1er dim.).

Pleine nature

Randonnée pédestre : GR 5 et GR 10, circuits balisés, dont sentier viticole et sentier « randocroquis » • Promenades équestres • Sentier des espiègles • VTT.

Aux alentours

- Barr (2 km).
- Obernai (10 km).
- Mont Ste-Odile (15 km).
- Andlau, Le Hohwald et Champ-du-Feu (de 2 à 20 km).
- Sélestat (20 km).
- Haut-Koenigsbourg (28 km).
- Strasbourg (35 km).
- *Hunawihr (36 km), voir p. 66.
- *Riquewihr (39 km), voir p. 76.
- Colmar (42 km).

Pour la petite histoire

À « Mittel », comme l'appellent plus simplement ses habitants, la vigne a également sa mémoire : derrière son élégante façade Renaissance donnant sur la rue principale, la mairie conserve le Weinschlag, précieux recueil qui contient de multiples informations sur le vignoble et le vin depuis 1510.

Noyers

Bourgogne médiévale

Yonne (89) • 690 habitants • Altitude : 189 m

Sur les plateaux du Tonnerrois, au creux d'un méandre du Serein, Noyers offre le visage médiéval d'une cité fortifiée.
Noyers est toujours protégé de ses remparts flanqués de seize tours, et on y pénètre par trois portes fortifiées : la porte de Tonnerre, au toit de laves, la Porte venoise, au pied de l'ancien château, et la Porte peinte, aux bouches à couleuvrine sur la bretèche percée de mâchicoulis. De la place de la Petite-Étape-aux-Vins à celles du Marché-au-Blé ou du Grenier-à-Sel, les demeures Renaissance voisinent avec des maisons à pans de bois et encorbellement. Dans les rues basses s'alignent les escaliers de pierre des maisons vigneronnes. Au cœur du village, l'église Notre-Dame est de style gothique flamboyant. Resté médiéval à l'intérieur de ses remparts, Noyers a su aussi animer une vie culturelle alliant musique et métiers d'art à une remarquable collection d'art naïf.

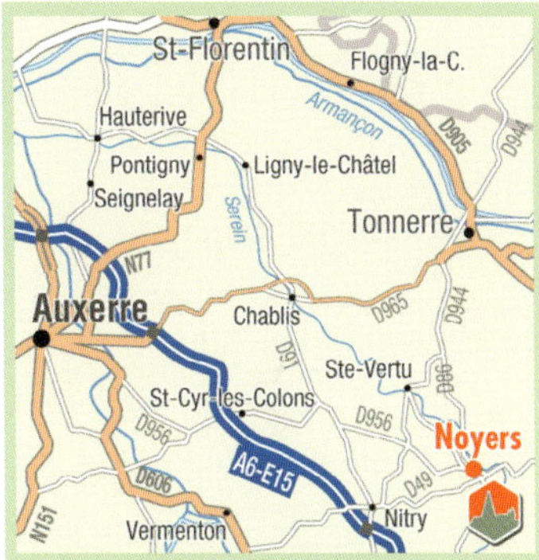

Par la route : autoroute A6, sortie n° 21-Nitry (11 km).
Par le train : gare de Tonnerre (22 km) ; gare TGV de Montbard (32 km).
Par avion : aéroport de Dijon-Bourgogne (135 km).

Office de Tourisme de Noyers-Montréal : 03 86 82 66 06
www.noyers-et-tourisme.com

Découvrir

• **Musée des Arts naïfs et populaires de Noyers** (dans le collège du XVIIe s) : collections d'œuvres d'art naïf ; collection d'œuvres d'arts populaires d'Europe du Sud, d'Asie et d'Amérique latine ; exposition « Le monde villageois naïf et rêvé » (miniatures) (03 86 82 66 06).
• **Site du Vieux Château** : visite libre (03 86 82 66 06).
• **Tour des remparts.**
• ♥ **Village** : visite guidée à 15 h de mi-juin à mi-sept. pour les individuels (contacter l'Office de Tourisme au préalable), et toute l'année pour groupes sur RDV (03 86 82 66 06).

Se loger

Chambres d'hôtes
Le Moulin de la Roche*** (03 86 82 68 13).
La Loge (03 86 75 04 52).
La Porte Peinte (03 86 75 05 11).
Le Tabellion (03 86 82 62 26).
La Vieille Tour (03 86 82 87 69).
Gîtes et meublés
Rens. : 03 86 82 66 06
www.noyers-et-tourisme.com.
Aire naturelle
Rens. : 03 86 82 83 72.

Se restaurer

Restaurants
Les Granges (03 86 55 45 91).
Restaurant de la Vieille Tour (03 86 82 87 36).
Les Millésimes (03 86 82 82 16).
Le Marquis perché (03 86 75 16 70).

Saveurs et savoir-faire

Spécialités et produits du terroir
Vins AOC de Chablis.
Art et artisanat
Antiquaires • Art contemporain • Céramiste • Enluminures médiévales • Fabricante de masques en plumes • Ferronnier d'art • Galerie • Joailliers • Lissière • Maroquiniers • Potiers.

Rendez-vous

Marché : Mercredi matin.
Marché aux truffes : 1er et dern. dim. de nov.
Juillet-août : rencontres musicales dans le cadre du festival des Grands Crus de Bourgogne.
Juillet : foire à la brocante (3e dim.).
Août : festival Vallée et Veillée (1er w.-e.) ; « Gargouillosium » (mi-août).
Juil.-août : puces (le sam. matin).
Sept. : Illuminations à l'occasion des Journées du Patrimoine (3e w.-e.).

Pleine nature

Baignade non surveillée • Boulodrome • Pêche • Randonnée pédestre : 3 circuits balisés.

Aux alentours

• Prieuré de Vausse, forges de Buffon et abbaye de Fontenay (de 15 à 40 km).
• Châteaux d'Ancy-le-Franc, de Tanlay et hôtel-Dieu de Tonnerre (de 20 à 30 km).
• *Vézelay (40 km), voir p. 81.

Parfondeval

Aisne (02) • 167 habitants • Altitude : 221 m

Thiérache nature et historique

Ensemble compact de briques rouges et de toits en ardoise gris argent, Parfondeval est un village typique de Thiérache, toujours rythmé par la vie agricole.

Sous le règne de Louis XIII et de Louis XIV, pour se défendre des hordes de brigands, les villageois de Parfondeval construisirent une église fortifiée dédiée à saint Médard, autour de laquelle ils élevèrent des maisons trapues faisant office de remparts. Pour parvenir jusqu'à l'église, il faut franchir un porche aménagé dans le corps même d'une maison, puis passer entre deux tours rondes qui encadrent une flèche. La rue conduit à une place occupée en partie par une mare. Au début du XXe s, le village en comptait encore six, qui permettaient aux animaux de s'abreuver. Au fil de la balade, on remarque ici des maisons décorées de losanges de briques vernissées, là des façades parées de colombages et de bauchages et l'on s'étonne de découvrir, au bout de la rue du Chêne qui part de l'église fortifiée, un temple protestant. Celui-ci témoigne de la particularité de l'histoire religieuse de Parfondeval. Vergers de pommiers, pâturages et champs de maïs séparés de bosquets composent le paysage de Parfondeval dont l'activité reste presque entièrement tournée vers l'agriculture.

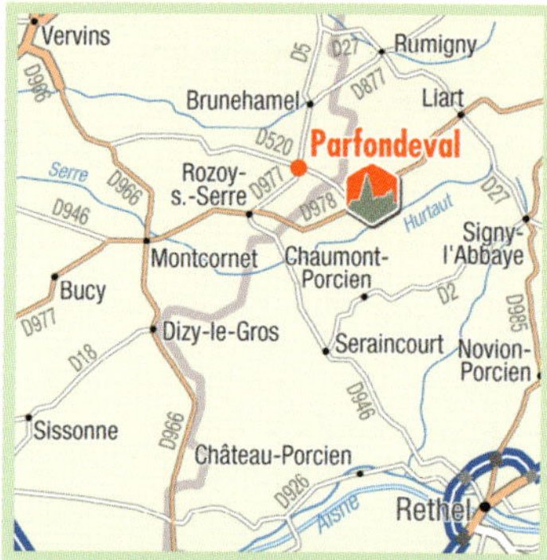

Par la route : autoroute A34, sortie n° 26-Cormontreuil puis N51 (35 km) ; autoroute A26, sortie n° 13-Laon puis N2 (38 km).
Par le train : gare de Vervins (34 km) ; gare de Laon (49 km).
Par avion : aéroport de Reims-Champagne (62 km).

Office de Tourisme de la Thiérache :
03 23 91 30 10
www.tourisme-thierache.fr

Découvrir

• **Village :** visite libre avec audioguides sur le circuit d'interprétation.
Rens. : Office de Tourisme : 03 23 91 30 10.
• **Église St-Médard** (XVIe s) :
tlj 9 h-18 h de juin à sept.
• **Temple** (1858).
• **La Maison des Outils d'Antan :** collection de 2 000 outils de la vie quotidienne et agricole des années 1900 (03 23 97 61 59).

Se loger

Chambres d'hôtes
Françoise et Lucien Chrétien** (03 23 97 61 59).

Gîte
Le Village*** (03 23 97 62 54 ou 06 48 73 29 77).

Se restaurer

Restaurants
♥ Le Relais de la Chouette (03 75 10 00 15).
Le Moulin, les w.-e. de mai à oct. (06 31 08 73 01).
Goûter à la ferme
Françoise et Lucien Chrétien (03 23 97 61 59).

Saveurs et savoir-faire

Spécialités et produits du terroir
Cidre et jus de pomme.

Rendez-vous

Juin : fête communale (w.-e. suivant la Saint-Médard).
Août : brocante (dim. suivant le 15).
Oct. : Potironnade et randonnée contée (4e sam.).

Pleine nature

Randonnée pédestre, équestre et VTT (circuit « Par le fond du Val »).

Aux alentours

• Aubenton : (13 km).
• Saint-Michel : abbaye (27 km).
• Marle : musée des Temps barbares (33 km).
• Liesse-Notre-Dame : basilique (34 km).
• Rocroi : ville fortifiée en étoile (50 km).

Pour la petite histoire

Au cours du XVIe s, de retour des moissons annuelles dans le pays de Meaux, des Parfondevalois et autres Thiérachiens revinrent au village, porteurs de la Bible en Français et communiquèrent les nouvelles idées de la Réforme. Le temple actuel est ainsi le témoin de cette communauté toujours vivante aujourd'hui.

Pesmes

Haute-saône (70) • 1 118 habitants • Altitude : 210 m

Les riches heures d'une cité comtoise

Au bord de la rivière Ognon, Pesmes raconte le labeur des vignerons, les heures de gloire des anciens seigneurs de la ville ou encore l'épopée de la métallurgie comtoise.
Haut perché sur son plateau rocheux que borde une riante rivière, Pesmes naquit au Moyen Âge autour d'une église et d'un château dont la situation permettait le contrôle de la voie conduisant de Gray à Dole. Cette position stratégique lui valut bien des convoitises, et la cité fut tour à tour franque, germanique, bourguignonne et espagnole avant de devenir française sous le règne de Louis XIV. C'est alors un grand centre de négoce qui rassemble marchands et bourgeois. De ce passé le village a hérité de nombreux édifices : l'église St-Hilaire, bâtie et remaniée entre le XIIIe et le XVIIe s, avec son clocher à l'impériale, les vestiges du château, une partie des anciennes fortifications et deux portes d'accès. Au détour des rues et des ruelles, de belles maisons anciennes et des hôtels particuliers se dévoilent et côtoient les charmantes demeures de vignerons. Fondées en 1660 par Charles de La Baume, marquis de Pesmes, et édifiées à l'emplacement d'un ancien moulin, les anciennes forges, en activité jusqu'en 1993 ont été reconverties en musée.

Par la route : autoroute A39, sortie n° 5-Saint-Jean-de-Losne (25 km) ; autoroute A36, sortie n° 2-Dole (20 km).
Par le train : gare de Dole (24 km) ; gare de Besançon-Viotte (52 km) ; gare TGV de Dijon (52 km).
Par avion : aéroport de Dole-Jura (34 km).

Office de Tourisme : 09 50 17 09 00 ou 06 87 73 13 05
www.pesmes.fr

Découvrir

- **Château de Pesmes** (XIIe-XVIIIe s).
- **Église St-Hilaire** (XIIIe-XVIIe s) : décor intérieur, retable, statues du XVIe s, buffet d'orgue.
- **Hôtel Châteaurouillaud** (XIVe s.).
- **Musée des Forges** : collection de machines et d'outils dans les anciens ateliers, maison du maître des forges… (06 87 73 13 05 ou 03 84 31 23 37).
- **Village** : visite guidée (06 87 73 13 05).

Se loger

Hôtel
Hôtel de France** (03 84 31 20 05).
Chambres d'hôtes
La Maison royale (03 84 31 23 23).
Gîtes
Rens. : 03 84 31 22 77 ou 03 84 31 20 15.
Camping
La Colombière** (03 84 31 20 15).

Se restaurer

Restaurants
Hôtel de France (03 84 31 20 05).
Les Jardins gourmands (03 84 31 20 20).
O'Ma Pizza, pizzeria (03 84 31 29 68).

Saveurs et savoir-faire

Spécialité et produit du terroir
Huile • « Poulet d'horloger » (recette pesmoise avec pommes de terre et concoillotte) • Tourte et tarte pesmoises.
Art et artisanat
Coutelier • Cuir • Ferronnier d'art • Lithographe • Peintre • Potier • Sculpteur.

Rendez-vous

Marché : le mercredi matin, pl. des Promenades.

Mai : foire artisanale d'art (sam. et dim.).
Juillet : fête de l'Île (2e quinz.).
Juillet-août : exposition d'art aux Voûtes.
Août : brocante, vide-greniers (1er sam.), fête de la Saint-Hilaire.
Toute l'année : cinéma, théâtre et spectacles aux Forges de Pesmes.

Pleine nature

Base nautique • Canoë-kayak • L'Île des Forges • Pêche • Randonnée pédestre et marche nordique : 4 circuits balisés • Escalade • VTT.

Aux alentours

- Vallée de l'Ognon : Malans (parc de sculptures « Ile Art »), Acey (abbaye cistercienne), Marnay (bourg fortifié) (de 5 à 20 km).
- Moissey, forêt de la Serre, Dôle (de 10 à 20 km).
- Gray, musée Baron Martin (25 km).
- Grotte d'Osselle (30 km).
- Saline royale d'Arc-et-Senans (45 km).

Riquewihr

La perle du vignoble alsacien

Haut-Rhin (68) • 1 308 habitants • Altitude : 222 m

Mariant depuis des siècles la qualité de ses vins à celle de son architecture, Riquewihr reste un haut lieu du patrimoine et de l'art de vivre alsaciens.

Derrière ses remparts que seules les vignes assiègent désormais en rangs serrés, la cité, longtemps rattachée au duché de Wurtemberg, est aujourd'hui au royaume de l'excellence : celle de l'architecture de ses demeures, aux splendides cours intérieures, et de ses vins aux arômes puissants, issus des coteaux Sporen et Schoenenbourg. Au fil des ruelles, on ne se lasse pas d'admirer les maisons aux volumes imposants qui, des plus riches demeures bourgeoises des XVe et XVIe s aux plus modestes foyers, sont de véritables chefs-d'œuvre : façades colorées à pans de bois, fenêtres de bois sculpté, balcons fleuris, vitres décorées et toits de tuiles rondes en queue de castor qui cachent bien souvent des merveilles de plafonds peints... Les enseignes des échoppes sont parfois l'œuvre de Jean-Jacques Waltz, dit « Hansi », célèbre illustrateur et caricaturiste alsacien auquel le village a consacré un musée. Depuis le Dolder, haute tour-beffroi ornée de colombages, la vue sur le village et les vignobles est imprenable.

Par la route : autoroute A35-N83, sortie Riquewihr (8 km) ; N415, sortie Colmar (30 km).
Par le train : gare de Colmar (15 km) ; gare TGV de Strasbourg (70 km).
Par avion : aéroport de Strasbourg-Inter (64 km) ; aéroport de Bâle-Mulhouse (72 km).

Office de Tourisme du Pays de Ribeauvillé et Riquewihr : 03 89 73 23 23.
www.ribeauville-riquewihr.com
www.riquewihr.fr

Se restaurer
Restaurants
À la Couronne (03 89 49 02 12).
Au Dolder (03 89 47 92 56).
Au Tire-bouchon (03 89 47 91 61).
Au Trotthus (03 89 47 96 47).
L'Écurie (03 89 47 92 48).
La Grappe d'or (03 89 47 89 52).
Le Grognard, brasserie (03 89 22 32 75).
Le Manala, winstub (03 89 49 01 51).
Relais des Moines (03 89 86 04 74).
Le Sarment d'or (03 89 86 02 86).
Asian Tapas Sushi Bar (03 89 47 96 47).

Saveurs et savoir-faire
Spécialités et produits du terroir
Vins AOC d'Alsace et grands crus Schoenenbourg et Sporen • Bière et eaux-de-vie • Biscuits alsaciens • Miel.
Art et artisanat
Artisanat • Décoration • Galeries de peinture.

Rendez-vous
Marché : vendredi matin, pl. des Fernand Zeyer.
Juin : festival international des Chœurs d'hommes.
Déc. : marché de Noël et animations tlj 10 h-19 h.

Pleine nature
Pêche • Randonnée pédestre : GR 5 et circuits balisés (dont chemin de Saint-Jacques-deCompostelle et sentier viticole des Grands Crus) • VTT.

Découvrir
• **Musée de l'Oncle Hansi** : aquarelles, lithographies, eaux-fortes, vaisselle décorée, affiches, projection vidéo, espace ludique et boutique... (03 89 47 97 00).
• **Musée du Dolder** (histoire locale) : l'histoire de Riquewihr, cité médiévale fortifiée, du XIIe au XVIIe s (03 89 73 23 23).
• **Musée de la Communication en Alsace** : dans le château des Wurtemberg-Montbéliard ; 2 000 ans d'histoire des Postes et des Télécommunications retracés à travers une collection unique en France de diligences et malles-poste (03 89 47 93 80).
• **Tour des Voleurs et maison de vigneron** : une ancienne prison de Riquewihr et ses instruments de torture ; intérieur d'une maison de vigneron du XVIe s (03 89 73 23 23).
• **Sentier viticole des Grands Crus** : toute l'année en autonomie ; visites accompagnées par un viticulteur suivies d'une visite de cave et d'une dégustation en été (03 89 73 23 23).
• **Village** : visite guidée accompagnée des guides conférenciers de l'Office de Tourisme (03 89 73 23 23) ; visite du village et du vignoble en petit train touristique (03 89 73 74 24).
• **Sentier d'interprétation de la faune et de la flore** en forêt de Riquewihr (03 89 73 23 23).

Se loger
Hôtels
À l'Oriel*** (03 89 49 03 13).
Le Riquewihr*** (03 89 86 03 00).
Le Schoenenbourg*** (03 89 49 01 11).
La Couronne** (03 89 49 03 03).
Le Sarment d'or** (03 89 86 02 86).
Saint-Nicolas** (03 89 46 01 51)
Chambres d'hôtes
Bernard Bronner** (03 89 47 83 50).
Jean-Luc Brendel (03 89 86 54 54).
Christophe Kiefer (03 89 47 89 81).
Brigitte Melich-Greiner (03 89 47 83 16).
Martine Rentz (03 89 49 03 97).
Mireille Schwach (03 89 47 92 34).
Gîtes et meublés de tourisme
Rens. : 03 89 73 23 23
www.ribeauville-riquewihr.com.
Camping
Camping de Riquewihr (03 89 47 90 08)

Aux alentours
• Route des vins d'Alsace : *Hunawihr (3 km, voir p. 66). Ribeauvillé (7 km), *Eguisheim (16 km, voir p. 62).
• Kaysersberg (10 km).
• Colmar (12 km).
• Haut-Koenigsbourg (25 km).
• *Mittelbergheim (39 km, voir p. 71).
• Écomusée de Haute-Alsace (45 km).

Pour la petite histoire
Un des derniers ducs de Wurtemberg, seigneur de Riquewihr, se retrouva un jour criblé de dettes. Il emprunta 500 livres à Voltaire en hypothéquant les vignes de son domaine. La somme fut remboursée, et Voltaire ne devint jamais propriétaire à Riquewihr...

Rodemack

La petite Carcassonne lorraine

Moselle (57) • 1 110 habitants • Altitude : 220 m

Près du Luxembourg, Rodemack doit son surnom de « petite Carcassonne lorraine » à son imposant patrimoine médiéval.
En 907, Rodemak passe aux mains des abbés de Saint-Willibrod et sous l'influence de la culture germano-luxembourgeoise. Vassal de la maison de Luxembourg, Rodemack vit dans une paix relative et connaît cinq siècles de prospérité. La forteresse, construite au XIIe s, laisse alors place à un château, agrandi et remanié par la suite. Le village se développe autour de l'église, du Xe s, et des remparts s'élèvent aux XIIIe et XVe s. Entre la France et l'Empire germanique, Rodemack est assailli, occupé puis repris maintes fois. En 1815, durant les Cent-Jours de Napoléon, il fut défendu par le général Hugo, le père du poète. En passant par la ruelle de la Forge, la rue du Four et la place de Gargan, on en découvre murailles et tours : la tour Boncour, la tour Barbacane et les tours jumelles. Le village lui-même est ceint d'un second mur aux tours en demi-lune, percé de portes flanquées de tours rondes. La porte de Sierck, du XIVe s, fut construite par les villageois eux-mêmes. À l'intérieur de l'enceinte, les ruelles mènent à la vieille poste, au lavoir et à l'ancien pavillon des Officiers.

Par la route : autoroute A13, sortie n° 10-Frisange (6 km) ; autoroute A31, sortie n° 38-Thionville centre (18 km).
Par le train : gare TGV de Thionville (16 km).
Par avion : aéroport de Luxembourg-Findel (32 km) ; aéroport de Metz-Nancy Lorraine (69 km).

Office de Tourisme de Cattenom et Environs : 03 82 56 00 02
www.tourisme-ccce.fr
www.mairie-rodemack.fr

Découvrir
• **Village :** visite guidée pour les groupes toute l'année sur réservation. Rens. : Office de Tourisme : 03 82 56 00 02.
• **Citadelle de Rodemack :** ouverture du parc mi-juin 2016.
• **Jardin médiéval :** toute l'année.

Se loger
Gîtes
Mme Bertrand (06 29 33 31 09)
M. et Mme Kremer (03 82 51 23 07).
Gîte Morisseau (03 54 54 15 89)
Mme Herfeld (03 82 50 01 49).
Mme Schuster (06 23 40 18 98).
M. Werner (03 82 51 24 07).
Gîtes communaux (03 82 83 05 50).

Se restaurer
Restaurants
La Grange à Georges, Café Terroir de Moselle, concerts (mer. soir et ven. soir et w.-e., 03 83 50 35 24).
La Petite Carcassonne (03 82 82 08 78).

Saveurs et savoir-faire
Art et artisanat
Dessinateurs • Peintres • Photographes • Bijoux • Céramique • Cuir • Céramique.

Rendez-vous
Avril : marché aux vins des Plus Beaux Villages de FranceÒ (mi-avril).
Mai : marché aux fleurs (1er w.-e.).
Juin : « Rodemack Solex Tour » (mi-juin) ; « Rodemack, cité médiévale en fête » (fin-juin).
Juil.-août : animations estivales.
Août : fête de la Grillade (mi-août).
Sept. : foire à la brocante, aux antiquités et collections.

Pleine nature
Randonnée • VTT.

Aux alentours
• Mondorf-les-Bains (6 km).
• Sierck-les-Bains, Manderen : château de Malbrouk (de 12 à 20 km).
• Luxembourg (de 15 à 25 km).
• Thionville (16 km).
• Schengen : Musée de l'Europe (16 km)
• Veckring : ouvrage de la ligne Maginot du Hackenberg (30 km).
• Neufchef : écomusée des mines de fer de Lorraine (35 km).
• Metz (50 km).

Saint-Quirin

Clochers et collines du massif vosgien

Moselle (57) • 821 habitants • Altitude : 320 m

Au pied d'un amphithéâtre de collines, le village est entouré de la vaste et giboyeuse forêt vosgienne où hêtres et chênes côtoient épicéas et mélèzes.
Sur les hauteurs, le site archéologique de La Croix-Guillaume a permis de mettre au jour d'importants vestiges gallo-romains des Ier, IIe et IIIe s, témoins de l'ancienne culture des sommets. Saint-Quirin doit son nom à Quirinus, tribun militaire de Rome martyrisé en 132, sous l'empereur Hadrien, et possède un riche patrimoine issu d'une histoire plus que millénaire. Les témoignages de son glorieux passé sont nombreux : le prieuré et l'église priorale baroque (1722), avec ses orgues de Jean-André Silbermann (1746), qui sont classées monument historique, tout comme l'église des Verriers, ravissant édifice de style rococo construit en 1756 à Lettenbach, ou encore la haute chapelle de style roman datant des années 1180. En contrebas de l'église, l'eau de la fontaine miraculeuse aurait le pouvoir de guérir les maladies de peau grâce à l'intercession de saint Quirin. Le village devint ainsi un lieu de pèlerinage et de dévotion à son patron guérisseur.

Par la route : autoroute A4, sortie n° 44-Lunéville (32 km) puis N4 (25 km).
Par le train : gare de Sarrebourg (18 km).
Par avion : aéroport de Strasbourg (104 km) ; aéroport de Metz-Nancy-Lorraine (126 km).

ⓘ **Syndicat d'Initiative :** 03 87 08 08 56
www.saintquirin.fr

Découvrir

- **Église priorale** (xviiie s) : orgue Silbermann, relique de saint Quirin, grand lustre de cristal.
- **Haute chapelle** (xiie s) : vitraux de Honer de Nancy.
- **Chapelle N.-D.-de-l'Hor à Métairies-Saint-Quirin** (xve et xviiie s) : statue de l'Immaculée Conception, peintures.
- **Site archéologique galloromain** de La Croix-Guillaume (03 87 08 08 56).

Se loger

Hôtel
Le Prieuré** (03 87 08 65 20).
Chambres d'hôtes
Le Temps des Cerises (06 78 15 76 02).
Gîtes
Rens. : 03 87 08 08 56 / www.saintquirin.fr.
Camping
Camping municipal**
(rens. : mairie, 03 87 08 60 34).

Se restaurer

Restaurants
Auberge de la Forêt (03 87 03 71 78).
Hostellerie du Prieuré (03 87 08 66 52).

Saveurs et savoir-faire

Spécialité et produit du terroir
Miel • Salaisons.
Art et artisanat
Atelier de peinture-sculpture • Galerie de meubles et peintures d'art • Peintre • Sculpture en pierre et sur bois • Verrier.

Rendez-vous

Mars : rallye automobile « La Ronde des Chevandiers ».
Pentecôte : Festival international de randonnée.
Mai : marche nocturne Saint-Quirin-Marmoutier (2e sam.).
Ascension : procession et foire.
Juin : concerts d'orgue.
Août : festival musical « Barakozart ».
Sept. : vide-jardins (4e dim.).
Nov. : messe de la Saint-Hubert.
Déc. : marché de Noël, calendrier de l'avent géant (1er w.-e.).

Pleine nature

Pêche • Randonnée pédestre : GR 5 et 5 circuits balisés « Moselle pleine nature ».

Aux alentours

- Abreschviller (5 km).
- Sarrebourg (17 km).
- Rhodes et parc animalier de Sainte-Croix (20 km).
- Col et massif du Donon (22 km).
- Plan incliné de Saint-Louis-Arzviller (25 km).
- Phalsbourg (30 km).
- Baccarat (40 km).
- Saverne (40 km).
- Lunéville (50 km).

Pour la petite histoire

En 1049, Geppa, sœur du pape alsacien Léon IX, ramène de Rome les reliques du tribun romain Quirinus, supplicié en 132 sous l'empereur Hadrien. Le convoi passe la nuit sur une colline surplombant le village de Godelsadis. Le lendemain, il fut impossible de déplacer la châsse contenant les précieuses reliques. Godelsadis devint alors Saint-Quirin et une chapelle fut édifiée sur la colline pour y recueillir les restes de Quirinus.

Vézelay

La Colline où souffle l'Esprit

Yonne (89) • 450 habitants • Altitude : 302 m

Sur une colline escarpée coiffée par la basilique Ste-Madeleine, le village regarde les monts du Morvan.
Érigée au XIIe s à la gloire de Marie-Madeleine, dont les reliques y sont conservées, l'abbatiale est à la fois but de pèlerinage et point de départ vers Compostelle avant que la venue de Bernard de Clairvaux, en 1146, n'en fasse un haut lieu de la chrétienté. De cette époque florissante subsistent de belles demeures romanes ou Renaissance qui côtoient de charmantes maisons vigneronnes dans une harmonie de façades en pierre et de toits recouverts de tuiles plates et brunes, caractéristiques de la Bourgogne. Restaurée au XIXe s par Viollet-le-Duc, la basilique est classée au Patrimoine Mondial avec la colline de Vézelay en 1979 au et constitue un haut lieu de l'art roman qui continue d'attirer des visiteurs du monde entier.

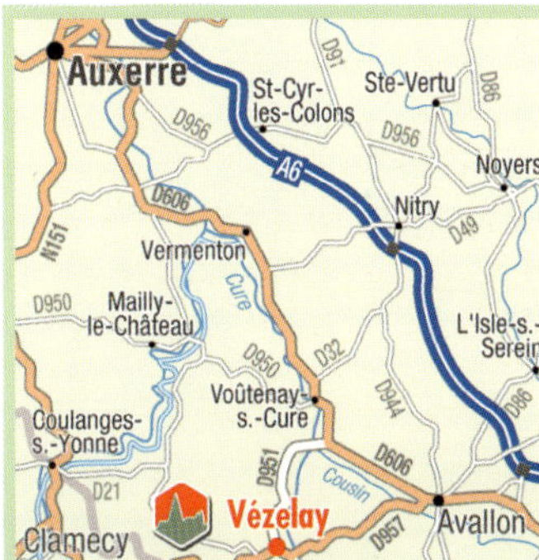

Par la route : autoroute A6, sortie n° 22-Avallon (23 km) ; autoroute A6, sortie n° 21-Nitry (29 km).
Par le train : gare de Sermizelles (10 km).
Par avion : aéroport de Dijon-Bourgogne (131 km).

Office de Tourisme : 03 86 33 23 69
www.vezelaytourisme.com

Découvrir

• **Basilique Ste-Madeleine** (XIIe-XIXe s) : tympans sculptés, voûtes de style byzantin, chœur gothique, reliques de Marie-Madeleine. Visites guidées pour individuels ou groupes par les Fraternités de Jérusalem (03 86 33 39 50)

• **Maison du Visiteur** : promenade scénographique dans l'univers des bâtisseurs du XIIe s pour apprendre à visiter la basilique et à en comprendre le sens. Diaporama, présentation commentée par un guide avec des maquettes, de l'architecture, des jeux de lumière aux solstices ; reproductions de chapiteaux sculptés pour décrypter les symboles (03 86 32 35 65).

• **Musée de l'Œuvre-Viollet-le-Duc** : chapiteaux romans et fragments déposés par Viollet-le-Duc lors de ses travaux de restauration de la basilique (03 86 33 24 62).

• **Maison Jules-Roy** (et jardins) : maison de l'écrivain, dont le bureau a été conservé ; expositions et soirées littéraires (03 86 33 35 01).

• **Musée Zervos** (art moderne 1925-1965), dans la maison Romain-Rolland : collection léguée à la commune par Christian Zervos, critique et éditeur d'art. Fondateur des Cahiers d'art, revue publiée de 1926 à 1960, qui a côtoyé les plus grands artistes de son temps : Picasso, Chagall, Laurens, Léger, Calder, Kandinsky, Giacometti, Hélion, Miró, Poliakoff..., dont des œuvres sont exposées dans ce musée. Exposition temporaire chaque année (03 86 32 39 26).

• **Village** : visite guidée pour les individuels en été (rens. : 03 86 33 23 69) ; pour les groupes toute l'année sur RDV auprès des Guides de pays des collines (03 86 33 23 69) ou des Guides de l'Yonne (03 86 41 50 30).

• **Village et basilique** : visite guidée (art, histoire, symbolisme, tradition) par Lorant Hecquet, conférencier professionnel, sur RDV (03 86 33 30 06) ou par les Guides de l'Yonne (03 86 41 50 30).

Se loger

Hôtels

La Poste et Lion d'or*** (03 86 33 21 23).
Le Compostelle** (03 86 33 28 63).
Le Cheval blanc (03 86 33 22 12).
Le Relais du Morvan (03 86 33 25 33).
Sy La Terrasse (03 86 33 25 50).

Chambres d'hôtes

Au Poirier de la Perdrix*** (03 86 33 20 17).
À l'Atelier** (03 86 32 38 59).
Cabalus (03 86 33 20 66).
Le Pontot (03 86 32 42 01).

Gîtes et meublés

Rens. : 03 86 33 23 69
vezelaytourisme.com.

Centres d'hébergement

(groupes et individuels)
Auberge de jeunesse (03 86 33 24 18).
Centre Sainte-Madeleine, Maisons St-Bernard et Béthanie (03 86 33 22 14).

Camping

L'Ermitage* (03 86 33 24 18).

Se restaurer

Restaurants

La Poste et le Lion d'Or (03 86 33 21 23).
Le Bougainville (03 86 33 27 57).
Le Cheval blanc (03 86 33 22 12).
Auberge de la Coquille (03 86 33 35 57).
La Dent creuse (03 86 33 36 33).
Le Relais du Morvan (03 86 33 25 33).
Sy La Terrasse (03 86 33 25 50).
Le Vézelien, brasserie (03 86 33 25 09).

Salon de thé

Vézelay (03 86 33 23 01).

Saveurs et savoir-faire

Spécialités et produits du terroir

Miel • Pains d'autrefois • Vins AOC de Bourgogne Vézelay • Vins de Chablis.

Art et artisanat

Antiquités • Enluminures • Faïencier • Icônes • Librairies • Métal, pierre et textile • Peintres-sculpteurs, galeries • Produits monastiques • Sculpteur • Tisserand.

Rendez-vous

Marché : mer. matin de mai à oct.
Avril-Oct. : expositions de peinture (salle gothique).
Mai-Oct. : concerts dans la basilique.
Juillet : pèlerinage Ste-Madeleine (le 22).
Fin juil.-début août : spectacle son et lumière (4 soirs)
Août : festival d'art vocal (2e quinz.).
Sept. : marché biologique.
Nov. : marché aux truffes.
Déc. : célébrations de Noël.
Toute l'année : colloques, pèlerinages et stages.

Pleine nature

Canoë-kayak, rafting • Équitation • Pêche • Randonnée pédestre : GR 13 et 654 (Vézelay-Saint-Jacques-de-Compostelle), 4 boucles balisées • VTT : 5 circuits.

Aux alentours

- Église d'Asquins (2 km).
- Site archéologique des Fontaines-Salées et musée-église à Saint-Pèresous-Vézelay (2 km).
- Cardo Land (parc préhistorique imaginaire) de Chamoux (7 km).
- Château de Bazoches-du-Morvan (10 km).
- Avallon (15 km).
- Château de Chastellux (17 km).
- Grottes d'Arcy-sur-Cure (20 km).
- *Noyers (40 km), voir p. 73.

Sud-est

Échelle des cartes : 1 / 2 600 000

0 50 km

©éditerra
Lausanne
Yvoire
Évian-les-Bains
Thonon-les-Bains
Sion
SUISSE
Genève
Sixt-Fer-à-Cheval
Tournus
Mâcon
Bourg-en-Bresse
Nantua
Villefranche-s.-Saône
Oingt
Pérouges
Annecy
Megève
Courmayeur
Aosta (Aoste)
Stresa
Villeurbanne
Lyon
St-Priest
Albertville
Chambéry
Novara
Vercelli
Ste-Croix-en-Jarez
Vienne
St-Chamond
Bonneval-s.-Arc
Voiron
Modane
St-Antoine-l'Abbaye
Grenoble
La Grave
Torino (Turin)
Tournon-s.-Rhône
Romans-s.-Isère
Valence
Briançon
ITALIE
St-Véran
Privas
Mirmande
Crest
Die
Aubenas
Montélimar
Le Poët-Laval
La Garde-Adhémar
Gap
Barcelonnette
Cuneo
Savona
Nyons
Aiguèze
Séguret
Montbrun-les-Bains
Sisteron
La Roque-s.-Cèze
Orange
Carpentras
Venasque
Digne-les-Bains
Avignon
Gordes
Roussillon
Forcalquier
Moustiers-Ste-Marie
Castellane
Coaraze
Ste-Agnès
San Remo
Les Baux-de-Provence
Apt
Lourmarin
Ménerbes
Ansouis
Gourdon
Nice
Menton
Bargème
Seillans
Grasse
Cagnes-s.-M.
Antibes
Cap d'Antibes
Arles
Salon-de-P.
Tourtour
Le Cannet
Cannes
Istres
Aix-en-Provence
Draguignan
Pointe du Cap Roux
Brignoles
Fréjus
Marignane
Ste-Maxime
Martigues
Aubagne
Cap de St-Tropez
Marseille
Gassin
Cap Croisette
La Ciotat
Toulon
Hyères
Cap Blanc
Six-Fours-les-Plages
La Seyne
Îles d'Hyères
Mer Méditerranée
Cap Corse
Golfe de St-Florent
St-Florent
Bastia
Golfe de Calvi
Calvi
Sant'Antonino
Corte
Golfe de Porto
Piana
Cap Rosso
Cap di Feno
Ajaccio
Golfe d'Ajaccio
Cap di Muro
Golfe de Valinco
Propriano
Sartène
Porto-Vecchio
Cap di Senetosa
Pointe de la Chiappa
Bonifacio
Cap Pertusato

Aiguèze

Entre vignobles et Ardèche

Gard (30) • 220 habitants • Altitude : 89 m

Forteresse perchée sur une falaise surplombant les gorges de l'Ardèche (mais encore dans le département du Gard !), Aiguèze protège son patrimoine médiéval, cultive la vigne et entretient la bonne humeur conviviale de ses habitants.

Comme tout site de défense stratégique, Aiguèze a connu un passé tumultueux. De 725 à 737, ce sont les Sarrasins qui occupent la région ; ils laissent leur nom à l'une des tours du village. La fortification du site date quant à elle du XIe s : elle est l'œuvre du comte de Toulouse, qui souhaitait faire d'Aiguèze le poste avancé de ses opérations contre le comté du Vivarais. En 1360, les jacqueries apportent à Aiguèze sa dernière grande période de troubles : les campagnes s'agitent contre le poids des impôts, et le village subit encore destructions et pillages. Souvent assailli mais toujours libéré, Aiguèze a survécu et réussi à garder quelques traces de son histoire. Le village doit beaucoup de son visage actuel à Mgr Fuzet, archevêque de Rouen et enfant du pays, qui a consacré du temps et des moyens à sa conservation et à sa modernisation au début du XXe s ; ainsi, la place principale ombragée de platanes ou encore l'église du XIe s. Les ruelles pavées et voûtées laissent découvrir fenêtres à meneaux, balcons couverts d'arcades et portails en plein cintre. Elles mènent vers le « castelas », ancien chemin de ronde du château fort, d'où l'on jouit d'une vue splendide sur l'Ardèche et les paysages de garrigue et de vignes des Côtes du Rhône.

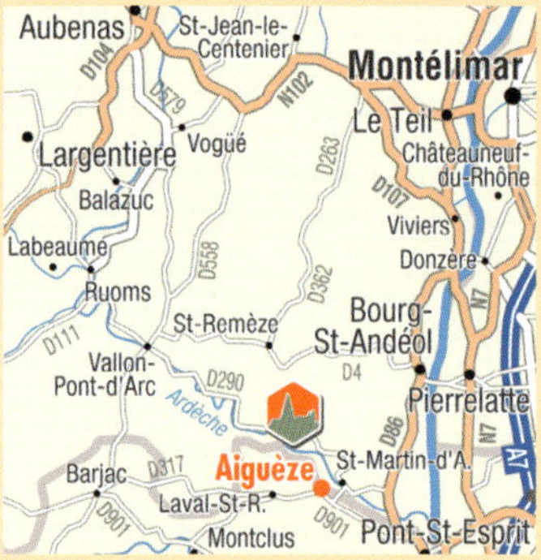

Par la route : autoroute A7, sortie n° 19-Bollène (22 km), N86 (14 km).
Par le train : gare TGV de Montélimar (43 km).
Par avion : aéroport d'Avignon-Caumont (67 km).

Office de tourisme du Gard Rhodanien : 04 66 39 16 89 ou 04 66 82 30 02
www.tourisme-gard-rhodanien.com

★ Rendez-vous
Marché : jeudi matin du 15 juin au 15 sept.
Avril : marché aux fleurs (2e w.-e.).
Pentecôte : marché à la brocante (w.-e.).
Mi-juillet et mi-août : journées d'accueil des vacanciers, animations.
Déc. : marché de Noël (2e dim.).

Pleine nature
Baignade dans la rivière Ardèche • Canoë-kayak ou barque : descente des gorges de l'Ardèche • Randonnée pédestre : circuit de l'oppidum de Castelvieil, randonnée à travers le vignoble.

Aux alentours
• *Montclus (15 km), voir p. 117.
• Gorges de l'Ardèche, Vallon-Pont-d'Arc, grotte Chauvet, aven d'Orgnac, grottes de la Madeleine, Saint-Marcel-d'Ardèche, la Forestière (7 à 35 km).
• Chartreuse de Valbonne (7 km).
• Pont-Saint-Esprit (10 km).
• *La Roque-sur-Cèze (18 km), voir p. 126.
• Théâtre d'Orange (33 km)
• Villages de Cornillon et Goudargues (20 km).
• Châteaux de Suze-la-Rousse (27 km) et de Grignan (43 km).

Pour la petite histoire
Un brin taquins, les Aiguézois ont dissimulé ici et là, au détour des ruelles, quelques « canulars ». Honoré Agrefoul est-il bien l'inventeur de l'absinthe ? Andris Nali a-t-il été réellement professeur d'expansiologie ? À vous de le découvrir au cours de la visite du village...

Découvrir
• **Église du XIe s :** visite libre tlj.
• **Visite guidée du village :** en saison et sur RDV (04 66 39 26 89).

Se loger
Hôtel
Le Rustic Hôtel* (04 66 82 11 26).
Résidence hôtelière
Le Castelas** (04 66 82 18 76).
Chambres d'hôtes
Les Jardins du Barry*** (04 66 82 15 75).
Les Mazets d'Aiguèze (04 66 82 34 28).
Gîtes, meublés et campings
Rens. : 04 66 82 14 77 ou 04 66 39 26 89.

Se restaurer
Restaurants
Chez David (04 66 50 39 91).
Le Belvédère, pizzeria (04 66 50 66 69).
Le Bouchon, café de pays, bar à vin (04 66 39 47 70).
Bistrot La Charriotte (04 66 82 11 26).
Le Chaudron (04 66 39 43 48).
Café Chabot, gril (04 66 33 80 51).

Saveurs et savoir-faire
Spécialités et produits du terroir
Vins des Côtes du Rhône ; miel ; fromages de chèvre (pélardons).
Art et artisanat
Galerie de peinture ; poterie, ateliers de création.

Ansouis

Un château en pays d'Aigues

Vaucluse (84) • 1 140 habitants • Altitude : 295 m

Au centre du pays d'Aigues, avec le Grand Luberon et la Durance pour horizons, le village perché d'Ansouis est couronné par un château millénaire.

Déployé en éventail, ouvert face au soleil, le village est parcouru par un labyrinthe de rues et de ruelles conservant ombre et fraîcheur. À partir de la place St-Elzéar, la rue du Petit-Portail grimpe jusqu'à une harmonieuse placette : bordée par la muraille de l'enceinte du XIIe s servant de façade à l'église St-Martin et par l'élégant ancien presbytère du XVIIIe s, elle offre un vaste panorama sur un paysage de vignes dominées par le Grand Luberon. À la cime du village, le château, ancienne possession de la famille de Sabran, résume mille ans d'histoire de l'architecture castrale. À l'austérité de la forteresse médiévale, au nord, s'oppose la façade méridionale classique de la résidence construite au XVIIe s au-dessus de jardins en terrasses décorés de buis taillés.

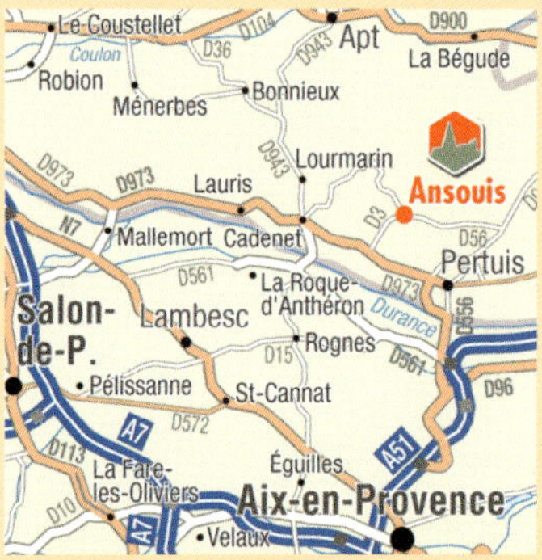

Par la route : autoroute A7, sortie n° 26-Sénas (36 km) ; autoroute A51, sortie n° 15-Pertuis (12 km).
Par le train : gare TGV d'Aix-en-Provence (49 km).
Par avion : aéroport de Marseille-Provence (59 km).

Office de Tourisme : 04 90 09 86 98
www.luberoncotesud.com

Pour la petite histoire

Saint Elzéar, comte de Sabran, naquit en 1285 au château d'Ansouis et fut marié très jeune à Delphine de Signe. Les deux époux firent vœu de chasteté et vécurent une vie de prière, de pénitence et de dévouement auprès des malheureux. Elzéar fut canonisé par Urbain V et le culte de Delphine approuvé par le pape Innocent VII. Cette ferveur populaire a traversé les siècles et, chaque année en septembre, à l'occasion de la fête de la Saint-Elzéar, les Ansouisiens se retrouvent dans l'église du village pour une messe en l'honneur de leurs saints.

Découvrir

• **Château** : édifiée aux XIIe et XIIIe s et remaniée au XVIIe s, cette imposante forteresse a été complètement restaurée et ouvre ses portes au public d'avril à la Toussaint (04 90 77 23 36).
• **Église St-Martin** : bâtiment fortifié du XIIe s. et ancienne cour de justice du château ; statues et retables du XVIIIe s.
• **Musée extraordinaire** : cette bâtisse provençale propose les créations artistiques ainsi qu'une collection de fossiles, coquillages, mobilier de son propriétaire, peintre et plongeur sous-marin (04 90 09 82 64).
• **Musée de la Vigne et du Vin** : plus de 2 000 outils anciens de vignerons, de tonneliers et de vendangeurs de château Turcan (04 90 09 83 33).

Se loger

Chambres d'hôtes
Le Mas du Grand Luberon*** (04 90 09 97 92).
Le Jardin d'antan*** (04 90 09 88 99).
Un Patio en Luberon*** (04 90 09 94 25).
La Maison de Clémentine** (04 90 09 97 68).
L'Atrium (06 62 70 17 27).
Le Mas de la Huppe (04 90 09 08 41).
Le Mas de la Farigoule (06 51 04 07 45).
Gîtes et meublés
Rens. : 04 90 09 86 98
www.luberoncotesud.com.

Se restaurer

Restaurants
La Closerie (04 90 09 90 54).
Les Moissines, restaurant et salon de thé (04 90 09 85 90).
Le Puy des Arts, bar à vin et tapas (04 90 09 81 76).
Bar des Sports (04 90 08 44 33).
• **Salon de thé**
Pâtisserie d'antan (06 28 41 45 73).

Saveurs et savoir-faire

Spécialités et produits du terroir
Glaces artisanales • Vins AOC des Côtes du Luberon.
Art et artisanat
Santonnier • Sculptures sur bronze et bijoux • Peintre.

Rendez-vous

Marché : dim. matin, pl. de la Vieille-Fontaine.
Mai : « Les Botanilles », fête et marché aux fleurs (2e quinz.).
Juin : Ansouis en musique.
Juillet-août : animations diverses.
Sept. : fête de la Saint-Elzéar (mi-sept.).

Pleine nature

Randonnée : 3 circuits balisés.

Aux alentours

• La Tour-d'Aigues (8 km).
• Villages de la Durance : Cadenet, Pertuis, Mirabeau… (de 10 à 20 km).
• *Lourmarin (11 km), voir p. 111.
• Aix-en-Provence (30 km).
• *Ménerbes (33 km), voir p. 113.
• *Roussillon (33 km), voir p. 128.
• *Gordes (39 km), voir p. 104.

Arlempdes

Premier château de la Loire

Haute-Loire (43) • 131 habitants • Altitude : 840 m

Au sommet d'un piton volcanique du Velay, Arlempdes offre à la Loire, tout près de sa source, son premier château.
Les vestiges du château édifié par les Montlaur du XIIe au XIVe s occupent le sommet d'un dyke de basalte que la Loire a profondément entaillé de gorges sauvages. Remparts crénelés et courtines y enferment l'ancienne cour dominée par la tour ronde du donjon et la chapelle St-Jacques-le-Majeur, vraisemblablement construite aux XI-XIIe s à l'emplacement d'un sanctuaire celte, surplombant le fleuve de plus de 100 m. Campé au pied de cet imposant ensemble castral, derrière une porte d'entrée du XIIIe s subsistant d'une ancienne enceinte basse, le village se distribue autour d'une harmonieuse place servant de parvis à l'église romane St-Pierre, remarquable par son portail polylobé et son clocher-mur à quatre arcades. De la place part le chemin d'accès au château, dont l'entrée est précédée d'un porche Renaissance. Sur le plateau dans lequel s'est encastrée la Loire, l'activité agricole renaît avec la production de la lentille verte du Puy, qui, favorisée par la légèreté des sols volcaniques et un microclimat, est le premier légume sec à bénéficier depuis 1996 d'une appellation d'origine contrôlée.

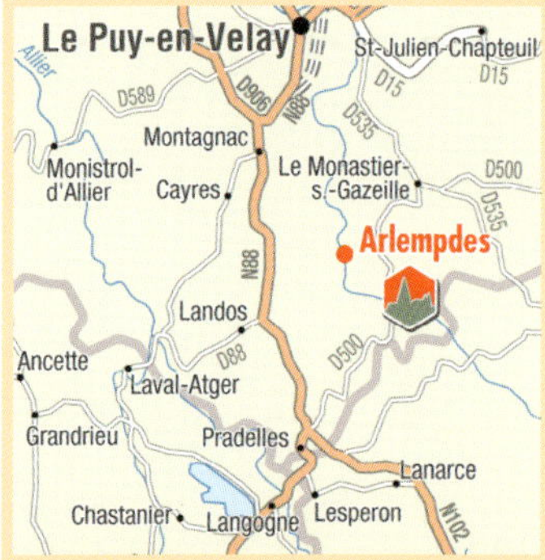

Par la route : autoroute A75, sortie n° 20-Le Puy-en-Velay (90 km), N102-N88 (9 km).
Par le train : gare du Puy-en-Velay (28 km).
Par avion : aéroport de Clermont-Ferrand Auvergne (147 km).

Office de Tourisme du Pays de Pradelles : 04 71 00 82 65
www.haut-allier.com

Découvrir

• **Château** : vestiges, possibilité de visite (04 71 00 82 65 ou 04 71 57 17 14) ; visites guidées ts les après-midi en juillet-août.
• **Écomusée de la Ruralité** : outils et modes de vie d'antan.
• **Église St-Pierre.**

Se loger

Hôtel
Le Manoir (04 71 57 17 14).
Chambres d'hôtes
La Freycenette*** (04 71 49 43 43).
Gîtes et meublés
Le Clos des Fontaines*** (04 66 48 47 51).
L'Estaou*** (04 71 49 43 43).
Gîte N° 0001223*** (04 71 49 43 43).
Les Sources*** (04 71 49 43 43).
La Grotte*** (06 09 97 31 72).
Gîte N° 0001165** (04 71 49 43 43).
Le Presbytère** et * (04 71 49 43 43).
Meublé** (04 71 03 04 16).
La Vicairie* (04 71 49 43 43).
Autres gîtes et meublés - Rens. : 04 71 00 82 65 / www.haut-allier.com.

Se restaurer

Restaurant
Le Manoir (04 71 57 17 14).

Saveurs et savoir-faire

Spécialités et produits du terroir
Fromages • Lentilles vertes du Puy AOP.

Rendez-vous

Juillet : vide-grenier (autour du 15).
Août : Fête du Pain (1re quinz.).
Nov. : envol de montgolfières (1re quinz.).

Pleine nature

Baignade (non surveillée) • Pêche • Randonnée pédestre : GR 340 et plusieurs circuits balisés • VTT.

Aux alentours

• *Pradelles (17 km), voir p. 125.
• Lac du Bouchet (18 km).
• Le Monastier-sur-Gazeille (23 km).
• Lac d'Issarlès (25 km).
• Le Puy (28 km).
• Mont Gerbier-de-Jonc (45 km).

Pour la petite histoire

Le marquis d'Arlempdes s'illustra, le 13 novembre 1783 en effectuant, avec Pilâtre de Rozier, le premier vol en montgolfière de l'Histoire.

Bargème

La montagne en Provence

Var (83) • 140 habitants • Altitude : 1 097 m

Faisant face aux monts du Canjuers et aux montagnes varoises, Bargème est, à 1 097 m d'altitude, le plus haut village du Var, encore provençal et déjà presque alpin.
À l'abri des ruines du château des Sabran de Pontevès, la silhouette du bourg féodal se détache sur les flancs abrupts de la montagne de Brouis. Foulques d'Agoult de Pontevès devint en 1393 le seigneur du village. Deux siècles plus tard, en pleine tourmente religieuse, les Bargémois vengèrent le village voisin de Callas, trahi par Jean-Baptiste de Pontevès, en mettant fin à la lignée des châtelains. Après plusieurs meurtres, ils allèrent jusqu'à égorger Antoine de Pontevès en pleine messe en 1595. Le parlement d'Aix-en-Provence condamna alors les habitants à construire une chapelle expiatoire, N.-D.-des-Sept-Douleurs, située au bout de l'esplanade qui conduit au château. Le village conserve son enceinte défensive – percée au XIVe s des deux portes fortifiées du Levant et de Garde –, ainsi que l'église romane, tout en pierres blanches. Placée sous le patronage de saint Nicolas, cette église du XIIe s a une abside se terminant en cul-de-four et conserve trois retables, dont l'un, dédié à saint Sébastien, est un triptyque sculpté en demi-relief.

Par la route : autoroute A8, sortie n° 36-Draguignan (53 km) ; N85, sortie Nice (80 km).
Par le train : gare de Draguignan (41 km).
Par avion : aéroport de Nice-Côte-d'Azur (91 km).

Mairie : 04 94 50 21 94
www.mairie-bargeme.fr

Découvrir

• **Château Sabran-de-Pontevès** (juillet-août) : mentionné dès 1225, il fut en partie détruit lors des guerres de Religion mais a conservé ses éléments défensifs extérieurs (04 94 50 21 94).
• **Église St-Nicolas** (juillet-août) : église romane du XIIe s. restaurée, ainsi que ses retables, dans les années 1990-2000.
• **Village** : tlj 14 h 30-18 h 30 du 1er juillet au 31 août.

Se loger

Meublés
Pierre Chassigneux*** (06 72 95 39 21).
Thiébaut Renger** (04 94 68 16 33 ou 06 50 77 66 26).
Gîtes, tipis, roulottes
La Ferme St-Pierre (04 94 84 21 55).

Se restaurer

Restaurant
Les jardins de Bargème (06 86 85 26 69).
Crêperie
Le Bart J'aime (06 66 54 75 69 ou 04 94 85 09 47).

Saveurs et savoir-faire

Spécialités et produits du terroir
Fromages • Viande de bœuf et d'agneau • Légumes • Dégustations de produits du terroir.
Art et artisanat
Galerie d'art • Peintre-sculpteur • Sculpteur.

Rendez-vous

Juillet-août : Été musical (concerts de musique ancienne), exposition de santons de Provence.
Août : fête de la Saint-Laurent (2e w.-e.).

Pleine nature

Randonnée équestre et pédestre : GR 49 et 2 circuits balisés • Vol libre • VTT.

Pour la petite histoire

À 2 km au sud du village s'élève, en bordure de route, un oratoire dédié à sainte Pétronille. C'est dans cette chapelle que les bergers partant en transhumance venaient faire bénir leurs troupeaux avant de gagner les estives. Aujourd'hui encore, le 31 mai, une messe est célébrée dans la chapelle pour bénir le pain et le sel, qui étaient autrefois la nourriture principale des bergers.

Aux alentours

• La Bastide : sommet de Lachens (12 km).
• Gorges du Verdon (25 km).
• Route Napoléon (10 km) et ses paysages vers Castellane (29 km) ou Grasse (44 km).
• *Seillans (33 km), voir p. 142.
• *Tourtour (46 km), voir p. 148.

Les Baux-de-Provence

Majesté minérale

Bouches-du-Rhône (13) • 465 habitants • Altitude : 218 m

Perché sur un éperon rocheux des Alpilles, face à la Crau et à la Camargue, le village des Baux est le phare de la Provence.
Dans ce chaos du Val d'Enfer, la pierre semble omniprésente. Dressé face au ciel, long de 900 m et large de 200 m, le « baou », du nom provençal *baù*, cet éperon rocheux majestueux domine la vallée du même nom, dans un paysage ouvert sur la Camargue et le mont Sainte-Victoire. Depuis toujours, l'homme a trouvé refuge dans cet amas de pierres, mais la vie et le rayonnement des Baux commenceront véritablement au Xe s, lorsque les seigneurs des Baux font édifier une forteresse au sommet de ce nid d'aigle. Ils régneront sur la cité durant cinq siècles au cours desquels leur caractère belliqueux vaudra au pays de nombreuses luttes avec les autres seigneurs de la région. Témoignant encore de leur puissance, les vestiges de la citadelle médiévale dominent, de part et d'autre, le vallon d'Entreconque, ses oliveraies et vignobles, et le vallon de la Fontaine, où le mistral s'engouffre dans les ouvertures d'anciennes carrières. Les fastes de la Renaissance ont également laissé un important patrimoine au cœur du village, de la maison du Roy (office de tourisme) à la fenêtre portant l'inscription calviniste « *Post Tenebras Lux* » en passant par les nombreux hôtels particuliers tels que l'hôtel de Manville (actuelle mairie), l'hôtel de Porcelet (musée Yves Brayer), l'hôtel Jean de Brion (fondation Louis Jou) ou encore l'ancien corps de garde (musée des Santons). Ressuscité par les hôteliers-restaurateurs, oléiculteurs, vignerons et artistes, le village est aujourd'hui l'ambassadeur prestigieux d'un art de vivre.

Par la route : autoroute A7 sortie n° 24-Avignon Sud (29 km) ; autoroute A9-A54, sortie n° 7-Arles (20 km) ; autoroute A54 - N113, sortie n° 7-Avignon (19 km).
Par le train : gare d'Arles (17 km) ; gare TGV d'Avignon (36 km).
Par avion : aéroports d'Avignon-Caumont (41 km), de Nîmes-Arles-Camargue (36 km) et de Marseille-Provence (59 km).

Office de Tourisme : 04 90 54 34 39
www.lesbauxdeprovence.com

Découvrir

- **Carrières de lumières :** spectacles audiovisuels annuels projetés sur écrans géants naturels (04 90 54 47 37).
- **Château des Baux :** ancien château médiéval, donjon, tours Sarrasine et Paravelle, colombier seigneurial, chapelle castrale, chapelle St-Blaise, (projection du film « La Provence vue du ciel »), ancien hôpital Quiqueran, exposition de machines de siège médiévales, visite illustrée ; chasse aux énigmes (enfants de 7 à 12 ans), animations médiévales d'avril à sept. ; visite audioguidée en 10 langues (04 90 54 55 56).
- **Fondation Louis Jou :** exposition des œuvres de Louis Jou, maître typographe, graveur, imprimeur, éditeur, découverte de son atelier et des collections (incunables, livres anciens, gravures de Dürer et de Goya, peintures, sculptures et céramiques) ; sur RDV (04 90 54 34 17 ou 04 90 69 88 03).
- **Musée Yves Brayer :** huiles, aquarelles, dessins, gravures et lithographies. Expositions temporaires d'avril à sept (04 90 54 36 99).

• **Musée des Santons** : diverses collections : figurines napolitaines du XVIIe s, santons d'église du XIXe s, œuvres de Carbonnel, Fouque, Jouve, Peyron Campagna, Toussaint, Thérèse Neveu, Louise Berger, Simone Jouglas ; crèches (04 90 54 34 39).
• **Village** : balade insolite « histoire et architecture » pour individuels et à la demande pour les groupes ; circuit des Trémaïe et sentier botanique ; découverte du patrimoine naturel et bâti au pied du village ; visite guidée à la demande pour les groupes uniquement ; visite adaptée aux déficients visuels : visite audio et sensitive, carnets de visite en braille et caractères agrandis ; « E-balade », application mobile gratuite : visite de la cité accessible à tous (grand public, déficients visuels et auditifs, 04 90 54 34 39).

Se loger

Hôtels
Baumanière Les Baux de Provence***** (04 90 54 33 07).
Domaine de Manville***** (04 90 54 40 20).
La Benvengudo**** (04 90 54 32 54).
♥ Le Mas de l'Oulivié**** (04 90 54 35 78).
Le Fabian des Baux*** (04 90 54 37 87).
Le Mas d'Aigret*** (04 90 54 20 00).
Hostellerie de la Reine Jeanne** (04 90 54 32 06).

Chambres et maisons d'hôtes
Le Mas de l'Esparou (04 90 54 41 32).
Le Prince Noir (04 90 54 39 57).
Mas Derrière Château (04 90 54 50 62).
Taven Résidences (04 90 54 34 23).

Meublés
Rens. : 04 90 54 34 39
www.lesbauxdeprovence.com.

Se restaurer

Restaurants
Auberge du Château (04 90 54 50 48).
Café des Baux (04 90 54 52 69).
Hostellerie de la Reine Jeanne (04 90 54 32 06).
Le Bautezar (04 90 54 32 09).
La Benvengudo (04 90 54 32 54).
La Cabro d'Or (04 90 54 33 21).
La Table et bistrot du Domaine de Manville (04 90 54 40 20).
Le Bouchon Rouge (04 90 18 26 07).
Le Café du Musée (04 90 54 21 47).
Le Fabian des Baux (04 90 54 37 87).
Le Mas d'Aigret (04 90 54 20 00).
Oustau de Baumanière (04 90 54 33 07).
Les Variétés (04 90 54 55 88).
Au Porte Mages, restaurant-crêperie (04 90 54 40 48).
Au Relais de la Porte Eyguières, saladerie (04 90 54 48 86).

Saveurs et savoir-faire

Spécialités et produits du terroir
Huile d'olive AOC Vallée des Baux-de-Provence • Vins AOC Les Baux-de-Provence • Vins de Pays des Alpilles.

Art et artisanat
Ateliers et galeries d'art • Créateur de bijoux en argent • Linge de maison, produits provençaux • Produits aromatiques, naturels et biologiques • Santonnier • Savons et produits de beauté • Tisserand • Chapelier.

★ Rendez-vous

Mai : fête des Vignerons des Baux, festival européen de la Photo de nu.
Juin : fête de la Saint-Jean.
Juin à août : festival des Alpilles (concerts).
Juillet-août : festival a-part (art contemporain).
Sept. : Septembre de la Céramique et du Verre, fête de la Pierre et du Patrimoine.
Oct. : salon des Créateurs et des Santonniers.
Déc. : « Noël aux Baux-de-Provence » - expositions et animations sur le thème de Noël, cérémonie de l'aubade, messe de minuit et crèche vivante.
Toute l'année : projections nocturnes sur les façades, monuments et rochers du village.

Pleine nature

Golf 18 trous (Domaine de Manville) • Randonnée pédestre : GR 6, 1 circuit balisé et 1 circuit vinicole Ste-Berthe, chemin des Trémaïe (sentier botanique - accès réglementé aux massifs boisés de juin à sept. Rens. : 0811 20 13 13).

Aux alentours

- Paysages et villages des Alpilles : Eygalières, Fontvieille, Maussane, Saint-Rémy-de-Provence… (de 5 à 35 km).
- Arles (18 km).
- Avignon (30 km).
- Les Saintes-Maries-de-la-Mer (58 km).

Pour la petite histoire

Les princes des Baux se réclament de la descendance du roi mage Balthazar. Reconnaissants envers l'étoile qui les avait guidés, ils ont fait de cette constellation une sainte, sainte Estelle, ainsi que l'emblème de leurs armes. Ils prirent alors pour devise « Al Azar, Balthazar » (Au hasard, Balthazar).

Bonneval-sur-Arc

Village des grands espaces

Savoie (73) • 244 habitants • Altitude : 1 800 m

Entre le parc national de la Vanoise et celui du Grand Paradis, en Italie, Bonneval a la nature pour écran géant.
Cerné de montagnes au fond de la vallée de la haute Maurienne, Bonneval a longtemps été un bout du monde. De cet isolement, renouvelé chaque hiver lorsque ferme la route du col de l'Iseran, les Bonnevalains ont fait une force en développant un tourisme respectueux d'un environnement exceptionnel et de leurs traditions ancestrales de bergers et d'artisans. À quelques pas de Tralenta, où les résidences construites le long de l'Arc donnent accès au domaine skiable, les massives maisons de pierre couvertes de lauses et hérissées de hautes cheminées encerclent toujours la fromagerie, la Grande-Maison et l'église du vieux village. À une poignée de kilomètres du bourg, le hameau de l'Écot, construit autour d'une chapelle du XIIe s et entièrement classé, est un exemple parfait de l'architecture traditionnelle de Bonneval. Par-dessus les toits, l'Albaron, la Levanna ou la Ciamarella dominent à près de 4 000 m un somptueux cirque de glaciers : 11 000 ha étincellent dans le silence hivernal ou bruissent l'été de torrents et de cascades. Bonneval est bien « la montagne... Vraiment ».

Par la route : autoroute A43, sortie n° 30-Modane (27 km).
Par le train : gare de Modane (44 km).
Par avion : aéroport de Chambéry-Aix (154 km) ; aéroport de Lyon Saint-Exupéry (231 km).

Office de Tourisme : 04 79 05 95 95
www.bonneval-sur-arc.com

Découvrir

• **Musée « Espace neige et montagne » :** vie quotidienne et artisanat local, rétrospective des sports d'hiver et des débuts de l'alpinisme à Bonneval (04 79 05 95 95).
• **Village :** visite guidée pour groupes ou individuels (04 79 05 95 95).

Se loger

Hôtels
Le Glacier des Évettes** (04 79 05 94 06).
La Pastourelle** (04 79 05 81 56).
Chambres d'hôtes
La Rosa*** (04 79 05 95 66).
Les Abeillos*** (04 79 05 96 08).
La Greppa (04 79 05 32 79).
L'Auberge d'Oul (04 79 05 87 99).
Gîtes, gîtes d'étape et meublés
Rens. : 04 79 05 95 95 / Centrale disponibilités : www.bonneval-sur-arc.com
Refuges de montagne
Bonneval Village, alt. 1 810 m (06 86 66 90 12).
Le Carro, alt. 2 760 m (04 79 05 95 79).
Les Évettes, alt. 2 590 m (04 79 05 96 64).

Se restaurer

Restaurants
Auberge d'Oul (04 79 05 87 99).
Chez Mumu, à l'Ecot (06 87 83 90 52).
La Cabane (04 79 05 34 60).
Les Évettes (04 79 05 94 06).
L'Isba (04 79 64 03 99).
La Taverne des Éterlous (04 79 05 80 66).
Le Vieux Pont (04 79 05 94 07).
La Pastourelle, crêperie-snack (04 79 05 81 56).
La Benna, pizzeria (04 79 05 83 78).
Le Criou, restaurant d'altitude – en hiver (04 79 05 97 11).

Saveurs et savoir-faire

Spécialités et produits du terroir
Charcuterie, salaisons • Fromages (beaufort et bleu de Bonneval).
Art et artisanat
Artisanat local.

Rendez-vous

Marché : tous les dimanches en saison hiver et été.
Janvier : La Grande Odyssée (course internationale de chiens de traîneau), rencontre d'escalade sur glace.
Juillet : L'Iserane, rassemblement cyclotouriste, fête du Rocher.
Déc. : fêtes de Noël (arrivée du Père Noël et nuit de la Saint-Sylvestre).

Pleine nature

En été

Sports de montagne (alpinisme, canyoning, escalade, randonnées glaciaires, via ferrata) • Parapente • Pêche en lac et torrent • Plans d'eau (baignade et pêche) à Bessans (6 km) • Randonnée pédestre en montagne (16 sentiers, 6 circuits) • Ski d'été sur le glacier du Pisaillas au col de l'Iseran.

En hiver

Sports d'hiver (ski alpin de Noël à fin avril 1 800-3 050 m, 8 téléskis, 3 télésièges ; ski de fond et de randonnée ; sorties raquettes ; cascade de glace) • Patinage en site naturel.

Aux alentours

- Parc national de la Vanoise.
- Hameau de l'Écot (4 km).
- Vallée et villages (Bessans et ses hameaux, Lanslevillard, Termignon) de la haute Maurienne (de 6 à 30 km).
- Col de l'Iseran (14 km).
- Vallée et stations (Val-d'Isère, Tignes) de la haute Tarentaise (de 30 à 43 km).
- Col et lac du Mont-Cenis (35 km).

Pour la petite histoire

En 1957, après qu'une crue torrentielle de l'Arc a détruit la moitié du village, les habitants décident de reconstruire et de diversifier leur activité, tout en protégeant leurs paysages. Les bergers et les paysans se font chefs d'entreprise : ils créent une société coopérative et une fromagerie moderne dans un chalet de style local dont la production laitière sera décuplée en 15 ans ! Ils vont même jusqu'à s'endetter pour construire des chalets en pierre de taille, destinés à la location en gîtes pour les touristes. En 1968, la commune empruntera à son tour pour mettre sur pied, autour du hameau de Tralenta, une véritable station de ski avec toutes ses infrastructures.

Charroux

Cité commerçante en Bourbonnais

Allier (03) • 387 habitants • Altitude : 413 m

Au carrefour de voies romaines, Charroux devient une place forte et franche à l'époque des ducs de Bourbon.
L'essor de Charroux est lié à sa charte de franchise obtenue en 1245. Florissante à la Renaissance grâce aux activités de tannerie et de viticulture, ainsi qu'aux foires et marchés qui s'y tiennent régulièrement, la cité fortifiée attire alors marchands, notaires, médecins et membres du clergé. Les témoignages de cette intense activité économique se découvrent au fil des rues, dont certaines portent le nom du type d'activité ou de commerce que l'on y trouvait à l'époque. La Halle, bâtie au début du XIXe s, a gardé ses vieux piliers en bois protégés contre le choc des attelages par de gros blocs de pierre. Incendié à deux reprises lors des guerres de Religion, Charroux a conservé son église St-Jean-Baptiste, dont le clocher à flèche tronquée reste un mystère. Adoptant le plan d'une bastide, le village s'organise autour de sa place. De la « cour des Dames », lieu magique au centre du village, les ruelles passent devant la maison du prince de Condé et vont mourir aux portes des remparts, comme celle d'Occident, qui reçut l'horloge de la ville au XVIe s. Depuis plusieurs années, Charroux renoue avec son identité de cité commerçante et attire nombreux producteurs de terroir et artisans d'art.

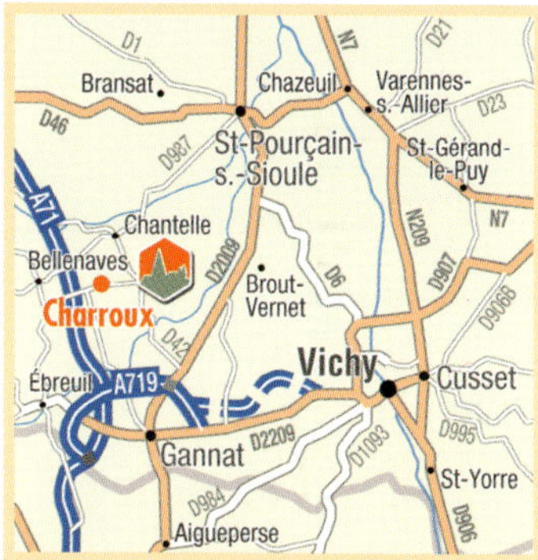

Par la route : autoroute A71, sortie n° 12-Vichy puis n° 14-Gannat (12 km).
Par le train : gare de Vichy (33 km).
Par avion : aéroport de Clermont-Ferrand Auvergne (59 km).

Office de Tourisme du Pays Saint-Pourcinois : 04 70 56 87 71
www.charroux03.fr

Pour la petite histoire

La moutarde est une spécialité de Charroux. Dès le début du XIXe s, les sieurs Favier, Portier et Poulain s'y distinguent comme maîtres moutardiers avec deux huiliers à leurs côtés.
Traditionnellement préparée avec du vin de Saint-Pourçain, la moutarde de Charroux enflamme sa robe de pourpre quand, au vin blanc, elle préfère le moût du raisin.

Saveurs et savoir-faire

Spécialités et produits du terroir
Confitures de Charroux • Moutarde de Charroux • Huile de noix et noisette • Safran de Charroux • Confiserie artisanale et sucre biologique • Salaisons et fromages • Vins de St-Pourçain-sur-Sioule AOC, thés et cafés • jus de fruits.
Art et artisanat
Artisan nacrier • Bijoux • Bougies • Broderies, décoration et linge ancien • Créations en pierre • Créatrices d'objets de décoration • Éditeur • Faïencier, sculpteur • Fleurs pressées • Perlière d'art, fileuse de verre • Potière • Savonniers • Vitrailliste, fusing • Créations autour de la soie • Peintre sur bois • Créations d'accessoires textiles • Tapissier décorateur • Galerie d'art.

Découvrir

• **Musée de Charroux et son canton** (arts et traditions populaires) : découverte de la ville de Charroux, devenue village au XXe s (04 70 56 87 71).
• **Maison des Horloges :** collection de mécanismes d'horloge (04 70 56 87 39).
• **Les Pots de Marie :** exposition de plus de 500 pots à épices (04 70 56 88 80).
• **Église St-Jean-Baptiste** (XIIe s).
• **Village :** visite guidée sur RDV toute l'année pour les groupes ; pour les particuliers, le mercredi à 11 h en juillet-août (04 70 56 87 71).

Se loger

Chambres d'hôtes
♥ La Maison du Prince de Condé**** (04 70 56 81 36).
Les Templiers**** (04 70 90 84 62).
Le Petit café Bleu (04 70 56 88 16).
Le Relais de l'Orient (04 70 56 89 93).
Gîtes
Gîte du Vieux Four**** (04 70 56 88 37).
Gîte du Peyrou** (09 88 99 67 78).

Se restaurer

Restaurants
L'Auberge du Beffroi (04 70 56 86 82).
La Ferme Saint-Sébastien (04 70 56 88 83).
La Table d'Océane (06 80 12 46 75).
♥ La Table du Prince (04 70 56 81 36).
Le Petit Café bleu (04 70 56 88 16).
Rose-Thé (04 70 56 83 26).
À l'Envi, crêperie (04 70 90 38 21).

Rendez-vous

Avril : foire à la brocante (dern. dim.).
Mai : printemps des Saveurs (1er w.-e.).
Août : fête des Artistes et Artisans (1er dim.).
Nov. : fête de la Soupe (1er sam., sauf si 1er nov.).
Déc. : marché de Noël (3e w.-e.).

Pleine nature

Randonnée : 3 circuits balisés.

Aux alentours

• Villages de Bellenaves (musée de l'Automobile), Chantelle (abbaye), Jenzat (maison du Luthier) (de 5 à 7 km).
• Gannat, Paléopolis (13 km).
• Gorges de la Sioule (13 km).
• Vignoble et musée du Vin de Saint-Pourçain-sur-Sioule (20 km).
• Vichy (30 km).

Coaraze

Le village du soleil

Alpes-maritimes (06) • 783 habitants • Altitude : 635 m

À deux pas du parc national du Mercantour, Coaraze est un village médiéval baigné de lumière.
Au milieu des oliviers, les ruelles pavées de Coaraze mènent à l'église du XIVe s, ornée au XVIIIe s, dans le style baroque niçois, de 118 angelots dans un décor polychrome. La chapelle Bleue, décorée de fresques par Ponce de Léon, est un oratoire dédié à la Vierge. La chapelle St-Sébastien, ornée de fresques du XVIe s, borde l'ancien chemin muletier qui reliait le bourg à Nice. Avec ses ruelles pentues, ses maisons aux toitures de tuile rose, aux murs enduits de crépi clair et volets pastel, ses fontaines et ses places, Coaraze suggère l'Italie toute proche. De nombreux artistes ont signé les cadrans solaires de Coaraze : Cocteau, Goetz, Mona Christie, Ponce de Léon, Valentin, Douking, Sosno, Maccheroni, Moya, Ben et Pagès.

Par la route : autoroute A8, sortie n° 55-Nice-Est (21 km).
Par le bus : N° 300 et 303 au départ de Nice, gare routière (25 km).
Par le train : gare TGV de Nice- Ville (26 km).
Par avion : aéroport de Nice Côte-d'Azur (37 km).

Maison du Tourisme : 04 93 79 37 47
www.coaraze.eu

Découvrir

- **Chapelle Bleue :** ancien oratoire dédié à la Vierge ; fresques de Ponce de Léon.
- **Chapelle St-Sébastien :** fresques du XVIe s.
- **Église St-Jean-Baptiste :** édifiée au XIVe s, riche mobilier.
- **Haut village :** visite guidée sur RDV (04 93 79 37 47).
- **Musée Figas** (L'Engarvin) : musée consacré à l'œuvre du peintre niçois, sur RDV (06 67 15 66 85).
- **Visite d'olivaies :** route des Olivaies, organisée par le comité régional de tourisme de Nice.

Se loger

Chambres d'hôtes
La Feuilleraie (06 38 83 02 16).
La Pitcholine (06 25 78 62 27).
Gîtes communaux
Gîtes du domaine de l'Euzière*** (06 77 55 15 78).
Gîtes d'étape communaux, autres gîtes ruraux
Rens. : 04 93 79 34 79 / www.coaraze.eu.
Yourtes
Les Yourtes du Soleil (06 98 22 78 78).

Se restaurer

Restaurants
Au fil des saisons (04 93 79 00 62).
Lo Castel, de mai à sept. (06 75 24 43 24).
Bar Les Arts, en-cas (04 93 79 34 90).

Saveurs et savoir-faire

Spécialités et produits du terroir
Huile d'olive bio • Miel, confitures.
Art et artisanat
Artisanat local en vente à la maison du tourisme (bijoux, poterie, bois tourné).

Pour la petite histoire

Selon la légende, la reine Jeanne, souveraine de Sicile, serait venue entendre la messe de minuit à Coaraze. La visite tourna au drame lorsque, au souper, ses ennemis lui présentèrent ses fils rôtis. « Un jour viendra où ne chantera plus ni coq ni poule », jura la reine en guise de vengeance.

Rendez-vous

Mars : le printemps des Poètes.
Mai : journée de la brocante (1er).
Juin : rencontres littéraires « Voix du Basilic » ; course de carrioles « la jòia de la Saint-Jean » ; « Coaraze s'expose ».
Juillet-août : championnat du monde de Pilo ; concerts des Estivales ; rencontres chorales de l'Olivier ; fête de l'Olivier ; Coartjazz.
Oct. : nuit de l'Écrit.
Déc. : marché de Noël d'ici et d'ailleurs.

Pleine nature

Randonnée : 30 circuits balisés.

Aux alentours

- Ancien village de Rocca Sparviera.
- Chapelle St-Sébastien, fresques du XVIe s (2 km).
- Villages perchés de Lucéram, Contes, Berre-les-Alpes, Peillon (de 9 à 20 km).
- Ruines de Châteauneuf-Villevieille (17 km).
- Nice et la Côte d'Azur (25 km).
- Peira-Cava, forêt et col de Turini (27 km).
- *Sainte-Agnès (39 km), voir p. 132.

La Garde-Adhémar

Blanche nymphe du Tricastin

Drôme (26) • 1 177 habitants • Altitude : 170 m

Sur son éperon calcaire, La Garde-Adhémar est un balcon ouvert sur la vallée du Rhône et le Tricastin.
La Garde-Adhémar a conservé sa structure médiévale : fortifications avec portes et enceintes, éléments du château et du bourg castral, rues étroites et habitat ancien, aujourd'hui en grande partie restauré. À l'extrémité du village se trouvent les vestiges du château Renaissance, construit par Antoine Escalin. L'église romane St-Michel, témoin de l'architecture provençale du XIIᵉ s, possède trois nefs et une abside occidentale. À proximité, l'ancienne chapelle des Pénitents-Blancs est le siège d'une exposition consacrée au patrimoine du Tricastin. À moins de 2 km, le val des Nymphes fut un lieu de culte gallo-romain puis chrétien dont ne subsiste que la chapelle Notre-Dame, du XIIᵉ s. Au cours du même siècle, les habitants désertèrent ce vallon fertile pour se réfugier dans le bourg fortifié des Adhémar.

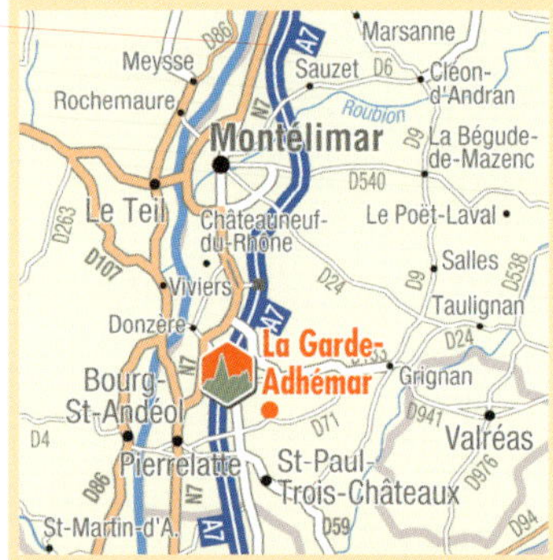

Par la route : autoroute A7, sortie n° 18-Montélimar Sud (13 km) puis N7 (6 km).
Par le train : gare de Pierrelate (6 km) ; gare TGV d'Avignon (67 km).
Par avion : aéroport d'Avignon-Caumont (70 km).

Office de Tourisme : 04 75 04 40 10
www.la-garde-adhemar-ot.org

Découvrir

- Église St-Michel (XIIᵉ s.).
- Jardin des Herbes : constitué d'un jardin médicinal de 200 espèces et d'un jardin botanique dans un espace de 3 000 m² de terrasses ; classé « jardin remarquable ».
- Site du Val des Nymphes et chapelle.
- Village : visite guidée sur RDV (04 75 04 40 10).

Se loger

Hôtel
Le Logis de l'Escalin*** (04 75 04 41 32).
Chambres d'hôtes
Mas Bella Cortis**** (06 22 00 20 36).
Gîte du Val des Nymphes*** (04 75 04 44 54).
La Ferme des Rosières (04 75 04 72 81).
Le Mas de la Croix (04 75 04 40 51).
Les Esplanes (04 75 49 04 16).
Gîtes
Rens. : 04 75 04 40 10
www.la-garde-adhemar-ot.org.

Se restaurer

Restaurants
L'Absinthe, bistrot de pays (04 75 04 44 38).
Le Logis de l'Escalin (04 75 04 41 32).
Le Prédaïou (04 75 04 40 08).
Le Tisonnier (04 75 04 44 03).
Côté pizza (04 75 46 40 89).

Saveurs et savoir-faire

Spécialités et produits du terroir
Fromages de chèvre • Fruits • Aromates • Miel • Vins.
Art et artisanat
Éditeur d'art contemporain • Céramiste-émailleur.

Pleine nature

Randonnée pédestre : 2 circuits balisés et Sentier des Arts • VTT (circuits balisés) • Circuit cheval.

Aux alentours

- Villages du Tricastin : Clansayes, Saint-Paul-Trois-Châteaux, Saint-Restitut (de 7 à 15 km).
- Pierrelatte : ferme aux crocodiles (7 km).
- Châteaux de Grignan et de Suze-la-Rousse, Valréas (de 17 à 27 km).
- *Séguret (41 km), voir p. 141.

La Garde-Guérin
par Prévenchères
L'ombre des chevaliers

Lozère (48) • 281 habitants • Altitude : 800 m

Archétype du village fortifié, La Garde-Guérin a conservé sa structure du XIIe s.
Le voyageur aperçoit de loin le village fortifié, bâti à près de 900 m d'altitude, remarquablement situé au-dessus des gorges du Chassezac qu'il domine de 400 m. Le site est traversé par le « chemin de Regordane », une voie de communication naturelle qui reliait la Méditerranée à l'Auvergne, en passant par Nîmes et Le Puy. Au Moyen Âge, une communauté de chevaliers, appelés les chevaliers « pariers », s'était installée dans le village afin d'assurer la protection des voyageurs qui empruntaient ce chemin, ainsi que celle de leurs animaux et de leurs marchandises. À l'intérieur des remparts s'élève la haute tour de guet et la chapelle St-Michel, qui datent du XIIe s, et les murs du château que la famille Molette de Morangiès construisit au XVIe s. Aujourd'hui encore, l'histoire du site et sa position dans un paysage naturel chahuté confèrent à La Garde-Guérin une beauté sauvage et mystérieuse.

Par la route : N88 (36 km).
Par le train : gare de Villefort (8 km) ; gare de La Bastide-Puylaurent (17 km).
Par avion : aéroport de Montpellier-Méditerranée (156 km).

Point Information : 04 66 46 87 12
Office de Tourisme de Villefort en Cévennes : 04 66 46 87 30
www.lagardeguerin.fr

Découvrir
• **Village** : sur RDV pour les groupes (04 66 46 87 12 ou 06 74 97 22 32).
• **Église St-Michel** (XIIe s) : ancienne chapelle romane du village fortifié ; statue de saint Michel en bois sculpté et doré (XVIIIe s), tableau original de la Crucifixion.

Se loger
Hôtel
Auberge Regordane** (04 66 46 82 88).
Chambres d'hôtes
La Butinerie – Albespeyres (04 66 46 06 47 ou 06 81 98 90 56).
Chez Chiff's – Prévenchères (04 66 46 01 53).
Camping municipal
Les Pervenches – Prévenchères (06 84 12 11 18).

Se restaurer
Restaurant
Auberge Regordane (04 66 46 82 88).

Saveurs et savoir-faire
Spécialités et produits du terroir
Produits fermiers (Comptoir de la Regordane).
Art et artisanat
Collectif des Créateurs Réunis (La Parérie) • Dinandier.

Rendez-vous
Juin : transhumance (1er dim. après le 15).
Août : fête de Prévenchères (1er w.-e.).

Pleine nature
Canyoning • Escalade et via corda • Randonnée pédestre : GR 700 (chemin de Régordane) et GR 70 (chemin de Stevenson) ; nombreux circuits balisés • Golf 9 trous • Pêche à la truite (Chassezac) • VTT.

Aux alentours
• Lacs de Villefort et du Rachas (5 km).
• Tilleul de Sully et église du XIIe s à Prévenchères (6 km).
• Mas de La Barque et mont Lozère (25 km).
• Langogne (37 km).

Par la route : autoroute A57, sortie n° 13-Le Luc (37 km) ; autoroute A8, sortie n° 36-Draguignan (35 km), N98 (6 km).
Par le train : gare TGV de Fréjus-Saint-Raphaël (35 km).
Par avion : aéroport de Toulon-Hyères (48 km) ; aéroport de Nice Côte-d'Azur (93 km).

ⓘ **Maison du Tourisme :** 04 94 55 22 00
www.golfe-saint-tropezinformation.com

Gassin

Havre de paix sur la Côte-d'Azur

Var (83) • 2 887 habitants (500 dans le Bourg) • Altitude : 200 m

De sa crête encerclée de vignes et de forêts Gassin offre un panorama unique sur la presqu'île et le golfe de Saint-Tropez.
Au mérite de la protection de ses paysages, Gassin a su ajouter celui de son extension récente, reconnue exemplaire par plusieurs prix internationaux. À l'intérêt de cette découverte se mêle ainsi le plaisir de la flânerie, accompagnée du parfum des lauriers-roses et des bougainvillées, dans le labyrinthe des ruelles tortueuses du vieux village aux façades patinées par le temps. De la terrasse Deï Barri, la vue s'étend des îles d'Hyères au massif des Maures et, lorsque a soufflé le mistral, jusqu'aux sommets enneigés des Alpes.

Découvrir

- **Village :** visite guidée gratuite mercredi à 16 h de Pâques à la Toussaint, 18 h en juillet-août ; RDV à la table d'orientation (04 94 55 22 00).
- **Église** (XVIe s) : bénitier classé, buste de saint Laurent du XVIIIe s.

Se loger

Hôtels
Le Kube***** (04 94 97 20 00).
Le Mas de Chastelas***** (04 94 56 71 71).
Villa Belrose***** (04 94 55 97 97).
La Bastide d'Antoine**** (04 94 97 70 08).
Le Domaine de l'Astragale**** (04 94 97 48 98).
Le Brin d'Azur*** (04 94 97 46 06).
Les Capucines*** (04 94 97 70 05).
Dune*** (04 94 97 00 83).
La Villa** (04 94 97 70 14).
Bello Visto** (04 94 56 17 30).
Les Lavandes (04 94 56 20 10).
Résidences de tourisme
Caesar Domus (04 94 55 86 55).
Odalys : Le Clos Bonaventure et Les Jardins d'Artémis (04 94 97 73 34).
Le Mas de Chastelas (04 94 56 71 71).
Parc résidentiel Oasis (04 94 96 90 56).
Villa Maya (04 94 97 81 42).

Chambres d'hôtes, gîtes et meublés
Rens. : 04 94 55 22 00
www.golfe-saint-tropezinformation.com.
Campings
Moulin de la Verdagne (04 94 79 78 21).
Parc Saint-James Montana (04 94 55 20 20).
Roche Club (04 94 56 12 29).
Camping à la ferme (04 94 56 27 78).

Se restaurer

Restaurants
Au Vieux Gassin (04 94 56 14 26).
Bello Visto (04 94 56 17 30).
La Ciboulette (04 94 56 25 52).
La Table du Polo (04 94 55 22 14).
La Verdoyante (04 94 56 16 23).
Le Carpaccio (04 94 97 48 98).
Le Mas de Chastelas (04 94 56 71 71).
Le Micocoulier (04 94 56 14 01).
Le Pescadou (04 94 56 12 43).
Le P'tit Chef (04 94 43 06 71).
Les Sarments (04 94 56 38 20).
Restaurant du Golf Country Club (04 94 17 42 41).
Villa Belrose (04 94 55 97 97).

Saveurs et savoir-faire

Spécialités et produits du terroir
Confitures • Huiles d'olive bio • Vins AOC des Côtes de Provence.
Art et artisanat
Ateliers et galeries d'art • Décoration • Poteries.

Rendez-vous

Mars : course nature « La Gassinoise » (course à pied).
Avril : course cycliste internationale Granfondo ; ouverture de la saison des expositions d'art.
Juin : fête de la St-Jean.
Juillet : Polo Masters au Haras de Gassin (tournoi international).
Août : fête patronale de la St-Laurent, bal du 15 août.
Sept. : fête du cheval.
Déc. : Noël des enfants.
Toute l'année : expositions, concerts, animations pour enfants, compétitions de VTT, tournois de polo…

Pleine nature

Baignade (plages non surveillées) • Randonnée • VTT • Golf • Voile.

Aux alentours

- La Croix-Valmer, Cavalaire (4 à 9 km).
- Saint-Tropez (de 6 à 10 km).
- Ramatuelle, Saint-Tropez, Sainte-Maxime (de 6 à 14 km).
- Massif des Maures : La Garde-Freinet, Grimaud (de 13 à 23 km).
- Corniche des Maures (34 km).
- Le Lavandou (40 km).
- Fréjus, Saint-Raphaël (40 km).

Pour la petite histoire

La légende raconte que, après une épidémie de peste, la seule survivante de Gassin ravivait les foyers des maisons avec des braises qu'elle portait à mains nues, sans se brûler, pour faire croire que le village était toujours habité.

Gordes

Joyau du Luberon

Vaucluse (84) • 2 100 habitants • Altitude : 357 m

Véritable nid d'aigle perché sur les contreforts des monts de Vaucluse, face à la célèbre montagne du Luberon, Gordes est l'archétype du village provençal.
Entouré d'une mosaïque de chênes verts, de champs de blé et de vignes, le village semble déverser en cascade ses maisons de pierres sèches qui s'accrochent solidement au rocher. Son histoire, sa richesse architecturale et patrimoniale, ses merveilleux panoramas, ses ruelles serpentines caladées, sa fontaine qui coule à l'ombre d'un platane sur la place du château ont séduit de nombreux artistes, d'André Lhote à Pol Mara en passant par Victor Vasarely. À quelques pas du bourg, au pied d'un champ de lavande qui sublime, au printemps, la pierre claire de ses façades, l'abbaye de Sénanque, pur témoin de l'architecture cistercienne, est toujours habitée par des moines.

Par la route : autoroute A7, sortie n° 24-Avignon Sud (27 km).
Par le train : gare de Cavaillon (17 km) ; gare TGV d'Avignon (40 km).
Par avion : aéroport d'Avignon-Caumont (30 km) ; aéroport de Marseille-Provence (77 km).

ⓘ **Office de Tourisme Luberon Monts de Vaucluse** : 04 90 72 02 75
www.luberonmesvacances.com

Découvrir

• **Abbaye de Sénanque** (XIIe s) : église, dortoir, cloître et salle du chapitre accessibles au cours des visites guidées. Rens. : Office de Tourisme (04 90 72 02 75).
• **Caves du palais St-Firmin** : situées sous une grande maison appelée palais St-Firmin, ces caves sont composées de salles troglodytiques, de citernes et d'un ancien moulin à huile seigneurial ; documentaire, musée, visite Mp3. Rens. : Office de Tourisme (04 90 72 02 75).
• **Moulin des Bouillons et musée du Vitrail** : l'un des plus anciens moulins à huile conservé avec tous ses éléments de travail, pressoirs du Ier au XIVe s, collections de lampes à huile, amphores ; sur le même site, le musée du Vitrail retrace toute l'histoire du verre et du vitrail à travers une importante collection (600 m²) (04 90 72 22 11).
• **Château** (XVIe s) : d'origine médiévale et reconstruit à la Renaissance. Dédié à l'accueil d'expositions d'artistes ayant vécu à Gordes ou concernant l'histoire du village ainsi qu'à des expositions temporaires (04 90 72 02 75).
• ♥ **Village des Bories** : musée d'habitat rural constitué de demeures en pierres sèches (bories) ayant servi d'habitations jusqu'au milieu du XIXe s (04 90 72 03 48).
• **Village de Gordes** : visite guidée sur RDV (04 90 72 02 75).

Se loger

Hôtels

La Bastide***** (04 90 72 12 12).
Les Bories***** (04 90 72 00 51).
La Ferme de la Huppe**** (04 90 72 12 25).
Auberge de Carcarille*** (04 90 72 02 63).
♥ Le Mas de Gordes*** (04 90 72 00 75).
Le Mas de la Sénancole*** (04 90 76 76 55).
♥ Le Mas des Romarins*** (04 90 72 12 13).

Chambres d'hôtes, gîtes et meublés

Rens. : 04 90 72 02 75
www.luberonmesvacanes.com.

Résidences de tourisme

La Bastide des chênes (04 90 72 73 74).

Camping

Les Sources*** (04 90 72 12 48).

Se restaurer

Restaurants

Auberge de Carcarille (04 90 72 02 63).
Casa Rosario (04 90 72 06 98).
L'Artégal (04 90 72 02 54).
La Bastide (04 90 72 12 12).
La Farigoule (04 90 76 92 76).
♥ Le Clar'Ôme (04 90 72 12 13).
Les Bories (04 90 72 00 51).
Les Cuisines du Château (04 90 72 01 31).
L'Estellan (04 90 72 04 90).
L'Estaminet (04 90 72 14 45).
Le Bistrot de la Huppe (04 90 72 12 25).
Le Jardin (04 90 72 12 34).
Le Loup Blanc (04 90 72 12 43).
Le Mas Tourteron (04 90 72 00 16).
Le Renaissance (04 90 72 02 02).
Les Sources (04 90 72 12 48).
Le Teston (04 32 50 21 74).
Tartares Club (04 32 50 22 50).

Petite restauration

La Trinquette, bar à vins-tapas (04 90 72 11 62).
Aurore & Michel (06 21 75 65 35).
L'Encas (04 90 72 29 82).
La Crêperie de Fanny (04 32 50 13 01).
Le Gordes Manger (04 90 72 08 01).

Saveurs et savoir-faire

Spécialités et produits du terroir

Miel • Vin AOC des Côtes du Ventoux • Huile d'olive.

Art et artisanat

Bijoux • Galeries d'art • Potiers • Sculpteur • Tisseuse.

Rendez-vous

Marché : mardi matin, pl. du Château.
Janv. : fête de la Saint-Vincent (2e quinz.).
Pâques : marché des tisserands.
Avril-Oct. : expositions de peinture et de sculpture dans les salles municipales.
Juillet-août : nombreux concerts au théâtre des Terrasses.
Août : festival « Les Soirées d'été » (1re quinz.) ; fête du Vin des Côtes du Ventoux (1er dim.).
Déc. : veillée calendale – chants de Noël, dégustation des treize desserts (1re quinz.).

Pleine nature

Randonnée pédestre : GR 6 et 2 circuits balisés • VTT / Location de VTT électriques.

Aux alentours

- Moulins de Véroncles (1,5 km).
- Murs (9 km).
- *Roussillon (9 km), voir p. 128.
- *Ménerbes (11 km), voir p. 113.
- Fontaine-de-Vaucluse (12 km).
- *Venasque (15 km), voir p. 151.
- *Lourmarin (29 km), voir p. 111.
- Avignon (38 km).
- *Ansouis (39 km), voir p. 88.

Gourdon

Entre ciel et mer

Alpes-Maritimes (06) • 396 habitants • Altitude : 760 m

Perché à 760 m d'altitude au-dessus de la vallée du Loup, Gourdon est un balcon ouvert sur la Méditerranée.
Construit sur son rocher pour se défendre des invasions sarrasines du VIIIe au Xe s, Gourdon a souvent servi de place forte. Protégé par le vide au sud, le village s'est fortifié vers la montagne. Une première forteresse est bâtie au IXe s. Au XIIe s, le château est édifié, dominant toute la vallée. À l'abri de l'imposante stature de la forteresse, le village, sillonné de ruelles infiniment étroites, dévoile ses maisons anciennes restaurées, l'église romane St-Vincent et les nombreuses échoppes des artisans et, à son extrémité, le joyau du village : la place Victoria. Immortalisé par la visite de la reine en 1891, ce belvédère offre un panorama à couper le souffle depuis Nice et Cap-Ferrat à l'est, jusqu'au cap de Saint-Tropez et au massif des Maures à l'ouest, en passant par Antibes, Cannes, les îles de Lérins et le massif de L'Esterel. À la fin du XIXe s, le village s'est étendu au hameau de Pont-du-Loup, au pied du rocher, dans la vallée du Loup, où le climat était plus propice aux cultures des plantes à parfum...

Par la route : autoroute A8, sortie n° 47-Villeneuve-Loubet (26 km).
Par le train : gare de Grasse (15 km) ; gare TGV de Nice (38 km).
Par avion : aéroport de Nice-Côte d'Azur (32 km).

ⓘ Office Municipal de Tourisme :
0811 0811 067
www.gourdon06.fr

Découvrir

- **Place Victoria** : belvédère de la Côte-d'Azur.
- **Église romane St-Vincent** (XIIe s).
- **Galerie de la mairie** : expositions (0 811 811 067).
- **Jardins du château dessinés par Lenôtre** : rens. : 04 93 09 68 02.
- **Cascades du Saut du Loup** (gorges du Loup) : visite des cascades et point de vue sur la vallée, de mai à oct. (04 93 09 68 88).
- **Lavanderaies de la Source parfumée** : champs de fleurs et plantes aromatiques ; visite pour groupes par un maître jardinier (04 93 09 68 23).

Se loger

Gîtes et meublés
Rens. : www.gourdon06.fr

Se restaurer

Restaurants
Auberge de Gourdon (04 93 09 69 69).
Les Grands Hommes (04 93 77 66 21).
La Taverne provençale (04 93 09 68 22).
Au Vieux Four (04 93 09 68 60).

Saveurs et savoir-faire

Spécialités et produits du terroir
Nougats et calissons • Pain d'épice.
Art et artisanat
Parfumerie • Savonnerie • Verrerie.

Rendez-vous

Août : festival de théâtre en plein air.
Nov. à mars : festival de théâtre (les derniers ven.), Pont-du-Loup.

Pleine nature

Parapente • Randonnées pédestres : chemin du Paradis et nombreux sentiers balisés.

Aux alentours

- Gorges du Loup (8 km).
- Grasse (14 km).
- Villages de Valbonne, Biot, Tourrettes-sur-Loup, Saint-Paul-de-Vence (de 15 à 30 km).
- Côte d'Azur : Cannes, Antibes, Nice (de 27 à 36 km).
- Corniche de l'Esterel (de 35 à 70 km).

Pour la petite histoire

Au début du xxᵉ siècle, aucune route ne reliait Gourdon à Pont-du-Loup. C'est à dos de mulet que les habitants allaient d'un village à l'autre, sur le chemin du Paradis. Jusqu'en 1900, les mulets se croisaient encore en caravane sur ce chemin rocailleux de Provence.

La Grave

Tutoyer les sommets

Hautes-Alpes (05) • 500 habitants • Altitude : 1 450 m

Entre mélèzes, riches pâturages et neiges éternelles, La Grave invite à la découverte d'une montagne spectaculaire.
À 1 450 m d'altitude, La Grave serre ses robustes maisons de pierre le long d'étroites ruelles appelées trabucs, qui montent vers la cime du village. L'église N.-D.-de-l'Assomption, de style romano-lombard, qui jouxte la chapelle des Pénitents-Blancs, offre un point de vue imprenable sur le massif des Écrins, et en particulier la Meije, reine de l'Oisans. Ce sommet mythique, qui culmine à 3 983 m, a fait de La Grave un haut lieu de l'alpinisme, et dans le cimetière adossé à l'église reposent, sous de simples croix de bois, les naufragés de la montagne. Depuis les années 1970, La Grave s'est également forgé une réputation internationale grâce à son domaine de ski hors piste unique. En été, les téléphériques des glaciers de la Meije permettent de rejoindre le col des Ruillans et le glacier de la Girose. La Grave et les traverses, les hameaux dispersés sur l'adret, constituent un point de départ idéal pour de multiples randonnées.

Par la route : autoroute A480, sortie n° 8-Vizille (70 km).
Par le train : gare de Briançon (39 km).
Par avion : aéroport de Grenoble-Isère (118 km) ; aéroport de Chambéry-Aix (145 km) ; aéroport de Lyon-Saint-Exupéry (166 km).

Office de Tourisme : 04 76 79 90 05
www.lagrave-lameije.com

Découvrir

- **Église Notre-Dame** (XIe s) : mobilier des XVIIIe et XIXe s, cimetière (rens. : 04 76 79 90 05).
- **Hameau du Chazelet** : maisons traditionnelles, église, four…
- **Glaciers de la Meije** (3 200 m) par téléphérique : tlj de mi-juin à mi-sept. (Rens. : 04 76 79 94 65).
- **Oratoire du Chazelet** : splendide point de vue sur le massif de la Meije.

Se loger

Hôtels
L'Edelweiss*** (04 76 79 90 93).
Les Chalets de la Meije***, appart'hôtel (04 76 79 97 97).
Le Castillan** (04 76 79 90 04).
La Meijette** (04 76 79 90 34).
Le Sérac** (04 76 79 91 53).
Hôtel des Alpes (en hiver) (04 76 11 03 18).
Résidence hôtelière
Appart'Hôtel les Chalets de la Meije *** (04 76 79 97 97).
Gîtes, gîtes d'étape, meublés, maisons familiales de vacances et campings
Rens. : 04 76 79 90 05
www.lagrave-lameije.com.
Refuges de montagne
Évariste Chancel, alt. 2 500 m (04 76 79 92 32. ou 04 76 79 97 05).
Refuge Goléon, alt. 2 440 m (06 87 26 46 54).

Se restaurer

Restaurants
Au Vieux Guide (04 76 79 90 75).
Auberge Chez Baptiste (04 76 79 92 09).
La Meijette (04 76 79 90 34).
La Pierre Farabo (04 76 79 95 25).
Le Castillan (04 76 79 90 04).
L'Edelweiss (04 76 79 90 93).
Le Sérac (04 76 79 91 53).
Lou Ratel (04 76 79 92 10).
Les Glaciers (04 76 79 90 07).
Alp'bar, crêperie (04 76 79 96 67).
Le Chalet des Plagnes, crêperie-pizzeria (04 76 79 95 23).
Pizza et Pasta (06 82 13 56 76).

Saveurs et savoir-faire

Spécialités et produits du terroir
Fromages de chèvre • Miel.
Art et artisanat
Créateurs d'étoffes • Créatrice d'objets de décoration (mobiles, tableaux…) et de bijoux.

Rendez-vous

Marché : jeudi matin, pl. du Téléphérique (hors saison) ou pl. de la Salle-des-Fêtes (été).
Janv. : Rendez-vous nordique au pays de la Meije (fin janv.), w.-e. filles « Reines de la Meije » (3e w.-e.).
Fév. : Ultimate Test Tour (mi-fév.).
Avril : Derby de la Meije (1er w.-e.).
Juin : La Grave'y cimes (2e w.-e.), Rencontres de la Haute Romanche, trails du Pays de la Meije.
Juillet : festival Olivier Messiaen au pays de la Meije (dernière dizaine).
Août : fête du Pain du Chazelet (2e w.-e.), fête des Guides et de la Montagne (15 août), tour du plateau d'Emparis - course pédestre et VTT (3e dim.).
Sept. : Ultra Raid de la Meije, course VTT (3e w.-e.).

Pleine nature

En été
Balade commentée sur glacier, via ferrata, via cordata, alpinisme, escalade, pan d'escalade, parapente • Randonnée pédestre, randonnées accompagnées d'ânes bâtés • VTT • Cyclotourisme • Astronomie • Pêche • Rafting.
En hiver
Domaine skiable (1 500-3 550 m) des glaciers de la Meije (hors-piste) et du Chazelet (3 téléskis, 1 télésiège) : ski alpin, de fond, hors piste et de randonnée, monoski, snowkite, snowboard, télémark, raquettes, alpinisme, cascades de glace et dry tooling, école de neige et de glace • Chiens de traîneau.

Aux alentours

- Villar-d'Arène, four à pain et moulin à eau anciens (3 km).
- Jardin botanique alpin du Lautaret, en été (10 km).
- Maison du parc national des Écrins au col du Lautaret (10 km).
- Col du Galibier (17 km).
- Musée de la Faune et des Minéraux, Bourg-d'Oisans (28 km).
- Musée de l'Alpinisme, Saint-Christophe-en-Oisans (40 km).

Pour la petite histoire

À La Grave, on continue, comme par le passé, à fabriquer son pain noir. Cette coutume est célébrée chaque année à la Toussaint.

Lavaudieu

Dans la vallée de Dieu

Haute-Loire (43) • 228 habitants • Altitude : 430 m

En y implantant un monastère au Moyen Âge, les Bénédictines ont fait de la vallée de la Senouire « la vallée de Dieu » et donné son nom au village.
Robert de Turlande, premier abbé de La Chaise-Dieu et futur saint Robert, fonda en 1057 l'abbaye bénédictine de Lavaudieu. Habité par les religieuses jusqu'à la Révolution, le monastère est le seul, en Auvergne, à avoir conservé son cloître roman. Dans le prolongement des colonnettes simples ou géminées à chapiteaux historiés, le réfectoire présente une peinture murale du XIIe s d'inspiration byzantine. L'abbaye accueillit le cardinal de Rohan fuyant La Chaise-Dieu après l'affaire du Collier. Contiguë au monastère, l'église, du XIe-XIIe s, perdit à la Révolution la flèche de son clocher. À l'intérieur, une pietà en pierre polychrome du XVe s voisine avec des peintures murales d'influence italienne du XIVe s figurant une allégorie de la peste noire. Sur la place centrale du village, ornée de maisons vigneronnes, le musée des Arts et Traditions populaires de Haute-Loire présente au visiteur un intérieur auvergnat.

Par la route : autoroute A75, sortie n° 20-Brioude (21 km), N102 (8 km).
Par le train : gare de Brioude (9,5 km).
Par avion : aéroport de Clermont-Ferrand-Auvergne (77 km).

Office de Tourisme de Brioude et sa région : 04 71 74 97 49
i 04 71 76 46 00
www.abbayedelavaudieu.fr

Découvrir

• **Abbaye :** cloître, réfectoire (peinture murale du XIIe s), église St-André (pietà, peintures murales) rens. : 04 71 76 08 90 ou 04 71 76 46 00.
• **Musée des Arts et Traditions populaires :** reconstitution d'un intérieur auvergnat d'autrefois (billets jumelés avec l'abbaye).

Se loger

Chambres d'hôtes
La Buissonnière*** (04 71 76 49 02).
La Maison d'à côté*** (04 71 76 45 04 ou 04 71 50 24 85).
Le Colombier*** (04 71 76 09 86 ou 06 86 17 96 81).
Gîtes
M. et Mme Perrey*** (04 71 76 82 39).
M. et Mme Watel*** (04 71 76 45 79).

Se restaurer

Restaurants
Auberge de l'Abbaye (04 71 76 44 44).
Café La Fontaine, bar-brasserie (04 71 76 08 03 ou 06 48 32 60 50).
Court la Vigne (04 71 76 45 79).

Saveurs et savoir-faire

Spécialité et produit du terroir
Miel.
Art et artisanat
Distillerie d'huiles essentielles.

Rendez-vous

Juillet : fête de la Barrique et vide-greniers (w.-e. ap. le 14).
Juillet-août : Rencontres chorales ; soirées musicales en l'abbatiale (rens. : 04 71 76 46 00) ; expositions.
Sept : festival Deschamps (jazz, rock, folk, 2e sam.).

Pleine nature

Escalade • Piscine (Brioude) • Randonnée pédestre : 3 circuits balisés.

Aux alentours

• Brioude (8 km).
• *Blesle (31 km), voir p. 174.
• La Chaise-Dieu (38 km).
• Vallée et gorges de l'Allier (50 km).

Pour la petite histoire

Organisée chaque année le dimanche suivant le 14 juillet, la fête de la Barrique trouve ses origines dans les événements de la Révolution, lorsque les habitants de Lavaudieu ont investi l'abbaye pour s'emparer des biens du clergé, et notamment des barriques de vin destinées aux moines de La Chaise-Dieu ! Lors de la fête, l'ancien village vigneron a alors pour tradition de placer une barrique de vin rouge sur la place du village pour consommation… avec modération bien sûr !

Lourmarin

La Provence de Bosco et Camus

Vaucluse (84) • 1 088 habitants • Altitude : 220 m

Au débouché d'une gorge qu'un dragon aurait creusée dans le Luberon, Lourmarin séduisit Henri Bosco et Albert Camus, qui reposent à l'ombre des cyprès de son cimetière.

Unique et antique voie franchissant la barrière du Luberon, l'entaille sauvage de l'Aiguebrun, qu'enjambe un vieux pont à coquille, est à l'origine de la naissance de Lourmarin autour d'un modeste monastère bénédictin et d'un château primitif, le Castellas, dépendant des seigneurs des Baux-de-Provence. Entouré d'une plaine parsemée de mas fortifiés où les vergers d'arbres fruitiers et d'oliviers se mêlent aux vignes, le village enroule aujourd'hui ses rues bordées de fontaines et la cascade de ses toits brunis au soleil autour du Castellas, devenu beffroi-horloge et de l'église romane St-Trophime-et-St-André. À deux pas, au-delà du temple rappelant le dramatique massacre des vaudois au XVIe s, dont les survivants se rallièrent au protestantisme, le château de La Colette, construit aux XVe et XVIe s, domine prés et jardins en terrasses. Sauvé de la ruine au début du siècle dernier par le mécène Laurent Vibert, il abrite une riche collection de mobilier et d'objets d'art et accueille chaque année peintres, sculpteurs, musiciens et écrivains. Henri Bosco, le chantre du Luberon, puis Albert Camus découvrirent ainsi Lourmarin avant de faire du village leur dernière demeure.

Par la route : autoroute A7, sortie n° 26-Sénas (27 km) ; autoroute A51, sortie n° 15-Pertuis (21 km).
Par le train : gare de Pertuis (19 km) ; gare de Cavaillon (40 km) ; gare TGV d'Avignon (65 km).
Par avion : aéroport d'Avignon-Caumont (55 km) ; aéroport de Marseille-Provence (66 km).

Office de Tourisme : 04 90 68 10 77
www.lourmarin.com

Découvrir
Château (XVe et XVIe s) : premier château Renaissance en Provence, entièrement meublé ; collection de gravures et d'objets d'art (04 90 68 15 23).
• **Promenades littéraires** : « Sur les pas d'Albert Camus » et « Sur les traces d'Henri Bosco » sur RDV (mini. 3 pers., 04 90 68 10 77).
• **Village** : sur RDV (mini. 3 pers., 04 90 68 10 77).
• **Temple** (XIXe s ; dans le cadre de la visite du village) : orgue monumental attribué au facteur lyonnais Augustin Zieger.
• **Église romane** (XIe s ; dans le cadre de la visite du village).
• **La Ferme de Gerbaud** : visite de plantations aromatiques. Possibilité de dégustation le jeudi sur réservation (04 90 68 11 83).

Se loger
Hôtels
Hôtel Bastide*** (04 90 07 00 70).
Le Mas de Guilles*** (04 90 68 30 55).
Auberge du Père Panse (04 90 68 02 89).
Le Moulin (04 90 68 06 69).
Le Paradou (04 90 68 04 05).
Chambres d'hôtes
La Cordière*** (04 90 68 03 32).
La Villa Saint-Louis*** (04 90 68 39 18).
La Luberonne** (04 90 08 58 63).
Ancienne maison des Gardes (04 90 07 53 16).
Côté Lourmarin (06 09 16 91 80).
La Bastide aux oiseaux (04 90 08 51 67).
La Bohème (04 90 68 31 15).
Le Galinier de Lourmarin (04 90 08 92 46).
Les Oliviers (04 90 68 37 30).
Maison Collongue (04 90 77 44 69).
Media Luz (07 89 49 77 12).
La Chambre d'hôte (06 07 19 97 92).
Gîtes, gîtes d'étape et meublés
Rens. : 04 90 68 10 77
www.lourmarin.com.
Camping
Les Hautes Prairies*** (04 90 68 02 89).

Se restaurer
Restaurants
L'Antiquaire (04 90 68 17 29).
Auberge du Père Panse (04 90 68 27 97).
Le Bamboo thaï (04 90 68 04 05).
Le Bistrot (04 90 68 29 74).
Le Café de l'Ormeau (04 90 68 02 11).
Le Café Gaby (04 90 68 38 42).
Le Café Phuket, cuisine thaïlandaise (04 90 09 02 26).
Le Comptoir 2 Michel Ange, bistrot à vin (04 90 08 49 13).
Le Club (04 90 77 89 88).
L'Insolite (04 90 68 02 03).
Le Jardin de Lourmarin (09 82 27 14 07).
La Louche à beurre, crêperie (04 90 68 00 33).
La Réserve (04 90 77 83 54).
Le Mas de Guilles (04 90 68 30 55).
Le Moulin (04 90 68 06 69).
Le Numéro Neuf (04 90 79 00 46).
L'Oustalet (04 90 68 07 33).
Pizzeria Nonni (04 90 68 23 33).
La Récréation (04 90 68 23 73).
Salons du thé
La Calade (04 90 68 84 43).
La Luce d'Angeuse (04 90 68 89 45).
La Maison Café (04 90 09 54 01).

Saveurs et savoir-faire
Spécialités et produits du terroir
Plantes aromatiques • Huile d'olive et produits régionaux • Vins AOC des Côtes du Luberon.
Art et artisanat
Créateurs de bijoux • Créateurs de vêtements • Forgeron • Galeries d'art • Linge de maison • Potiers • Sculpteurs • Peintre sur textile.

Rendez-vous
Marché : Vendredi 8 h-13 h, pl. Henri-Barthélemy et avenue Philippe-de-Girard. Mardi 17 h 30-20 h 30 de mai à octobre, marché des producteurs, coopérative fruitière.
Mai-Sept. : festival de musique au château, conférences, spectacles…
Juin : Festival Yeah (pop-rock)
Juillet-août : « Rencontres méditerranéennes Albert Camus », foires artisanales, marchés des créateurs.
Août : Salon du Livre Ancien.

Pleine nature
Mini-golf • Piscine en saison • Randonnée pédestre autour de Lourmarin.

Aux alentours
• *Ansouis (10 km), voir p. 88.
• Fort de Buoux (10 km).
• Vallée de la Durance et Cavaillon (de 10 à 34 km).
• Villages du Luberon par la combe de Lourmarin, la forêt des Cèdres et Apt (de 11 à 17 km).
• *Ménerbes (23 km), voir p. 113.
• *Roussillon (23 km), voir p. 128.
• *Gordes (29 km), voir p. 104.
• Aix-en-Provence (33 km).
• *Venasque (45 km), voir p. 151.

Ménerbes

Art de vivre en Luberon

Vaucluse (84) • 1 144 habitants • Altitude : 224 m

Perchées sur une crête arrimée au flanc du Luberon, les façades de Ménerbes dominent champs de vignes et cerisiers.
Ménerbes est habitée dès la préhistoire, comme en témoigne le dolmen de la Pichouno, unique en Vaucluse. C'est néanmoins au Moyen Âge puis à la Renaissance que le village acquiert une partie de son patrimoine, comme l'abbaye St-Hilaire, ancien prieuré où s'arrêta Saint Louis à son retour des croisades. L'église du XIIe s garde encore ses riches décorations et l'ancien cimetière, tout proche, offre au flâneur une superbe vue panoramique. Ancienne capitale du mouvement protestant durant les guerres de Religion, Ménerbes conserve de cette période mouvementée de très belles demeures des XVIe et XVIIe s étonnamment épargnées par les conflits. Dans une harmonie de pierres blondes et lumineuses, elles s'égrènent le long de l'arête rocheuse fortifiée, face aux monts du Vaucluse, ou se découvrent au détour d'un passage voûté. La citadelle, édifiée après le siège pour protéger les Ménerbiens, dresse encore son imposante silhouette à l'une des deux extrémités du village. On admire également le Castellet, où vécut Nicolas de Staël et qui appartient toujours aux descendants du peintre, la vieille cure, la demeure du général d'Empire Robert qui deviendra plus tard propriété de Picasso puis de Dora Maar, ou encore l'hôtel d'Astier de Montfaucon, ancien hospice qui abrite aujourd'hui la maison de la Truffe et du Vin du Luberon.

Par la route : autoroute A7, sortie n° 24-Avignon Sud (27 km).
Par le train : gare de Cavaillon (15 km) ; gare TGV d'Avignon (40 km).
Par avion : aéroport d'Avignon-Caumont (30 km) ; aéroport de Marseille-Provence (69 km).

Office de Tourisme Provence en Luberon : 04 90 72 21 80
www.tourisme-en-luberon.com
www.menerbes.fr

Découvrir

- **Abbaye St-Hilaire** (XIIIe s) : ancien couvent de Carmes ; chapelle, cloître, salle capitulaire, réfectoire…
- **Maison de la Truffe et du Vin** (hôtel particulier d'Astier de Monfaucon, XVIIe-XVIIIe s) : dédié à la truffe et aux vins du Luberon ; œnothèque, expositions, boutique… (04 90 72 38 37).
- **Maison Jane Eakin** : maison-musée de la peintre américaine (1919-2002) (04 90 72 21 80).
- **Musée du Tire-bouchon** : au domaine de La Citadelle, collection de plus de 1 200 tire-bouchons du XVIIe s à nos jours (04 90 72 41 58).
- **Chapelle St-Blaise** (XVIIIe s).
- **Église St-Luc** (XVIe s, récemment restaurée).
- **Dolmen de la Pitchouno** (unique en Vaucluse).

Se loger

Hôtel
La Bastide de Marie (04 90 72 30 20).
Chambres d'hôtes
La Bastide de Soubeyras (04 90 72 94 14).
Le Jardin des Cigales (04 90 04 87 18).
Les Douze Oliviers (06 81 07 01 53).
Les Peirelles (04 90 72 23 42).
Mas du Magnolia (04 90 72 48 00).
Nulle Part Ailleurs (06 72 22 81 03).
Gîtes et meublés
Rens : 04 90 72 21 80
www.tourisme-en-luberon.com

Se restaurer

Restaurants
Les Saveurs Gourmandes (04 32 50 20 53).
La Bastide de Marie (04 90 72 30 20).
Café Véranda (04 90 72 33 33).
Le 5 (04 90 72 31 84).
Le Galoubet (04 90 72 36 08).
La Table de Régis, table paysanne (04 90 72 43 20).
Le Café du Progrès, table paysanne (04 90 72 22 09).
Le Roy-Soleil (04 90 72 25 61).
Maison de la Truffe et du Vin, bar à vins, restaurant de truffe (04 90 72 38 37).
Croc'In, saladerie (04 90 72 16 47).

Saveurs et savoir-faire

Spécialités et produits du terroir
Fruits et légumes • Truffe du Luberon • Vins AOC des Côtes du Luberon.
Art et artisanat
Décoration, mode • Peintres • Potier • Photographe d'art.

Rendez-vous

Avril à Oct. : petit marché du village.
Juillet : fête des Vignerons et festival Oenovidéo.
Juillet-août : Les Musicales du Luberon ; La Strada (cinéma en plein air).
Août : fête votive de la Saint-Louis (3e w.-e.).
Oct. : vide-greniers (1er dim.).
Déc. : marché de Noël ; marché de la truffe (dern. w.-e.).

Pleine nature

- Randonnée pédestre : 10 circuits balisés
- Vélo (« Autour du Luberon à vélo », parc naturel régional du Luberon) • VTT.

Aux alentours

- *Gordes (11 km), voir p. 104.
- *Roussillon (16 km), voir p. 128.
- *Lourmarin (24 km), voir p. 111.
- Fontaine-de-Vaucluse (16 km).
- Cavaillon, Apt et Avignon (de 16 à 40 km).
- *Venasque (24 km), voir p. 151.
- *Ansouis (33 km), voir p. 88.

Mirmande

Verger perché du Val de Drôme

Drôme (26) • 504 habitants • Altitude : 195 m

Mirmande monte à l'assaut de l'église Ste-Foy, d'où l'on découvre la vallée du Rhône et les monts du Vivarais.
Encastrées dans les anciens remparts ou imbriquées les unes dans les autres pour se protéger du mistral, les hautes façades de Mirmande escaladent le versant nord du massif de Marsanne. Dominant le vallon de la Tessonne où fleurissent au printemps des milliers d'arbres fruitiers, ce fleuron de la Vallée de la Drôme est un labyrinthe de ruelles, de calades et d'escaliers, jalonnés de fleurs avec, tout en haut, la belle église Ste-Foy (XIIe s). Après la disparition, à la fin du XIXe s, de l'élevage du ver à soie, dont plusieurs magnaneries conservent le souvenir, Mirmande renaît grâce à ses productions fruitières, mais aussi grâce au peintre cubiste et écrivain André Lhote, qui y créa son académie d'été, et à Haroun Tazieff, qui en fut maire de 1979 à 1989. Les vieilles maisons remarquablement restaurées s'animent, ici ou là, du savoir-faire et de la créativité des nombreux artistes et artisans inspirés par les lieux.

Par la route : autoroute A7, sortie n° 16-Loriol (8 km).
Par le train : gare de Loriol-sur-Drôme (9 km) de Livron-sur-Drôme (13 km) ; gares TGV de Montélimar (20 km) et de Valence-TGV (52 km).
Par avion : aéroport de Lyon-Saint-Exupéry (155 km).

Office de Tourisme du Val de Drôme : 04 75 63 10 88
Mairie : 04 75 63 03 90
www.valdedrome-tourisme.com

Découvrir
• **Église Ste-Foy** (XIIe s) : expositions et concerts.
• **Verger du Chareyron** : tlj, visite libre (04 75 63 10 88).
• **Village** : visite guidée toute l'année pour les groupes sur réservation ; visite hebdomadaire en juil.-août pour les individuels.

Se loger
Hôtels
La Capitelle*** (04 75 63 02 72).
L'Hôtel de Mirmande (04 75 63 13 18).
Chambres d'hôtes
Domaine Les Fougères*** (04 75 63 01 66).
Le Bruchet*** (04 75 63 22 52).
Le Petit Logis*** (04 75 63 02 92).
Les Vergers de la Bouliguaire*** (04 75 63 22 07).
La Petite Véronne (04 75 63 15 53).
Margot (04 75 63 08 05).
Gîtes et meublés
Rens. : 04 75 63 10 88 / http://.valdedrome-tourisme.com.
Camping
La Poche** (04 75 63 02 88).

Se restaurer
Restaurants
La Capitelle (04 75 63 02 72).
Chez Margot (04 75 63 08 05).
Café Bert, Bistrot de Pays (04 75 56 18 51).
Café Patine (04 75 41 21 82).

Saveurs et savoir-faire
Spécialités et produits du terroir
Jus de fruits, fruits et légumes de saison • Vins de pays de la Drôme.
Art et artisanat
Créatrice de bijoux • Peintres • Photographe • Potiers • Sérigraphe • Sculpteurs • Verrier • Décoration • Antiquaire • Couturière.

Rendez-vous
Mars : trail nature (dern. w.-e.).
Mai-sept : concerts et expositions en l'église Ste-Foy et dans le village.
Oct. : foire aux plantes rares et jardin (2e dim.).
Déc. : fête de la lumière (début déc.).

Pleine nature
Chiens de traîneaux (l'hiver) et Cani-rando (l'été) • Randonnées pédestres et équestres • VTT.

Aux alentours
• Cliousclat, village potier (2 km).
• Crest (18 km).
• Montélimar (18 km).
• Dieulefit (30 km).
• *Le Poët-Laval (34 km), voir p. 124.
• Grignan (40 km).
• *La Garde-Adhémar (42 km), voir p. 100.

Montbrun-les-Bains

Bien-être en Drôme provençale

Drôme (26) • 430 habitants • Altitude : 600 m

Entre montagne de Lure et Ventoux, à Montbrun, la Drôme devient provençale et se pare de lavandes, de garrigues et de vignes. Étagées sur le versant escarpé d'une colline, les hautes façades de Montbrun, percées de fenêtres semblables à des meurtrières, se dressent en ultime rempart protégeant les vestiges, encore imposants, d'un ancien château médiéval reconstruit sous la Renaissance avant d'être pillé durant la Révolution. De la place de l'Horloge et son beffroi jusqu'au portail Ste-Marie, d'étroites calades conduisent, de fontaine en fontaine, à l'église du XIIe s abritant un remarquable autel baroque et plusieurs tableaux, dont le couronnement de la Vierge de Parrocel. Au pied du village, les thermes valorisent, dans un établissement familial et moderne, les vertus d'une source déjà exploitée à l'époque romaine, qui soigne les affections respiratoires ou rhumatismales et favorise la remise en forme.

Par la route : autoroute A7, sortie n° 19-Bollène (74 km) ; autoroute A51, sortie n° 22-Vallée du Jabron (52 km).
Par le train : gare de Carpentras (53 km) ; gare TGV d'Orange (71 km).
Par avion : aéroport d'Avignon-Caumont (84 km).

Office de Tourisme : 04 75 28 82 49
www.montbrunlesbainsofficedutourisme.fr

Découvrir

• **Église** (XIIe s) : hôtel baroque, Vierge de Parrocel (clefs à la mairie).
• **Village** : rens. - Office de Tourisme (04 75 28 82 49).

Se loger

Hôtel
Hôtel des Voyageurs* (04 75 28 81 10).
Résidence hôtelières
Le Château des Gipières*** (04 75 28 87 33).
Le Hameau des Sources (04 75 26 96 88).
Chambres d'hôtes
L'Abbaye** (04 75 28 83 12).
L'Amelie (04 75 26 86 33).
La Ferme du Vallon (04 75 27 43 29).
La Maison de Marguerite (04 75 28 41 23).
Le Bellevue (04 75 28 84 92).
Le Deffend de redon (04 75 28 68 19).
Gîtes, gîtes d'étape et meublés
Rens. : 04 75 28 82 49.
Villages de vacances
VVF (04 75 28 82 35).
Léo Lagrange (04 75 28 89 00).
Campings
Le Pré des arbres (04 75 28 85 41).
La Boucoule, camping à la ferme (04 75 28 86 49).

Se restaurer

restaurants
L'Ô des Sources (04 75 27 11 09).
L'Ô Berge de l'Anary (04 75 28 88 14).
Les Voyageurs (04 75 28 81 10).
La Tentation, pizzeria (04 75 28 87 26).

Saveurs et savoir-faire

Spécialités et produits du terroir
Fromage de chèvre • Miel et aromates • Petit épeautre • Produits biologiques.
Art et artisanat
Potière • Senteurs et herbes aromatiques.

Rendez-vous

Marché : sam. matin, pl. de la mairie.
Avril : Marché au fromage et à l'artisanat (1er dim.).
Sept. : Journée Bien-être au naturel (journée sur la thématique des plantes et du bien-être) ; fête patronale et feu d'artifice le sam. soir (2e w.-e.).

Pleine nature

Canyoning et escalade • Via ferrata • Équitation • Randonnée : GR et 10 circuits balisés • Thermalisme et remise en forme (de mi-mars à mi-nov.).

Aux alentours

• Sault (12 km).
• Buis-les-Baronnies (26 km).
• Nyons (30 km).
• Vallée du Toulourenc, Vaison-la-Romaine (32 km).
• Mont Ventoux (38 km).

Montclus

Entre lavandes et rivière

Gard (30) • 159 habitants • Altitude : 90 m

Installé dans un méandre de la Cèze, baigné de vignes et de lavandes, Montclus revêt tous les charmes d'un village languedocien. Habité dès la préhistoire, le site attire des tribus de pêcheurs sédentaires avant de devenir, au Moyen Âge, le Castrum Montecluso. Sa position sur une colline, au pied d'un mont, a ainsi donné son nom au village qui voit, au XIIIe s, l'édification de l'abbaye de Mons Serratus et d'un imposant château fort. De l'ancien monastère bénédictin troglodytique subsistent quelques vestiges et une vaste salle creusée dans le roc, tandis que la massive tour carrée du château dresse toujours sa haute silhouette au-dessus des toits de tuile rose. Depuis la place de l'église, ruelles étroites, escaliers et passages couverts rythment la visite au cours de laquelle l'on entrevoit parfois, derrière les façades de pierre claire des demeures soigneusement restaurées, de verdoyants jardins dévalant jusqu'à la Cèze. Un havre de paix et de fraîcheur...

Par la route : autoroute A7, sortie n° 19-Bollène (34 km) ; autoroute A9, sortie n° 23-Remoulins (52 km) ; N86 (23 km).
Par le train : gare de Bollène-La Croisière (29 km) ; gare TGV d'Avignon (59 km).
Par avion : aéroport d'Avignon-Caumont (65 km) ; aéroport de Nîmes-Arles-Camargues (88 km).

Office de Tourisme du Gard Rhodanien : 04 66 82 30 02
www.village-montclus.fr

Découvrir

- **Église** (les mar. matin en juil.-août).
- **Château** (les mar. matin en juil.-août) : grande salle, escalier à vis de St-Gilles. Visite commentée sur RDV uniquement (rens : Association des Amis du Château – 06 14 49 48 20).
- **Village** : visite guidée en saison (Rens. : 04 66 82 30 02).

Se loger

Hôtel
La Magnanerie de Bernas*** (04 66 82 37 36).
Chambres d'hôtes
Le Moulin (04 66 82 32 52).
Nid d'Abeilles (06 82 86 83 00 ou 06 33 09 03 84).
La Micocoule (04 66 82 76 09).
Résidence de tourisme
L'Entremont (04 66 82 23 67).
Campings, campings à la ferme, gîtes et meublés de tourisme
Rens. : 04 66 82 30 02.

Se restaurer

Restaurant
Le Mûrier (04 66 82 59 98).

Saveurs et savoir-faire

Spécialités et produits du terroir
Miel • Huile d'olive • Extrait de lavande.
Art et artisanat
Artiste peintre • Menuisier • Ferronnier.

Rendez-vous

Marché : marché provençal le mardi matin (juillet – août).
Juillet-août : animations culturelles, spectacles.
Août : fête votive (1er w.-e.).

Pleine nature

Baignade • Canoë • Randonnée à cheval, à pied • VTT.

Aux alentours

- Aven d'Orgnac (9 km).
- Villages de Cornillon et Goudargues (10 km).
- *Aiguèze (15 km), voir p. 86.
- *La Roque-sur-Cèze (15 km), voir p. 126.
- Chartreuse de Valbonne (18 km).
- Bagnols-sur-Cèze : marché (24 km).
- Pont-Saint-Esprit (24 km).
- Gorges de l'Ardèche (34 km).

Montpeyroux

Labyrinthe d'arkose

Puy-de-Dôme (63) • 355 habitants • Altitude : 457 m

Perché sur une butte au sud de Clermont-Ferrand, enroulé autour de son donjon, le village médiéval offre un panorama sur les volcans d'Auvergne.
Situé sur l'ancienne voie Regordane, reliant Auvergne et Languedoc, Montpeyroux affiche un petit air méridional et contrôle, du haut de sa tour ronde, la vallée de l'Allier. Pendant des siècles, ses habitants ont vécu de la vigne et de sa carrière d'arkose, cette pierre qui donne aux maisons des reflets dorés et a servi à bâtir les églises romanes majeures d'Auvergne de St-Austremoine à Issoire ou de N.-D.-du-Port à Clermont. La vigne a disparu à cause du phylloxéra à la fin du XIXe s, et la carrière s'est éteinte en 1935, entraînant le déclin du village. Engagée dans les années 1960, la réhabilitation de Montpeyroux se poursuit ; le village retrouve sa vitalité par la réimplantation de la vigne et l'installation d'artisans d'art et d'artistes. Avec ses massives maisons vigneronnes dorées et ses toits couverts de tuiles rondes, Montpeyroux est l'un des fleurons du Dauphiné d'Auvergne et des coteaux de l'Allier.

Par la route : autoroute A75, sortie n° 7-Montpeyroux (2 km).
Par le train : gare de Clermont-Ferrand (30 km).
Par avion : aéroport de Clermont-Ferrand Auvergne (24 km).

Office de Tourisme du Pays d'Issoire :
04 73 89 15 90
www.sejours-issoire.com
www.montpeyroux63.com

Découvrir

• **Ferme pédagogique de la Moulerette :** découverte des animaux de la ferme (04 73 96 62 68).
• **Tour de Montpeyroux** (XIIIe s) : exposition et présentation audiovisuelle (04 73 96 62 68).
• **Village :** visite guidée pour les groupes sur RDV (04 73 89 15 90). Visite organisée pour les déficients visuels (maquettes tactiles de la tour, de la porte du XIIe s et de l'ensemble de Montpeyroux) sur RDV (04 73 96 62 68).

Se loger

Chambres d'hôtes
Les Pradets**** (04 73 96 63 40).
Le Cantou*** (04 73 96 92 26).
L'Écharpes d'iris*** (06 77 19 19 77).
La Vigneronne*** (04 73 96 66 71).
Le Petit Volcan*** (04 73 89 11 41 ou 06 78 84 86 64).

Se restaurer

Restaurants
Le Donjon, bar, crêperie (04 73 96 69 25).
Mon Bistrot Zen - CZ (04 73 96 63 46).
Salon de thé
Déco Thé (04 73 96 69 67).

Saveurs et savoir-faire

Produit du terroir
Vins AOC Côtes d'Auvergne.
Art et artisanat
Bijoux • Céramistes • Galeries d'art • Peintres • Plasticiens.

Rendez-vous

Mai : braderie des potiers (le 8).
Sept. : Dédal'Art (w.-e. des Journées du Patrimoine).

Pleine nature

Pêche • Randonnée pédestre : 1 circuit balisé, « L'Arkose » (9 ou 12 km) • VTT.

Aux alentours

• Issoire (15 km).
• Clermont-Ferrand (20 km).
• *Usson (24 km), voir p. 150.
• Saint-Nectaire, Besse-en-Chandesse, massif du Sancy (de 20 à 40 km).
• La chaîne des puys et Vulcania (50 km).

Pour la petite histoire

Pour les 80 ans de son illustre mari, Jacqueline Picasso a acheté une maison à Montpeyroux. Restaurée puis revendue depuis, elle existe toujours.

Moustiers-Sainte-Marie

L'étoile du Verdon

Alpes-de-Haute-Provence (04) • 740 habitants • Altitude : 640 m

Dans l'échancrure d'un rocher aux portes des gorges du Verdon, Moustiers perpétue l'art de ses faïenciers.

Installé à plus 600 m d'altitude au pied de deux falaises rocheuses, protégé par la légendaire étoile suspendue au-dessus de ses toits, Moustiers doit son existence à l'eau et sa renommée à un moine italien. L'eau est celle de l'Adou : jaillissant d'une source vauclusienne, elle a fait du Moustiers médiéval un village de papetiers, potiers et drapiers. Au XVIIe s, un moine originaire de Faenza révèle au village le secret de l'émail, et Moustiers devient la capitale de la faïence « la plus belle, la plus fine du royaume ». Disparue à la fin du XIXe s, la production de faïence revit de nos jours dans près d'une quinzaine d'ateliers conjuguant tradition et création. L'Adou, torrent qui traverse le village, est enjambé par des petits ponts en pierre. De part et d'autre, les maisons aux teintes chaudes recouvertes de tuiles romanes s'organisent autour des placettes et le long des ruelles reliées par des escaliers et des passages voûtés. Au cœur du village, l'église plusieurs fois remaniée allie une voûte préromane, une nef des XIVe et XVIe s et un clocher lombard. En surplomb, après avoir gravi les 262 marches qui la relient au bourg, la chapelle N.-D.-de-Beauvoir révèle les charmes de son architecture mi-gothique mi-romane.

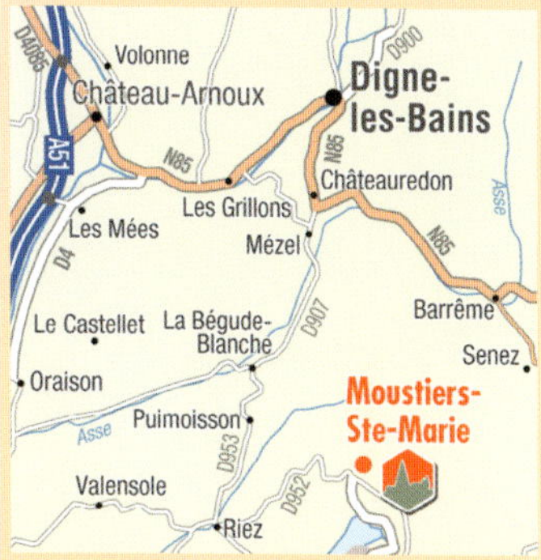

Par la route : autoroute A51, sortie n° 18-Manosque (54 km) ; autoroute A8, sortie n° 36-Draguignan (75 km).
Par le bus : N°LER27 (lun. et sam. du 1/04 au 30/06 et tlj en juil.-août).
Par le train : gare de Digne-les-Bains (55 km) ; gare de Manosque (56 km).
Par avion : aéroport de Marseille-Provence (115 km).

ⓘ **Office de Tourisme** : 04 92 74 67 84
www.moustiers.eu

Découvrir
- **Chapelle N.-D.-de-Beauvoir** (XIIe et XVIe s).
- **Église paroissiale** (XIIe et XIVe s).
- **Musée de la Faïence** : histoire de la faïence depuis le XVIIe s jusqu'à nos jours, à travers une collection de plus de 400 pièces ; expositions temporaires (04 92 74 61 64).
- **Village** : visite guidée individuelle le mardi à 10 h et le jeudi à 17 h en juillet-août, groupes toute l'année sur RDV (04 92 74 67 84).

Se loger
Hôtels
La Bastide de Moustiers**** (04 92 70 47 47).
La Bastide du Paradou*** (04 92 74 13 60).
Le Colombier*** (04 92 74 66 02).
La Ferme rose*** (04 92 75 75 75).
Les Restanques*** (04 92 74 93 93).
La Bonne Auberge** (04 92 74 66 18).
Le Belvédère** (04 92 74 66 04).
Le Clos des Iris** (04 92 74 63 46).
Le relais** (04 92 74 66 10).
Chambres d'hôtes
Bélière*** (04 92 72 95 69).
Ferme du Petit Segries*** (04 92 74 68 83).
La Bergerie Angouire*** (06 08 48 71 87).
Le Mas du Loup*** (04 92 74 65 61).
Maison de Melen*** (04 92 74 44 93).
Autres chambres d'hôtes, gîtes, gîtes d'étape et meublés, village vacances, campings
Rens. : 04 92 74 67 84 / www.moustiers.eu.

Se restaurer
Restaurants
Côté jardin (04 92 74 68 91).
Ferme Sainte-Cécile (04 92 74 64 18).
La Bastide de Moustiers (04 92 70 47 47).
La Bonne Auberge (04 92 74 60 40).
La Bouscatière (04 92 74 67 67).
La Cantine (04 92 77 46 64).
La Cascade (04 92 74 66 06).
La Grignotière (04 92 74 69 12).
La Treille muscate (04 92 74 64 31).
Le Belvédère (04 92 74 66 04).
Le Da Vinci (04 92 77 24 69).
L'Étoile de mer (04 92 74 62 24).
Les Comte (04 92 74 63 88).
Jadis, pizzeria (04 92 74 63 01).
Le Relais (04 92 74 66 10).
Les Magnans, brasserie (04 92 74 61 20).
Les Santons (04 92 74 66 48).
Clérissy, crêperie-pizzeria (04 92 77 29 30).

Saveurs et savoir-faire
Spécialités et produits du terroir
Biscuits • Conserves artisanales, salaisons • Huile d'olive • Miel de lavande.
Art et artisanat
Ateliers de faïence • Peintres.

Rendez-vous
Marchés : Vendredi 8 h-13 h, pl. de l'École. Mercredi 18 h-23 h en juillet-août, pl. de la Mairie.

Août-Sept. : fête de la Diane (31 août-8 sept.).

Pleine nature
Randonnée pédestre : GR 4 et 12 circuits balisés • Sports d'eau vive : canyoning, kayak, pédalo • Escalade, parapente • VTT.

Aux alentours
- Lac de Sainte-Croix (5 km).
- Grand canyon des Gorges du Verdon, Castellane (de 10 à 45 km).
- Riez, Valensole, station thermale de Gréoux-les-Bains, Manosque (de 15 à 50 km).

Pour la petite histoire
D'après la légende de Frédéric Mistral, l'étoile suspendue entre les deux falaises surplombant Moustiers serait un ex-voto dédié à la Vierge Marie installé selon le vœu du chevalier Blacas, un croisé emprisonné par les sarrasins qui avait promis, s'il revenait dans son village, d'y suspendre une étoile et sa chaîne.

Oingt

Une pépite d'or au milieu des vignes

Rhône (69) • 614 habitants • Altitude : 550 m

Surplombant la vallée de l'Azergues et les vignes du Beaujolais, Oingt est la « merveille » du pays des Pierres dorées.
Bâti sur une crête dominant des voies antiques entre Saône et Loire, cet ancien castrum romain connaît son apogée au Moyen Âge. C'est en effet vers l'an 1 000 que les seigneurs Guichard d'Oingt, puissants viguiers du comte du Forez, construisirent un château à motte et sa chapelle. Au XIIe s, une tour-donjon fut ajoutée à cet ensemble. Aujourd'hui, l'entrée du village par la porte fortifiée de Nizy offre un premier témoignage de cette époque médiévale. On découvre ensuite les maisons aux murs de pierres jaune ocre où les jeux d'ombre et de lumière se déclinent à l'envi le long du chemin conduisant à l'ancienne chapelle. Devenue église paroissiale en 1660, celle-ci jouxte les vestiges de l'ancien logis seigneurial et le donjon, aujourd'hui reconverti en musée. De la terrasse, une vue exceptionnelle s'étend sur les vignes du Beaujolais, la vallée de l'Azergues et les monts du Lyonnais.

Par la route : autoroute A6, sortie n° 31.2-Roanne (16 km) ; N7 (14 km).
Par le train : gare de Villefranche-sur-Saône (15 km) ; gare TGV de Lyon-La Pardieu (39 km).
Par avion : aéroport de Lyon-Saint- Exupéry (66 km).

Office de Tourisme du Pays des Pierres Dorées : 04 74 60 26 16
www.tourismepierresdorees.com
www.oingt.com

Découvrir

• **Musée de la Tour** (XIIe s) : musée d'histoire du village, terrasse panoramique avec table d'orientation (04 74 71 21 24).
• **Église St-Matthieu** (X^e s) : sculptures polychromes du XIIe s, chemin de croix, pietà, chaire ; musée liturgique.
• **Musée de la Musique mécanique et de l'Orgue de Barbarie** : exposition de pièces anciennes (collection de 60 instruments d'Europe) et démonstration musicale.
• **Musée automobile, viticole et agricole** (voitures de 1927 à 1967) (04 74 71 20 52 ou 06 07 45 75 75).
• **Maison commune** (XVIe s) : exposition d'artistes régionaux (peintres, sculpteurs, céramistes…), d'avril à oct. (04 74 71 21 24).
• **Village** : visite guidée sur réservation (04 74 71 21 24).

Se loger

Chambres d'hôtes
M. et Mme Bourbon*** (04 74 71 24 41 ou 06 80 50 27 93).
Gîtes
Mme Guillard Marie-Pierre*** (04 74 71 20 52).
M. et Mme Guillard Lucien* (04 74 71 20 49 ou 06 87 25 62 39).
M. et Mme Margand (04 74 71 26 92 ou 06 64 38 44 34).

Se restaurer

Restaurants
Chez Marguerite (04 74 71 20 13).
Chez Marlies (04 74 71 66 18).
La Table du Donjon (04 74 21 20 24).
La Vieille Auberge (04 74 71 21 14).
Crêperie des Pierres dorées (04 74 71 29 91).

Saveurs et savoir-faire

Produits du terroir
Chocolats • Vins AOC Beaujolais.
Art et artisanat
Calligraphe • Céramiste • Créatrice textile • Décoratrice • Mosaïste • Potier • Sculpteur • Vitrailliste.

Rendez-vous

Marché : jeudi, pl. de Presberg, de 10 h à 19 h.
Fév. : fête de l'Amour ; les artisans d'Oingt fêtent la Saint-Valentin.
Juillet : Rosé Nuit d'Eté, apéro-concert (1re sem.).
Sept. : festival international d'Orgue de Barbarie et de Musique mécanique (1er w.-e.).
Nov. : Beaujolais nouveau (3e jeudi) ;
Déc.-janv. : Oingt en crèches (3 dern. sem. et 1re sem.).

Pleine nature

Randonnée pédestre • VTT (circuits balisés).

Aux alentours

• Villages du pays des Pierres dorées (4 à 20 km).
• Villefranche-sur-Saône (14 km).
• Lyon (37 km).

Pérouges

Les galets de l'Ain

Ain (01) • 1 250 habitants • Altitude : 280 m

Au sommet d'une colline, la cité médiévale de Pérouges fait cercle autour de sa place ombragée d'un tilleul bicentenaire.
Longtemps convoitée pour sa prospérité due à l'activité de ses tisserands et pour sa position stratégique dominante entre la Dombes et la plaine de l'Ain, la cité fut dauphinoise puis savoyarde avant de devenir française à l'aube du XVIIe s. Plusieurs fois assiégé, Pérouges a cependant conservé à l'intérieur de ses remparts un patrimoine exceptionnel, sauvé de la ruine au début du XXe s. L'église-forteresse, avec son chemin de ronde, ses meurtrières et ses clefs de voûte aux armes de Savoie, en est l'un des fleurons. Bordées de belles demeures du XIIIe s à encorbellement et à pans de bois, la place du Tilleul, ombragée par cet arbre de la liberté planté en 1792, raconte plusieurs siècles d'histoire avec ses ruelles pavées de galets ronds, dont la rigole centrale, destinée à recueillir les eaux usées, rappelle un temps où « tenir le haut du pavé » avait un sens propre. Avec pas moins de 83 bâtisses protégées, Pérouges forme un ensemble architectural unique.

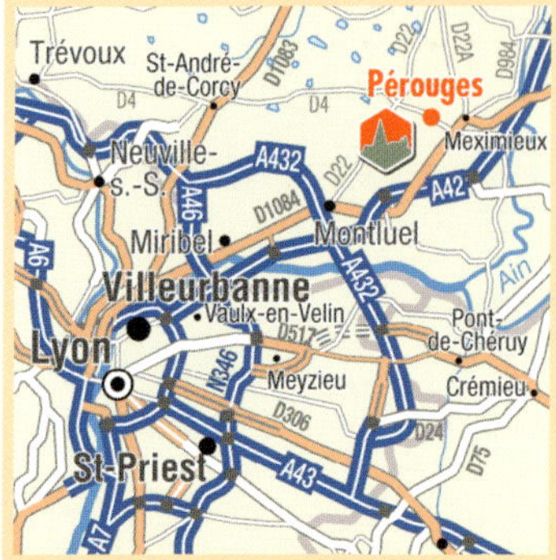

Par la route : autoroute A42, sortie n° 7-Pérouges (6 km).
Par le train : gare de Villars-les-Dombes (21 km) ; gare TGV de Lyon-Saint-Exupéry (33 km).
Par avion : aéroport de Lyon-Saint-Exupéry (32 km).

Syndicat d'Initiative : 04 74 46 70 84
www.perouges.org

Découvrir

• **Église-forteresse** (XVe s) : retable, statues en bois.
• **Maisons des Princes :** musée d'Art et d'Histoire du Vieux Pérouges et Hortulus, tour de guet, jardin médiéval.
• **Village :** visites guidées individuelles et groupes ; visites nocturnes théâtrales en juillet-août ; visite adaptée aux déficients visuels (circuit de visite sensorielle, carnets de visite en braille et caractères agrandis, audioguides). Rens. : 04 74 46 70 84.

Se loger

Hôtels
Hostellerie du Vieux Pérouges*** et **** (04 74 61 00 88).
La Bérangère** (04 74 34 77 77).
Maisons d'hôtes
Casa la Signora di Perugia*** (04 74 61 47 03).
Chez Françoise (06 99 31 98 69).
Com' à la Maison (07 77 76 89 11).
La ferme de Rapan (04 74 37 01 26).
Le Grenier à sel (06 98 87 62 16).
The Resid for Calixte (06 72 14 95 18).

Se restaurer

Restaurants
L'Auberge du Coq (04 74 61 05 47).
Hostellerie du Vieux Pérouges (04 74 61 00 88).
Le Ménestrel (04 74 61 11 43).
Le Relais de la Tour (04 74 61 01 03).
Les Terrasses de Pérouges (04 74 61 38 68).
Le Veneur noir (04 74 61 07 06).
Bar de la place du Plâtre.

Saveurs et savoir-faire

Spécialités et produits du terroir
Chocolats • Galettes de Pérouges • Vin du Bugey.
Art et artisanat
Antiquaires • Céramiste • Costumière • Papetier • Antiquaires.

Rendez-vous

Avril-Nov. : expositions et stages artistiques.
1er Mai : marché artisanal.
Mai-Juin : festival « Printemps musical de Pérouges » ; foire aux plantes anciennes.
Juin : fête médiévale (1re quinz.).
Juillet : marché artisanal ; festival des Temps Chauds ; festival des Cuivres en Dombes, week-end « de Cape et d'Epée ».
Oct. : Automnales œnologiques.
Déc. : marché de Noël.

Pleine nature

Étang de L'Aubépin • Étangs des Dombes • Randonnée pédestre : 4 circuits balisés.

Aux alentours

• Villars-les-Dombes : parc ornithologique (17 km).
• Ambérieu-en-Bugey : château des Allymes (18 km).
• Ambronay : abbaye (21 km).
• Lyon (36 km).

Piana

Grandeur nature sur l'île de Beauté

Corse-du-sud (20) • 439 habitants • Altitude : 438 m

À l'entrée de majestueuses calanches classées au Patrimoine mondial, Piana surplombe le golfe de Porto.
Le site de Piana fut habité par intermittence à la fin du Moyen Âge puis au début du XVIe s, mais la fondation de l'actuel village remonte aux années 1690. Vingt ans plus tard, le village compte déjà 32 feux et la chapelle St-Pierre-et-St-Paul est édifiée sur les ruines d'un oratoire médiéval. La construction d'une autre église, plus vaste, est décidée. Achevée en 1792, elle est dédiée à sainte Marie. Son campanile, terminé au début du XIXe s, est une réplique de celui de Portofino, sur la côte ligure. C'est sur la plage de sable fin d'Arone, à côté de Piana, qu'eut lieu le 6 février 1943 le premier débarquement d'armes et de munitions destinées aux maquisards corses, à partir du sous-marin Casabianca, venu d'Alger.

Par la route : routes départementales D81 et D84.
Par le train : gare d'Ajaccio (68 km).
Par bateau : port d'Ajaccio (67 km).
Par avion : aéroport d'Ajaccio-Campo Dell'Oro (71 km) ; aéroport de Calvi-Sainte-Catherine (79 km).

Office de Tourisme : 09 66 92 84 42
www.otpiana.com

Se restaurer
Restaurants
Auberge U' Spuntinu (04 95 27 80 02).
Campanile (04 95 27 81 71).
Capo Rosso (04 95 27 82 40).
Casabianca, Arone (04 95 20 70 40).
Casa Corsa (04 95 24 57 93).
Chez Jeannette (04 95 27 81 73).
L'Onda, Arone (04 95 73 58 86).
La Plage, Arone (04 95 20 17 27).
La Voûte (04 95 27 80 46).
Les Roches rouges (04 95 27 81 81).
Le Casanova, pizzeria (04 95 27 84 20).

Rendez-vous
Vendredi saint : procession la Granitola.
Juillet : rencontres interconfréries (dern. dim.).
Juillet-août : expositions.
15 août : fête et procession.
Toute l'année : exposition des photographies d'André Kertész (salle de la mairie).

Pleine nature
Baignade • Randonnée • VTT.

Aux alentours
• Calanches (3 km).
• Scandola : réserve naturelle (10 km, accès par la mer au départ de Porto).
• Porto (12 km).
• Cargèse (20 km).
• Gorges de la Spelunca (20 km).
• Forêt d'Aïtone (30 km).

Découvrir
• **Église paroissiale** (style baroque) : porte en bois polychrome, fresques, médaillons peints de Paul-Mathieu Novellini (09 66 92 84 42).
• **Chapelle Sainte-Lucie** (hameau de Vistale) : fresques de style byzantin, panorama sur le golfe de Porto. Ouverte en juillet-août.
• **Calanches :** classées au Patrimoine mondial (09 66 92 84 42).

Se loger
Hôtels
Capo Rosso**** (04 95 27 82 40).
Mare e Monti*** (04 95 28 82 14).
Le Scandola*** (04 95 27 80 07).
Les Roches Rouges*** (04 95 27 81 81).
Les Calanches (04 95 27 80 83).
Chambres d'hôtes
Giargalo (04 95 27 82 05).
San Pedru (09 53 75 72 94).
Gîtes et meublés
Marina d'Arone (04 95 23 01 46).
Résidence U Casinu (04 95 10 78 66).
Camping
Plage d'Arone*** (04 95 20 64 54).

Le Poët-Laval

Des Hospitaliers au protestantisme dauphinois

Drôme (26) • 946 habitants • Altitude : 307 m

Au milieu des lavandes et des plantes aromatiques, une ancienne commanderie est devenue village.
Encore dauphinois et montagnard mais déjà baigné des lumières de la Méditerranée, Le Poët-Laval est né d'une commanderie fortifiée de l'ordre des Hospitaliers, moines-chevaliers veillant sur les chemins de Jérusalem. À la crête du village montant à l'assaut d'un versant de la vallée du Jabron, le château, construit au XIIe s, dresse son donjon massif. Remanié au XIIIe puis au XVe s et coiffé d'un pigeonnier, il accueille aujourd'hui, après restauration, des expositions permanentes et temporaires. De la chapelle romane St-Jean-des-Commandeurs, située en contrebas du château, subsistent une partie de la nef et le chœur surmonté d'un clocher-tour sur lequel s'appuyaient les fortifications ceinturant le village. À l'angle sud-ouest des remparts, la façade Renaissance du salon des Commandeurs témoigne de l'apogée de l'ordre au XVe s, avant que le village se rallie au culte protestant dont l'ancien temple, devenu musée, conserve le souvenir près du Grand Portail.

Par la route : autoroute A7, sortie n° 17-Montélimar (35 km).
Par le train : gare de Montélimar (25 km).
Par avion : aéroport de Valence-Chabeuil (73 km) ; aéroport de Marseille-provence (170 km).

Office de Tourisme du Pays de Dieulefit-Bourdeaux : 04 75 46 42 49
www.paysdedieulefit.eu
www.lepoetlaval.org

Découvrir

• **Château** (XIIe, XIIIe et XVe s) : exposition permanente sur la reconstruction du village et expositions temporaires en été (04 75 46 44 12).
• **Centre d'art Yvon Morin** : expositions, concerts (04 75 46 49 38).
• **Musée du Protestantisme dauphinois** : ancienne demeure du XVe s devenue temple au XVIIe s ; histoire du protestantisme en Dauphiné, de la Réforme jusqu'à nos jours ; collections de mosaïques contemporaines (04 75 46 46 33).
• **Village** : visite guidée gratuite les mer. matin en juillet-août (04 75 46 42 49).

Se loger

Hôtel
Les Hospitaliers*** (04 75 46 22 32).
Chambres d'hôtes
Le Mas des Alibeaux*** (04 75 46 35 59).
Ferme Saint-Hubert (04 75 46 48 71).
Le Mas des Vignaux (04 75 46 55 47).
Les Terrasses du Château (04 75 50 20 30).
Gîtes et meublés ; gîtes d'étape
Rens. : 04 75 46 42 49
www.paysdedieulefit.eu.
Camping
Lorette**, du 1er mai au 30 sept. (04 75 91 00 62).

Se restaurer

Restaurants
Les Hospitaliers (04 75 46 22 32).
Tous les matins du monde (04 75 46 46 00).
Salon de thé
La Rose des Vents, d'avril à oct. (04 75 00 43 28).

Saveurs et savoir-faire

Art et artisanat
Bijoux et vêtements • Peintres / galeries • Potiers.

Rendez-vous

Juillet : festival « Jazz à Poët » ; fête votive durant 3 jours (dern. w.-e.).
Août : Les Musicales de Poët (début août).

Pleine nature

• Randonnée pédestre : GR de pays « Tour du Pays de Dieulefit », GR 965 : départ du sentier international des Huguenots et 2 circuits balisés de petite randonnée • Équitation • VTT.

Aux alentours

• Dieulefit, Maison de la Céramique (4 km).
• La Bégude-de-Mazenc (7 km).
• Comps : église du XIIe s et exposition « Ruches du Monde » (10 km).
• Rochefort-en-Valdaine : château du Xe s et chapelle du XIVe s (15 km).
• Marsanne (21 km).
• Grignan, Nyons (de 28 à 35 km).
• *Mirmande (34 km), voir p. 115.
• Crest (37 km).
• *La Garde-Adhémar (39 km), voir p. 100.

Pradelles

En empruntant le chemin de Stevenson

Haute-Loire (43) • 651 habitants • Altitude : 1 157 m

Protégeant pèlerins et muletiers sur le chemin de Regordane, Pradelles était au XIe s la « place forte des hautes prairies ».
Dominant la vallée du haut Allier avec pour horizon les monts de Margeride à l'ouest, le mont Lozère au sud et la chaîne du Tanargue à l'est, Pradelles fut longtemps une place forte ceinturée de remparts. Étape sur la voie Regordane reliant l'Auvergne au Languedoc, le village fut aussi un carrefour pour les pèlerins cheminant vers Le Puy-en-Velay ou Saint-Gilles-du-Gard, pour les marchands important à dos de mulet le sel, l'huile ou les vins du Midi comme pour les armées et compagnies de routiers transportant armes et munitions. Les hautes façades de Pradelles ont vu ainsi passer au fil du temps des générations de voyageurs aussi divers que saint Jean-François Régis prêchant au début du XVIIe s la foi catholique en des terres voisines des Cévennes séduites par le protestantisme, le bandit de grands chemins et héros populaire Louis Mandrin au XVIIIe s ou, plus récemment, l'écrivain écossais Robert Louis Stevenson parcourant, avec son ânesse Modestine, le chemin qui porte désormais son nom.

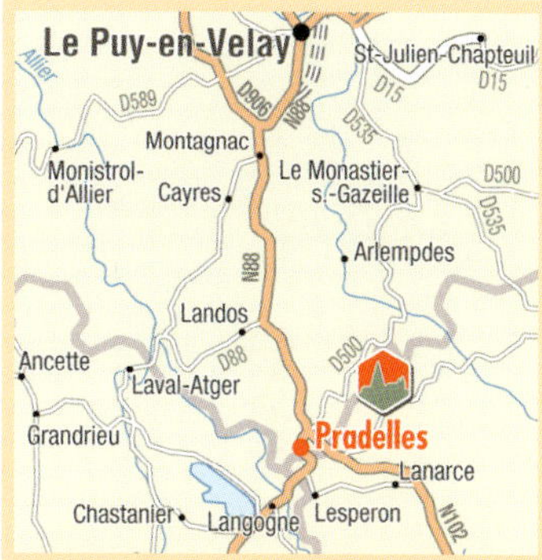

Par la route : autoroute A75, sortie n° 20-Le Puy-en-Velay (97 km), puis N102-N88.
Par le train : gares de Langogne (7 km) et du Puy-en-Velay (34 km).
Par avion : aéroport de Clermont-Ferrand Auvergne (153 km).

Office de Tourisme : 04 71 00 82 65
www.haut-allier.com
www.pradelles-43.com

Découvrir
• **Musée du Cheval de trait** (en saison) : village miniature, salle des attelages hippomobiles du XIXe s (fiacre, omnibus...), son et lumière retraçant l'histoire de l'aventurier Stevenson, écuries... (04 71 00 87 87).
• **Village** : visite sur RDV (04 71 00 82 65).

Se loger
Hôtel
L'Arche** (04 71 00 85 20).
• **Gîtes, gîtes communaux, Gîtes d'étape et meublés**
Rens. : 04 71 00 82 65 ou 04 71 00 85 74.
Camping
Le Rocher du Grelet* (04 71 00 85 74).
Village de vacances
La Valette (04 71 00 85 74).

Se restaurer
Restaurants
Aux Légendes (04 71 00 88 00).
La Ferme de Livarat (04 71 02 91 69).
L'Arche (04 71 00 82 98).
L'Auvergnat Gourmand (04 71 07 60 62).
Le Renaissance (04 71 02 47 03).
Brasserie du musée (04 71 00 87 88).

Saveurs et savoir-faire
Spécialités et produits du terroir
Salaisons.

Rendez-vous
Marché : jeudi matin.
Juillet : fête Renaissance.
Août : foire aux agneaux (1re quinz.) ; fête votive « corso fleuri » (le 15).

Pleine nature
Chasse • Pêche • Piscine • Équitation • Location d'ânes • Randonnée pédestre : GR 70 (sentier Stevenson), GR 470 (Sources et Gorges de l'Allier) et GR 700 (sentier de la Régordane) ; circuits PR balisés • Vélo-rail • VTT.

Aux alentours
• Auberge Rouge de Peyrebeille (8 km).
• Langogne, lac de Naussac (base nautique) (7 km).
• *Arlempdes (17 km), voir p. 90.
• Lac du Bouchet et volcans du Devès (de 20 à 35 km).
• Lac d'Issarlès, monts Gerbier-de-Jonc et Mézenc (de 25 à 45 km).
• Cascade de la Beaume (26 km).
• Le Puy-en-Velay (35 km).

La Roque-sur-Cèze

La pierre, la vigne et l'eau

Gard (30) • 178 habitants • Altitude : 90 m

Entre Cévennes et Provence, La Roque-sur-Cèze veille sur la rivière et les vignes.

Dans un décor de garrigue, La Roque-sur-Cèze s'est installé sur une pente rocheuse dominant la Cèze. Passé le pont Charles-Martel et ses douze arches, au fil des calades tortueuses, le regard se perd dans un enchevêtrement de volumes, de toitures et de terrasses couvertes auxquelles les murs de pierres patinées par le soleil et les tuiles à génoises donnent des airs de Toscane. Lorsque l'on accède – au prix de quelques efforts ! – en haut du village, les vestiges du château du XIIe s et sa chapelle romane rappellent la place stratégique que le site occupait au Moyen Âge sur la voie romaine menant de Nîmes à Alba. Tranchant avec la sérénité et l'aridité du village, les cascades du Sautadet et les magnifiques marmites de géant creusées par la Cèze exigent une grande prudence mais offrent au lieu une halte sauvage et rafraîchissante.

Par la route : autoroute A7, sortie n° 19-Bollène (28 km) ; autoroute A9, sortie n° 22-Roquemaure (30 km) ; N86 (10 km).
Par le train : gare de Bollène-La Croisière (24 km) ; gare TGV d'Avignon (47 km).
Par avion : aéroport d'Avignon-Caumont (52 km) ; aéroport de Nîmes-Arles-Camargue (80 km).

ⓘ **Office de Tourisme du Gard Rhodanien :** 04 66 82 30 02
www.tourisme-gard-rhodanien.com
www.laroquesurceze.fr

Découvrir
- **Village** : visite guidée sur demande (04 66 82 30 02).
- **Église** (XIXe s) : restaurée en 2013, vitraux contemporains.
- **Chapelle du Presbytères** : expositions.

Se loger
Chambres d'hôtes
M. et Mme Rigaud*** (04 66 82 79 37).
Le Moulin de Cors*** (04 66 82 76 40).
Mme Welland** (04 66 79 27 76).
Gîtes et meublés
Rens. : 04 66 82 30 02
www.tourisme-gard-rhodanien.com.
Campings
La Vallée Verte**** (04 66 79 08 89).
Les Cascades**** (04 66 82 72 97).

Se restaurer
Restaurants
L'Auberge des Cascades (04 66 50 80 98).
Le Mas du Bélier (04 66 82 21 39).
La Hulotte (04 66 82 78 60).
La Crêperie (04 66 82 08 42).
Chez Piou, restaurant-guinguette (l'été uniquement, 04 66 82 77 72).

Saveurs et savoir-faire
Spécialités et produits du terroir
Vins AOC Côtes du Rhône.

Rendez-vous
Août : foires aux confitures (w.-e. du 15).
Tout l'été : concerts et spectacles dans le cadre du festival « Les Arts de la Voix ».

Pleine nature
Randonnée pédestre et VTT • Baignade • Canoë • Pêche.

Aux alentours
- *Montclus (15 km), voir p. 117.
- Chartreuse de Valbonne (6 km).
- Villages de Cornillon et Goudargues (8 km).
- Pont-Saint-Esprit (10 km).
- Bagnols-sur-Cèze : marché (12 km).
- Gorges de la Cèze (15 km).
- *Aiguèze (18 km), voir p. 86.
- Méjannes-le-Clap : grotte de la Salamandre (23 km).
- Barjac : marché (24 km).
- Uzès (30 km).
- Orange (35 km).
- Pont du Gard (40 km).
- Gorges de l'Ardèche, aven d'Orgnac, Vallon-Pont-d'Arc (30 à 40 km).
- Avignon (44 km).

Pour la petite histoire
Hannibal aurait traversé la Cèze à hauteur du site du Sautadet. Ce nom viendrait de « saut d'Hadès », dieu grec des enfers…

Roussillon

Flamboyant du Luberon

Vaucluse (84) • 1 348 habitants • Altitude : 325 m

Étincelant de couleurs dans un écrin de verdure, Roussillon est, entre Ventoux et Luberon, la perle du massif ocrier.

À l'époque romaine, l'ocre de Mont-Rouge était acheminée jusqu'au port de Marseille et embarquée vers l'Orient. Prenant le relais des magnaneries qui ont marqué l'essor du village à partir du XIVe s, l'industrie de l'ocre se développe grâce à Jean-Étienne Astier, natif du village. Depuis, Roussillon a bâti sa réputation sur ce minerai haut en couleur. Aujourd'hui, l'ocre offre au visiteur la palette infinie de ses couleurs au détour de chaque ruelle, jusque sur les façades des maisons, et se découvre en pleine nature, à travers le sentier des ocres, au milieu de sites grandioses sculptés par l'eau, le vent et la main de l'homme. Sur la place de la mairie, lieu de rendez-vous animé des Roussillonnais et des visiteurs, l'hôtel de ville et les maisons qui lui font face datent du XVIIe s.

Par la route : autoroute A7, sortie n° 24-Avignon sud (37 km) ; autoroute A51, sortie n° 18-Valensole (54 km), D900 (26 km).
Par le train : gare de Cavaillon (31 km) ; gare TGV d'Avignon (51 km).
Par avion : aéroport d'Avignon-Caumont (40 km) ; aéroport de Marseille-Provence (87 km).

Bureau d'Information Touristique :
04 90 05 60 25
www.luberon-apt.fr
www.roussillon-provence.fr

Découvrir

• **Conservatoire des ocres :** visite guidée sur la fabrication de l'ocre, sa géologie, le patrimoine ocrier ; ateliers et stages... (04 90 05 66 69).

• **Sentier des ocres :** en saison (**Juillet-août :** 9 h-19 h 30) ; hors saison. Rens. : 04 90 05 60 16.

Se loger

Hôtels

La Clé des Champs*** (04 90 05 63 22).
Le Clos de la Glycine*** (04 90 05 60 13).
Les Sables d'ocre*** (04 90 05 55 55).
Rêves d'ocres** (04 90 05 60 50).
La Petite Auberge** (04 90 05 65 46).

Chambres d'hôtes

Mas d'Estonge (04 90 05 63 13).
La Lavandine (04 90 05 63 24).
Le Clos des Cigales (04 90 05 73 72).
Le Trèfle à 5 Feuilles (04 90 05 63 90).
Poterie de Pierroux (04 90 05 68 81).
Les Passiflores (04 90 71 43 08).
La Bastide des Ocres (04 90 05 64 50).
Li Roule (04 90 05 64 93).

Gîtes et meublés

Rens. : 04 90 05 60 25
www.luberon-apt.fr.

Camping

Arc-en-Ciel*** (04 90 05 73 96).

Se restaurer

Restaurants

Chez Nino (04 90 74 29 17).
Le Bistrot (04 90 05 74 45).
David (04 90 05 60 13).
La Grappe de Raisin (04 90 71 38 06).
L'Ocrier (04 90 05 79 53).
Le Piquebaure (04 90 05 79 65).
La Sirmonde (04 90 75 70 41).
La Treille (04 90 05 64 47).
Le Café des Couleurs (04 90 05 62 11).
Le Comptoir des Arts (04 90 74 11 92).
Le Castrum (04 90 05 62 23).
Le P'tit Gourmand (04 90 71 82 58).

Saveurs et savoir-faire

Spécialités et produits du terroir

Huile d'olive • Jus de fruits • Vins AOC des Côtes du Luberon et du Ventoux.

Art et artisanat

Bougies • Céramistes • Créations à base d'ocre • Décorateurs • Fossiles et minéraux • Galeries d'art • Peintres • Sculpteurs.

Rendez-vous

Marché : jeudi matin, pl. du Pasquier.
Juin : Saint-Jean des Couleurs, les Vieux Tracteurs (exposition et fête campagnarde).
Juillet : festival Beckett (fin juil.), festival de musiques et de chants anciens.
Août : festival de quatuors à cordes.
Juil.-août : Fêtez le cinéma sous les étoiles (en plein air).
Sept. : le Livre en Fête.
Nov. : salon du Livre et de l'Illustration jeunesse (fin nov.).

Pleine nature

Randonnée pédestre : GR 6 et 97, et 4 circuits PR balisés • Vols en montgolfière.

Aux alentours

• *Gordes (10 km), voir p. 104.
• *Ménerbes (17 km), voir p. 113.
• Apt, le Luberon (de 10 à 20 km).
• *Lourmarin (23 km), voir p. 111.
• *Venasque (24 km), voir p. 151.
• L'Isle-sur-la-Sorgue (27 km)
• Cavaillon (30 km).
• *Ansouis (33 km), voir p. 88.

Pour la petite histoire

Raymond d'Avignon, seigneur de Roussillon, délaissant pour la chasse son épouse Sermonde, celle-ci goûta un peu trop longtemps la compagnie du troubadour Guillaume de Cabestan. Informé de son infortune, le seigneur tua l'amant, lui arracha le cœur et en régala Sermonde, avant de lui révéler la nature du mets. La belle, désespérée, se précipita du haut des falaises. C'est pourquoi les falaises de Roussillon sont, depuis, couleur sang...

Saint-Antoine-l'Abbaye

Miracles en Dauphiné médiéval

Isère (38) • 1 039 habitants • Altitude : 380 m

Au creux de verdoyantes collines cernées par le massif du Vercors, l'abbaye Saint-Antoine veille sur le village qui porte son nom. L'histoire de Saint-Antoine-l'Abbaye prend racine au XIe s, lorsque Geilin, seigneur local, rapporte de son pèlerinage en Terre sainte les reliques de saint Antoine l'Égyptien, auquel on attribue de nombreux miracles. Vers 1280 débute l'édification de l'abbaye destinée à abriter les fameuses reliques, qui auraient la vertu de guérir du « mal des ardents », un empoisonnement du sang soigné par les Hospitaliers (installés dans la cité après avoir chassé les Bénédictins) au sein de leurs établissements. Les guerres de Religion mettront fin à cette période faste de pèlerinages. Les reconstructions engagées au XVIIe s permettent aujourd'hui d'admirer l'abbaye – considérée comme l'une des réalisations gothiques les plus remarquables du Dauphiné – et son décor intérieur, d'une très grande richesse. Au pied de ce puissant édifice, le bourg est un témoignage vivant de l'époque médiévale et de la Renaissance : demeures de notables bâties entre le XVe s et le XVIIIe s en pierres de molasse et à fenêtres à meneaux rejoignent, par les goulets (ruelles étroites à demi couvertes), les anciennes échoppes aux façades à colombages et la halle médiévale.

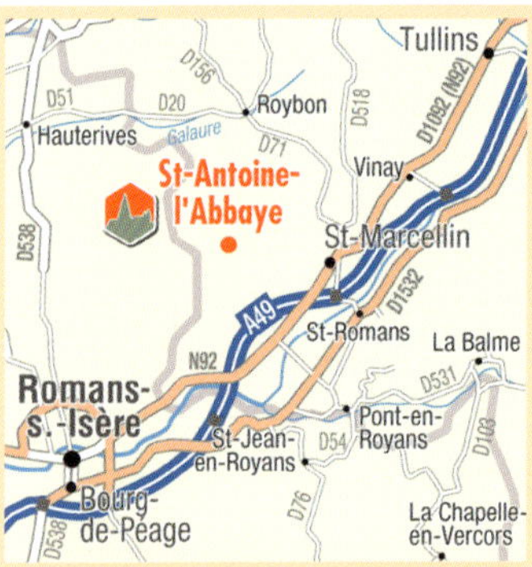

Par la route : autoroute A49, sortie n° 9-Saint-Marcellin (13 km) ; autoroute A48, sortie n° 9-La Côte-Saint-André (42 km).
Par le train : gare de Saint-Marcellin (13 km) ; gare de Romans (24 km).
Par avion : aéroport de Grenoble-Saint-Geoirs (31 km) ; aéroport de Lyon-Saint-Exupéry (101 km).

Office de Tourisme : 04 76 38 53 85
www.tourisme.pays-saint-marcellin.fr
www.saint-antoine-labbaye.fr

Découvrir

• **Église abbatiale** (XIIe-XVe s) : peintures murales, tapisseries d'Aubusson, boiseries, orgue du XVIIe s (04 76 38 53 85).
• **Trésor de l'abbaye** : vêtements liturgiques, instruments de chirurgie, antiphonaires, Christ en ivoire du XVIIe s, l'un des plus grands reliquaires de France (04 76 38 53 85).
• **Musée de Saint-Antoine-l'Abbaye (musée départemental)** : installé dans les bâtiments conventuels des XVIIe et XVIIIe s ; expositions consacrées aux Hospitaliers de Saint-Antoine, aux parfums thérapeutiques et à l'histoire des jardins ; expositions temporaires (04 76 36 40 68 www.musee-saint-antoine.fr).
• **Jardin médiéval de l'abbaye entre Orient et Occident** : aménagé dans la cour des Grandes Écuries où quatre jardins se répondent ponctués de plantes exubérantes, d'herbes aromatiques, de fleurs et d'arbres fruitiers réunis par l'eau d'une fontaine et de bassins (04 76 36 40 68 www.musee-saint-antoine.fr).
• **Atelier du tailleur de pierre** : installé dans les anciennes infirmeries de l'abbaye ; découverte des techniques de construction d'édifices au Moyen Âge, démonstrations… (04 76 36 44 12).
• **Village** : visite libre sur « Le sentier du flâneur » (fiche à retirer à l'Office de Tourisme) ; visite guidée toute l'année pour les groupes et de début avril à fin octobre pour les individuels (04 76 38 53 85).

Se loger

Hôtel
Chez Camille (04 76 36 86 98).
Chambres d'hôtes
L'Antonin*** (04 76 36 41 53).
Mme Philibert*** (04 76 36 41 65).
La Grange du Haut (04 76 64 30 74).
Cabanes dans les arbres
Les Cabanes de Fontfroide (04 76 36 46 84).
Gîtes et meublés
Les Genets*** et ** (04 76 36 43 81).
Mme Nivon** (04 76 40 79 40).
La Grange du Haut (04 76 64 30 74).
Maison d'accueil
Communauté de l'Arche (04 76 36 45 97).

Se restaurer

Restaurants

Chez Camille (04 76 36 86 98).
L'Auberge de l'Abbaye (04 76 36 42 83).
L'Auberge du Chapeau rouge (04 76 36 45 29).
Hostellerie du Vieux Saint-Antoine (04 76 36 40 51).
Mon manège à moi, pizzeria (04 76 36 40 53).
Les Tentations d'Antoine (04 76 36 71 77).

Saveurs et savoir-faire

Spécialités et produits du terroir

Miels, hydromel, hypocras, pain d'épice • Vins de fruits.

Art et artisanat

Créatrice de bijoux • Créatrice de prêt-à-porter • Ébéniste • Potière • Relieur sur cuir • Sculpteur sur pierre, tailleur de pierre • Créatrice de chapeaux • Peintre, plasticienne • Restaurateur de meubles anciens • Galeries et ateliers d'artistes régionaux.

Rendez-vous

Marché de produits locaux et d'artisanat de mai à fin oct. les ven. De 16 h à 19 h, pl. de la Halle.
Janvier : fête de la Truffe et marché des Tentations (le dim. ap. le 17).
Mai : foire aux fleurs et aux plantes rares (3e dim.).
De fin juin à fin sept. : festival de musique sacrée (concerts d'orgue les dim. à 17 h en l'église abbatiale).
Juillet : festival « Textes en l'air », théâtre contemporain (av. dern. sem.).
Août : fête médiévale « Saint-Antoine en Moyen Âge » (début août) ; foire antiquités, brocante et collections (3e dim.).
Oct. : foire à l'ancienne et aux potirons (4e dim.).
Déc. : Noël des Tentations « Patrimoine, artisanat et gourmandises du terroir » (2e w.-e.).

Pleine nature

Parc de loisirs Miripili, l'île aux Pirates, étang de Chapaize • Randonnées pédestres et VTT.

Aux alentours

• La Sône : jardin des Fontaines pétrifiantes, bateau à roue Royans-Vercors (12 km).
• Saint-Marcellin (13 km).
• Pont-en-Royans : maisons suspendues, musée de l'Eau (22 km).
• Romans : musée de la Chaussure, collégiale Saint-Barnard (22 km).
• Parc naturel régional du Vercors (23 km).
• Grotte de Choranche (26 km).
• Hauterives : le palais idéal du facteur Cheval (30 km).

Sainte-Agnès

Un balcon sur la Méditerranée

Alpes-Maritimes (06) • 1 191 habitants • Altitude : 780 m

Perché à près de 800 m d'altitude, le village littoral le plus haut d'Europe surplombe la mer Méditerranée de Cap-Martin à la Riviera italienne. D'abord camp fortifié romain, siège d'un château fort érigé au XIIe s par la maison de Savoie, puis maillon le plus méridional de la ligne Maginot, avec le fort creusé dans le roc de 1932 à 1938 pour défendre la frontière franco-italienne, Sainte-Agnès a longtemps été un site militaire convoité. Aujourd'hui, le village cultive sa différence, loin de la foule et du béton de la Côte. Avec ses ruelles entrelacées aux pavés anciens, dont certaines évoquent la légende du passage des sarrasins, avec ses voûtes secrètes et ses maisons accrochées les unes aux autres, il a su préserver son authenticité. Les ruines altières du château fort abritent désormais un jardin médiéval qui évoque l'amour courtois. De son point culminant, un panorama à 360° offre au regard un magnifique contraste entre le bleu de la Méditerranée et, l'hiver, les sommets enneigés du Mercantour.

Par la route : autoroute A8, sortie n° 59-Menton (10 km).
Par le train : gare de Menton (9,5 km).
Par avion : aéroport de Nice-Côte-d'Azur (42 km).

Mairie : 04 93 35 84 58
www.sainteagnes.fr

Découvrir

- **Espace Culture et Traditions :** écomusée, archéologie, peinture et sculpture (04 93 28 35 31).
- **Fort de la ligne Maginot :** 2 000 m² de galeries et de salles, scénographie (06 88 75 70 89).
- **Église N.-D.-des-Neiges** (XVIe s) : autel en bois doré, bénitier en pierre du XVIe s, statue de sainte Agnès du XVIIe s, tableaux des XVIe et XVIIIe s, lustres de la cathédrale de Monaco.
- **Site du château :** visite des ruines et du jardin médiéval.
- **Village :** visite guidée par l'office de tourisme de Menton les mardis après-midi ; audioguides.

Se loger

Hôtel
Le Saint-Yves (04 93 35 91 45).
Gîtes
Rens. : 04 92 15 21 30 / 04 93 16 20 98 ou www.sainteagnes.fr.

Se restaurer

Restaurants
Le Logis sarrasin (04 93 35 86 89).
Le Righi (04 92 10 90 88).
Le Saint-Yves (04 93 35 91 45).

Saveurs et savoir-faire

Art et artisanat
Artisanat du cuir et du tissu • Peintre • Maître verrier.

Rendez-vous

21 janv. : messe et procession de la Sainte-Agnès.
1er Mai : Critérium de randonnée pédestre.
Juillet : fête de la Lavande et du Temps passé (2e quinz.).
Oct. : fête des Champignons et de l'Automne (mi-oct.), festival « Cinéma sous les étoiles ».

Pleine nature

Jeu de piste • VTT • Randonnées équestres et pédestres.

Aux alentours

- Menton (11 km).
- Monaco (20 km).
- Villages perchés de Castellar, Gorbio, Peille (de 5 à 20 km).
- *Coaraze (39 km), voir p. 99.
- Nice (43 km).

Pour la petite histoire

Une princesse Agnès, surprise par un ouragan terrible, implora la sainte, qui lui fit trouver une grotte où elle put s'abriter. C'est près de cette grotte qu'elle fit édifier le premier sanctuaire dédié à sainte Agnès, qui aurait été à l'origine du village actuel. À l'emplacement de la chapelle se trouve un ouvrage militaire mais un oratoire est situé à côté du fort et sainte Agnès est fêtée le 21 janvier.

Sainte-Croix-en-Jarez

Une chartreuse devenue village

Loire (42) • 450 habitants • Altitude : 420 m

Avec le massif du Pilat pour écrin, le bourg de Sainte-Croix-en-Jarez s'est épanoui dans une ancienne chartreuse.
Presque tout entier enclos dans les bâtiments cartusiens, le village épouse un quadrilatère de plus de 2 ha situé dans le parc naturel régional du Pilat. École, mairie et habitations occupent les anciens ermitages, désertés à la Révolution. L'église conventuelle, aux riches boiseries et aux stalles gothiques, possède une copie du célèbre Martyre de saint Sébastien de Mantegna et des statues de bois polychromes. Dans le chœur de l'église du XIIIe s, se trouvent des peintures murales du début du XIVe s. La cuisine des Chartreux a conservé sa cheminée monumentale. Du monastère demeurent un ermitage restauré et meublé, la grille en fer forgé de 1692, la tour de l'horloge, la façade fortifiée remaniée au XVIIe s, le petit cloître et le grand escalier. Le village possède aussi une chapelle du XIIe s et le site mégalithique des roches de Marlin.

Par la route : autoroute A47, sortie n° 11-Rive-de-Gier (12 km).
Par le train : gare de Rive-de-Gier (8,5 km) ; gare de Saint-Etienne (31 km).
Par avion : aéroport de Saint-Étienne-Bouthéon (46 km) ; aéroport de Lyon-Saint-Exupéry (62 km).

Point Information : 04 77 20 20 81
www.chartreuse-saintecroixenjarez.com

Découvrir
• ♥ Ancienne chartreuse (XIIIe s) : boulangerie, cour des Frères, petit cloître, église primitive abritant des peintures murales du XIVe s, église paroissiale, cour des Pères, cuisine, ermitage. Visites guidées pour individuels et famille, classiques ou thématiques. Rens. : Point Information (04 77 20 20 81).

Se loger
Hôtel
Le Prieuré (04 77 20 20 09).
Chambres d'hôtes
Le Clos de Jeanne*** (04 77 54 82 28).
La Rose des Vents (04 77 20 29 72 ou 04 77 20 22 58).
Gîtes
Le Chant du Ruisseau*** (04 77 20 20 86).
L'Elixir*** (04 77 20 20 81).

Se restaurer
Restaurants
Le Cartusien (04 77 20 29 72).
Le Prieuré (04 77 20 20 09).

Saveurs et savoir-faire
Spécialités et produits du terroir
Charcuterie • Fromages • Miel.
Art et artisanat
Vannerie • Artisanat local (boutique Point Information).

Rendez-vous
Mars-Avril : marché d'artisans d'art.
Mars-Nov. : expositions artistiques.
Pentecôte : foire traditionnelle.
Juil.-Sept. : repas médiéval et visite aux lanternes.
Septembre : « Les Musicales », festival de musique classique.
Sept.-mars : animations famille (Cluedo géant, festival du jeu, chasses au trésor, visites costumées).
Déc. : crèche provençale et animations de Noël.

Pleine nature
Pêche • Randonnée pédestre : 3 circuits balisés • VTT.

Aux alentours
• Monts du Pilat (22 km).
• Saint-Étienne (30 km).
• Lyon (46 km).

Sainte-Énimie

Dans le chaos magique des gorges du Tarn

Lozère (48) • 548 habitants • Altitude : 485 m

En y guérissant de la lèpre dans les eaux d'une source, la princesse mérovingienne Énimie a donné son nom au village.
Cerné par les falaises des grands causses de Sauveterre et Méjean, dans lesquels le Tarn a creusé ses gorges, le village a conservé ses typiques ruelles escarpées, les massives demeures de calcaire témoins de son passé prospère, ses échoppes et ses maisons à colombages. L'église romane N.-D.-du-Gourg renferme de très belles statues des XIIe et XVe s. Tout en haut du village, la chapelle Ste-Madeleine et une salle capitulaire sont les vestiges d'un ancien monastère bénédictin. À son pied, la source de Burle, aux vertus curatives, coule toujours, et plusieurs sentiers conduisent à l'ermitage où se retira sainte Énimie. De là, un magnifique point de vue s'ouvre sur le village et les paysages grandioses des gorges du Tarn, de la Jonte et des Causses, classées au Patrimoine Mondial de l'UNESCO.

Par la route : autoroute A75, sortie n° 40-La Canourgue (28 km) ; N88 (20 km) ; N106 (4 km).
Par le train : gare de Mende (28 km).
Par avion : aéroport de Rodez-Marcillac (104 km) ; aéroport de Nîmes-Arles-Camargue (152 km).

Office de Tourisme Cévennes-Gorges du Tarn : 04 66 45 01 14
www.gorgesdutarn.net

Découvrir

• **Église N.-D.-du-Gourg** (XIIIe-XIVe s) : statues, riche mobilier.
• **Réfectoire**, dit « salle capitulaire » (XIIe s).
• **Chapelle Ste-Madeleine** (XIIIe s).
• **Ermitage :** édifice semi-troglodytique cachant la grotte naturelle (45 min de marche depuis le village) ; belvédère.
• **Village :** visite libre (circuit-découverte du patrimoine disponible à l'Office de Tourisme : 04 66 45 01 14) ; visite guidée nocturne à partir de 21 h 30 les lun. et mer. en juil.-août ; visite avec démonstration du métier de la forge les jeu. en juil.-août (04 66 45 01 14).

Se loger

Hôtels
Auberge du Moulin*** (04 66 48 53 08).
Burlatis** (04 66 48 52 30).
Auberge de la Cascade** (04 66 48 52 82).
Le Chante-Perdrix** (04 66 48 55 00).
Bleu Nuit (04 66 48 50 01).
Chambres d'hôte, gîtes, gîtes d'étape et meublés
Rens. : 04 66 45 01 14
www.gorgesdutarn.net.
Campings
Couderc*** (04 66 48 50 53).
Les Fayards*** (04 66 48 57 36).
Les Gorges du Tarn* (04 66 48 59 38).
Le Site (04 66 48 58 08).

Se restaurer

Restaurants

Auberge du Moulin (04 66 48 53 08).
Auberge de la Cascade (04 66 48 52 82).
Les Deux Sources, pizzeria (04 66 48 53 87).
Restaurant du Nord (04 66 48 53 46).
La Halle au Blé (04 66 48 59 34).
Le Bel Été (04 66 48 18 24).
Le Pêcheur de Lune, crêperie (04 66 48 58 12).
La Calabrèse, pizzeria (04 66 31 67 90).
La Cardabelle (04 66 48 50 49).
La Tendelle (04 66 47 48 87).
Au Vieux Moulin, pizzeria (04 66 48 58 04).
Les Gorges du Tarn (04 66 48 50 10).
L'Eden (04 66 45 66 71).

Saveurs et savoir-faire

Spécialités et produits du terroir

Vins de Lozère et de la région • Fromages • Charcuterie.

Art et artisanat

Bijoutier • Potière.

Rendez-vous

Juin : festival de la Bande dessinée et du Livre ; fête de la Musique.
Juil. : marché potier ; feu d'artifice (le 14).
Juil.-août : concerts, théâtres, expositions ; marché nocturne (les jeu.) ; spectacles médiévaux (ts les mar.).
Oct. : fête du village et pèlerinage (1er dim.).

Pleine nature

Canoë-kayak, Canyoning • Spéléologie • Pêche • Baignade • Escalade • Parcours aventure • Via ferrata et via corda • Équitation • Randonnée • VTT.

Aux alentours

- Causse de Sauveterre : Utopix et ferme des Boissets (8 km).
- Causse Méjean : grottes de Dargilan et aven Armand (de 7 à 18 km).
- Gorges du Tarn.
- Parc national des Cévennes (10 km).

Pour la petite histoire

Énimie était la fille de Clotaire II et la sœur de Dagobert. C'est elle qui fonda le monastère dont les vestiges s'élèvent encore au-dessus des toits.

Saint-Guilhem -le-Désert

Entre art roman et nature sauvage

Hérault (34) • 250 habitants • Altitude : 89 m

Au fond d'une gorge sauvage, Saint-Guilhem enserre son abbaye, fleuron de l'art roman languedocien.
Relais sur les chemins de Compostelle, Saint-Guilhem était, au Moyen Âge, un haut lieu de la chrétienté où fidèles, croisés et pèlerins venaient se recueillir et vénérer un morceau de la Vraie Croix. Si l'abbaye d'origine, fondée par saint Guilhem au IXe s, a en partie disparu, l'église actuelle est un joyau de l'art roman classé au patrimoine mondial de l'humanité. Dans le village, le cœur de Saint-Guilhem-le-Désert bat sur la charmante place de la Liberté. Son imposant platane, vieux de plus de 150 ans, sa fontaine datant de 1907 et les arcades de l'ancien marché couvert du XVIIIe s en font un autre lieu magique où l'on aime à se retrouver pour profiter de la fraîcheur des soirées aux terrasses des cafés. Imbriquées le long de la rue principale, les maisons robustes, aux façades patinées par le soleil et couvertes de la traditionnelle tuile canal rose se parent de fenêtres géminées romanes, linteaux gothiques et meneaux Renaissance.

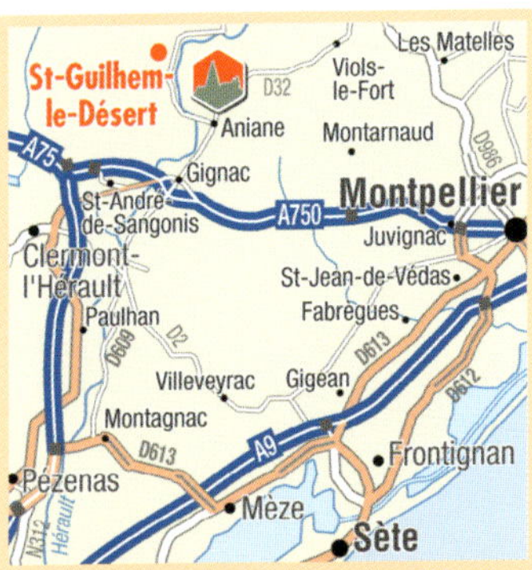

Par la route : autoroute A75, sortie n° 58-Gignac-Font d'Encauvi (13 km).
Par le train : gare TGV de Montpellier (44 km).
Par avion : aéroport de Montpellier-Méditerranée (60 km).

Office de Tourisme : 04 67 56 41 97 ou 04 67 57 58 83.
www.saintguilhem-valleeherault.fr
www.saint-guilhem-le-desert.com

Découvrir

- **Abbaye de Gellone :** église abbatiale des XIe, XIIe et XVe s, trésor (04 67 57 58 83).
- **Musée lapidaire de l'abbaye :** collection de sculptures romanes et gothiques, vestiges du cloître (anastyloses) ; film reconstituant l'histoire de l'abbaye et de sa reconstruction (04 67 57 70 17).
- **Musée d'Antan :** histoire du village et métiers d'autrefois mis en scène à travers des santons grandeur nature (04 67 57 77 07).
- **Village :** tlj pour les groupes et sur RDV (04 67 57 00 03).

Se loger

Hôtels
La Taverne de l'Escuelle (04 67 57 72 05).
Le Guilhaume d'Orange (04 67 57 24 53).
Chambres d'hôtes
La Maison des Légendes (06 85 39 73 70).
Gîtes et meublés
Alain Duverge** (04 67 57 40 22).
Lou Cap del Mund (04 67 71 76 67).
Lucette Diez (04 67 22 42 70).
Gîtes d'étape, hébergements collectifs
Rens. : 04 67 57 58 83
www.saintguilhem-valleeherault.fr.

Se restaurer

Restaurants
L'Oustal Fonzes (04 67 57 39 85).
La Source (06 59 29 56 34).
La Table d'Aurore (04 67 57 24 53).
La Taverne de l'Escuelle (04 67 57 72 05).
Le Bon Moment (04 67 86 61 64).
Le Petit Jardin (04 67 57 35 18).
Sur le Chemin (04 99 63 93 71).
Le Val de Gellone, pizzeria (04 67 57 33 99).
La Belliloise, crêperie (04 67 58 89 20).
Le Logis des Pénitents, crêperie (04 67 57 48 63).
La Voûte gourmande, petite restauration (04 67 57 33 65).
Vent de soleil, petite restauration (04 67 57 78 85).
Salons de thé
Isa et Luc (04 67 58 83 31).
Le Musée d'Antan (04 67 57 77 07).

Saveurs et savoir-faire

Spécialités et produits du terroir
Huile d'olive et raisin de table • Truites et écrevisses • Vin et truffes.
Art et artisanat
Artisans, peintres, potiers, sculpteurs.

Pour la petite histoire

Un géant sanguinaire habitait le château qui surplombe la vallée de Gellone.
Il n'avait comme compagne qu'une pie malicieuse qui aimait lui jouer des tours. Elle l'avertissait de dangers parfois imaginaires. Lorsque Guilhem arriva pour défier le géant, ce dernier refusa d'écouter les alertes de la pie et se laissa surprendre par Guilhem, qui alla le précipiter du haut du château. Depuis, les pies n'osent plus venir au village.

Rendez-vous

Juil.-août-sept. : saison musicale et heures d'orgues, théâtre, expositions.
Déc. : concert de Noël (abbatiale), marché de Noël.

Pleine nature

Baignade • Pêche • Canoë-kayak • Randonnée tous niveaux • Spéléologie.

Aux alentours

- Pont du Diable et grotte de Clamouse (3 km).
- Saint-Jean-de-Fos : Argileum, la maison de la poterie (4 km).
- Aniane : maison du Grand Site de France (8 km).
- Gignac (15 km).
- Clermont-l'Hérault et lac de Salagou (25 km).

Saint-Véran

« …Où les coqs picorent les étoiles »

Hautes-Alpes (05) • 235 habitants • Altitude : 2 042 m

Au cœur du parc naturel régional du Queyras, Saint-Véran est la plus haute commune habitée d'Europe.
Joignables par route depuis à peine plus d'un siècle, les Saint-Véranais ont appris de longue date à s'unir, dans un milieu extrême (2 042 m d'altitude), contre les inondations, les avalanches et les incendies, à travailler les schistes et les mélèzes du Queyras pour construire fustes et casets abritant sous de vastes toitures le fourrage, le bétail et les hommes, à fondre le cuivre et à sculpter le bois, à capter les eaux des versants dans leurs fontaines, à apprivoiser les rayons du soleil dans leurs cadrans aux couleurs éclatantes, à inventer aussi un tourisme d'hiver et d'été à la découverte des grands espaces, dans le respect de leurs traditions. Symboles d'une croyance et d'une pratique très fortes, les croix de mission érigées en hommage aux missionnaires venus évangéliser cette terre reculée du Queyras font partie du patrimoine local.

Par la route : autoroute A32, sortie n° 12-Oulx Circonvalazzione (80 km) ; N94 (57 km).
Par le train : gare de Montdauphin-Guillestre (38 km) ; gare de Briançon (48 km).
Par avion : aéroport de Marseille-Provence (260 km).

Festi'Saint-Véran : 04 92 51 04 23 ou 07 60 64 80 30
Office de Tourisme du Queyras : 04 92 45 82 21
www.saintveran.com

Découvrir

- **Église** (XVIIe s) : lions de pierre, bénitier.
- **Exposition sur l'ancienne mine de cuivre :** dans le four banal du quartier Les Forannes.
- **Maison traditionnelle :** maison habitée jusqu'en 1976 avec les animaux et laissée en l'état (outillage, mobilier, objets usuels, vêtements) (04 92 45 82 39).
- **Musée Le Soum :** la plus ancienne maison du village (1641) ; découverte de la vie et des traditions du village (04 92 45 86 42).
- **Observatoire astronomique** (2 936 m) : visite de la coupole et des installations (rens. - Saint-Véran Culture Développement : 06 60 31 23 33).
- **Maison du Soleil :** complexe dédié à l'observation du soleil, expériences interactives (rens. - Saint-Véran Culture Développement : 06 60 31 23 33).
- **Village :** visite guidée pour les groupes uniquement sur réservation.

Se loger

Hôtels
L'Alta Peyra**** (04 92 22 24 00).
Les Chalets du Villard*** (04 92 45 82 08).
Le Grand Tétras** (04 92 45 82 42).
Auberge Coste Belle (04 92 45 82 17).
Auberge L'Estoilies (04 92 45 82 65).
La Baïta du Loup, gîte-hôtel (04 92 54 00 12).

Chambres d'hôtes
Cascavelier (04 92 45 88 31).
Jacqueline et Éric Turina (04 92 45 81 77).
La Chevrette (04 92 45 81 42).

Gîtes et meublés
Rens. : 04 92 45 82 21 ou 04 92 51 04 23
www.saintveran.com.

Maison familiale de vacances, gîte de séjour
Les Perce-Neige (04 92 45 82 23).

Village de vacances
Centre de montagne OVL Saint-Ouen (04 92 45 82 28).

Gîtes d'étape
Le Chalet des Routiers (04 75 02 01 12).
Le Chant de l'Alpe (04 92 54 22 41).
Les Gabelous (04 92 45 81 39).
Les Perce-neige (04 92 45 82 23).

Refuge de montagne
Refuge de la Blanche, alt. 2 500 m (04 92 45 80 24).

Aire de camping-cars (juin à sept.)

Se restaurer

Restaurants
Auberge L'Estoilies (04 92 45 82 65).
Coste Belle (04 92 45 82 17).
La Baïta du Loup (04 92 54 00 12).
La Fougagno (04 92 45 86 39).
La Maison d'Élisa (04 92 45 82 48).
La Marmotte (04 92 45 84 77).
Le Bouticari (04 92 45 89 20).
Le Dardaya (04 92 22 24 00).
Le Grand Tétras (04 92 45 82 42).
Le Roc Alto (04 92 22 24 00).
Les Chalets du Villard - La Gratinée (04 92 45 82 08).
Refuge de la Blanche (04 92 45 80 24).

Saveurs et savoir-faire

Spécialité et produit du terroir
Miel du Queyras.

Art et artisanat
Stages d'artisanat (herborisation, dentelle, tissage, tricot) • Coutelier-forgeron • Sculpteurs sur bois.

★ Rendez-vous

Janv. : traversée du Queyras en ski de fond (dern. dim.).
Fév.-début mars : spectacles, ateliers découverte, sorties raquettes, descentes aux flambeaux.
Juillet : pèlerinage franco-italien à la chapelle de Clausis (le 16) ; fête de la Sainte-Anne au hameau de Raux (le dimanche autour du 26).
Juillet-août : vente de pain cuit au four banal ; sorties astro-raquettes ; sorties commentées sur les pas des mineurs.
Août : fête des Traditions.

Pleine nature

Escalade • Parcours acrobatique en forêt • Pêche • Randonnée pédestre, randonnée avec âne bâté ou à cheval • Ski alpin, de fond, de randonnée et raquettes • VTT.

Aux alentours

- Château-Queyras (14 km).
- Aiguilles, Abriès (de 16 à 21 km).
- Col d'Agnel et Italie (20 km).
- Guillestre, Mont-Dauphin (38 km).
- Col de l'Izoard, Briançon (49 km).

Pour la petite histoire

Autrefois, l'utilisation du bois comme moyen de chauffage était à l'origine de nombreux incendies. Afin que ceux-ci ne se propagent pas dans tout le village, les habitants l'ont divisé en cinq quartiers séparés par des espaces interdits à la construction. Une vie de quartier s'est ainsi instituée, dont on retrouve encore aujourd'hui de multiples témoignages. Chaque quartier, en effet, possédait son four à pain et sa fontaine, constituée d'une partie ronde qui servait d'abreuvoir pour les bêtes, et d'une partie rectangulaire faisant office de lavoir. Le patrimoine religieux suivait également cette règle : à chaque hameau sa chapelle et sa croix de mission.

Sant'Antonino

Dans le ciel de Balagne

Haute-Corse (20) • 113 habitants • Altitude : 495 m

Nid d'aigle surplombant la Balagne, Sant'Antonino embrasse du regard la Méditerranée et la montagne corse.
La chapelle de la Trinité, à l'extérieur du village, fut construite au XIIe s, mais c'est au XVe s que s'implantent réellement les premières familles. Celles-ci ont fait de leurs habitations, soudées les unes aux autres dans la roche, un système de protection contre l'envahisseur. Les maisons sont si imbriquées que la surface a manqué pour édifier les lieux de culte. Seule la chapelle Ste-Anne a trouvé place au cœur du village. Tout comme la chapelle de la Trinité, l'église paroissiale de l'Annonciade (ou de l'Annonciation) a été bâtie à l'écart, dans une prairie. À Sant'Antonino, l'un des plus anciens villages de Corse, né, dit-on, au IXe s, la pierre est reine : dans les hautes façades de ses demeures accrochées au granit, dans les pavés mêlés au roc de ses venelles étroites et sinueuses ou de ses passages voûtés qui conduisent aux vestiges de l'ancien Castello, d'où l'on domine la plaine et les collines de la Balagne plantée d'oliviers et, au loin, la mer scintillante. Isolée au bas du village sur l'ancienne aire de battage, l'église baroque de l'Annonciade renferme un orgue de 1744, œuvre de l'artiste italien Giovanni-Battista Pomposi.

Par la route : N197 (10 km).
Par bateau : port de Calvi (21 km) ; port de l'Île Rousse (12 km).
Par avion : aéroport de Calvi-Sainte-Catherine (20 km).

ⓘ **Mairie :** 04 95 61 78 38
www.santantonino.fr

Découvrir

- **Église de l'Annonciade** (XVIIe s) : orgue du XVIIIe s, tableaux anciens.
- **Chapelle de la Trinité** (XIIe s).

Se loger

Gîtes et meublés
Rens. : 04 95 61 78 38
www.santantonino.fr.

Se restaurer

Restaurants
A Casa Corsa (04 95 47 34 20).
A Merendella (04 95 61 74 27 ou 06 25 86 25 96).
A Stalla (04 95 61 33 74).
I Scalini (04 95 47 12 92).
La Taverne corse (04 95 61 70 15).
Le Bellevue (04 95 61 73 91).
Sant'Antonino Café
La Voûte, pizzeria (04 95 61 74 71).
Sant'Antoninu Caffé (06 22 02 20 61).
U Lazzu, petite restauration (06 43 11 72 08).
U Spuntinu, petite restauration (06 12 96 94 43).

Saveurs et savoir-faire

Spécialités et produits du terroir
Amandes • Agrumes • Confitures • Vins, muscat • Huile d'olive • Charcuterie et fromages corses.

Rendez-vous

Juin : chants corses « Les Bergers » ; fête religieuse Notre-Dame-des-Grâces.

Pleine nature

Promenade à dos d'âne • Randonnée pédestre : 3 circuits balisés • VTT.

Aux alentours

- Villages d'Aregno, de Corbara et L'Île-Rousse (16 km).
- Calvi (17 km).

Pour la petite histoire

Sant'Antonino fut fondé au début du IXe s par Guido Savelli, lieutenant d'Ugo Colonna. Famille de guerriers, les Savelli s'illustrèrent par leur indépendance au fil des siècles : durant l'occupation génoise, ils reçurent l'occupant pour mieux le massacrer au cours d'un banquet.
De même, lors du siège de Calvi, Savelli refusa de rendre le village, même après avoir vu son fils se faire tuer devant ses yeux…

Séguret

Les vignes de Montmirail

Vaucluse (84) • 945 habitants • Altitude : 270 m

Au pied des Dentelles de Montmirail, Séguret est un balcon du haut Comtat Venaissin sur la vallée du Rhône.
À flanc de colline et dominé par la tour de l'ancien château médiéval, Séguret se dresse dans un paysage de vignes. Habité dès la préhistoire et mis en valeur à l'époque gallo-romaine, le village s'édifie du Xe au XIIe s et, jusqu'à la Révolution, fait partie des États pontificaux, avant d'être rattaché à la France en 1792. Le bourg a conservé un patrimoine important : les ruelles tortueuses, les calades, la porte Reynier, le beffroi du XVe s, l'église romane St-Denis (XIIe-XIIIe s), la chapelle N.-D.-des-Grâces (XVIIe s) ou la fontaine des Mascarons (XVIIe s). De la place des Arceaux et de la place de l'Église, on jouit d'une très belle vue sur la plaine comtadine, jusqu'au Rhône et aux Cévennes. Resté très attaché à ses traditions, le village célèbre chaque année à Noël le mystère des Bergié, transmis oralement de génération en génération depuis le Moyen Âge.

Par la route : autoroute A7, sortie n° 22-Orange Sud (23 km).
Par le train : gare TGV d'Orange (20 km) ; gare TGV d'Avignon (47 km).
Par avion : aéroport d'Avignon-Caumont (53 km) ; aéroport de Marseille-Provence (114 km).

Office de Tourisme du Pays de Vaison Ventoux en Provence : 04 90 36 02 11
www.vaison-ventoux-tourisme.com
www.seguret.fr

Découvrir

• **Chapelle N.-D.-des-Grâces** (XVIIe s) : sur RDV (04 90 46 91 08).
• **Chapelle Ste-Thècle** (XVIIIe s) : expositions de peinture et de santons.
• **Église St-Denis** (XIIe-XIIIe s) : sur RDV (04 90 46 91 08).
• **Village** : itinéraire fléché.

Se loger

Hôtels
♥ Domaine de Cabasse*** (04 90 46 91 12).
La Bastide bleue (04 90 46 83 43).
Chambres d'hôtes
Patios des Vignes (04 90 65 47 96).
Gîtes et meublés
Le Balcon de Séguret*** (06 09 18 18 98).
Marie-José Gras*** (04 90 46 95 21).
Daniel Vollkindt*** (04 90 46 86 15).
Clairette Bayle** (04 86 71 67 86).
M. et Mme Corbi** (04 90 46 96 46).
M. et Mme Martin* (04 90 46 95 23).

Se restaurer

Restaurants
Côté Terrasse (04 90 28 03 48).
♥ La Table de Cabasse (04 90 46 91 12).
La Bastide bleue (04 90 46 83 43).
Le Mesclun (04 90 46 93 43).
Salon de thé
L'Églantine (04 90 46 81 41).

Saveurs et savoir-faire

Spécialités et produits du terroir
Vins AOC des Côtes du Rhône et appellation village.
Art et artisanat
Éditeur de cartes postales • Potiers • Santons • Galerie d'art.

Rendez-vous

Juillet : fête votive (3e dim.).
Juil.-août : « Musiques dans les vignes » (fin juil.-début août) ; foire aux livres (15 août) ; fête d'Hue Vin (4e dim.) ; ban des vendanges (fin août).
Déc. : mystère des « Bergié de Séguret » (le 24) ; Journée des Traditions (3e dim.).
Déc.-janv. : exposition de santons.
Mars-Oct. : exposition de peintures (chapelle Ste-Thède).

Pleine nature

Chasse • Pêche • Circuits vélo • Escalade dans les Dentelles de Montmirail • Randonnée pédestre : GR 4.

Aux alentours

• Dentelles de Montmirail (5 km).
• Vaison-la-Romaine (8 km).
• Orange (22 km).
• Carpentras (23 km).
• Venasque (33 km).
• Mont Ventoux (40 km).
• Avignon (40 km).
• *La Garde-Adhémar (41 km), voir p. 100.

Seillans

Traditions et créations en pays de Fayence

Var (83) • 2 555 habitants • Altitude : 366 m

Vues de la plaine, les hautes façades de Seillans étagées dans la pente s'érigent en un monumental escalier pour atteindre le haut du village où trônent, tout près de la porte Sarrasine, un château médiéval, ancien prieuré fondé par les moines de l'abbaye St-Victor de Marseille, et l'église St-Léger, édifiée au XIe s. À l'intérieur de ses trois enceintes successives, Seillans dessine un dédale mystérieux d'ombre et de lumière au long de ruelles pavées encore marquées du pas des chevaux, de calades pentues, de passages voûtés et de placettes ombragées où chantent les fontaines. À l'entrée du village, sur la place où il aimait se mêler aux parties de pétanque, le peintre Max Ernst, séduit par Seillans au point de s'y installer avec sa compagne Dorothea Tanning, a laissé en souvenir la statue du Génie de la Bastille. Plus bas dans la plaine, où pins, oliviers et vignes se disputent le paysage, la chapelle N.-D.-de-l'Ormeau abrite sous les cyprès un retable unique en Provence. Actif dans l'accueil d'artistes et artisans d'art, installés dans des lieux emblématiques de sa vie économique passée (la magnanerie, la bouchonnerie), le village fait aussi la part belle aux manifestations mettant à l'honneur savoir-faire et création.

Par la route : autoroute A8, sortie n° 39-Les Adrets-de-l'Estérel (21 km).
Par le train : gare TGV des Arcs-Draguignan (30 km) ; gare TGV de Saint-Raphaël-Valescure (35 km).
Par le bus : n° 3601 et 3001
Par avion : aéroport de Nice-Côte-d'Azur (65 km).

Office de Tourisme : 04 94 76 85 91
www.paysdefayence.com / www.seillans.fr

Découvrir

• **Chapelle N.-D.-de-l'Ormeau** (XIIe s) : édifice cistercien provençal ; retable sculpté en bois polychrome du XVIe s classé unique en Provence. Visites toute l'année sur réservation (5 pers. mini.) le jeudi à 11 h 15 (04 94 76 85 91).
• **Collection Max Ernst-Dorothea Tanning-Stan Appenzeller** : dans la maison Waldberg (maison de maître du milieu du XIIIe s), collection de lithographies des artistes surréalistes Max Ernst et Dorothea Tanning réalisées durant la période où le couple vécut à Seillans ; collection d'œuvres du peintre Stan Appenzeller. Visites toute l'année sur réservation (5 pers. mini.) (04 94 76 85 91).
• **Village** : visite commentée jeudi à 10 h toute l'année sur réservation (5 pers. mini.). RDV à l'Office de Tourisme (04 94 76 85 91).

Se loger

Hôtel
Les Deux Rocs*** (04 94 76 87 32).
Chambres d'hôtes
Chez Niko et Julie (06 64 83 76 99).
La Cabane d'Esteban (06 27 27 58 35).
La Magnanerie de Seillans (04 94 50 83 56 ou 06 20 13 73 67).
Le Mas de Canbelongues (04 94 47 65 27 ou 06 24 77 20 23).
Les Mûriers (04 94 85 51 46 ou 06 11 60 33 90).
Gîtes, meublés et maisons de vacances
Rens. : 04 94 76 85 91
www.paysdefayence.com.
Aire naturelle de camping
Le Rouquier (04 94 76 86 71 ou 06 88 18 00 05).

Se restaurer

Restaurants
Chez Hugo (04 94 85 54 70).
Les Deux Rocs (04 94 76 87 32).
La Gloire de Mon Père (04 94 76 98 68).
Tilleul Citron, salon de thé (04 94 50 47 64).
Pepperoni and Co, pizzeria (04 94 68 15 85).
Bar Charlot ; petite restauration (04 94 76 40 82).

Saveurs et savoir-faire

Spécialités et produits du terroir
Miel • Vins AOC Côtes de Provence • Huile d'olive • Produits fermiers • Fromage de chèvre • Institut gastronomique (cours de cuisine).

Art et artisanat
Ateliers et galeries d'art • Céramiste • Ébéniste d'art • Ferronniers d'art • Figuriniste et peintre d'histoire • Graveur • Maquettiste-modéliste • Maroquinier • Peintres • Perlière d'art • Savonnier • Sérigraphiste sur tissu • Sculpteur • Photographe.

Rendez-vous

Marché : mer. matin 8 h-12 h 30, pl. de la République.
Fév. : tour cycliste du haut Var (dern. w.-e.).
Mars : marché gourmand (1er dim.).
Avril : prix cycliste des Roses et des Jasmins.
Mai : Salon de mai ; marché des métiers d'art.
Mai-Juin : Les Rencontres de la Photo.
Juillet-août : grande exposition contemporaine ou surréaliste.
Juillet : fête provençale de N.-D.-des-Selves (1er w.-e.) ; fête patronale de saint Cyr et saint Léger (dern. w.-e.).
Août : festival « Musique cordiale » (1re quinz.), marché des potiers (le 15) ; marché des métiers d'art.
Sept. : marché des métiers d'art.
Sept.-Nov. : exposition sur le patrimoine et l'histoire du village et de la Provence (du 15 sept. au 6 nov.).
Oct. : festival « Musique en pays de Fayence » (dern. sem.).
Nov. : fête de l'Olive (dern. w.-e.) ; marché de Noël (der. dim.).
Déc. : exposition de Noël et 13 desserts.

Pleine nature

Base de loisirs avec aire de jeux multisports • Pétanque • Équitation • Piscine (en juillet-août) • Randonnée pédestre : 15 circuits balisés.

Aux alentours

• Villages perchés du pays de Fayence (de 5 à 20 km).
• Gorges de la Siagnole (de 15 à 20 km).
• Lac de Saint-Cassien (20 km).
• Grottes de Saint-Cézaire (30 km).
• *Bargème (33 km), voir p. 91.
• Draguignan (35 km).
• Grasse (35 km).
• Saint-Raphaël, Fréjus et la corniche d'Or (38 km).
• Tourtour (43 km).

Semur-en-Brionnais

Site clunisien en Bourbonnais

Saône-et-Loire (71) • 649 habitants • Altitude : 396 m

Berceau de saint Hugues, un des grands abbés de Cluny, Semur est, aux confins de la Bourgogne et du Bourbonnais, la capitale historique du Brionnais.
Né sur un éperon rocheux, Semur-en-Brionnais devient au Xe s un site défensif sous la dépendance des comtes de Chalon. Considéré comme l'un des plus anciens de Bourgogne, le château fort St-Hugues a conservé son donjon. À l'intérieur, une collection d'affiches évoque la période révolutionnaire, durant laquelle les salles des gardes servirent de prison. L'église romane dédiée à saint Hilaire fut érigée par Geoffroy V aux XIIe et XIIIe s. Son portail représente le saint défendant l'orthodoxie catholique contre les ariens au concile de Séleucie. À l'intérieur, la triple élévation de la nef et la tribune en encorbellement sont directement inspirées de Cluny. Le chapitre, fondé en 1274 par Jean de Châteauvillain, accueille la vitrine de l'art roman brionnais. Sur la place, l'ancien auditoire du bailliage, du XVIIIe s, occupé par l'hôtel de ville, s'entoure des maisons des hommes d'armes du XVIe s et du grenier à sel, au plafond décoré de peintures allégoriques. Le chemin de ronde existe toujours, comme la poterne. Nichée au creux du vallon, l'église St-Martin-la-Vallée, du XIe s, est ornée de peintures murales du XIVe s.

Par la route : autoroute A6, sortie n° 33-Balbigny (58 km) ; N79 (20 km) ; autoroute A89, sortie n° 5.1-Balbigny (64 km) puis N82-N7 (29 km).
Par le train : gare de Paray-le-Monial (27 km) ; gare TGV de Le Creusot-Montceau (79 km).
Par avion : aéroport de Lyon-Saint-Exupéry (127 km).

Point Information : 03 85 25 13 57
www.semur-en-brionnais.fr

Découvrir

- **♥ Château St-Hugues** (xe s) : donjon, tours, salle évoquant la guerre au Moyen Âge ; collection d'affiches de la Révolution, arbre généalogique de la famille d'Hugues de Semur, abbé de Cluny (03 85 25 13 57).
- **Collégiale St-Hilaire** (xiie et xiiie s) : église romane majeure en Brionnais ; statues en bois polychrome.
- **Église St-Martin-la-Vallée** (xie-xiie s) : peintures murales des xve et xvie s.
- **Maison du Chapitre :** salle possédant un plafond et une cheminée peints de la fin du xvie s ; vitrine sur l'art roman en Brionnais.
- **Grenier à sel :** lieu où était perçue la gabelle ; plafond décoré d'allégories de la fin du xvie s.
- **Ancien Auditoire de justice / Hôtel de ville** (xviiie s) : bâtiment de style Louis XVI.
- **Prieuré St-Hugues :** chapelle, pavillon d'accueil (exposition culturelle).
- **Village :** diverses visites guidées de mai à nov. pour les groupes. Rens. : association Les Vieilles Pierres (03 85 25 13 57).

Se loger
Chambres d'hôtes
Maison Guillon Kopf (03 85 81 55 59).
Gîtes
Belle Vue***, accueil paysan (06 42 70 03 89).
M. Lorton (03 85 25 36 63).

Se restaurer
Restaurant
L'Entrecôte brionnaise (03 85 25 10 21).

Saveurs et savoir-faire
Spécialité
Vins du Brionnais.
Art et artisanat
Artisanat monastique.

Rendez-vous
Mai-Oct. : expositions au grenier à sel.
Juillet : fête patronale de la Madeleine (1er w.-e. ap. le 14).
Août : marché de l'art (1er dim.) ; repas médiéval (1er mar. soir).

Pleine nature
Randonnée pédestre • VTT.

Aux alentours
- Voie verte (5 km).
- Marcigny : musées et salles d'exposition (5 km).
- Saint-Christophe-en-Brionnais : marché aux bestiaux (8 km).
- Églises romanes du Brionnais : Anzy-le-Duc, Iguerande, Montceaux-l'Étoile, Saint-Julien-de-Jonzy… (de 10 à 15 km).
- Charlieu : abbaye (20 km).
- Paray-le-Monial (25 km).
- Château de Drée (25 km).
- Roanne (32 km).

Pour la petite histoire
En 1024 est né au château de Semur Hugues, qui deviendra le sixième grand abbé de l'ordre de Cluny. Pendant 60 ans et jusqu'à sa mort, il dirigea l'ordre présent dans toute la chrétienté avec plus de dix mille moines et fit édifier la grande abbatiale, malheureusement détruite après la Révolution, qui était la plus grande église de la chrétienté avant la construction de St-Pierre de Rome.

Sixt-Fer-à-Cheval

La nature en grand

Haute-savoie (74) • 800 habitants • Altitude : 760 m

Au pied des montagnes savoyardes, Sixt-Fer-à-Cheval est riche d'un patrimoine naturel, religieux et architectural remarquable.
Les premières références historiques de Sixt remontent à la fondation de l'abbaye en 1134 par Ponce de Faucigny, membre d'une puissante famille de seigneurs de la région. Avec ses moines, l'enfant du pays organisa la vie d'une région quasi inhabitée et donna au village une forte vocation religieuse. Niché dans une vallée glaciaire fermée par deux importants cirques, Sixt est avant tout un village qui a su préserver ses traditions et son patrimoine naturel. Le cirque du Fer-à-Cheval, la cascade du Rouget et les gorges des Tines sont les principaux sites naturels classés de la commune, et surtout les plus renommés de la région. Facilement accessibles, ils permettent à chacun de découvrir des paysages magnifiques ainsi que la plus grande réserve naturelle de Haute-Savoie. L'hiver, Sixt est une station de ski reliée au Grand Massif par la fameuse piste des Cascades.

Par la route : autoroute A40, sortie n° 18-Scionzier (28 km).
Par le train : gare de Cluses (24 km).
Par avion : aéroport de Genève (62 km) ; aéroport d'Annecy-Meythet (70 km).

Office de Tourisme : 04 50 34 49 36
www.sixtferacheval.com

Refuges de montagne
Anterne Alfred Wills, alt. 1 807 m (06 70 63 12 45).
Les Fonts, alt. 1 380 m (04 50 34 12 41).
Le Grenairon, alt. 1 950 m (04 50 34 47 31).
Sales, alt. 1 886 m (04 50 34 47 01).
La Vogealle, alt. 1 902 m (06 20 60 91 40).

Se restaurer

Restaurants
Auberge de la Cascade du Rouget, en été (04 50 34 19 94).
La Chaoune, pizzeria (04 50 91 21 52).
Chalet-restaurant du Fer-à-Cheval (04 50 89 13 88).
La Feuille d'érable (04 50 34 44 47).

Saveurs et savoir-faire

Spécialités et produits du terroir
Fromages (tomme de montagne et chevrotin, tomme et yaourt de brebis).
Art et artisanat
Ébéniste • Ateliers de confection de vêtements.

Rendez-vous

Fév. : la Grande Odyssée Savoie Mont-Blanc ; les Hivernales du Haut Giffre (journée autour des activités nordiques).
Août : festival de contes autour du monde.

Pleine nature

En hiver
Ski alpin • Ski de fond • Ski de randonnée, raquettes • Luge • Cascades de glace • Traîneau à chiens • Balades dans la réserve naturelle.
En été
Escalade • Via ferrata • Randonnée pédestre, équestre ou avec âne de portage • Sports d'eau vive • VTT.

Découvrir

• **Abbaye** (XIIe s) et village : visite guidée du bourg et de l'abbaye les mardis pendant les vacances scolaires (04 50 34 49 36).
• **Sites naturels classés** : cirque du Fer-à-Cheval (balade vers le fond de la combe l'été ; point d'accueil au cirque avec exposition « Dans mon ciel, un gypaète »), cascade du Rouget, gorges des Tines, cascades de la Pleureuse et de la Sauffaz ; nombreux sentiers de randonnée pédestre (04 50 34 49 36).
• **Maison de la réserve naturelle** : exposition permanente, maquette du fond de la vallée, animaux naturalisés et expositions temporaires (04 50 34 49 36).

Se loger

Hôtels
Le Choucas** (04 50 34 47 60).
Chambres d'hôtes
Chalet Vaia (04 50 89 70 44).
Chambre d'hôtes du Mont (04 50 34 95 10).
L'Alpée (04 50 89 06 18).
Gîtes, gîtes d'étape et meublés
Rens. : 04 50 34 49 36
www.sixtferacheval.com.
Maisons familiales de vacances
Le Choucas (04 50 34 47 60).
Le Salvagny (04 50 34 42 09).
Campings
Le Pelly** (04 50 34 12 17).
Point accueil Jeunes du Pont de Sales (04 50 34 44 25).

Aux alentours

• Samoëns (7 km).
• Morillon : base de loisirs, lac pour baignade (12 km).
• Fruitière de Mieussy (25 km).

Pour la petite histoire

Au-delà de l'abbaye et de son église, qui restent les lieux patrimoniaux forts de Sixt, son organisation en hameaux en fait le charme et la typicité : la commune, très étendue (12 000 ha !), en compte vingt-quatre au total, dans lesquels sont répartis les neuf chapelles et cinquante-trois oratoires témoignant encore aujourd'hui du lien étroit entre l'activité agricole et la vie religieuse du village.

Tourtour

Var (83) • 593 habitants • Altitude : 650 m

Haut dans le ciel de Provence

Perché sur un plateau dominant la Provence, des vignes au sud, de la lavande au nord, Tourtour fleure bon le thym et l'olivier. Autrefois fortifié pour se protéger des fréquentes attaques sarrasines du haut Moyen Âge, Tourtour a conservé de cette lointaine période d'insécurité une partie de ses fortifications et un plan de rues circulaire autour du vieux château. Les ruelles étroites du village médiéval aux vieilles pierres et aux tuiles rondes abritent le moulin à huile traditionnel et un remarquable musée des fossiles. Ruelles, escaliers et passages voûtés sont ponctués de fontaines rafraîchissant le passant écrasé de soleil. Un entrelacs de rues entoure les deux châteaux, dont l'un, à deux tours, date du Moyen Âge et l'autre, à quatre tours, du XVIIe s. L'église surplombant le village et la région, construite au XIe s et remaniée au XIXe s, offre un exceptionnel point de vue sur toute la Provence intérieure, depuis la Sainte-Baume et la montagne Sainte-Victoire jusqu'au massif des Maures et à la Méditerranée.

Par la route : autoroute A8, sortie n° 36-Draguignan (32 km), N555 (18 km) ; autoroute A51, sortie n° 18-Valensole (66 km).
Par le train : gare de Draguignan (21 km).
Par avion : aéroport de Toulon-Hyères (94 km) ; aéroport de Nice-Côte d'Azur (106 km).

Office de Tourisme : 04 94 70 59 47
www.tourtour.org

Découvrir

• **Église St-Denis** (XIe s) : concerts en été.
• **Moulin à huile traditionnel :** fonctionne de nov. à fév. Expositions artistiques de mi-mai à mi-sept.
• **Musée des fossiles :** collection d'ammonites et de fossiles locaux (œufs de dinosaure).
• **Mairie :** sculptures de B. Buffet (insectes géants exposés devant la mairie) et exposition permanente des dessins de R. Searle à la galerie municipale.
• **Visites guidées du village,** du moulin et du musée pour les groupes toute l'année sur RDV (04 94 70 59 47).

Se loger

Hôtels
La Bastide de Tourtour**** (04 98 10 54 20).
Auberge St-Pierre*** (04 94 50 00 50).
La Petite Auberge (04 98 10 26 16).
Le Mas des Collines (04 94 70 59 30).
Chambres d'hôtes
Chanteciel (06 95 92 59 69).
Domaine de la Baume (04 57 74 74 74).
Le Colombier (04 94 70 53 93).
Maison de la Treille (06 15 17 37 64).
Villa Pharima (06 23 74 41 67).
Le Mas de la Tour, demeure naturiste (06 18 07 90 28).
Gîtes
Rens. : 04 94 70 59 47 / www.tourtour.org.

Se restaurer

Restaurants
Auberge St-Pierre (04 94 50 00 50).
La Bastide de Tourtour (04 98 10 54 20).
La Petite Auberge (04 98 10 26 16).
Le Mas des Collines (04 94 70 59 30).
La Table, restaurant gastronomique (04 94 70 55 95).
La Farigoulette (04 94 70 57 37).
Le Relais de Saint-Denis (04 94 70 54 06).
L'Aléchou, crêperie (04 94 70 54 76).
Les Ormeaux, bar (04 94 70 57 07).
Les Pins tranquilles (04 94 50 40 39).
La Mimounia, cuisine marocaine (04 94 47 67 89).

Saveurs et savoir-faire

Spécialités et produits du terroir
Fromage de chèvre • Produits biologiques (légumes, fruits, jus...) • Huile d'olive.
Art et artisanat
Décoration • Galeries et ateliers d'artistes • Prêt-à-porter.

★ Rendez-vous

Petit marché provençal mercredi et sam. matin.
Fév. : Roustide (huile d'olive nouvelle).
Pâques : fête de l'Œuf (dim. et lundi).
Juin-Sept. : expositions au moulin à huile.
Juillet : festival « Courts, courts » (courts métrages, dern. w.-e.).
Août : fête du village, bal et danses provençales (1er dim.) ; festival du Piano dans le Ciel (début août).
Oct. : fête de la Saint-Denis.
Déc. : marché de Noël.
Déc.-janv. : représentations de la Pastorale.

Pleine nature

Boulodrome • Randonnée pédestre et VTT • Randonnées avec ânes de bât • Randonnée équestre.

Aux alentours

• Villecroze : parc, grottes et cascades (7 km).
• Villages de Salernes, Sillans-la-Cascade, Cotignac, Bargemon, Draguignan, gorges de Châteaudouble (de 11 à 29 km).
• Lac de Sainte-Croix (29 km).
• Abbaye du Thoronet, chapelle Ste-Roseline (30 km).
• *Seillans (43 km), voir p. 142.
• *Bargème (46 km), voir p. 91.
• Gorges du Verdon (50 km).

Pour la petite histoire

Deux sculptures de Bernard Buffet sont exposées sur l'esplanade de la mairie et au jardin de la poste.

Usson

Une cage dorée pour Margot

Puy-de-Dôme (63) • 263 habitants • Altitude : 540 m

À la lisière du parc naturel régional du Livradois-Forez, Usson s'accroche à sa butte volcanique, que coiffait autrefois un château forteresse, lieu d'exil de Marguerite de Valois, dite la reine Margot. Dominé aujourd'hui par une statue de la Vierge, le village contemple le vaste panorama de la chaîne des Dômes, des monts Dore et du Cézallier. Embelli par Jean de Berry et restauré par Louis XI, le château d'Usson fut le lieu d'exil de la reine Margot, sœur de Charles IX et jeune épouse peu sage du futur Henri IV, dont la conduite pousse celle-ci à chercher refuge auprès de son amant, l'écuyer Jean d'Aubiac. Mais ils sont retrouvés à Ybois ; le favori est exécuté et Marguerite enfermée à Usson. Elle y restera 19 ans, menant une vie à la fois galante et religieuse. En juillet 1605, à 52 ans, elle reprend le chemin de Paris après avoir obtenu qu'Usson soit exempté d'impôts et que soit offerte une « donnerie perpétuelle aux pauvres de la région ». Derrière ses façades de basalte, le village conserve des vestiges de la triple enceinte flanquée de tours, détruite sous Richelieu. L'église St-Maurice, d'origine romane, fut complétée au XVIe s par la chapelle de la Reine, où Margot venait prier sous la voûte en étoile. Les volets du tabernacle, qui date de 1622, la représentent vieillie sous les traits de sainte Radegonde en habit et diadème fleurdelisés, au côté de son époux Henri IV. Au sud de l'édifice, un sentier conduit aux orgues basaltiques ainsi qu'au sommet de la butte qui domine le village.

Par la route : autoroute A75, sortie n° 13-Sauxillanges (10 km).
Par le train : gare d'Issoire (12 km) ; gare de Clermont-Ferrand (5 km).
Par avion : aéroport de Clermont-Ferrand-Auvergne (46 km).

Office de Tourisme du Pays d'Issoire : 04 73 89 15 90
www.sejours-issoire.com

Pleine nature
Pêche • Randonnée pédestre : 2 circuits balisés.

Découvrir
• **Église St-Maurice** (XIIe-XVIe s) : tabernacle du XVIIe s, statues, tableaux (04 73 71 05 90).
• **Ancienne forge** : réhabilitée avec tous ses outils (foyer, soufflet, enclume…).
• **Village** : visite guidée du village et de l'église pour groupes, sur réservation (04 73 89 15 90).
• **Scénographie sur l'histoire d'Usson** (Point Accueil Tourisme).

Se loger
Hôtel
Auberge de Margot (04 73 71 97 92).
Gîtes
Jean-Claude Roux (04 73 96 80 69).
Gérard Serre (04 73 96 84 88).

Se restaurer
Restaurant
Auberge de Margot (04 73 71 97 92).

Saveurs et savoir-faire
Art et artisanat
Travail du verre, du bois, de la pierre et de l'acier (déco et mobilier).

Rendez-vous
Mai : pèlerinage à N.-D.-d'Usson (Ascension).
Juillet : foire à la brocante (dern. dim.).

Aux alentours
• Château de Parentignat (8 km).
• Issoire (11 km).
• Villages perchés de Nonette et d'Auzon (de 15 à 25 km).
• *Montpeyroux (24 km), voir p. 118.
• Billom (32 km).
• Clermont-Ferrand (45 km).
• Massif du Livradois, Ambert (51 km).

Venasque

Le goût de la Provence

Vaucluse (84) • 1 180 habitants • Altitude : 320 m

Vigie veillant sur une mer de garrigues, de vignes et de cerisiers, le village a donné son nom au Comtat Venaissin.

Au pied du mont Ventoux, Venasque a épousé le contour d'un éperon rocheux à l'extrémité nord-ouest du plateau de Vaucluse en surplomb de la plaine de Carpentras, au débouché des gorges de la Nesque. Occupé dès le néolithique puis à l'époque romaine, ce site naturellement défensif est renforcé par un rempart et trois tours. Édifiée au VIe s par saint Siffrein, ancien moine de l'abbaye de Lérins devenu évêque, l'église Notre-Dame renferme une crucifixion de 1498 attribuée à un peintre primitif de l'école d'Avignon. En contrebas s'élève un exceptionnel baptistère en forme de croix grecque dont les colonnes de marbre proviennent d'édifices romains. Au fil des ruelles escarpées s'égrènent les demeures aux façades blondes des XIVe aux XVIIe s, à l'image de l'ancien hospice, rue de l'Hôpital, tout près d'une très belle fontaine provençale du XVIIIe s. Fier de son terroir, le village est un haut lieu de production de la cerise, fêtée chaque année en juin.

Par la route : autoroute A7, sortie n° 22 Orange-Sud (34 km).
Par le train : gare d'Avignon (32 km) ; gare d'Orange (37 km) ; gare TGV d'Avignon (43 km).
Par avion : aéroport d'Avignon-Caumont (45 km).

Office de Tourisme : 04 90 66 11 66
www.tourisme-venasque.com

Découvrir

• **Baptistère** (VIe s, plusieurs fois remanié) : décorations d'arcatures aveugles et de chapiteaux variés (rens. : 04 90 66 62 01).
• **Église Notre-Dame** (XIIIe s) : crucifixion de l'École d'Avignon et croix de procession de 1498.
• **Village** : lutrins explicatifs dans le village ; visite guidée par une conférencière le jeudi à 17 h en saison estivale (réservation auprès de l'Office de Tourisme) ; visites adaptées aux déficients visuels ; « Visites en Scènes » par la compagnie du TRAC en juil.-août (04 90 66 11 66).

Se loger

Hôtels
La Garrigue** (04 90 66 03 40).
Les Remparts (04 90 66 02 79).
Chambres d'hôtes
M. et Mme Ruel*** (04 90 66 02 84).
Mme Lubiato*** (04 90 66 60 71).
Mme Maret*** (04 90 66 03 04).
M. Velay*** (04 90 66 63 98).
Mme Charles** (04 90 66 14 20).
Mme Tourrette (04 90 66 03 71).
Mme Laroche (04 90 34 84 11).
Mme Leroy (04 90 60 64 05).
Mme Dulière (04 90 66 04 69).
Le Mas du Kaïros (04 90 30 99 18).
Gîtes, meublés et maisons
Rens. : 04 90 66 11 66
www.tourisme-venasque.com.

Se restaurer

Restaurants
Les Remparts (04 90 66 02 79).
Côté Fontaine (04 90 66 64 85).

Saveurs et savoir-faire

Spécialités et produits du terroir
Cerises et raisin de table.
Art et artisanat
Céramistes • Licier • Peintres • Potiers • Sculpteur.

Rendez-vous

Marché hebdomadaire : les ven. de 17 h à 20 h de mi-juin à mi-sept.
Avril : rallye de Venasque.
Juin : festival de la Cerise.
Juillet : fête du 14 Juillet.
Juillet-août : expositions d'art à la salle Romane.
Août : fête votive (autour du 15).
Déc. : marché de Noël.

Pleine nature

Escalade • Promenades à cheval • Randonnées pédestres • Golf • Cyclotourisme.

Pour la petite histoire

Venasque est réputé pour sa production de cerises. Celles-ci ont donné naissance, en 1978, à la confrérie de la Cerise des Monts de Venasque et, depuis quelques années, en juin, un festival leur est même consacré.

Aux alentours

• Villages perchés du Beaucet et de La Roque-sur-Pernes (de 5 à 10 km).
• Pernes-les-Fontaines (7 km).
• Carpentras (11 km).
• Gorges de la Nesque (15 km).
• *Gordes (15 km), voir p. 104.
• *Ménerbes (24 km), voir p. 113.
• *Roussillon (24 km), voir p. 128.
• Avignon (30 km).
• *Séguret (33 km), voir p. 141.
• Mont Ventoux (35 km).
• Vaison-la-Romaine (39 km).
• Pays de la lavande, Sault (40 km).

Vogüé

Un château en Ardèche

Ardèche (07) • 973 habitants • Altitude : 148 m

En amphithéâtre au bas d'une falaise, Vogüé a les pieds dans l'eau d'une Ardèche déjà méditerranéenne.
Du bord de la rivière, les rues jalonnées d'arcades et de passages voûtés conduisent vers le château surplombant le village. Berceau des Vogüé, l'une des plus illustres familles du Vivarais, reconstruit aux XVIe et XVIIe s, le château dresse entre quatre tours d'angle ses façades ornées de fenêtres à meneaux. Animé par l'association Vivante Ardèche, il abrite une collection sur l'histoire et l'architecture régionales, les œuvres du graveur ardéchois Jean Chièze et des expositions d'art contemporain. Dans le bourg, les vieilles rues aux maisons médiévales à tuiles rondes sont entrecoupées d'arcades. Leurs escaliers-terrasses se parent de fleurs et, sous le soleil du Midi, l'ensemble respire le Sud.

Par la route : autoroute A7, sortie n° 17-Montélimar (49 km) ; N102 (7 km).
Par le train : gare d'Aubenas (11 km).
Par avion : aéroport de Valence-Chabeuil (84 km).

Office de Tourisme : 04 75 37 01 17
www.vogue-tourisme.com

Découvrir

• **Château** (XVIIe s) : salle des États, donjon et cuisine du XIIe s, salle Jean-Chièze, salle des Vogüé, chapelle, jardin suspendu… Expositions temporaires d'arts plastiques (04 75 37 01 95).
• **Cave vinicole** (04 75 37 71 14).
• **Village** : visite guidée et contée sur réservation en période estivale (04 75 37 01 17).

Se loger

Hôtels
La Falaise (04 75 37 72 59).
Les Voyageurs (04 75 37 71 13).
Chambres d'hôtes
Le Mas des Molines**** (06 61 72 83 78).
Les Carriers (06 84 43 35 73).
Pierre et Eau (06 51 04 68 62).
Gîtes
Rens. : 04 75 37 01 17
www.vogue-tourisme.com.
Résidence de tourisme
Domaine Lou Capitelle (04 75 37 71 32).
Campings
L'Oasis des Garrigues*** (04 75 37 03 27).
Les Chênes verts** (04 75 37 71 54).
Les Roches* (04 75 37 70 45).
Parc résidentiel de loisirs
Les Roulottes de Saint-Cerice (06 11 49 75 33).

Se restaurer

Restaurants
Au Cabanon (06 61 19 67 81).
Chez Papytof (04 75 37 01 62).
La Falaise (04 75 37 72 59).
La Rôtisserie (04 75 88 40 78).
L'Esparat (04 75 38 86 21).
Le Temps'danse (04 75 37 72 52).
Les Voyageurs (04 75 37 00 23).
La Voguette, crêperie (04 75 37 01 61).
Khon Ngam Thaï, cuisine du monde (04 75 37 03 71).
L'Oasis, pizzeria (04 75 37 78 29).
Le Horse Pub, pizzeria (04 75 37 75 44).
Le Paséo, pizzeria (04 75 38 86 76).

Saveurs et savoir-faire

Spécialités et produits du terroir
Miel • Vins des Coteaux de l'Ardèche.

Rendez-vous

Juillet-août : spectacles chantés et dansés ; marché les lundis matin.
Août : foire à la brocante (1er dim.).
De Pâques à la Toussaint : expositions d'art contemporain au château.

Pleine nature

Canoë-kayak • Escalade • Randonnée pédestre : topo-guide à l'Office de Tourisme • VTT.

Aux alentours

• Église de Sauveplantade et village de Rochecolombe (de 2 à 4 km).
• Balazuc (7 km).
• Aubenas (10 km).
• Le Pradel (domaine Olivier de Serres) et plateau du Coiron (de 13 à 20 km).
• Ruoms : boutique des Vignerons (15 km).
• Gorges de l'Ardèche, Vallon-Pont-d'Arc et grotte du Pont-d'Arc (20 km).

Yvoire

Haute-Savoie (74) • 911 habitants • Altitude : 360 m

Reflet du Moyen Âge dans les eaux du Léman

À la fois sentinelle et « perle du Léman », Yvoire associe à la force de son patrimoine médiéval la douceur de vivre d'une cité lacustre. C'est la position stratégique d'Yvoire entre le « petit lac » et le « grand lac » qui incite le comte de Savoie Amédée V le Grand à entreprendre d'importants travaux de fortification à partir de 1306, au cœur du conflit delphino-savoyard. Il fait édifier le château sur l'emplacement d'une ancienne place forte et l'entoure d'un bourg fortifié. Château, remparts, portes, fossés et maisons médiévales ont été miraculeusement préservés d'un passé pourtant fort tumultueux. Jouant sur une palette changeante de couleurs, agrémentant places et façades où la pierre est reine, le fleurissement du village est d'une exceptionnelle qualité et renouvelle, d'une saison à l'autre, le plaisir de la découverte. La sérénité qu'apportent les eaux du Léman, dont on cherche instinctivement le point de vue du regard, est agréablement troublée par les plaisanciers et quelques pêcheurs.

Par la route : autoroute A40, sortie n° 14-Annemasse (29 km) ; autoroute A41-A40, sortie n° 15-Vallée Verte (29 km).
Par le train : gare de Thonon-les-Bains (16 km) ; gare de Genève (26 km).
Par avion : aéroport de Genève (31 km).

Office de Tourisme : 04 50 72 80 21
www.yvoiretourism.com

Découvrir

- **♥ Le Jardin des Cinq Sens** (labellisé jardin remarquable) : dans l'ancien potager du château, labyrinthe végétal sur le thème des cinq sens, calquant l'art et la symbolique des jardins du Moyen Âge (04 50 72 88 80).
- **La Maison de l'Histoire** : exposition permanente « Un patrimoine écrit exceptionnel : les documents fondateurs d'Yvoire » (04 50 72 80 21).
- **Le Domaine de Rovorée-La Châtaignière** : espace naturel sensible de 24 ha ; itinéraires de promenade balisés (04 50 72 80 21).
- **La Châtaignière** (maison de maître, architecture du XXe s typique du bord du lac) : domaine départemental d'art et de culture (expositions), ouvert de juin à sept. (04 50 72 26 67).
- **La Grange à la Marie** : restitution d'une petite unité agricole du XIXe s (04 50 72 80 21).
- **Village** : visites guidées avec les guides du Patrimoine des pays de Savoie ; pour les individuels de juin à sept., pour les groupes toute l'année sur réservation (04 50 72 80 21).

Se loger

Hôtels
Le Jules Verne**** (04 50 72 80 08).
Villa Cécile**** (04 50 72 27 40).
Le Port**** (04 50 72 80 17).
Le Pré de la Cure*** (04 50 72 83 58).
Le Vieux Logis (04 50 72 80 24).
Gîtes
La Falescale** (04 50 72 92 95).
La Pointe d'Yvoire (06 09 17 85 26).
Campings
Léman I** (04 50 72 84 31).
Léman II** (04 50 72 84 96).

Se restaurer

Restaurants

La Traboule (04 50 72 83 73).
La Vieille Porte (04 50 72 80 14).
Le Bacouni (04 50 72 85 67).
Le Bar des Pêcheurs (04 50 72 80 26).
Le Bateau ivre (04 50 72 81 84).
Le Café de la marine, brasserie (04 50 72 85 67).
Le Chardon, brasserie (04 50 72 81 71).
Les Jardins du Léman (04 50 72 80 32).
Le Jules Verne (04 50 72 80 08).
La Perche (04 50 72 89 30).
Le Pirate (04 50 72 83 61).
Le Port (04 50 72 80 17).
Le Pré de la cure (04 50 72 83 58).
Le Vieux Logis (04 50 72 80 24).
Les Cygnes, brasserie (04 50 72 82 88).
Villa Cécile (04 50 72 27 40).
La Dîme, pizzeria (04 50 72 89 87).
Chez Jaja, pizzeria (04 50 72 88 55).
La Crêperie d'Yvoire (04 50 72 80 78).
Les Galets, crêperie (04 50 72 69 73).

Saveurs et savoir-faire

Spécialités et produits du terroir

Perche du Léman • Glaces artisanales • Macarons • Pains d'épices • Biscuits artisanaux • Produits de Savoie.

Art et artisanat

Artisanat sur bois • Cristallier • Dentellière • Gainage du cuir • Galeries d'art • Potier • Spécialiste en minéraux • Vannier • Verriers • Créateurs contemporains.

Rendez-vous

Rencontres gourmandes (produits du terroir) : rendez-vous mensuel en juin, juillet et août.
Avril : fête de la cuisine.
Mai : Parade vénitienne.
Juillet-août : fête du Sauvetage ; fêtes locales ; concerts…
Août : course pédestre.
Sept. : Journée des peintres.
Oct. : fête des ânes et marché bio ; fête de la cuisine d'automne ; braderie.

Pleine nature

• Croisières sur le Léman • Randonnée.

Aux alentours

• Village de Nernier (2 km).
• Château d'Allinges (15 km).
• Thonon-les-Bains, Ripaille (château), Évian-les-Bains (de 16 à 25 km).
• Genève (27 km).
• Nyon (à 20 minutes en bateau).

Pour la petite histoire

Le 29 septembre 1844, à la tombée de la nuit, Alfred de Bougy, voyageur-écrivain, arrive à Yvoire. Il en donnera, dans un chapitre intitulé « Chez les sauvages du Léman », une description apocalyptique : « Un ramassis de laides cahutes, des masures qui ressemblent à des loges à porcs… » Ajoutant qu'il « […] n'aurait jamais imaginé si sordide agglomération d'hommes incivilisés au cœur de l'Europe ». Il parle du « […] plus exécrable des villages » et termine en disant « Quand les magnifiques bateaux à vapeur font le tour du lac, ils passent en vue d'Yvoire, ils doublent son cap avancé, mais ils n'ont garde d'y relâcher. » Quelle revanche sur le sort et sur l'Histoire !

Sud-ouest

Échelle des cartes : 1 / 2 600 000
0 50 km

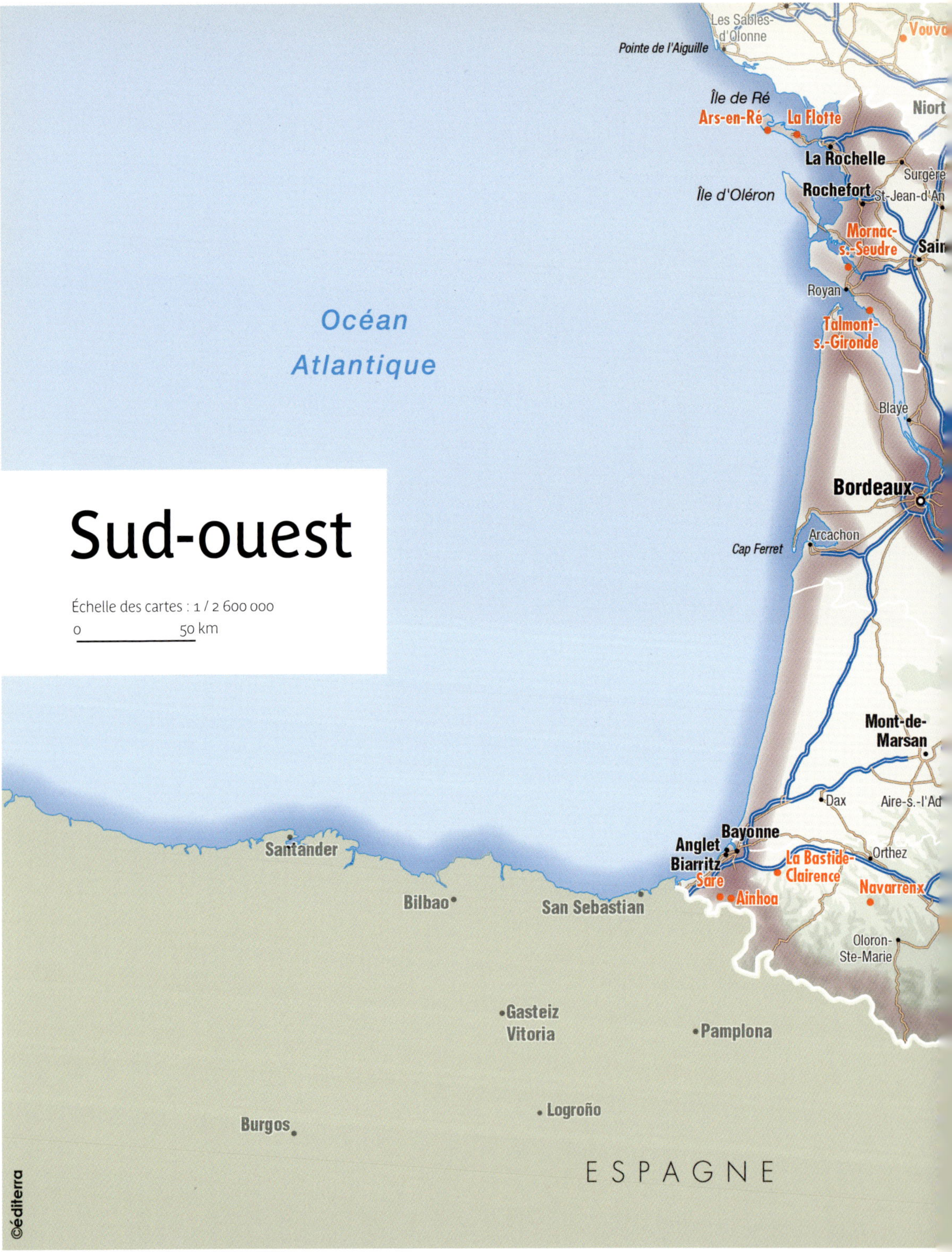

Parthenay
Poitiers
Angles-s.-l'Anglin
Gargilesse-Dampierre
La Châtre
Moulins
Montceau-les-Mines
Tournus
St-Benoît-du-Sault
Montluçon
Paray-le-Monial
Mâcon
Semur-en-Brionnais
Charroux
Bellac
Guéret
Vichy
Villefranche-s.-Saône
Ruffec
Confolens
Mortemart
Roanne
Oingt
Aubusson
Riom
Clermont-Ferrand
Limoges
Thiers
Villeurbanne
Lyon
St-Priest
Angoulême
Montpeyroux
Treignac-s.-Vézère
Ussel
Ambert
Ste-Croix-en-Jarez
Barbezieux-St-Hilaire
St-Jean-de-Côle
Ségur-le-Château
La Bourboule
Usson
Vienne
St-Étienne
St-Chamond
Brantôme
Aubeterre-s.-Dronne
Blesle
Brioude
Lavaudieu
St-Robert
Tulle
Périgueux
St-Amand-de-Coly
Brive-la-Gaillarde
Mauriac
Salers
Le Puy-en-Velay
St-Léon-s.-Vézère
Collonges-la-Rouge
Tournon-s.-Rhône
Turenne
Tournemire
Beynac-et-Cazenac
Curemonte
St-Flour
Libourne
Carennac
Arlempdes
Valence
Bergerac
Limeuil
La Roque-Gageac
Loubressac
Aurillac
Belvès
Domme
Autoire
Pradelles
Privas
Mirmande
Monpazier
Castelnaud-la-Chapelle
Cardaillac
Capdenac-le-Haut
Conques
Aubenas
Montélimar
Monflanquin
Figeac
St-Côme-d'Olt
La Garde-Guérin
Vogüé
Marmande
Estaing
Balazuc
La Garde-Adhémar
St-Cirq-Lapopie
Ste-Eulalie-d'Olt
Mende
Villeneuve-s.-Lot
Cahors
Pujols-le-Haut
Belcastel
Villefranche-de-Rouergue
Rodez
Ste-Énimie
Florac
Montclus
Aiguèze
Lauzerte
Agen
Najac
Sauveterre-de-Rouergue
Nérac
Monestiés
La Roque-s.-Cèze
Auvillar
Bruniquel
Peyre
Millau
Orange
Fourcès
Alès
Carmaux
Montréal
Condom
Montauban
Brousse-le-Château
Avignon
Larressingle
Puycelsi
La Couvertoirade
Albi
Castelnau-de-Montmiral
Nîmes
Les Baux-de-Provence
St-Guilhem-le-Désert
Lavardens
Sarrant
Arles
Lodève
Lautrec
Auch
Castres
Toulouse
Olargues
Montpellier
Mirande
Muret
Mazamet
Minerve
Béziers
Agde
Sète
Golfe d'Aigues-Mortes
Castelnaudary
Tarbes
Cap d'Agde
Carcassonne
Narbonne
Lourdes
Pamiers
Golfe du Lion
St-Bertrand-de-Comminges
St-Gaudens
Camon
Limoux
Lagrasse
St-Girons
Foix
Cap Leucate
Quillan
Bagnères-de-Luchon
Perpignan
Mosset
Eus
Castelnou
Evol
Andorre
Villefranche-de-Conflent
Céret

Ainhoa

Toutes les couleurs du Pays basque

Pyrénées-Atlantiques (64) • 680 habitants • Altitude : 120 m

Mariant les verts de ses collines aux rouges et blancs des façades de ses maisons labourdines ou navarraises, Ainhoa arbore le long de sa rue unique les couleurs du Pays basque.
Au XIIIe s, les Prémontrés fondèrent à Ainhoa l'un de leurs vicariats pour porter assistance aux pèlerins de Compostelle et une bastide-rue émergea du plateau pour assurer leur accueil. Reconstruite au XVIIe s, elle offre à l'est ses plus belles façades. Pourvus d'anneaux pour attacher les mulets, les lorios (porches) de certaines maisons attestent leur ancienne fonction de relais commercial sur la route de Pampelune. À l'arrière, des jardins prolongent le revers des maisons. Parfois agrémentées de balcons, les façades immaculées laissent aux rouge et vert basques des volets et colombages tout le loisir d'exprimer leur caractère. À côté du fronton qui accueille encore quelques parties de pelote en saison, l'église du XIIIe s a été remaniée, mais les pierres de taille de ses parties basses datent de la fondation de la bastide. Plus haut, la chapelle N.-D.-de-l'Arantzazu, dite de l'Aubépine, se niche sur la montagne Atsulaï.

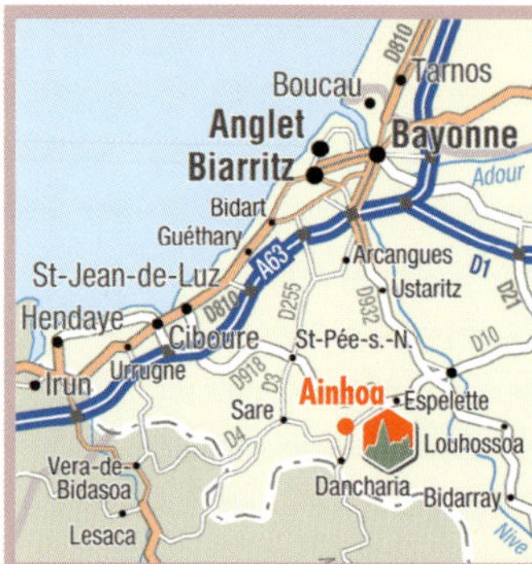

Par la route : autoroute A63, sortie n° 5-Bayonne Sud (25 km).
Par le train : gare de Cambo-les-Bains (13 km) ; gare de Biarritz (24 km).
Par avion : aéroport de Biarritz-Bayonne-Anglet (26 km).

ⓘ **Maison du patrimoine/ Office de tourisme :** 05 59 29 93 99
www.ainhoa-tourisme.com

Découvrir

• **Église N.-D.-de-l'Assomption :** retable en bois doré d'inspiration espagnole.
• **Maison du Patrimoine :** exposition, film sur l'histoire du village et le territoire frontalier (05 59 29 93 99).
• **Village :** bastide, fronton, église lavoir - visite guidée de juin à sept ; groupes toute l'année sur RDV (05 59 29 93 99).

Se loger

Hôtels
Argi-Eder**** (05 59 93 72 00).
Ithurria**** (05 59 29 92 11).
Oppoca*** (05 59 29 90 72).
Ur-Hegian** (05 59 29 91 16).
Etchartenea* (05 59 29 90 26).
Chambres d'hôtes
Ohantzea*** (05 59 29 57 17).
Les Hortensias (06 89 20 20 39).
Maison Goxoki (06 21 20 92 34).
Maison Xaharenea (06 21 37 40 71).
Gîtes, meublés et campings
Rens. : 05 59 29 93 99
www.ainhoa-tourisme.com.

Se restaurer

Restaurants
Argi-Eder (05 59 93 72 00).
Auberge Alzate (05 59 29 77 15).
Ithurria (05 59 29 92 11).
Oppoca (05 59 29 90 72).
Ur-Hegian (05 59 29 91 16).
Salons de thé
Ohantzea (05 59 29 90 50).
Pain d'épice d'Ainhoa (05 59 29 34 17).

Saveurs et savoir-faire

Spécialités et produits du terroir
Pain d'épice • Salaisons • Spécialités basques.
Art et artisanat
Artisan parfumeur • Bijoutier, créateur d'objets.

Rendez-vous

Avril : randonnées VTT.
Pentecôte : pèlerinage à la chapelle N.-D.-de-l'Aubépine (lundi).
Mai : journée de la nature et du terroir.
De juin à septembre : parties de pelote, chants basques à l'église.
Juillet : randonnée Xareta Oinez (3e dim.).
Août : romeria et championnat de buveur au xahakoa, fêtes patronales (15).
Oct. : fête de la Palombe.

Pleine nature

Pelote au fronton • Randonnée pédestre : GR 8 et 10, et 5 circuits balisés • VTT : 1 circuit balisé.

Aux alentours

• Grottes d'Urdax et de Zugarramurdi (de 5 à 8 km).
• Espelette (6,5 km).
• *Sare (8 km), voir p. 250.
• Cambo-les-Bains (11 km).
• Saint-Pée-sur-Nivelle (12 km).
• Saint-Jean-de-Luz, Bayonne, Biarritz (de 22 km à 28 km).
• *La Bastide-Clairence (31 km), voir p. 166.

Ars-en-Ré

Entre port et marais

Charente-Maritime (17) • 1 315 habitants • Altitude : 3 m

À l'extrémité occidentale de l'île, le clocher du village veille toujours sur l'océan et les marais du Fiers d'Ars.

Né des marais salants créés au XIe s et encore exploité par plus de soixante sauniers, Ars est l'une des plus anciennes paroisses rétaises. L'église conserve son portail du XIIe s et son clocher du XVe s, dont la flèche noir et blanc, haute de 40 m, servait d'amer aux navigateurs. Dans la rue des Tourettes, les deux tours d'angle de la maison du Sénéchal, bâtie au XVIe s, rappellent que le village fut le siège d'une sénéchaussée. Délaissé par les navires venant de l'Europe du Nord charger le sel, le port abrite aujourd'hui des bateaux de plaisance. Agréables à parcourir à pied ou à vélo, les ruelles parsemées de roses trémières sont un petit dédale de façades blanches aux volets verts ou bleu clair, typiques de l'architecture traditionnelle de l'Aunis.

Par la route : autoroute A10, sortie n° 33-La Rochelle (94 km), N11-N237 (28 km).
Par le train : gare de La Rochelle (35 km).
Par avion : aéroport de La Rochelle-Laleu (30 km).

Office de Tourisme : 05 46 29 46 09, www.iledere-arsenre.com

Découvrir

• **Église St-Étienne** (XIIe, XVe et XVIIe s) : style roman ; portail à voussures en arc brisé, riche mobilier.
• **Visites du clocher et des marais salants** : d'avril à fin sept.
• **Ferme ostréicole L'Huîtrière de Ré** : visite guidée d'avril à fin sept. mercredi soir avec dégustation et jeudi soir (05 46 29 44 24).

Pour la petite histoire

Produisant encore 2 000 tonnes de sel par an, les marais salants sont à l'origine du développement d'Ars. La grande salorge où l'on entreposait le sel abrite aujourd'hui le marché couvert, et de belles demeures de négociants sont encore visibles dans la rue du Havre.

Se loger

Hôtels
♥Le Martray*** (05 46 29 40 04).
Le Sénéchal*** (05 46 29 40 42).
Le Clocher** (05 46 29 41 20).
Le Parasol** (05 46 29 46 17).
Résidence de tourisme et de thalassothérapie
Le Thalacap*** (05 46 29 10 00).
Chambres d'hôtes
Au Temps retrouvé (05 46 27 86 75).
Les Nuits bleues (05 46 43 28 09).
M. Le Teuff (05 46 29 22 05).
M. Chabassol (05 46 29 24 69).
Meublés
Rens. : 05 46 29 46 09
www.iledere-arsenre.com.
Village de vacances
La Salicorne, VVF (05 46 29 45 13).
Campings
Le Cormoran***** (05 46 29 68 27).
Les Dunes**** (05 46 29 41 41).
ESSI*** (05 46 29 44 73).
Le Soleil*** (05 46 29 40 62).
La Combe à l'Eau* (05 46 29 46 42).

Se restaurer

Restaurants
L'Annexe (05 46 34 06 71)
Au Goûter breton (05 46 29 41 36).
Le Bistrot de Béné (05 46 29 40 26).
Le Bistrot du Martray (05 46 29 40 04).
La Cabane du Fier (05 46 29 64 84).
Le Clocher (05 46 29 41 20).
Le K'Ré d'Ars (05 46 29 94 94).
Le Grenier à sel (05 46 29 08 62).
L'Océane (05 46 29 24 70).
Le Parasol (05 46 29 46 17).
Le Soleil d'Ars (05 46 43 09 27).
Le Thalacap (05 46 29 10 00).
Le V (05 46 29 45 56).
Ô de Mer (05 46 29 23 33).
Aux Frères de la Côte, brasserie (05 46 29 04 54).
La Tour du Sénéchal, petite restauration, produits de la mer (05 46 29 41 12).
Le Café du Commerce, brasserie-crêperie (05 46 29 41 57).
Sans Foie ni Loix, bar à bières-tapas (09 50 44 37 97).
Le 20, bar à vins-cuisine du monde (05 46 29 69 52).

Saveurs et savoir-faire

Spécialités et produits du terroir
Fraises • Gambas • Huîtres • Pommes de terre AOP primeur • Sel et fleur de sel • Vin et pineau.
Art et artisanat
Antiquaires • Peintres.

Rendez-vous

Marché : avr. à sept. : tlj 8 h-13 h, pl. du Marché-d'Été. Hiver : mardi et vendredi 8 h-13 h, pl. Carnot.
Juillet-août : concerts, embrasement du clocher, feux d'artifice avec bal, régates.

Pleine nature

Baignade : plage de la Grange • Randonnée cycliste ; pistes cyclables à travers les marais jusqu'à la réserve de faune et de flore sauvage du fiers d'Ars • Randonnée pédestre : 3 circuits balisés • Voile • Équitation • Thalassothérapie.

Aux alentours

• Saint-Clément-des-Baleines : phare et parc des Incas (5 km).
• Les Portes-en-Ré : Maison du Fier et de la Nature (10 km).
• Loix-en-Ré : écomusée du Marais salant (12 km).
• Saint-Martin-de-Ré et ses fortifications (12 km).
• *La Flotte-en-Ré (18 km), voir p. 198.
• La Rochelle (33 km).

Aubeterre-sur-Dronne

La Charente aux airs de Sud

Charente (16) • 422 habitants • Altitude : 90 m

Adossé à une falaise aux confins de la Charente et du Périgord, Aubeterre domine la verdoyante vallée de la Dronne.
Autour de sa place centrale, Aubeterre déploie l'éventail de ses toitures enchevêtrées et de ses façades parées de galeries et balcons de bois. Face au château de cette ancienne place forte détruite par les Anglais puis par les huguenots, dont la porte monumentale surveille toujours la Dronne, l'église St-Jacques, à la belle façade romane, et trois anciens couvents témoignent encore, au détour des rues et venelles escarpées, du passé religieux d'Aubeterre lié aux pèlerins de Compostelle et à la présence de l'église monolithe St-Jean, taillée au XIIe s dans le roc, à proximité d'un lieu de culte primitif. Sous de hautes voûtes d'ombre et de lumière, la découverte de l'édifice souterrain et de sa nécropole réserve un moment d'inoubliable émotion.

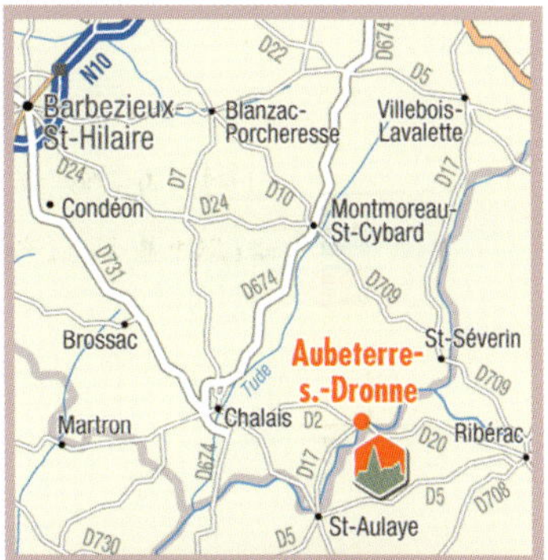

Par la route : autoroute A89, sortie n° 11-Coutras (43 km).
Par le train : gare de Chalais (12 km).
Par avion : aéroport de Bergerac-Roumanière (69 km).

ⓘ **Office de Tourisme :** 05 45 98 57 18
www.sudcharentetourisme.fr
www.aubeterresurdronne.com

Découvrir

- **Église St-Jacques** : originaire du XIIe s qui fut ainsi reconstruite au XVIIe s ; façade romane aux arcades à voussures finement sculptées et au décor hispano-mauresque.
- **Église souterraine St-Jean dite église monolithe** : creusée au XIIe s dans la falaise. Ensemble unique abritant un reliquaire, une fosse centrale à reliques et une nécropole contenant plus de 160 sarcophages de pierre.
- **Musée-espace Ludovic-Trarieux** : exposition sur le thème des droits de l'Homme et sur Ludovic Trarieux, fondateur de la Ligue française pour la défense des droits de l'Homme et du Citoyen.
- **Village** : visite guidée toute l'année sur réservation pour les groupes ; en saison, possibilité supplémentaire pour les individuels (05 45 98 57 18 ou 06 79 85 81 26).

Se loger

Hôtels
Hostellerie du Périgord** (05 45 98 50 46).
Hôtel de France (05 45 98 50 43).
Chambres d'hôtes
Gaillardon (06 22 13 39 40).
Les Logis de la Tour (06 43 61 40 77).
Aubeterre-sur-Dronne (05 45 98 04 08).
Quartier Plaisance (06 02 22 33 54).
Gîtes
Rens. : 05 45 98 57 18
www.sudcharentetourisme.fr.
Camping
Bord de Dronne*** (05 45 98 60 17 du 1er mai au 30 sept., 06 87 29 18 36 le reste de l'année).

Se restaurer

Restaurants
Au Cochon Prieur (05 45 78 87 43).
Hostellerie du Périgord (05 45 98 50 46).
Hôtel de France (05 45 98 50 43).
La Taverne de Pierre Véry (05 45 98 15 53).
La Brasserie de la Place (05 45 78 38 45).
La Grignote, pizzeria (05 45 78 43 79).
La Tapazzeria (05 45 98 37 11).
Crêperie de la Source, en saison (05 45 98 61 78).
Restaurant de la Plage, en saison (05 45 78 22 91).
Sel et Sucre, crêperie, en saison (05 45 98 60 91).
Le Garage, petite restauration (05 45 98 18 19).
Salon de thé
Cupcakes (05 45 78 32 68).
La Ruchette (09 66 98 40 15).

Pour la petite histoire

Creusée dans la colline où se dresse le château, l'église souterraine d'Aubeterre-sur-Dronne est l'une des plus vastes d'Europe. La voûte creusée dans le calcaire s'élève à 17 m. Un escalier taillé dans le rocher permet l'accès à la galerie haute qui entoure l'église sur trois côtés.
Dans le sanctuaire trône un reliquaire hexagonal de 6 m de hauteur et de 3 m de diamètre, taillé à l'époque romane dans un seul bloc de pierre.

Saveurs et savoir-faire

Spécialités et produits du terroir
Foie gras et confit • Pineau • Cognac.
Art et artisanat
Antiquaire • Ébéniste • Potiers • Sculpteur de jouets en bois • Tourneur sur bois • Verrier • Ferronnier.

Rendez-vous

Mai : fête de l'Ascension ; fête des peintres.
Juillet : fête de la Saint-Jacques (dern. w.-e.).
Juillet-août : nuits musicales dans l'église monolithe.

Pleine nature

Baignade • Canoë-kayak • Pêche • Randonnée.

Aux alentours

- Églises romanes de Pillac, Rouffiac et Saint-Aulaye (8 km).
- Haute ville de Chalais (11 km).
- Château et halles de Villebois-Lavalette (20 km).
- Vignobles de Cognac et du Bordelais (45 km).
- Angoulême (48 km).
- Périgueux (54 km).

Autoire

Quand le Quercy prend des airs de Jura

Lot (46) • 345 habitants • Altitude : 225 m

Par la route : autoroute A20, sortie n° 54-Gramat (38 km).
Par le train : gare de Biars-sur-Cère (15 km).
Par avion : aéroport de Brive-Vallée de la Dordogne (48 km).

Office de Tourisme Vallée de la Dordogne : 05 65 33 22 00
www.vallee-dordogne.com

Le village emprunte son nom à l'Autoire, torrent qui dévale du causse de Gramat en cascades successives avant d'atteindre l'ocre des premiers manoirs.
Au centre d'un cirque comparable aux reculées jurassiennes, pigeonniers carrés et façades en encorbellement des demeures paysannes voisinent avec tourelles et poivrières des gentilhommières. Le manoir Laroque-Delprat et le château de Limargue se situent en contrebas du village. En hauteur, le château de Busqueille, de la fin du XVIe s, s'élève au-dessus des toits de tuiles brunes. Sous la dépendance successive des baronnies de Castelnau et de Gramat, Autoire devient au XIVe s l'une des cités vassales de la vicomté de Turenne. Toutefois, en dépit de la protection que lui assura le vicomte Guillaume de Beaufort, le village fut assiégé par les Anglais, déjà victorieux en haut Quercy. L'un des châteaux du village (le château des Anglais) servit de repaire aux routiers brigands durant la guerre de Cent Ans. Dévasté en 1562 par les calvinistes, Autoire ne recouvra la paix qu'en 1588. Seul vestige de l'ensemble fortifié qu'elle formait avec le château des Peyrusse de Banze, l'église dédiée à saint Pierre date des XIe et XIIe s. Couvert de lauses et non pas de tuiles comme les autres toits du village, le clocher carré se dresse sur la place, dont la fontaine arrose quatre dauphins de bronze.

Découvrir
• **Église St-Pierre** (XIe-XIIe s).
• **Visite guidée du village** : juillet et août (05 65 33 81 36).

Se loger
Hôtel
Auberge de la Fontaine (05 65 10 85 40).
Chambres d'hôtes
Mme Gauzin** (05 65 38 15 61).
M. Sebregts (06 71 71 07 89).
Gîtes et meublés
M. Magnac (06 10 02 53 25).
M. Blankoff (06 64 92 24 60).
M. Santolaria (02 33 94 22 54).
Mlle Chovanec (05 65 38 15 61).
M. Lemonnier (02 33 95 13 16).
M. Fouilhac (05 65 38 12 02).
M. Sebregts (06 71 71 07 89).
M. Marchandet (05 65 38 13 50).

Se restaurer
Restaurants
Auberge de la Fontaine (05 65 10 85 40).
La Cascade, crêperie (06 07 86 90 62 / 05 65 38 20 02).

Saveurs et savoir-faire
Spécialités et produits du terroir
Fromages cabécous • Champignons • Miel • Vin.
Art et artisanat
Atelier de tissage.

Rendez-vous
Juillet : brocante (le 14) ; fête votive avec spectacle pyrotechnique (dern. w.-e.).
Août : marché gourmand.

Pleine nature
• Escalade • Pêche • VTT • Randonnée pédestre : GR 480 et 8 sentiers balisés.

Aux alentours
• Cascade d'Autoire (1 km).
• *Loubressac (5 km), voir p. 212.
• Saint-Céré (5 km).
• Châteaux de Montal et de Castelnau (7 km).
• Grotte de Presque (7 km).
• Gouffre de Padirac (10 km).
• *Carennac (13 km), voir p. 181.
• Rocamadour (20 km).
• *Curemonte (26 km), voir p. 191.
• *Collonges-la-Rouge (35 km), voir p. 186.
• *Turenne (35 km), voir p. 260.
• *Capdenac-le-Haut (46 km), voir p. 179.

Auvillar

Un port sur la Garonne

Tarn-et-Garonne (82) • 999 habitants • Altitude : 115 m

Halte sur l'un des chemins de Compostelle, l'ancien fief des rois de Navarre veille toujours sur la Garonne.
Situé sur la voie Podiensis reliant Le Puy-en-Velay à Saint-Jacques-de-Compostelle, en bordure de Garonne, Auvillar reste marqué par sa double vocation religieuse et commerçante. Unique dans le Sud-Ouest, construite en 1824, période d'apogée de la cité, la halle est composée d'un édifice circulaire extérieur, agrémenté de colonnades toscanes et d'un bâtiment central. À l'intérieur sont encore présentes des mesures à grains, en pierre et en métal, rappelant l'importance du marché des céréales produites localement. Pour lui servir de décor, la magique place triangulaire du Moyen Âge offre ses belles demeures de briques roses et pans de bois des XVe et XVIIIe s. Dressée sur un éperon rocheux, cette ancienne place forte a également conservé des traces de ses fortifications, parmi lesquelles une porte sommée d'une tour d'horloge de brique et de pierre de la fin du XVIIe s. À l'extérieur de la ville haute, l'ancien prieuré bénédictin rattaché à l'abbaye de Moissac est devenu l'église St-Pierre (XIIe et XIVe s), considérée comme l'une des plus belles du diocèse de Montauban. Longtemps centre de batellerie, le port conserve sa chapelle dédiée à sainte Catherine, patronne des mariniers.

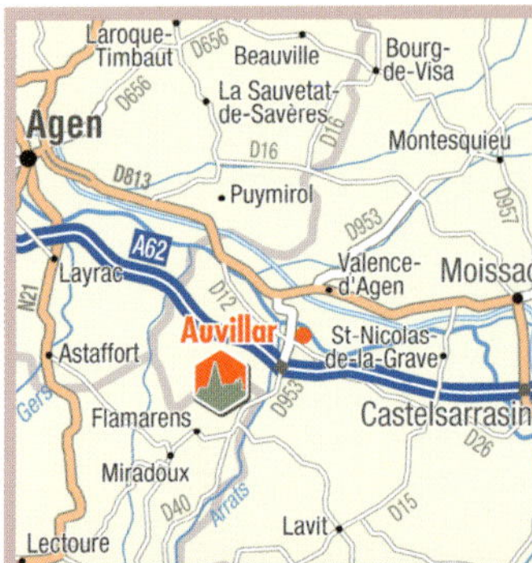

Par la route : autoroute A62, sortie n° 8-Valence-d'Agen (5 km).
Par le train : gare de Valence d'Agen (5,5 km), gare de Moissac (20 km).
Par avion : aéroport d'Agen-La Garenne (34 km) ; aéroport de Toulouse-Blagnac (90 km).

Office de Tourisme : 05 63 39 89 82
www.auvillar.eu

Découvrir

- **Chapelle Ste-Catherine** (en saison) : peintures murales (05 63 39 89 82).
- **Église St-Pierre** : renferme un retable baroque exceptionnel.
- **Musée de la faïence** : musée d'art et traditions populaires avec une collection de faïences d'Auvillar des XVIIIe et XIXe s (05 63 39 89 82).
- **Musée de la batellerie** : situé dans la tour de l'horloge, il raconte l'histoire de la navigation sur la Garonne aux siècles derniers (rens. : 05 63 39 89 82).
- **Village** : visite commentée de groupes - plus de 10 pers. (réservations : 05 63 39 89 82).

Se loger

Hôtel
L'Horloge (05 63 39 91 61).
Chambres d'hôtes
Allison Feeley**** (05 81 11 51 26).
Stéphanie Bachir*** (06 83 09 51 37).
Patrice Cagnati*** (06 89 29 58 08).
Gisèle Chambaron*** (05 63 29 04 31).
Claude Dassonville*** (05 63 29 07 43).
Marie-Thérèse Desprez*** (05 63 39 01 08).
Claude Pouydesseau*** (05 63 39 65 78).
Jacques Sarraut*** (05 63 39 62 45).
♥ L'Ardubet*** (06 64 62 07 52).
Nicole Lamer** (05 63 39 70 02).
Francis Laurens** (05 63 39 70 02).
Jean-Pierre Wojtusiak* (05 63 39 73 61).
Autres chambres d'hôtes – Rens. : 05 63 39 89 82 / www.auvillar.eu.
Gîtes
Gîte communal d'étape et de séjour*** et autres gîtes – Rens. : 05 63 39 89 82 www.auvillar.eu.

Se restaurer

Restaurants
Alta Villa (05 63 29 20 09).
Le Bacchus (05 63 29 12 20).
L'Horloge (05 63 39 91 61).
Le Petit Palais (05 63 29 13 17).
Al Dente, pizzeria (05 63 32 20 55).
Le Baladin, crêperie-gril - l'été (05 63 39 73 61).
Le Bistrot des Arts, l'été (06 80 20 50 00).
Le Monde au Jardin - l'été (06 14 33 16 14).

Saveurs et savoir-faire

Spécialités et produits du terroir
Jus de fruits, productions fruitières • Vins du Brulhois • Confitures et miel.
Art et artisanat
Calligraphe • Potier • Céramiste • Galeries d'art • Peintres • Savonnière.

Pour la petite histoire

C'est dans les gisements d'argile et de marne de la plaine de la Garonne que les potiers d'Auvillar ont puisé, dès l'époque gallo-romaine. La production faïencière fut très importante aux XVIIIe et XIXe s. À bords colorés, en coup de peigne ou en coup d'éponge, les faïences auvillaraises ont le bleu et le rouge pour couleurs dominantes. Le Musée du vieil Auvillar en présente une intéressante collection.

Rendez-vous

Marché fermier dim. matin.
Dimanche des Rameaux : marché des couturières.
De mai à août : rencontres Musicales.
Pentecôte : saint-Noé, fête des vignerons et des félibres (1e w.-e. ap. la Pentecôte).
Juillet : foire à la brocante (13-14 juillet) ; rencontre des métiers d'art (dern. w.-e.).
Juillet-août : balades nocturnes théâtralisées.
Août : foire-concours de chiens (2e w.-e.), fête du Port (15).
Oct. : marché potier (2e w.-e.).
Déc. : marché nocturne de Noël (2e sam.).
Toute l'année : expositions d'art et d'artisanat.

Pleine nature

Chasse • Pêche • Randonnée pédestre : GR 65 et divers sentiers.

Aux alentours

- La Voie verte (5 km).
- Golfech : site, ascenseur à poissons (6 km).
- Musée de la Ruralité à Donzac (8 km).
- Bastides de Dune, Castelsagrat et Monjoi (de 13 à 27 km).
- Moissac (20 km).
- Agen (34 km).
- *Lauzerte (34 km), voir p. 206.

La Bastide-Clairence

Bastide des arts en Pays basque

Pyrénées-Atlantiques (64) • 1 016 habitants • Altitude : 50 m

La Bastide-Clairence a le visage basque et l'accent gascon, avec ses façades blanches et ses colombages peints en rouge ou en vert derrière lesquels se dévoilent les talents de nombreux créateurs. Bastida de Clarenza est fondée en 1312 pour sécuriser un port fluvial sur la Joyeuse et offrir ainsi un nouveau débouché maritime au royaume de Navarre. La charte de fondation signée par le roi de Navarre, futur Louis X le Hutin, accorde des avantages fiscaux et fonciers à la cité qui se développe durant tout le Moyen Âge et accueille les états de Navarre entre 1627 et 1706. L'urbanisme des bastides d'Aquitaine a été conservé, respectant un plan en damier avec, au cœur du village, la place des Arceaux, les andronnes, emblématiques espaces séparant les maisons, mais aussi les cazalots. Ces petits jardins situés à l'arrière des maisons, édifiées à l'origine sur des parcelles identiques dénommées « plaza », furent attribués aux premiers colons, basques, gascons et « francos », ces pèlerins de Compostelle implantés en cours de pèlerinage. Dans l'une des rues desservant la place, le plus vieux trinquet (jeu de paume) au monde, datant de 1512, est encore en activité. L'église N.-D.-de-l'Assomption, bâtie en 1315, est remarquable par son porche, seul témoin de l'édifice du XIVe s, et ses cloîtres latéraux pavés de dalles funéraires. À deux pas du cimetière chrétien, les inscriptions hébraïques du cimetière juif, tout comme les noms israélites de certaines maisons, rappellent qu'aux XVIIe s et XVIIIe s, La Bastide-Clairence accueillit une importante communauté séfarade fuyant l'Inquisition espagnole et portugaise. Motivé par son passé artisanal, le village compte aujourd'hui une quinzaine d'artistes et artisans d'art dont les créations mêlent tradition et innovation.

Par la route : autoroute A64, sortie n° 4-Urt (6 km).
Par le train : gare de Cambo-les-Bains (18 km), gare de Biarritz (35 km).
Par avion : aéroport de Biarritz-Bayonne-Anglet (37 km).

Office de Tourisme : 05 59 29 65 05
www.labastideclairence.com

Découvrir

• **Village :** visite guidée de groupes toute l'année sur RDV (05 59 29 65 05).
• **Itinéraire de découverte** « Les murs vous racontent » (05 59 29 65 05).
• **Parcours Mp3 :** histoire de la bastide au fil des rues animée par des témoignages de bastidots.
• **Trinquet :** 1512 ; plus vieux jeu de paume en activité.

Se loger

Chambres d'hôtes
Maxana**** (05 59 70 10 10).
Argizagita*** (05 59 70 15 54).
♥ La Maison Marchand*** (05 59 29 18 27).
Le Clos Gaxen*** (05 59 29 16 44).
Gîtes et meublés
Rens. : 05 59 29 65 05
www.labastideclairence.com.
Résidence de tourisme
♥ Les Collines Iduki**** (05 59 70 20 81).
Village de vacances
Les Chalets de Pierretoun (05 59 29 68 88).

Se restaurer

Restaurants
Les Arceaux (05 59 29 66 70).
Iduki Ostatua (05 59 56 43 04).
La Table gourmande de Ghislaine Potentier (05 59 70 22 78).

Saveurs et savoir-faire

Spécialités et produits du terroir

Viande bovine et produits fermiers • Cidre du Pays basque • Foie gras et confit de canard • Fromage de brebis • Macarons • Gâteaux basques.

Art et artisanat

Créatrice de bijoux • Luthière • Encadreur • Parfumeur • Sculpteurs sur bois • Sculpteur sur pierre • Passementier (MOF) • Designer plasticien • Tapissière-décoratrice • Verrier • Potiers • Cosmétiques au lait d'ânesse • Designer textile • Maroquinier • Peintre • Art floral • Art médiéval • Galeries.

Rendez-vous

Pâques : spectacle par le groupe « Esperantza ».
Mai : fête du livre.
Juillet-août : marché fermier tous les vendredis soir de 19 h à 22 h ; sardinade, fêtes de La Bastide-Clairence. fêtes des quartiers (« La Chapelle », « Pont de Port », « Pessarou », « La Côte »).
Sept. : marché potier (2e w.-e.).

Pleine nature

• Fronton • Pêche • Randonnée : 2 circuits balisés.

Aux alentours

• Hasparren (8 km).
• Grottes préhistoriques d'Isturitz et d'Oxocelhaya (13 km).
• Cambo-les-Bains (15 km).
• Vallée de l'Arbéroue (20 km).
• Bayonne (26 km).
• *Ainhoa (31 km), voir p. 158.
• *Sare (38 km), voir p. 250.

Belcastel

De pierre et de lauze sur les rives de l'Aveyron

Aveyron (12) • 219 habitants • Altitude : 407 m

Sur l'ancienne route du sel, en plein Pays Rignacois, Belcastel est un castelnau baigné par l'Aveyron.
Protégées par les pentes boisées de la vallée, les maisons du bourg se blottissent au pied du château fort en suivant la courbe de la rivière. La forteresse fut, dès le début du régime féodal, la propriété de la famille Belcastel, dont le rayonnement s'étendait de part et d'autre de l'Aveyron, avant d'être ruinée au XVIe s par les guerres de Religion. Laissé à l'abandon à partir du XVIIIe s, le château, restauré dans les années 1970 par Fernand Pouillon, embrasse du regard le village restauré aux balades pavées, le four, les métiers à ferrer et la fontaine antique. L'église du XVe s protège le tombeau de son fondateur, Alzias de Saunhac, à qui l'on doit la construction du pont à la pierre d'autel insolite : les passants payaient leur traversée en prières et en offrandes. À deux pas du village, le site fortifié du roc d'Anglars date du VIe s.

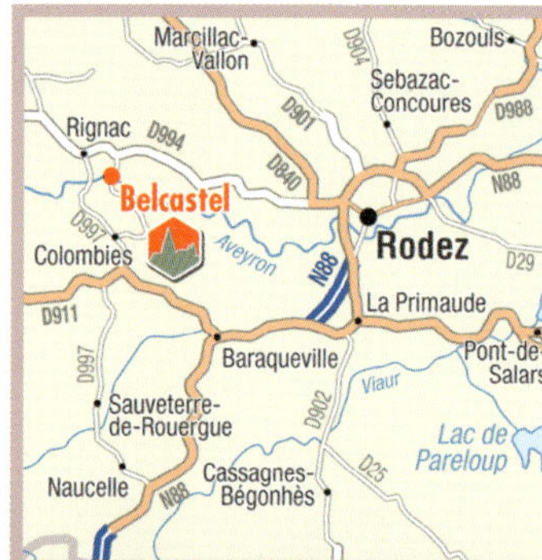

Par la route : autoroute A75, sortie n° 42-Rodez (71 km), D994 (24 km).
Par le train : gare de Rodez (24 km).
Par avion : aéroport de Rodez-Marcillac (23 km) ; aéroport de Toulouse-Blagnac (165 km).

Point information tourisme :
05 65 64 46 11
www.mairie-belcastel.fr

Découvrir

• **Château :** forteresse du XIe s ; collection d'armures originales du XVIe s ; galeries d'art contemporain inspirées par Animazing Gallery à Soho, New York (05 65 64 42 16).
• **Église** (XVe s) : chemin de croix de Casimir Ferrer, gisant d'Alzias de Saunhac, statues des XIVe, XVe et XVIe s (05 65 64 46 11).
• **Maison de la Forge et des Anciens Métiers :** exposition permanente de sylvistructures de l'artiste Pierre Leron-Lesur. Rens : 05 65 64 46 11.
• **Village :** visite commentée et visite audioguidée (05 65 64 46 11).

Se loger

Hôtel
Le Vieux Pont*** (05 65 64 52 29).
Chambres d'hôtes
Le Château (05 65 64 42 16).
M. Rouquette (05 65 64 40 61).
Gîtes
www.mairie-belcastel.fr.
Camping
Camping de Belcastel** (05 65 63 95 61 ou 06 47 11 24 76).

Se restaurer

Restaurants
Le Vieux Pont (05 65 64 52 29).
Le « 1909 » (05 65 64 52 26).
Chez Anna, petite restauration
(05 65 63 95 61 ou 06 47 11 24 76).
Auberge à la ferme
Auberge Rouquette (05 65 64 40 61).

Rendez-vous

Marché : juillet-août, dégustation-vente nocturne de produits de pays tous les vendredis.
Tout l'été : exposition d'art : peinture, photo, sculpture...
Juin : feu de la Saint-Jean (dern. sam.).
Juillet : fête votive avec repas champêtre, feu d'artifice, son et lumière (av.-dern. w.-e.).
Sept. : fête nationale des villages et brocante.

Pleine nature

• Baignade • Pêche • Randonnée pédestre : GR 62 B et 7 circuits balisés.

Aux alentours

• Château de Bournazel (15 km).
• Rodez (25 km).
• *Sauveterre-de-Rouergue (27 km), voir p. 254.
• Peyrusse-le-Roc (32 km).
• Villefranche-de-Rouergue (37 km).
• *Capdenac-le-Haut (39 km), voir p. 179.
• *Conques (39 km), voir p. 188.

Pour la petite histoire

Curiosité du village, le rocher de Roquecante offre une large vue sur le bourg et sa vallée. Sept sièges y sont creusés à même la pierre. Certainement du XVIe s, ces « chaises du seigneur » étaient, selon la tradition, utilisées par les seigneurs locaux pour rendre la justice.

Belvès

Cité papale en Périgord noir

Dordogne (24) • 1 482 habitants • Altitude : 180 m

Dominant à la pointe d'une colline la verdoyante vallée de la Nauze, la cité aux sept clochers offre du haut de son belvédère un vaste panorama sur les horizons du Périgord noir.
Belvès a dû longtemps à son site stratégique de connaître une histoire mouvementée, malgré la protection de ses murailles et celle du pape Clément V, qui, ancien archevêque de Bordeaux, en fit une ville papale. Assiégée et envahie à sept reprises par les troupes anglaises durant la guerre de Cent Ans, la cité subit encore les assauts des forces protestantes qui l'investirent lors des guerres de Religion. Aujourd'hui, Belvès donne à découvrir les nombreux vestiges miraculeusement conservés de ce passé tumultueux : habitations troglodytiques – occupées, semble-t-il, dès la préhistoire –, tours et clochers de la période médiévale, demeures et hôtels particuliers où le gothique flamboyant se mêle à l'art de la Renaissance. Au cœur du village, une vieille halle s'anime chaque semaine d'un marché où se dégustent et s'échangent, au fil des saisons, les multiples et savoureux produits du Périgord. Aux portes de la cité, la vaste forêt de la Bessède accueille toute l'année, sur ses chemins balisés, randonneurs, cavaliers et vététistes en compétition ou en balade.

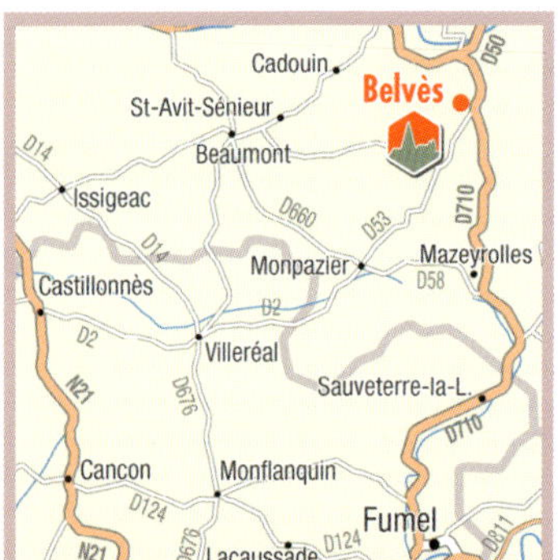

Par la route : autoroute A89, sortie n° 17-Saint-Yrieix-la-Perche (53 km) ; autoroute A20, sortie n° 55 (63 km).
Par le train : gare de Belvès.
Par avion : aéroport de Bergerac-Roumanière (49 km) ; aéroport de Brive-Vallée de la Dordogne (81 km).

ⓘ **Office de Tourisme du Périgord Noir-Vallée de la Dordogne :** 05 53 29 10 20
www.perigordnoir-valleedordogne.com

Découvrir

• **Habitations troglodytiques :** découverte de la vie quotidienne des manants qui ont occupé ces grottes du XIIIe au XVIIIe s. Rens. et réservations : 05 53 29 10 20.
• **Castrum :** visites accompagnées en saison, visites libres et audio-guidées toute l'année. Rens. et réservations : 05 53 29 10 20.
• **Peintures Renaissance de l'église Notre-Dame-de-l'Assomption :** visites accompagnées en saison, visites libres toute l'année. Rens : 05 53 29 10 20.
• **Château et peintures murales** (XIVe-XVIe s) : visite des principales salles meublées ; peintures murales uniques en Aquitaine représentant les Neuf Preux ainsi qu'une scène historique de Belvès en 1470. Rens : 05 53 29 10 20.
• **Musée Organistrum et Vielles à roue :** tradition et histoire de la vielle en Périgord noir du XIIe au XIXe s ; visite sur RDV (05 53 29 10 93).
• **Village :** visite guidée pour les groupes sur demande (05 53 29 10 20) ; visite libre ludique pour les familles à l'appui d'énigmes et de rébus – carnet du parcours « Pêche Lune » en vente à l'Office de Tourisme (05 53 29 10 93).

Se loger

Hôtels
♥ Le Clément V*** (05 53 28 68 80).
Le Belvédère** (05 53 31 51 41).
Le Home* (05 53 29 01 65).
Chambres d'hôtes
Le Manoir de la Moissie (05 53 29 93 49 ou 06 85 08 80 26).
The Art of the Dordogne (05 53 29 52 16).
Le Petit Bonheur (05 53 59 67 88).
Chambres en location
Le Madelon (05 53 31 15 70).
Gîtes, gîtes d'étape et meublés
Rens. : 05 53 29 10 20
www.perigordnoir-valle-dordogne.com.
Villages de vacances
L'Échappée verte
(05 53 29 15 51 ou 06 03 01 50 99).
Les Hauts de Lastours
(05 53 29 00 42 ou 06 80 11 40 45).
Domaine de la Bessède
(05 53 31 94 60 ou 06 87 02 92 51).

Campings
Le Moulin de la Pique**** (05 53 29 01 15).
Les Nauves*** (05 53 29 12 64
ou 06 85 15 32 73).

Se restaurer

Restaurants
Le Belvédère (05 53 31 51 41).
L'Envers (05 53 31 84 78).
Le Home (05 53 29 01 65).
Le Madelon, brasserie (05 53 31 15 70).
Le Médiéval Café, brasserie
(05 53 30 29 83).
Le Café de Paris, brasserie (05 53 59 62 40).
Les 7 Clochers, pizzeria (05 53 30 41 58).
Le Pourquoi Pas, salon de thé
(05 53 29 46 18).
Les Terrasses de Belvès (05 53 28 25 48).

Saveurs et savoir-faire

Spécialités et produits du terroir
Foie gras • Miel • Produits fermiers • Truffes • Comptoir de producteurs.
Art et artisanat
Antiquaire • Coutelier • Ébéniste • Ferronnier • Peintres • Filature de laine • Sculpteur • Vitrailliste • Mosaïstes.

Rendez-vous

Marché hebdomadaire sam. matin, pl. de la Halle.
Avril : « Les 100 km du Périgord noir » (dern. sam.).
Juillet : brocante (1er dim.), repas républicain (14).
Juillet-août : festival Bach ; marché gourmand (les mer. soirs).
Août : fête médiévale (1e dim), meeting aérien (15), vide-greniers.
Sept. : pèlerinage à N.-D.-de-Capelou (début du mois).
Oct.-nov. : marché aux noix.

Pleine nature

Baignade, natation • Équitation • Pêche • Randonnée : 120 km de sentiers balisés, GR 36 et variante de la vallée de la Dordogne des chemins de Saint-Jacques-de-Compostelle • Sports aériens.

Aux alentours

• Abbaye de Cadouin (14 km).
• Vallée de la Dordogne : *Castelnaud-la-Chapelle (18 km), voir p. 184, *Limeuil (19 km), voir p. 210, *Beynac-et-Cazenac (23 km), voir p. 172, *La Roque-Gageac (23 km), voir p. 236, *Domme (24 km), voir p. 192.
• Pays des Bastides (de 15 à 30 km) : *Monpazier (16 km), voir p. 217.
• Sarlat (35 km).
• Vallée de la Vézère (de 25 à 50 km) : *Saint-Léon-sur-Vézère (39 km), voir p. 246.

Beynac-et-Cazenac

Deux villages, un château et une rivière

Dordogne (24) • 511 habitants • Altitude : 130 m

Lové au pied de son imposant château veillant sur la Dordogne, Beynac-et-Cazenac ajoute à la beauté de son site les plaisirs de l'eau et de la gastronomie du Périgord.
Occupé dès l'âge du bronze, quelque 2 000 ans av. J.-C., par un habitat reconstitué dans l'actuel parc archéologique, le site naturellement défensif de Beynac devient au Moyen Âge le siège de l'une des quatre baronnies du Périgord. Assiégé par Richard Cœur de Lion puis démantelé par Simon de Montfort, le château reconstruit est, durant la guerre de Cent Ans, pris et repris par les armées des rois d'Angleterre et de France, avant d'être laissé à l'abandon sous la Révolution. Restauré depuis 1961 et ouvert à la visite par son propriétaire, l'imposant ensemble castral surplombe les toits de lauzes et les façades blondes du village. Développé entre rivière et falaise, à l'abri d'une enceinte dont subsiste la porte Veuve, Beynac a longtemps vécu du trafic sur la Dordogne. Utilisées aujourd'hui pour des promenades au fil de l'eau, les gabares ont déserté l'ancien port, devenu espace vert, et partagent la rivière avec barques et canoës. Sur le plateau dominant la vallée, la chapelle de Cazenac, village rattaché à Beynac en 1827, est émouvante de simplicité.

Par la route : autoroute A89, sortie n° 18-Terrasson-la-Villedieu (62 km) ; autoroute A20, sortie n° 55 (43 km).
Par le train : gare de Sarlat-la-Canéda (11 km).
Par avion : aéroport de Brive-Vallée de la Dordogne (57 km) ; aéroport de Bergerac-Roumanière (64 km).

Office de Tourisme de Sarlat-Périgord Noir : 05 53 31 45 45
www.sarlat-tourisme.com

Découvrir

• **Château de Beynac :** ensemble de bâtiments du XIIe au XVIIe s restaurés au XXe s. (05 53 29 50 40).
• **Parc archéologique :** la vie quotidienne du néolithique à l'âge de fer ; visite guidée. Possibilité d'ateliers pédagogiques pour enfants (05 53 29 51 28).
• **Village :** visite commentée régulière de juin à sept., visite commentée sur RDV le reste de l'année (05 53 31 45 42). Visite exceptionnelle le 15 août : balade contée.

Se loger

Hôtels
Hôtel du Château** (05 53 29 19 20).
Hostellerie Maleville – Hôtel Pontet** (05 53 29 50 06).
Café de la Rivière (05 53 28 35 49).
Chambres d'hôtes
Balcon en Forêt (05 53 28 24 01).
Résidence Versailles (05 53 29 35 06).
Guy Gauthier (05 53 29 51 45).
Meublés et gîtes
Rens. : 05 53 31 45 45
www.sarlat-tourisme.com.
Camping
Le Capeyrou*** (05 53 29 54 95).

Se restaurer

Restaurants

Café de la Rivière (05 53 28 35 49).
Restaurant du Château (05 53 29 19 20).
Auberge Lembert (05 53 29 50 45).
Hostellerie Maleville – Hôtel Pontet (05 53 29 50 06).
La Petite Tonnelle (05 53 29 95 18).
La Taverne des Remparts (05 53 29 57 76).

Saveurs et savoir-faire

Spécialités et produits du terroir

Canards, oies • Conserves artisanales.

Art et artisanat

Antiquaire • Peintre • Peintres-émailleurs • Potiers • Forgeron d'art.

Rendez-vous

De mi-juin à mi-sept. : marché de producteurs de pays tous les lundis matin, parking de la Balme.
Août : feu d'artifice (15).

Pleine nature

• Canoë-kayak sur la Dordogne • Pêche • Promenade en gabare sur la Dordogne • Randonnée pédestre : 2 circuits balisés • Vols en montgolfière • VTT : 5 circuits balisés.

Aux alentours

• Vallée de la Dordogne : parc et jardins suspendus du château de Marqueyssac (2 km), Châteaux de Castelnaud et des Milandes et écomusée de la noix à * Castelnaud-la-Chapelle (4 km), *La Roque-Gageac (5 km), voir p. 236, *Domme (11 km), voir p. 192, *Belvès (23 km), voir p. 170, *Limeuil (29 km), voir p. 210.
• Sarlat (11 km).
• Les Eyzies et la vallée de la Vézère (de 25 à 50 km) : *Saint-Léon-sur-Vézère (33 km), voir p. 246.
• *Saint-Amand-de-Coly (36 km), voir p. 238.
• *Monpazier (38 km), voir p. 217.

Pour la petite histoire

Les gabares étaient à l'origine des sortes de péniches qui naviguaient sur la Dordogne. Elles transportaient le vin des productions locales vers le port de Bordeaux. De nombreuses gabares ont ainsi fait escale jusqu'au XIXe s dans l'ancien port de Beynac.

Blesle

Mémoires bénédictines aux portes de la Haute-Loire

Haute-Loire (43) • 653 habitants • Altitude : 520 m

Au creux d'une étroite vallée isolée invitant au recueillement, l'écho des prières des bénédictines s'est longtemps mêlé, à Blesle, aux murmures des rivières animant le village.

Né de la fondation à la fin du IXe s par Ermengarde, comtesse d'Auvergne, d'une abbaye dédiée à saint Pierre, puis de l'édification, deux siècles plus tard, d'une puissante forteresse par les barons de Mercœur, le village s'est développé sous la protection de ce double pouvoir – spirituel et temporel. Devenue l'une des « bonnes villes » d'Auvergne, la cité accueille avocats, notaires et marchands, qui côtoient tanneurs, tisserands et vignerons. À l'intérieur de son ancien mur d'enceinte, dont plusieurs tours témoignent encore boulevard du Vallat – situé à l'emplacement des fossés disparus –, Blesle invite à la découverte du patrimoine hérité de plus de dix siècles d'histoire. S'il ne subsiste plus de la forteresse que le donjon et une tour de guet, l'église St-Pierre et près de cinquante demeures, souvent à pans de bois, conservent la mémoire des bénédictines fondatrices et des multiples métiers qui firent la prospérité du village.

Par la route : autoroute A75, sortie n° 22-Blesle (8 km).
Par le train : gare de Brioude (22 km).
Par avion : aéroport de Clermont-Ferrand Auvergne (74 km).

Office de Tourisme : 04 71 76 26 90
www.tourismeblesle.fr

Découvrir

- **Église abbatiale St-Pierre :** XIIe et XIIIe s.
- **Trésor de l'église St-Pierre :** vêtements liturgiques ; orfèvrerie, statuaire venant de l'abbaye ; visite sur RDV (04 71 76 26 90).
- ♥ **Musée de la coiffe :** coiffes, bonnets, rubans, chapeaux du Massif central de la fin du XVIIIe au début du XXe s. (04 71 76 26 90).
- **Village :** visite guidée sur RDV en saison pour les individuels et toute l'année pour les groupes ; visite adaptée aux déficients visuels (carnets de visite en braille et caractères agrandis, 04 71 76 26 90).

Se loger

Hôtels
La Bougnate*** (04 71 76 29 30).
Le Scorpion (04 71 76 28 98).
Le Soleil d'Auvergne (04 71 74 15 36).
Chambres d'hôtes
Chez Margaridou*** (04 71 76 22 29).
Maison de Golda (04 71 74 60 90).
Aux Amis de Bacchus, M. et Mme Doremus (04 71 76 21 38 ou 06 84 50 97 12).
Le Bailli de Chazelon (04 71 76 21 98).
Gîtes et meublés ; gîte d'étape
Rens. : 04 71 76 26 90.
Camping
Camping municipal de la Bessière** (04 71 76 25 82 ou 04 71 76 20 75 hors saison).

Se restaurer

Restaurants
Le Soleil d'Auvergne (04 71 74 15 36).
La Bougnate (04 71 76 29 30).
La Barrière (04 71 74 64 22).
Le Scorpion (04 71 76 28 98).
La Tour (04 71 76 22 97).

Saveurs et savoir-faire

Spécialités et produits du terroir
Charcuterie, salaisons • Fromages de pays • Bières artisanales • Liqueurs et vins d'Auvergne.
Art et artisanat
Antiquaire • Potier.

Rendez-vous

Juillet-août : marché de pays (aligot, confitures, foie gras, fromages aux cirons...) le vendredi à partir de 17 h 30, place de l'église.
Juillet : concours de peinture et dessin dans les rues du village (1e sam.), foire à la brocante et vide-greniers (dern. dim.).
Août : festival Les Apéros Musique (w.-e. du 15), fête d'été (w.-e. av. le 15), brocante.
Novembre : foire de la Saint-Martin (le 11).

Pleine nature

• Pêche • Randonnée : 17 circuits pédestres, 2 circuits VTT.

Aux alentours

• Gorges de l'Alagnon : châteaux de Montgon, Torsiac et Léotoing (de 5 à 10 km).
• Gorges de la Sianne (10 km).
• Château de Lespinasse (10 km).
• Vallées et plateau du Cézallier (de 7 à 20 km).
• Brioude (22 km).
• Parc animalier d'Ardes-sur-Couze (25 km).
• *Lavaudieu (31 km), voir p. 110.
• Issoire (35 km).
• Saint-Flour (38 km).

Pour la petite histoire

Blesle est riche de personnages illustres ou pittoresques : Gaspard de Chavagnac, ami de Condé, Laurent Bas, qui arrêta Charlotte Corday, l'abbé de Pradt, aumônier de Napoléon, l'écrivain Maurice Barrès, le peintre du XIXe s Edouard Onslow ou encore la sainte martyre Natalène, décapitée par son père, dont le corps fut déposé à Blesle dans un lieu où jaillit depuis la source qui porte son nom.

Brousse-le-Château

Étape médiévale au confluent du Tarn et de l'Alrance

Aveyron (12) • 171 habitants • Altitude : 240 m

Bordant les rives de l'Alrance, Brousse est dominé par la silhouette imposante du château médiéval qui a complété son nom.
Cité pour la première fois en 935, le château de Brousse n'est sans doute alors qu'un modeste fortin surveillant le Tarn. Du Xe au XVIIe s, le fort occupe progressivement la totalité de l'éperon dominant le village en même temps que s'affirme la présence des comtes du Rouergue puis, à partir de 1204, de la famille d'Arpajon, dont un représentant deviendra duc et pair de France au XVIIe s. Restauré à partir de 1963 par une association de bénévoles, la Vallée de l'Amitié, l'ensemble fortifié est aujourd'hui ouvert au public. Du Moyen Âge à la Renaissance, la forteresse de Brousse présente un ensemble architectural parfaitement cohérent : donjon, tours, remparts, archères-canonnières et mâchicoulis témoignent d'un passé militaire, tandis que le logis seigneurial et les jardins évoquent le lieu d'agrément qu'il fut également. Du château, les ruelles anciennes et sinueuses conduisent vers l'église fortifiée du XVe s flanquée d'un cimetière et d'un oratoire. Le franchissement du vieux pont de pierre du XIVe s sur l'Alrance permet l'accès à la rue basse du village. Accrochées aux versants de l'Alrance et du Tarn, les terrasses en escaliers témoignent de la présence, jadis, de la vigne, dont la culture fut longtemps, avec celle du châtaignier, la ressource principale de Brousse-le-Château.

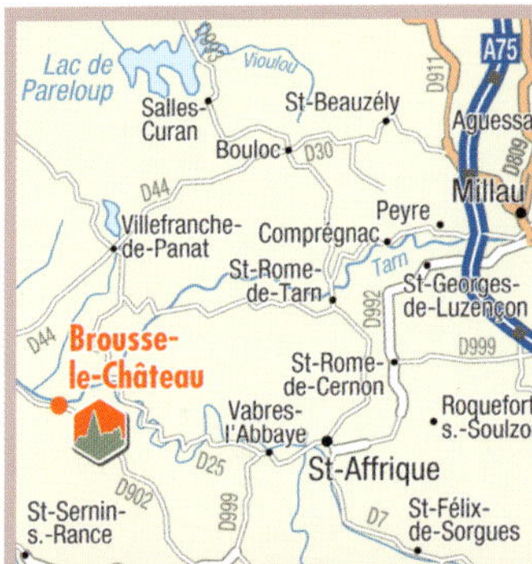

Par la route : autoroute A75, sortie n° 46-Saint-Rome-de-Cernon (51 km).
Par le train : gare d'Albi (51 km) ; gares de Millau ou Rodez (60 km).
Par avion : aéroport de Rodez-Marcillac (68 km) ; aéroport de Toulouse-Blagnac (149 km).

ⓘ **Mairie :** 05 65 99 41 14
Château : 05 65 99 45 40
www.brousselechateau.net

Pleine nature

Baignade • Pêche • Canoë-kayak • Canotage • Randonnée • VTT.

Aux alentours

• Châteaux de Coupiac, Saint-Izaire, Montaigut (de 15 à 20 km).
• Tour de Peyrebrune, dolmen Saint-Louis, Ayssènes, Saint-Victor et Melvieu (20 km).
• Vallée du Dourdou et Saint-Affrique (33 km).
• Pays de la Muse et des Raspes du Tarn et lacs du Lévezou (35 km).

Découvrir

• **Château** : typique de l'architecture militaire rouergate du Moyen Âge. À l'intérieur : logis des seigneurs, puits-citerne, four à pain... (05 65 99 45 40).
• **Église** (XVe s) : dédiée à saint Jacques le Majeur (05 65 99 41 14).
• **Mise en lumière** du château, de l'église et de l'oratoire.

Rendez-vous

Juillet : embrasement du château avec feu d'artifice (13) ; brocante.
Juillet-août : animations, musique, expositions.
Août : fête votive de saint Martin de Brousse avec sa traditionnelle poule farcie (3e w.-e.).

Se loger

Hôtel
Le Relays du Chasteau** (05 65 99 40 15).
Gîtes
M. Miron*** (05 65 35 48 04).
M. Tuffery** (04 90 75 62 79).
M. et Mme Rolland** (05 65 99 47 18).
M. Daures* (05 65 99 41 45).
M. et Mme Rugen (05 65 55 18 11).
M. et Mme Sénégas (05 65 99 40 15).

Se restaurer

Restaurant
♥ Le Relays du Chasteau (05 65 99 40 15).

Saveurs et savoir-faire

Art et artisanat
Potier.

Bruniquel

Défiant l'ennemi sur sa falaise

Tarn-et-Garonne (82) • 583 habitants • Altitude : 165 m

Au carrefour de l'Albigeois, du Rouergue et du Quercy, Bruniquel et ses châteaux surveillent du haut d'un promontoire rocheux, le confluent de l'Aveyron et de la Vère.
À son approche, Bruniquel offre à qui vient le découvrir son caractère défensif : à flanc de roche, les hautes et massives façades de ses châteaux, vieux de six siècles, impressionnent. À l'intérieur du village, la sensation est tout autre ! Découvrir Bruniquel, c'est suivre des chemins fleuris, franchir de vieilles portes ouvertes dans les remparts ou écouter l'horloge du beffroi. Tout séduit le regard : ici une figure sculptée, une fenêtre géminée, trilobée ou à meneaux, là un pas de demoiselle ou une porte cintrée, la pierre, grise ou dorée, omniprésente. Tout, dans l'architecture et le patrimoine du village, témoigne des multiples vies de Bruniquel : celle de place forte des comtes de Toulouse puis de Louis XIII, celle de cité commerçante, dont la culture de la vigne, du chanvre et du safran lui a assuré un rayonnement international encore incarnée aujourd'hui par la maison Payrol, ancien hôtel de marchands du XIIIe s, celle, encore, de cité industrielle où l'exploitation de minerais a alimenté forges et scieries jusqu'au milieu du XXe s et enfin celle animée aujourd'hui par les nombreux artisans d'art.

Découvrir
• **Châteaux** : salles voûtées, chapelle et galerie Renaissance, salle de la préhistoire (05 63 67 27 67).
• **Village** : toute l'année, visite audioguidée pour les individuels (05 63 67 29 84).

Se loger
Chambres d'hôtes
M. Digne**** (05 63 65 35 41).
Mme Waleryszak*** (05 63 67 25 00).
Mme Artusi* (05 63 24 15 26).
M. Caulliez (05 63 24 17 31).
Mme Estanove (05 63 67 23 09).
Le Moulin de Mirande (05 63 24 50 50).
M. Rouquet (06 78 30 78 47).
Mme Zweers (05 63 67 75 68).
Gîtes, meublés et camping
Rens. : 05 63 67 29 84 / www.bruniquel.fr

Se restaurer
Restaurants
Les Bastides (05 63 67 21 87).
Le Délice des Papilles (05 63 20 30 26).
Les Gorges de l'Aveyron (05 63 24 50 50).
Le Café Elia (05 63 24 19 87).
La Taverne du Temps (05 63 65 35 96).

Par la route : autoroute A20, sortie n° 59-Saint-Antonin-Noble-Val (21 km).
Par le train : gare de Montauban (29 km).
Par avion : aéroport de Toulouse-Blagnac (82 km).

Office de Tourisme : 05 63 67 29 84
www.bruniquel.fr

Saveurs et savoir-faire
Art et artisanat
Création de bijoux • Céramistes • Graveur sur cuivre • Peintres • Photographe d'art • Potier • Souffleur de verre • Tisseuse.

Rendez-vous
Mai : Vert-Tige, marché aux plantes (1e dim.).
Fin juillet-début août : festival Offenbach.
Août : fête patronale (15).
Sept. : festival de percussions « Les Nuits Frappées de Bruniquel » (3e sam.), fête des vendanges (3e dim.).
Déc. : « À la rencontre des créateurs de Bruniquel » (1er w.-e.).

Pleine nature
Randonnée pédestre : GR 46 et 5 circuits balisés. Randonnée avec ânes de bât : L'Abri-Niquel (05 63 24 15 26).

Aux alentours
• *Puycelsi (13 km), voir p. 234.
• *Castelnau-de-Montmiral (22 km), voir p. 183.
• Montricoux, Bioule et Montauban (de 5 à 30 km).
• Gorges de l'Aveyron et Caylus (de 7 à 35 km).

Camon

Une abbaye et des roses

Ariège (09) • 147 habitants • Altitude : 350 m

Au creux d'un vallon ariégeois, Camon enferme encore dans la ceinture de ses remparts une ancienne abbaye-forteresse.
Dans une boucle de la rivière de l'Hers, Camon est, aux confins de l'Ariège et de l'Aude, né d'une abbaye fondée au Xᵉ s par une communauté bénédictine. Devenu en 1068 un prieuré rattaché à l'abbaye de Lagrasse, le monastère est détruit le 18 juin 1279 par une inondation catastrophique due à la rupture du barrage naturel retenant les eaux du lac de Puivert. Relevé de ses ruines durant le XIVᵉ s, le prieuré est à nouveau dévasté en 1494 par des compagnies de routiers et abandonné. Au début du XVIᵉ s, Philippe de Lévis, nouvel évêque de Mirepoix, le fait reconstruire et fortifier en même temps qu'il réédifie l'église commune aux religieux et aux habitants du village, dont il assure la protection en l'enfermant dans une seconde enceinte. À la fin du même siècle, le cardinal Georges d'Armagnac, alors prieur de Camon, renforce les fortifications et donne à la cité et au prieuré leur visage actuel. Typique des villages fortifiés de l'Ariège avec ses maisons en matériaux de pays serrées les unes contre les autres et couvertes de tuile romane, Camon est aussi surnommé « le Village aux cent rosiers » et célèbre cette fleur délicate chaque année en mai.

Par la route : autoroute A66, sortie n° 6-Mirepoix (33 km) ; autoroute A61, sortie n° 22-Foix (41 km).
Par le train : gare de Foix (47 km).
Par avion : aéroport de Carcassonne-Salvaza (56 km) ; aéroport de Toulouse-Blagnac (113 km).

Office de Tourisme : 05 61 68 88 26
www.camon09.org

Découvrir

• **Village** (abbaye, église, remparts) : visite guidée. Rens. : Office de Tourisme (05 61 68 88 26).
• **« Cabanes » de Camon :** sentier à thème autour des anciennes cabanes de vignerons en pierres sèches, orchidées sauvages au printemps ; visite guidée (05 61 68 88 26) ; « Les bal'ânes aux cab'ânes », sortie sur le sentier des cabanes avec des ânes bâtés, en juillet-août sur réservation : 05 61 68 88 26.
• **Roseraie :** jardin de roses parfumées (accès libre).

Se loger

Chambres d'hôtes
L'Abbaye - Château de Camon (05 61 60 31 23).
Gîtes
Gîtes de Daurat, Mme Vercauteren (05 61 68 24 92).
Camping
La Pibola*** (05 61 68 12 14).
Camping à la ferme
La Besse** (05 61 68 84 63).

Se restaurer

Restaurants
L'Abbaye - Château de Camon : le soir sur réservation (05 61 60 31 23).
La Bergerie (06 95 40 28 85).
La Besse, petite restauration et produits de la ferme en saison (05 61 68 84 63).
La Camonette, petite restauration de terroir en saison.

Saveurs et savoir-faire

Spécialités et produits du terroir
Charcuterie • Croustades • Raisins et jus de raisin.
Art et artisanat
Céramique (vente et stages).

Rendez-vous

Mai : fête des roses (3ᵉ dim.).
Juillet-août : « Des chouettes et des étoiles », soirée à la découverte des rapaces nocturnes et de l'astronomie (05 61 68 88 26).

Pleine nature

Canoë • Pêche (parcours handipêche) • Randonnées pédestres • Voie verte (ancienne voie de chemin de fer Lavelanet-Mirepoix) : praticable à pieds, en VTT et à cheval.

Aux alentours

• Bastide de Chalabre, lac de Montbel et Puivert : château, musée, labyrinthe naturel de Nébias (de 10 à 20 km).
• Mirepoix et Vals (de 12 à 25 km).
• Lavelanet et château de Montségur (de 16 à 35 km).
• Carcassonne (50 km).

Capdenac-le-Haut

De l'empereur romain au comte de Toulouse

Lot (46) • 1 111 habitants • Altitude : 260 m

Perchée sur un rocher surplombant de plus de 110 m un méandre du Lot, Capdenac « le haut » subit les attaques de César et de Simon de Montfort.
Tête de navire, figure de proue : c'est la configuration du site qui aurait donné son nom occitan à Capdenac. Convoitée pour sa position stratégique, celle qui reste aujourd'hui connue comme la forteresse médiévale conquise au XIIIe s par le comte de Toulouse fut, bien avant cela, l'un des plus importants oppida du Quercy, prétendant au titre d'« Uxellodunum », siège de la dernière bataille gauloise menée par l'empereur romain Jules César. La fontaine gauloise et la fontaine de César, alimentées par de magnifiques bassins souterrains, comptent parmi les références à ces temps lointains. Les portes monumentales de la citadelle, le donjon et quelques belles demeures du XVIIIe s offrent le second visage de Capdenac : celui d'une cité qui traversa les vicissitudes du Moyen Âge, et où vécut Sully, célèbre ministre d'Henri IV.

Par la route : autoroute A20, sortie n° 56-Rodez (52 km).
Par le train : gare de Capdenac gare (3 km) ; gare de Figeac (6 km).
Par avion : aéroport de Rodez-Marcillac (50 km).

Office de Tourisme du Pays de Figeac : 05 65 38 32 26 / 05 65 34 06 25
www.capdenac-lot.fr

Découvrir

• **Donjon :** musée historique et préhistorique (05 65 38 32 26).
• **Fontaine des Anglais :** fontaine troglodytique composée de deux bassins (05 65 38 32 26).
• **Jardin médiéval des cinq sens :** plantes classées par thèmes – odorat, vue, toucher, goût et une fontaine pour évoquer l'ouïe ; plantes médicinales (05 65 38 32 26).
• **Village :** visites aux flambeaux en juillet-août (05 65 38 32 26).

Se loger

Hôtel
Le Relais de la Tour*** (05 65 11 06 99).
Gîtes et meublés
M. Claude Andrieu*** et ** (05 65 34 54 82).
M. Lacarrière*** (05 65 50 03 26).
M. Couderc** (05 65 34 19 50).
M. Tayrac** (05 65 34 03 81).
M. Vibe (06 03 94 00 99).

Se restaurer

Restaurants
La Bonne Table (05 65 34 16 10).
Le Relais de la Tour (05 65 11 06 99).
L'Oltis, crêperie (05 65 34 05 85).

Saveurs et savoir-faire

Spécialités et produits du terroir
Fromages de chèvre • Fouaces.

Rendez-vous

Marché estival : les mercredis matin en juillet-août, pl. de la Mairie.
D'avril à Oct. : expositions au donjon.
Avril : foire aux chevaux (3e sam.).
Juillet-août : marchés nocturnes, concerts, expositions artistiques.
Sept. : fête votive (3e w.-e.).

Pleine nature

Randonnée : 1 sentier balisé (05 65 38 32 26).

Aux alentours

• *Cardaillac (16 km), voir p. 180.
• Figeac : musée Champollion (6 km).
• Peyrusse-le-Roc (17 km).
• Decazeville (22 km).
• Villefranche-de-Rouergue (33 km).
• *Belcastel (39 km), voir p. 168.
• *Conques (42 km), voir p. 188.
• *Autoire (46 km), voir p. 163.

Pour la petite histoire

Un trésor de 3 000 pièces de monnaie gauloise en argent a été découvert dans une jarre en terre en 1866 alors que le maire de la commune entreprend de creuser une cave dans son jardin situé au cœur du bourg. Une partie de ce trésor fut acquise par un numismate parisien ; le reste fut fondu et utilisé en orfèvrerie. Aujourd'hui, cinq de ces pièces sont conservées au cabinet des Médailles de la Bibliothèque nationale.

Cardaillac

Les puissants du Quercy

Lot (46) • 614 habitants • Altitude : 358 m

Aux confins du Quercy et du Ségala, la puissante famille féodale des Cardaillac a fondé le village et lui a donné son nom.
Lorsque Pépin le Bref concède les terres de Cardaillac au chevalier Bertrand et à ses descendants, il assure au village son rayonnement futur. Avec deux falaises pour fortifications naturelles, le fort, achevé au XIIe s, s'avance sur un éperon triangulaire. Des remparts, trois tours subsistent : la Tour ronde, la tour de l'Horloge, qui servit de prison, et la tour de Sagnes, offrant une vue panoramique sur le village. Au XIVe s, la baronnie de Cardaillac compte une vingtaine de paroisses et possède plusieurs châteaux quercynois. La cité est attaquée durant la guerre de Cent Ans puis les guerres de Religion. Les Cardaillacois constituent alors la plus forte communauté protestante du haut Quercy et participent à la destruction de l'église St-Julien. Rendu au culte catholique par l'édit de Nantes, l'édifice est reconstruit au XVIIe s, tandis que le fort passe aux mains des réformés. À la révocation de l'édit de Nantes, les remparts sont abattus et les tours, rasées.

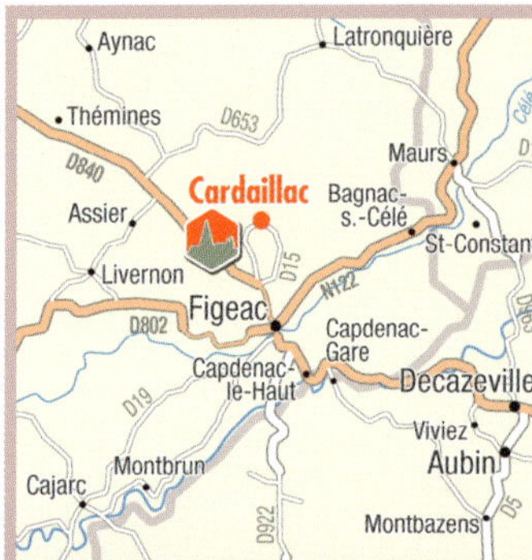

Par la route : autoroute A20, sortie n° 56-Rodez (44 km).
Par le train : gare de Figeac (12 km).
Par avion : aéroport de Rodez-Marcillac (66 km).

Office de Tourisme du Pays de Figeac : 05 65 34 06 25
www.tourisme-figeac.com

Découvrir

• **Fort :** vestiges du fort médiéval du XIe s (tours de Sagnes et de l'Horloge) ; visite guidée en été (rens. : 05 65 34 06 25).
• **Jardin-potager médiéval :** jardin de plantes médicinales ou tinctoriales ; visite libre (parcours commenté).
• **Musée éclaté :** circuit de plusieurs sites retraçant l'histoire et la vie du village depuis le Moyen Âge. La Maison du Semalier (bâtisse du XIIIe s) abritant l'atelier Émile Cros, dernier maître comportier, et de l'Oustal, la maison des Cardaillac- Thémines (maison forte du Moyen Âge), présentant une collection de matériel agricole et d'outils artisanaux, l'étuve à pruneaux et le four à pain, la saboterie et le moulin à huile de noix (05 65 40 10 63 ou 05 65 40 15 65).
• **Village :** circuit fléché et commenté ; visite guidée sur RDV (05 65 34 06 25).

Se loger

Chambres d'hôtes
M. et Mme Labedie (05 65 34 68 75).
Le Relais de Conques (05 65 40 17 22).
Gîtes et meublés
Isabelle de la Rosa*** (05 65 34 18 95).
Le Chalet du Ségala (05 65 34 56 88).
Didier Gaubert (06 09 79 46 70).
Raymond Davet (05 65 40 16 39).

Se restaurer

Restaurants
Le Bar du Fort (05 65 11 08 86).

Rendez-vous

Marché : dim. matin 8 h 30-13 h, pl. du Boulodrome.
Mai : foire du renouveau (brocante, artisanat, produits régionaux).
Juin : journée nationale des jardins.
Juillet-août : ciné-village, expositions, fête votive, fête de la peinture.
Nov. : foire de la Saint-Martin (brocante, arbres et fleurs, produits régionaux).

Pleine nature

Aire de jeux pour les enfants • Aire de pique-nique • Boulodrome (accès libre) • Chasse • Pêche (plan d'eau ; murat 1re catégorie) • VTT • Randonnée : GR 6 et circuits balisés.

Aux alentours

• *Capdenac-le-Haut (17 km), voir p. 179.
• Figeac (10 km).
• Lacapelle-Marival (15 km).
• Vallée du Célé (25 km).
• Rocamadour (35 km).
• Saint-Céré (35 km).
• *Autoire (38 km), voir p. 163.
• Gouffre de Padirac (40 km).

Pour la petite histoire

Cardaillac est situé sur le chemin de grande randonnée n° 6 (GR 6) reliant Figeac, Rocamadour et La Romieu, annexe du chemin de Saint-Jacques-de-Compostelle.

Carennac

Élégance, Renaissance et charme quercynois

Lot (46) • 386 habitants • Altitude : 118 m

Sur les rives de la Dordogne, face à l'île Calypso, Carennac protège ses maisons Renaissance aux fenêtres sculptées.
Du temps où il se nommait Carendenacus, Carennac était un village rassemblé autour d'une église dédiée à saint Sernin et dépendante de l'abbaye de Beaulieu. Sous l'impulsion de Cluny, la paroisse devient prieuré et entreprend la construction de l'actuelle église St-Pierre, édifice roman du XIe s. Son portail s'orne d'un magnifique tympan (XIIe s). Le cloître, mi-roman, mi-gothique flamboyant, déroule ses galeries de chaque côté d'une tour hexagonale et abrite une salle capitulaire renfermant une mise au tombeau du XVIe s, des bas-reliefs du XVe s relatant la vie et la passion du Christ et diverses statues de facture populaire. Dans le château des Doyens, l'Espace Patrimoine présente une exposition de découverte du Pays d'art et d'histoire dont Carennac fait partie. Aux côtés de cet édifice exceptionnel, les maisons du village ne dépareillent pas, toutes de pierres vêtues, ornées, ici ou là, de fenêtres à meneaux, de tours à échauguette ou d'escaliers extérieurs, et coiffées d'un enchevêtrement de toitures pentues à tuiles brunes, typiques du Quercy.

Par la route : autoroute A20, sortie n° 56-Rodez (44 km).
Par le train : gare de Rocamadour (23 km) ; gare de Gramat (31 km) ; gare de Brive-la-Gaillarde (49 km).
Par avion : aéroport de Brive-Vallée de la Dordogne (33 km).

Office de Tourisme Vallée de la Dordogne-Rocamadour-Padirac :
05 65 33 22 00
www.vallee-dordogne.com

Découvrir
- **Église St-Pierre et son cloître** (XIe-XIIe s).
- **Espace Patrimoine** (bâtisse du XVIe s) : exposition permanente sur la richesse naturelle, patrimoniale et architecturale du Pays d'art et d'histoire de la Dordogne lotoise (05 65 33 81 36).
- **Prieuré et village** : visite guidée sur RDV (05 65 10 97 01).

Se loger
Hôtels
Hostellerie Fénelon** (05 65 10 96 46).
Chambres d'hôtes
La Petite Vigne (05 65 50 25 84).
La Farga (05 65 33 18 97 ou 06 73 73 56 79).
Meublés
Rens. : 05 65 33 22 00 www.vallee-dordogne.com.
Camping
L'Eau vive** (05 65 10 97 39).

Se restaurer
Restaurants
Le Fénelon (05 65 10 96 46).
Le Prieuré (05 65 39 76 74).
Le Calypso (05 65 40 68 91).
La Bodega (05 65 39 77 77).

Saveurs et savoir-faire
Art et artisanat
Céramiste • Marqueterie • Sculpteur (été).

Rendez-vous
Marché : juillet-août, produits de pays le mardi 17 h-20 h.
Juillet-sept : expositions de peinture et de sculpture.
Août : Journée de la prune dorée de Carennac (1er lundi).
Nov. : mois de la pierre (expositions).
Déc. : marché de Noël.

Pleine nature
Canoë-kayak • Pêche • Randonnée : GR 52 • VTT.

Aux alentours
- *Loubressac (10 km), voir p. 212.
- Châteaux de Castelnau et Montal, Saint-Céré (de 10 à 16 km).
- Gouffre de Padirac et Rocamadour (de 10 à 20 km).
- *Autoire (13 km), voir p. 163.
- *Curemonte (15 km), voir p. 191.
- Vallée de la Dordogne (de 17 à 35 km).
- *Collonges-la-Rouge (23 km), voir p. 186.
- Martel (18 km).
- *Turenne (24 km), voir p. 260.

Pour la petite histoire
Après les guerres de Religion, le XVIIe s voit le retour de la prospérité grâce à la paix rétablie par Henri IV. Le prieuré de Carennac devient le fief de la famille Salignac de La Mothe-Fénelon, dont le membre le plus illustre, prieur de l'abbaye de 1681 à 1685 et futur évêque de Cambrai, choisit cet « heureux coin de la terre » pour écrire son Télémaque.

Castelnau-de-Montmiral

Le trésor des comtes d'Armagnac

Tarn (81) • 1 000 habitants • Altitude : 290 m

En surplomb de la forêt de la Vère, la bastide albigeoise de Castelnau-de-Montmiral renferme un riche patrimoine légué par les comtes de Toulouse et d'Armagnac.
Fièrement juché sur son éperon rocheux, le village est un véritable guet d'observation qui connaît, au Moyen Âge, un essor remarquable et voit s'édifier un château seigneurial doublé d'une imprenable forteresse. Le château a été détruit au XIXe s mais une partie des fortifications a été conservée ainsi que la porte des Garrics, datant du XIIIe s. Au cœur de la bastide fondée en 1222 par le comte de Toulouse Raymond VII, des maisons des XVIe et XVIIe s entourent la place à couverts et le vieux puits. L'église N.-D.-de-l'Assomption renferme un superbe retable baroque, une pietà et un Christ aux liens du XVe s, ainsi que la croix reliquaire des consuls de la fin du XIVe s, chef-d'œuvre de l'orfèvrerie religieuse méridionale ornée, à l'origine, de 354 pierres précieuses.

Par la route : autoroute A68, sortie n° 9-Gaillac (19 km) ; autoroute A20, sortie n° 59-Saint-Antonin-Noble-Val (42 km).
Par le train : gare de Gaillac (11 km).
Par avion : aéroport de Toulouse-Blagnac (81 km).

Office de Tourisme : 05 63 33 15 11 ou 05 63 57 14 65
www.tourisme-vignoble-bastides.com

Découvrir

• **Église N.-D.-de-l'Assomption** (XVe-XVIe s) : croix reliquaire du XIVe s, retable, Christ aux liens, pietà, fresques.
• **Exposition permanente** « Castelnau, pages d'histoire » (Office de Tourisme).
• **Château de Mayragues** (XIIe-XVIIe s) : visite les jeudis en juillet-août. Rens : 05 63 33 15 11.
• **Village** : visites guidées pour groupes sur RDV ; l'été pour les individuels (05 63 33 15 11).

Se loger

Hôtels
Les Consuls*** (05 63 33 17 44).
Chambres d'hôtes
Mme Bricout*** (05 63 33 50 41 ou 06 19 02 26 65).
M. Burd*** (05 63 40 47 93).
M. Coquillat*** (05 63 40 17 25).
Mme Geddes*** (05 63 33 94 08).
M. Janssens*** (05 63 57 20 42).
Mme Sordoillet*** (05 63 48 83 01).
Autres chambres d'hôtes, gîtes et gîtes d'étape
Rens. : 05 63 33 15 11
www.tourisme-vignoble-bastides.com.
Camping
Domaine du Chêne vert***
(05 63 33 16 10).

Se restaurer

Restaurants
Les Arcades (05 63 33 20 88).
Marina Pizza (05 63 34 47 43).
Au Baladin de la Grésigne, petite restauration (05 63 42 78 99).

Saveurs et savoir-faire

Spécialités et produits du terroir
Foie gras, confit, magret • Vins AOC de Gaillac.
Art et artisanat
Parfumeur • Peintre • Galerie d'art.

Rendez-vous

Marchés : toute l'année : mardi matin, pl. des Arcades.
Pentecôte : fête du village (le w.-e.)
Juillet-août : festival « Les Musicales » (mi-juil.), festival « Architecture et Musique » (fin juil.-début août).
15 août : foire au miel et aux produits du terroir, fête du village.

Pleine nature

Base de Vère-Grésigne : baignade, pêche, pédalo, mini-golf, tennis, départs VTT
• Randonnée pédestre : GR 36, 46 et 3 circuits balisés.

Aux alentours

• Gaillac (12 km).
• *Puycelsi (13 km), voir p. 234.
• *Bruniquel (22 km), voir p. 177.
• Cordes-sur-Ciel (22 km).
• Albi (32 km).
• *Monestiés (32 km), voir p. 214.
• Saint-Antonin-Noble-Val (31 km).
• Montauban (46 km).

Castelnaud-la-Chapelle

Du Moyen Âge à Joséphine Baker

Dordogne (24) • 461 habitants • Altitude : 140 m

Accrochés à flanc de falaise en surplomb du confluent entre Dordogne et Céou, le château de Castelnaud et ses demeures périgourdines s'étagent en terrasses le long de ruelles escarpées.
Édifié au XIIe s sur un site stratégique destiné à contrôler l'une des principales voies de communication fluviales et terrestres de la région, le château de Castelnaud suscite les convoitises durant les nombreuses guerres qui ponctuent le Moyen Âge. Abandonné à la Révolution, il sert même de carrière de pierres au XIXe s, avant que son classement aux Monuments historiques l'empêche de tomber en ruine en 1966. Aujourd'hui, après d'importantes campagnes de restauration, il dresse à nouveau sa puissante silhouette au-dessus de la vallée, offrant un panorama exceptionnel sur les villages voisins de Beynac-et-Cazenac ou de La Roque-Gageac et abrite le musée de la Guerre au Moyen Âge. Dans le village, les demeures typiques aux façades blondes et aux toitures brunes et pentues contrastent avec la végétation verdoyante du site. Non loin de la rivière, le château des Milandes conserve le souvenir de Joséphine Baker, propriétaire des lieux de 1947 à 1968.

Par la route : autoroute A20, sortie n° 55-Sarlat (37 km).
Par le train : gare de Sarlat-la-Canéda (12 km).
Par avion : aéroport de Brive-Vallée de la Dordogne (56 km) ; aéroport de Bergerac-Roumanière (67 km).

Office de Tourisme La Vallée et les Coteaux du Céou : 05 53 29 88 84
www.tourisme-ceou.com

Découvrir

• **Château de Castelnaud** (XIIe s, restauré) : musée de la Guerre au Moyen Âge dans les salles du logis seigneurial, collection de 200 pièces d'armes et d'armures, ensemble mobilier, scénographie (05 53 31 30 00).
• **Château des Milandes** (XVe s) : exposition permanente sur la vie de Joséphine Baker ; jardin (05 53 59 31 21).
• **Écomusée de la Noix du Périgord** : histoire et culture de la noix en Périgord dans un ancien corps de ferme restauré au cœur d'une noyeraie, espace muséographique, parcours de découverte, moulin à huile (05 53 59 69 63).
• **Jardins du château de Lacoste** : jardin de buis et de roses, jardin potager, parc (05 53 29 89 37).

Se loger

Chambres d'hôtes
La Tour de Cause (05 53 30 30 51).
Le Petit Bois (05 53 28 29 32).
Gîtes et meublés
Carpignac (05 58 74 33 81).
L'Escale (05 53 31 45 40).
Fondaumier (05 53 31 45 40).
La Grange au Puits (05 53 29 55 50).
La Chambre à Four (05 53 31 45 40).
Campings, village de vacances
Camping-village de vacances Lou Castel*** (05 53 29 89 24).
Camping Maisonneuve*** (05 53 29 51 29).

Se restaurer

Restaurants
Bar du Château (05 53 29 51 16).
La Cour de Récré (05 53 31 89 85).
Les Machicoulis, crêperie (05 53 28 23 15).
La Plage, pizzeria-snack (05 53 29 40 87).
La Taverne du Château (05 53 31 30 00).
Les Tilleuls, brasserie (05 53 29 58 54).
Le Tornoli (05 53 29 31 21).
Le Tournepique (05 53 29 51 07).

Saveurs et savoir-faire

Art et artisanat
Création de miniatures.

Rendez-vous

Juillet : fête de la Plage (w.-e. suivant le 14).

Pleine nature

• Base municipale de canoë-kayak (05 53 29 40 07) • Randonnée pédestre : GR 64 et circuits balisés • VTT • Randonnée équestre.

Aux alentours

• Vallée de la Dordogne : *La Roque-Gageac (3,5 km), *Belvès (18 km), *Limeuil (33 km).
• *Beynac-et-Cazenac (4 km), voir p. 172.
• *Domme (9,5 km), voir p. 192.
• Sarlat (13 km).
• Les Eyzies (24 km).
• *Saint-Amand-de-Coly (36 km), voir p. 238.
• *Monpazier (34 km), voir p. 217.
• Vallée de la Vézère : *Saint-Léon-sur-Vézère (37 km), voir p. 246.

Castelnou

Au pied des montagnes catalanes

Pyrénées-Orientales (66) • 365 habitants • Altitude : 245 m

Au pied des Aspres éclairées par le Canigou étincelant, Castelnou est un village typique de l'architecture rurale catalane.
Ceint par deux causses calcaires, le causse de Thuir et le roc de Majorque, le village, fondé au Xe s, semble oublié du temps après avoir été la capitale de la vicomté du Vallespir pendant plus de trois siècles. Le château épouse la disposition naturelle du roc et forme un pentagone. L'abrupt du rocher, les murailles épaisses de 3 m et l'enceinte fortifiée du village du XIIIe s, dont huit tours subsistent, assuraient la défense. Au nord-est du village, une tour érigée sur une colline permettait de guetter les alentours. Certains remparts édifiés au XIIe s, huit tours, quatre portes disposées aux quatre points cardinaux et la tour de guet extérieur ont résisté aux assauts. L'apparente rudesse de ce site escarpé bâti en pierre et disposé tout en escalier contraste avec l'intimité de ses ruelles fleuries, bordées de maisons aux teintes chaudes et aux toits de tuiles rondes. Au nord du village, l'église Santa Maria del Mercadal (du marché) est un édifice roman catalan.

Par la route : autoroute A9 sortie n° 42-Perpignan Sud (16 km).
Par le train : gare de Perpignan (20 km).
Par avion : aéroport de Perpignan-Rivesaltes (27 km).

Office de Tourisme d'Aspres-Thuir :
04 68 28 32 38 ou 04 68 53 45 86
www.aspres-thuir.com

Découvrir

• ♥ **Château** (xe s) : expositions permanentes (armures, costumes médiévaux, archers), film ; parc méditerranéen – visites classiques et visites théâtralisées (04 68 53 22 91).
• **Église** Santa Maria del Mercadal (xiie s).
• **Village** : visite commentée sur RDV.

Se loger

Chambres d'hôtes
La Figuera*** (04 68 53 18 42).
La Planquette (04 68 53 48 13).
Les Coricos (06 76 96 47 00).
Gîtes
Rens. : 04 68 53 45 72
www.aspres-thuir.com.

Pour la petite histoire

La Catalogne a insufflé son style à l'architecture de Castelnou. Réservant le rez-de-chaussée au bétail et aux communs, les maisons aux façades ocres s'ornent d'un escalier extérieur qui mène à l'étage habitable. Les fours à pain, accessibles de l'intérieur, ballonnent les murs.

Se restaurer

Restaurants
L'Hostal (04 68 53 45 42).
♥ D'ici et d'ailleurs (04 68 53 23 30).
Petite restauration
La Coin catalan (04 68 53 26 88).
La Font (04 68 53 66 25 ou 06 87 12 73 72).
Au Pré de Carlos (04 34 54 18 29 ou 06 34 49 40 01).

Saveurs et savoir-faire

Spécialités et produits du terroir
Foie gras, conserves • Produits fermiers • Miel.

Art et artisanat
• Ateliers / galeries d'artistes et artisans
• Coutelier d'art • Atelier fils de métal • Peintre-mosaïste • Potiers • Tourneur sur bois • Travaux d'art sur coquilles d'œufs
• Céramiste sculpturale • Création d'abat-jour • Création d'objets en papier recyclé.

Rendez-vous

Marché : mi-juin-mi-sept., mardi et vendredi 9 h - 19 h, au pied de l'église.
Avr.-oct. : expositions temporaires (Carré d'Art Descossy et Carré d'Art Gili).
Juin : les Lucioles de Castelnou (course de nuit) et feu de la Saint-Jean (fin juin).
Oct. : marché fermier (2e w.-e.).

Pleine nature

• Balades à dos d'âne.

Aux alentours

• Camélas, Fontcouverte, Monastir-del-Camp, Sainte-Colombe, Serrabonne (de 4 à 15 km).
• Thuir (caves Byrrh), Perpignan (21 km).
• Céret et la vallée du Tech (29 km).
• *Eus (29 km), voir p. 196.
• Elne, Collioure (30 km).
• *Villefranche-de-Conflent (37 km), voir p. 262.
• *Mosset (40 km), voir p. 222.

Collonges-la-Rouge

La Corrèze couleur pourpre

Corrèze (19) • 455 habitants • Altitude : 230 m

À la rencontre du Limousin et du Quercy, le rouge des grès de Collonges se marie au vert des treilles courant sur ses façades.
Né autour d'un prieuré bénédictin fondé au VIIIe s, le village devient au XIIIe s châtellenie de la puissante vicomté voisine de Turenne et lieu de résidence de ses officiers de justice. Collonges se pare alors des castels Renaissance de Maussac, Vassinhac, Benge ou Beauvirie. Volumes imposants, toitures de lause ou d'ardoise, tours, tourelles et échauguettes... à la fois rural et bourgeois, robuste et raffiné, Collonges-la-Rouge est d'une rare homogénéité et dans un état de conservation exemplaire. Chaque bâtisse, chaque monument raconte la riche histoire du village. L'église St-Pierre, érigée aux XIe et XIIe s, témoigne de l'époque où Collonges figurait parmi les étapes sur le chemin de Saint-Jacques et de Rocamadour. La porte du Prieuré, voûtée et de forme ogivale, et la porte Plate constituent les uniques vestiges des anciens remparts de la cité. Au cœur du village, l'ancienne halle aux grains et aux vins datant du XVIe s évoque l'activité commerçante du village à ses heures prospères et abrite toujours le four banal. La chapelle des Pénitents, que l'on peut admirer aujourd'hui grâce au travail de restauration des « Amis de Collonges », accueillit de 1765 jusqu'à la fin du XIXe s la confrérie des Pénitents noirs, dont l'une des missions charitables était d'enterrer les morts gratuitement.

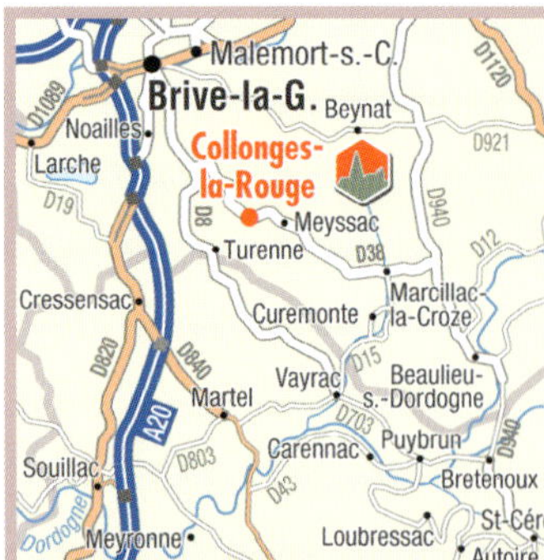

Par la route : autoroute A20, sortie n° 52-Collonges-la-Rouge (15 km).
Par le train : gare de Brive-la-Gaillarde (19 km).
Par avion : aéroport de Brive Vallée de la Dordogne (22 km).

Office de Tourisme : 05 55 25 47 57
www.ot-collonges.fr

Découvrir
• **Chapelle des Pénitents** (xve s) : restaurée en 1927 par l'association « Les Amis de Collonges ».
• **Église St-Pierre** (xie-xiie s) : tympan sculpté.
• **Maison de la Sirène** (xvie s) : demeure collongeoise typique avec mobilier et objets usuels d'autrefois, histoire du village (05 55 84 08 03 ou 05 55 25 42 48).
• **Village** : visite guidée (rens. : 05 55 25 47 57 ou 05 55 25 32 25).

Se loger
Hôtel
Le Relais Saint-Jacques** (05 55 25 41 02).
Chambres d'hôtes
Jeanne maison d'hôtes**** (05 55 25 42 31 ou 06 86 70 63 53).
Domaine de Peyrelimouse*** (05 55 84 07 17 ou 06 73 57 08 99).
La Douce France*** (05 55 84 39 59 ou 06 88 65 69 95).
La Vigne Grande** (05 55 25 39 20).
Le Jardin de La Raze (05 55 25 48 16 ou 06 04 18 89 91).
Gîtes et meublés
Rens. : 05 55 25 47 57
www.ot-collonges.fr.
Village de vacances
Les Vignottes (05 55 25 30 91).
Camping
Moulin de la Valane*** (05 55 25 40 20).

Se restaurer
Restaurants
L'Auberge de Benges (05 55 85 76 68).
Le Cantou (05 55 84 25 15).
Le Collongeois (05 55 84 59 16).
La Ferme de Berle, auberge à la ferme, sur réservation (05 55 25 48 06).
Le Pèlerin et la Sorcière, crêperie (05 55 74 23 49).
Les Pierres rouges (05 55 74 19 46).
♥ Le Relais Saint-Jacques (05 55 25 41 02).
Lou Brasier, pizzeria (06 16 59 69 49).

Saveurs et savoir-faire
Spécialités et produits du terroir
Canards • Moutarde violette • Noix.
Art et artisanat
Artisans du cuir • Chapeaux • Coutellerie • Décoration • Galerie d'arts • Linge de maison • Peintres • Poteries • Verreries.

Rendez-vous
Mai : fête votive (3e w.-e.).
Mi-juillet-mi-août : théâtrales les mardis en soirée.
Août : fête du pain (1e w.-e.), fête de la peinture et des arts plastiques (le 15)

Pour la petite histoire
C'est à un phénomène géologique, vieux de plusieurs millions d'années, que l'on doit cette couleur de pierre incomparable. La « faille de Meyssac », qui passe le long de Collonges-la-Rouge, s'est formée par le glissement du grès rouge du Massif central sous la plaque de calcaire de l'Aquitaine. Le fer oxydé du grès de Corrèze donne à la pierre cette tonalité rouge foncé caractéristique de la faille de Meyssac.

Pleine nature
Randonnée pédestre : GR 480 et plusieurs circuits balisés.

Aux alentours
• *Turenne (10 km), voir p. 260.
• *Curemonte (12 km), voir p. 191.
• *Carennac (24 km), voir p. 181.
• *Loubressac (33 km), voir p. 212.
• *Autoire (35 km), voir p. 163.
• Églises de Ligneyrac, Noailhac, Saillac (de 3 à 10 km).
• Brive-la-Gaillarde : marché, jardins de Colette (20 km).
• Vallée de la Dordogne (20 km).
• Souillac (34 km).

Conques

Égérie de l'art roman

Aveyron (12) • 283 habitants • Altitude : 250 m

Haut lieu de l'art roman, Conques recèle les richesses artistiques nées de la foi des hommes du Moyen Âge.
C'est sur le versant d'une vallée en forme de coquillage (*concha* en latin), qui lui donnera son nom, que la cité de Conques s'est installée, au cœur d'un riche massif forestier situé au confluent de deux rivières : l'Ouche et le Dourdou. Les riches heures de Conques, aux XIe et XIIe s, coïncident avec la construction de l'abbatiale, véritable chef-d'œuvre de l'art roman. Abritant sous ses voûtes 250 chapiteaux magnifiés par la lumière des vitraux contemporains de Pierre Soulages, elle met en scène sur le tympan de son portail occidental 124 personnages figés dans la pierre illustrant le Jugement dernier. Représentée en majesté, sainte Foy veille de son énigmatique regard sur un ensemble unique de reliquaires recouverts d'or, d'argent, d'émaux et de pierres précieuses. Vestiges des remparts édifiés à la même période, les portes du Barry et de la Vinzelle encadrent une cité où la pierre est reine. Dévalant les ruelles pavées, les demeures de Conques, dont les plus anciennes datent de la fin du Moyen Âge, arborent leurs façades mêlant colombages, calcaire jaune et grès rouge que viennent coiffer de splendides toitures de schiste argenté.

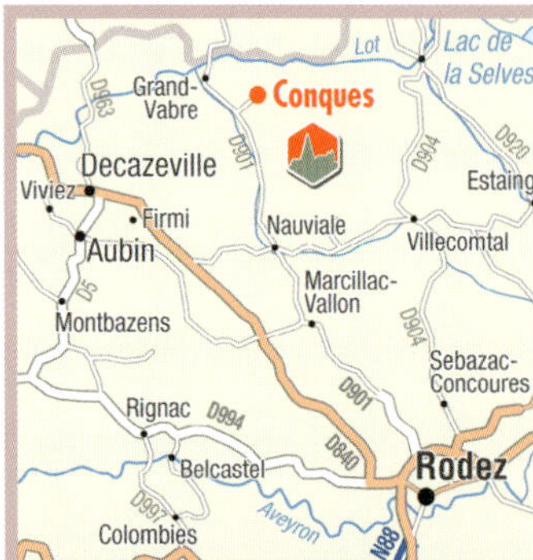

Par la route : autoroute A75, sortie n° 42-Rodez, N88-Rodez, D 901 (39 km).
Par le train : gare de Saint-Christophe-Vallon (33 km) ou de Rodez (45 km).
Par avion : aéroport de Rodez-Aveyron (34 km).

Office de Tourisme : 05 65 72 85 00
www.tourisme-conques.fr

Découvrir

• **Abbatiale Ste-Foy** : visite guidée du tympan, de l'étage inférieur de l'église et des tribunes (jours et horaires au 05 65 72 85 00) ; visite accompagnée des tribunes en nocturne avec orgue et lumières tlj à 21 h 30 de mai à sept. ; visite de groupes toute l'année sur réservation (05 65 72 85 00).
• **Trésor de Ste-Foy** : tlj (horaires au 05 65 72 85 00) ; visite guidée pour les groupes toute l'année sur réservation (05 65 72 85 00).
• **Visite du village** : juillet-août (05 65 72 85 00).
• **Visite du village** adaptée aux déficients visuels : guidage, maquettes, carnets de visite (relief, braille et caractères agrandis). Rens. : 05 65 72 85 00.

Se loger

Hôtels
Sainte-Foy (05 65 69 84 03).
Hervé Busset - Domaine de Cambelong**** (05 65 72 84 77).
Auberge Saint-Jacques** (05 65 72 86 36).
Chambres d'hôtes
Au Nid d'Angèle*** (06 60 87 28 61)
La Maison des sources*** (05 65 47 04 54).
Le Chrismo*** et ** (05 65 72 80 39).
Chez Alice et Charles** (05 65 72 82 10).
Les Chambres de Marie Scépé** (05 65 72 83 87).
Les Chambres de Montignac** (05 65 69 84 29).
Le Castellou (05 65 78 27 09).
Les Grangettes de Calvignac (05 65 67 86 70 ou 06 75 50 59 19).
Roulottes
Le Conqu'errant (05 65 72 90 50).
Gîtes et meublés
Rens. : 05 65 72 85 00
www.tourisme-conques.fr.
Hébergements de groupes
Maison familiale de vacances Relais Cap France (05 65 69 86 18).
Centre d'accueil de l'abbaye Sainte-Foy (05 65 69 89 43).
Gîte d'étape communal (05 65 72 82 98).
Camping
Le Beau Rivage*** (location de mobil-home), Le Faubourg (05 65 69 82 23).

Se restaurer

Restaurants
Auberge Saint-Jacques (05 65 72 86 36).
Hervé Busset - Domaine de Cambelong (05 65 72 84 77).
Le Charlemagne, crêperie, glacier (05 65 69 81 50).
Le Conqu'errant (05 65 72 90 50).
Sainte-Foy (05 65 69 84 03).
Au Parvis, crêperie, brasserie (05 65 72 82 81).
Chez Dany Lo Romiu, pizzeria, snack (05 65 46 95 01).
Sur le chemin du thé, salon de thé, restauration bio (09 60 02 81 95).

Saveurs et savoir-faire

Spécialités et produits du terroir
Conquaises (sablés aux noix) • Vin de Conques.

Art et artisanat
Antiquaire • Perlier d'art • Galerie d'art • Graveur à l'eau-forte • Graveur en taille douce • Maroquiniers • Peintre • Sellier • Sculpteur sur bois • Sculpteur-tailleur de pierre • Tapissière de basse-lice.

Rendez-vous

Juillet-août : festival de musique classique ; marché nocturne (certains jeu.).
Oct. : procession de la Sainte-Foy (le 6 ou le dim. après le 6).
Toute l'année : conférences, concerts, spectacles, stages...

Pour la petite histoire

Avec le pont des Pèlerins, l'abbatiale de Conques est inscrite au patrimoine mondial de l'Unesco au titre des chemins de Compostelle. Située sur la *via Podiensis*, la cité reste une étape incontournable pour les pèlerins en route vers Saint-Jacques.

Pleine nature

Pêche • Randonnée pédestre : GR 62, 65 et 7 circuits balisés.

Aux alentours

• Vallée et gorges du Dourdou : site panoramique du Bancarel (2 km).
• Vallée du Lot (7 km).
• Vallon de Marcillac, vignoble et cave des Vignerons du Vallon à Valady (18 km).
• Salles-la-Source, cascade (25 km).
• *Estaing (38 km), voir p. 194.
• *Belcastel (39 km), voir p. 168.
• Rodez, cathédrale et musée Soulages (39 km).

La Couvertoirade

Sur la trace des Templiers

Aveyron (12) • 188 habitants • Altitude : 776 m

Au cœur des grands espaces du causse du Larzac, La Couvertoirade est l'œuvre des Templiers et des Hospitaliers.
Édifié au XIIe s, le château de La Couvertoirade fait partie de l'une des commanderies du réseau tissé par les Templiers dans tout l'Occident et en Terre sainte. Déclarés hérétiques au début du XIVe s par Philippe le Bel, les Templiers, dont le grand maître est condamné au bûcher, cèdent la place aux Hospitaliers, qui héritent de tous leurs biens. Eux aussi moines soldats, les Hospitaliers enferment la cité dans une couronne de remparts au XVe s, pour la protéger des attaques des compagnies de routiers et des épidémies. Du haut du chemin de ronde, la vue s'étend sur le Larzac et l'ensemble du village : au pied de l'église du XIIe-XVe s, un dédale de ruelles bordées de maisons caussenardes et de belles demeures des XVIe et XVIIe s invitent à la flânerie.

Par la route : autoroute A75, sortie n° 49-Le Caylar (7 km).
Par le train : gare de Millau (49 km).
Par avion : aéroport de Montpellier-Méditerranée (93 km).

Bureau d'information
La Couvertoirade : 05 65 58 55 59
www.lacouvertoirade.com
Office de Tourisme Larzac et Vallées :
05 65 62 23 64 - www.tourisme-larzac.com

Découvrir

• **Village :** remparts du XVe s, château du XIIe s, église hospitalière, four du XIVe s. Visite libre ou payante, audio-guidée ou guidée, visite nocturne (été). Rens. : 05 65 58 55 59.

Se loger

Chambres d'hôtes
M. et Mme Augustin, La Salvetat (05 65 62 13 15).
Gîte de la Cité (06 01 81 94 18).
Les Mourguettes (06 11 08 35 30 ou 06 14 57 12 31).
Gîtes, gîtes d'étape et meublés
Rens. : 05 65 62 23 64
www.tourisme-larzac.com.
Aire naturelle de camping
Les Canoles, La Blaquèrerie (05 65 62 15 12).

Se restaurer

Restaurants
Café des Remparts (05 65 62 11 11).
Café Montes, crêperie (05 65 58 10 71).
L'Auberge du Chat Perché (05 65 42 14 61).
Le Médiéval (05 65 62 27 01).
Tour Valette (05 65 62 09 69).
Au 20, petite restauration-bar à vins (05 65 62 19 64).
Les Gourmandises de l'Aveyron, petite restauration (06 83 03 61 31).
Salons de thé
Les Fées des Causses (05 65 58 14 23).
L'Hospitalier (06 38 51 88 31).

Saveurs et savoir-faire

Spécialités et produits du terroir
Fromage de brebis • Produits de canard.
Art et artisanat
Galeries d'art • Ateliers en saison (potiers, tisserands, savonniers, sculpteurs…).

Rendez-vous

Juillet-août : les Mascarades (fête de village médiévale) ; marché paysan (les jeu. soirs) ; journées enfants ; conférences ; concerts…

Pleine nature

Géocache : chasse au trésor avec GPS • Balades à poney • Parcours dans les rochers • Randonnée pédestre : GR 71 C et GR 71 D et boucles autour du village • VTT.

Aux alentours

• Saint-Jean-du-Bruel : Noria, Maison de l'Eau (18 km)
• Nant et les gorges de la Dourbie, églises romanes (25 km).
• Sites templiers et hospitaliers du Larzac : La Cavalerie, Sainte-Eulalie-de-Cernon (Reptilarium, vélorail), Viala-du-Pas-de-Jaux et St-Jean-d'Alcas (de 20 à 30 km).
• Lodève (24 km).
• Cirque de Navacelles (34 km).
• Viaduc de Millau (35 km).
• Caves de Roquefort (46 km).

Curemonte

Village de seigneurs et de vignerons

Corrèze (19) • 216 habitants • Altitude : 210 m

Rythmée par les tours de ses trois châteaux, la silhouette de Curemonte se dessine au-dessus des vallées de la Sourdoire et du Maumont. C'est sur un long éperon de grès que le village s'est bâti. Du haut du bourg, son architecture médiévale étonne. Proche des trois châteaux (Saint-Hilaire, aux tours carrées, Plas, aux tours rondes, et La Johannie), l'église romane St-Barthélemy recèle un retable de 1672 et les autels de saint Jean-Baptiste et de la Vierge, des XVIIe et XVIIIe s. La halle, de la fin du XVIIIe s, abrite un pied de calvaire gothique. Dans une ambiance restée rurale et simple, de belles demeures Renaissance cohabitent avec d'anciennes maisons de vigneron dans une harmonie de grès clair et de tuile brune. En dehors du bourg, l'église romane St-Genest, décorée de peintures du XVe s, abrite un musée religieux et celle de La Combe, de la fin du XIe s, est l'une des plus anciennes de Corrèze.

Par la route : autoroute A20, sortie n° 52-Noailles (18 km).
Par le train : gare de Brive-la-Gaillarde (31 km).
Par avion : aéroport de Brive-Vallée de la Dordogne (27 km).

ⓘ **Office de tourisme du Pays de Collonges-la-Rouge :** 05 55 25 34 76
www.ot-collonges.fr

Découvrir
- **Église St-Barthélemy** (XIIe s) : retable en bois du XVIIe s.
- **Église de La Combe** (XIe s) : expositions en été.
- **Église St-Genest :** musée d'objets religieux.

Se loger
Chambres d'hôtes
Mme Raynal*** (05 55 25 35 01).
Gîtes et meublés
Gîte de la Barbacane*** (05 55 87 49 26).
Gîte de la Mairie** (05 55 27 38 38).
Gîte Plaisance** (05 55 91 08 81).
La Maison de Marguerite (06 03 25 33 67).
Le Roc Blanc (05 55 25 48 02).
Lou Pé Dé Gril (05 55 25 45 53).

Se restaurer
Restaurants
La Barbacane (05 55 25 43 29).
Auberge à la ferme
Auberge de la Grotte (05 55 25 35 01).

Saveurs et savoir-faire
Spécialités et produits du terroir
Ails et échalotes • Apéritifs et confitures à base de fleurs de pissenlits • Fraises et confitures • Bière artisanale.

Rendez-vous
Juillet-août : marché festif, vente de produits régionaux suivis d'un barbecue (les mer. à 16 h).

Pleine nature
Chasse • Pêche • Randonnée pédestre : GR 480 et 2 circuits balisés.

Aux alentours
- La Chapelle-aux-Saints : site préhistorique, musée (3 km).
- Vallée de la Dordogne : Beaulieu et Argentat (de 10 à 35 km).
- *Collonges-la-Rouge (12 km), voir p. 186.
- *Carennac (14 km), voir p. 181.
- *Turenne (18 km), voir p. 260.
- *Loubressac (23 km), voir p. 212.
- *Autoire (26 km), voir p. 163.
- Brive-la-Gaillarde : marché, jardins de Colette (40 km).

Pour la petite histoire
C'est à l'exode de 1940 que Curemonte doit le passage de Colette, qui trouva refuge chez sa fille Colette de Jouvenel, alias « Bel Gazou », propriétaire des châteaux de St-Hilaire et de Plas. Dans la tranquillité du village, l'écrivain rédige une partie de roman le *Journal à rebours* : « Les champignons saisonniers poussent en une demi-nuit : ils croissent si vite qu'ils entraînent par-dessus leur chapeau un toit de feuilles mortes… »

Domme

Belvédère sur la Dordogne

Dordogne (24) • 1 019 habitants • Altitude : 210 m

Au bord d'une vertigineuse falaise, Domme offre sur la vallée de la Dordogne un panorama exceptionnel.
Dominant de 150 m les méandres de la vallée de la Dordogne, Domme doit à son site exceptionnel d'être l'une des plus belles bastides du Sud-Ouest de la France tout autant qu'un lieu convoité et marqué par une histoire longtemps tumultueuse. Ses remparts, ses portes fortifiées et ses tours, qui servirent de prison aux Templiers au début du XIVe s puis aux soldats français ou anglais durant la guerre de Cent Ans, en sont les témoins imposants. Depuis la place de la Rode, au hasard des rues richement fleuries, de belles demeures aux façades dorées et aux toits irréguliers recouverts de tuile brunes se dévoilent, à l'image de la maison du Batteur de Monnaie, ornée d'une triple fenêtre à meneaux, ou de l'ancienne maison de justice du Sénéchal, construites au XIIIe s. Dans le prolongement de la place de la Halle, Domme offre une vue panoramique sur la vallée de la Dordogne, les paysages simples de ses terres cultivées et quelques fleurons du patrimoine local tels que le château de Monfort, le village de La Roque-Gageac ou encore les Jardins de Marqueyssac.

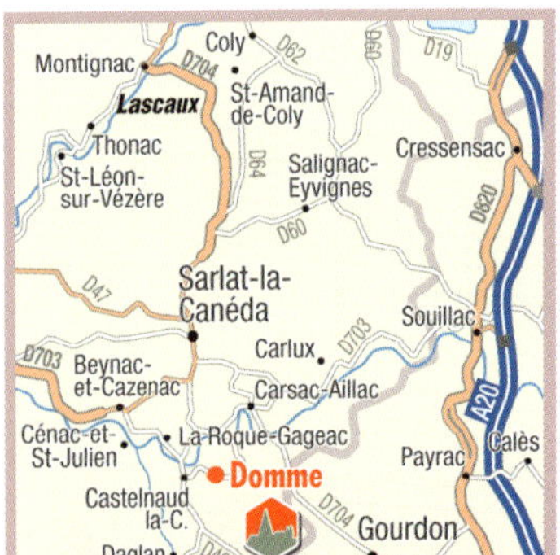

Par la route : autoroute A20, sortie n° 55-Sarlat (35 km).
Par le train : gare de Sarlat-la-Canéda (12 km).
Par avion : aéroport de Brive-Vallée de la Dordogne (53 km).

Office de Tourisme du Périgord Noir-Sud Dordogne : 05 53 31 71 00
www.tourisme-domme.com

Découvrir

- **Église N.-D.-de-l'Assomption :** tlj.
- **Graffiti Templiers :** gravés par les Templiers sur les murs de la Porte des Tours, ils sont constitués de 7 tableaux liés à l'iconographie religieuse ; visites guidées (05 53 31 71 00).
- ♥ **Grotte à concrétions :** la plus grande grotte aménagée du Périgord noir. Sous la bastide, 450 m de galeries ; remontée par ascenseur panoramique avec vue sur la vallée de la Dordogne. Rens. : Office de Tourisme (05 53 31 71 00).
- **L'Oustal du Périgord** (musée des Arts et Traditions populaires) : collection d'objets anciens des XIXe et XXe s retraçant la vie des paysans de la région. Rens. Office de Tourisme (05 53 31 71 00).
- **Village :** visite en juillet-août, sur RDV hors saison (05 53 31 71 00) ; circuit du village en petit train.

Se loger

Hôtels
L'Esplanade*** (05 53 28 31 41).
Les Quatre Vents** (05 53 31 57 57).
Nouvel Hôtel** (05 53 28 36 81).
Chambres d'hôtes
Le Manoir du Rocher*** (06 15 25 91 75).
Ferme auberge de Montalieu Haut (05 53 28 31 74).
Le Colombier (05 53 29 61 02).
Les Cigales (05 53 59 25 87).
Meublés et campings
Rens. : 05 53 31 71 00
www.tourisme-domme.com.
Villages de vacances
Village du Paillé (06 73 38 32 94).
Les Ventoulines (05 53 28 36 29).
La Combe (05 53 29 77 42).

Se restaurer

Restaurants
Auberge de la Rode (05 53 28 36 97).
Le Belvédère (05 53 31 12 01).
Le Carreyrou (06 82 01 08 36).
Le Chalet (05 53 29 32 73).
L'Esplanade (05 53 28 31 41).
Le Jacquou gourmand (05 53 28 36 81).
Le Médiéval (05 53 28 24 57).
La Pizzeria des Templiers (06 06 45 15 09).
La Poivrière (05 53 28 32 52).
Les Quatre Vents (05 53 31 57 57).
Cabanoix et Châtaignes (05 53 31 07 11).
Mon coin resto (05 53 28 53 47).
Auberge à la ferme
La Borie blanche (05 53 28 11 24).

Pour la petite histoire

Au début du XIVe s, Philippe Le Bel supprime l'ordre des Templiers. Certains chevaliers des commanderies voisines sont alors enfermés dans la bastide. Leur prison, la Porte des Tours, garde le souvenir de ces années de captivité. Gravés dans la pierre, des messages témoignent de leur détresse et de leur foi.

Saveurs et savoir-faire

Spécialités et produits du terroir
Oies • Noix.
Art et artisanat
Bijoutier • Potier • Peintre.

Rendez-vous

Marché : jeudi matin, pl. de la Halle.
Juin : fête de la Saint-Clair (1e w.-e.), feux de la Saint-Jean et fête de la Musique, festival de théâtre amateur.
14 Juillet : retraite aux flambeaux, feu d'artifice.
Juillet-août : marché artisanal (le jeu.).

Pleine nature

Canoë-kayak • Tennis • VTT • Randonnée pédestre : GR 64 et circuits balisés • Sports aériens : aviation légère et ULM.

Aux alentours

- Sarlat (12 km).
- Vallée de la Dordogne : *La Roque-Gageac (5 km), voir p. 236, *Castelnaud-la-Chapelle (9,5 km), voir p. 184, *Beynac-et-Cazenac (10 km), voir p. 172, *Belvès (25 km), voir p. 170.
- Gourdon (27 km).
- Les Eyzies (34 km).
- Saint-Amand-de-Coly (37 km).
- Vallée de la Vézère : *Saint-Léon-sur-Vézère (39 km), voir p. 246.
- *Limeuil (39 km), voir p. 211.
- *Monpazier (43 km), voir p. 217.

Estaing

Une famille, un château

Aveyron (12) • 610 habitants • Altitude : 320 m

Aux portes des gorges du Lot, Estaing se caractérise par un imposant château qui domine les toits en lause des maisons de schiste. L'illustre famille d'Estaing marqua l'histoire du Rouergue mais aussi de la France. Pour avoir sauvé le roi à Bouvines en 1214, Pierre-Tristan offrit des lis royaux aux armes de sa famille. En 1368, Pierre fut nommé cardinal et gouverneur des États pontificaux. Sous Louis XVI, le vice-amiral Charles-Henri se distingua outre-Atlantique dans la guerre de l'Indépendance américaine. Le château des Comtes d'Estaing (XIe s à nos jours) mêle styles roman, gothique flamboyant et Renaissance. Sur la place François Annat, l'église, du XVe s, aux retables et aux vitraux remarquables, abrite les reliques de saint Fleuret. Au cœur de la cité, de belles maisons Renaissance séduisent encore le visiteur d'aujourd'hui.

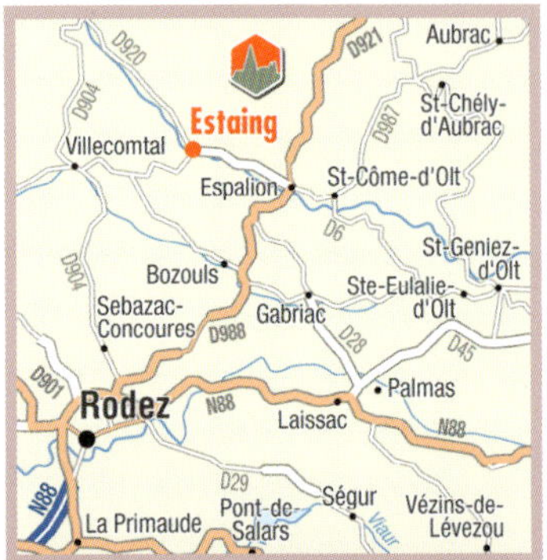

Par la route : autoroute A75, sortie n° 42-Rodez (55 km).
Par le train : gare de Rodez (39 km).
Par avion : aéroport de Rodez-Marcillac (48 km).

Office de Tourisme Espalion-Estaing : 05 65 44 03 22 - www.tourisme-espalion.fr

Découvrir

• **Château** (XIe s à nos jours) : retrace la vie de l'illustre famille d'Estaing ; ouverture saisonnière au public. Visite libre des salles restaurées ; visite guidée sur RDV (rens. : 05 65 44 72 24).
• **Église St-Fleuret** (XVe s) : retables en bois doré (XVIIe et XVIIIe s), reliques de saint Fleuret ; vitraux contemporains de Claude Baillon.
• **Village** : visite accompagnée pour les groupes sur RDV (05 65 44 03 22).

Pour la petite histoire

À la renommée de ses comtes, Estaing ajoute celle de saint Fleuret, dont les reliques reposent dans l'église. Connu pour ses guérisons miraculeuses, l'évêque de Clermont revenait d'un concile à Rome lorsqu'il s'éteignit à Estaing, au VIIe s. Depuis, le village vénère chaque premier dimanche de juillet son saint patron lors d'une procession légendaire et historique.

Se loger

Hôtels
Le Manoir de la Fabrègues*** (05 65 66 37 78).
Aux Armes d'Estaing** (05 65 44 70 02).
Auberge Saint-Fleuret** (05 65 44 01 44).
Chambres d'hôtes
La Marelle*** (05 65 44 66 78).
L'Oustal de Cervel*** (05 65 44 09 89).
Lou Bellu (06 80 66 77 79).
Gîtes, meublés et camping
Rens. : 05 65 44 03 22
www.tourisme-espalion.fr.

Se restaurer

Restaurants
Aux Armes d'Estaing (05 65 44 70 02).
Auberge Saint-Fleuret (05 65 44 01 44).
Brasserie du château (05 65 44 12 89).
Le Manoir de la Fabrègues (05 65 66 37 78).
Le Plaisir du goût, crêperie-saladerie (05 65 48 27 43).
Chez mon Père, pizzeria (05 65 44 02 70).
Le Chrislou, petite restauration (05 65 44 35 56).

Saveurs et savoir-faire

Spécialités et produits du terroir
Vins blancs, rosés, rouges, AOC et IGP Aveyron.
Art et artisanat
Créateurs de sacs et d'accessoires • Créateurs de bijoux • Coutelier • Peintre • Enlumineur.

Rendez-vous

Marché : juillet-août, marchés gourmands pl. du Foirail le vendredi à partir de 19 h.
15 juin-15 sept. : « Son et lumière d'Estaing, 1 500 ans d'histoire » (mercredi soir).
Juillet : fête de la Saint-Fleuret, procession traditionnelle (1e dim.).
Août : nuit Lumière, illumination de la cité aux chandelles, son et lumière, feu d'artifice (le 15).
Sept. : les Médiévales d'Estaing (2e w.-e.).

Pleine nature

Pêche (parcours de pêche à la truite) • Randonnée pédestre : GR 65, GR 6 ; topoguide (23 boucles) et circuit de visite du bourg.

Aux alentours

• Maison de la Vigne, du Vin et des Paysages d'Estaing (5 km).
• *Saint-Côme-d'Olt (14 km), voir p. 242.
• Villecomtal (15 km).
• Gorges de la Truyère (25 km).
• Laguiole et l'Aubrac (26 km).
• *Sainte-Eulalie-d'Olt (33 km), voir p. 243.
• Rodez (36 km).
• *Conques (38 km), voir p. 188.

Eus

On dirait le Sud

Pyrénées-Orientales (66) • 435 habitants • Altitude : 387 m

Eus embaume les arômes des vergers, des anciennes oliveraies et de la garrigue.
Construit en terrasses abritées du vent, il tient son nom des chênes verts (yeuses) qui le bordent. Conçu pour la défense, Eus a repoussé en 1598 les Français et, en 1793, l'armée espagnole qui dominait alors le Conflent. L'église St-Vincent, du XVIIIe s, se dresse à l'emplacement du camp romain qui surveillait la voie allant de Terrenera à la Cerdagne, et de N.-D.-de-la-Volta, ancienne chapelle du château bâtie au XIIIe s. À l'entrée d'Eus, la chapelle romane est dédiée au patron des vignerons et à saint Gaudérique. Elle s'ouvre sur un porche du XIIIe s en marbre rose de Villefranche-de-Conflent. S'accrochant aux ruelles pentues et pavées de galets, les vieilles maisons de schiste restaurées proposent une silhouette homogène du village.

Par la route : autoroute A9, sortie n° 42-Perpignan Sud (41 km).
Par le train : gare de Prades-Molitg-les-Bains (6 km).
Par avion : aéroport de Perpignan-Rivesaltes (46 km).

Office de Tourisme Prades-Conflent : 04 68 05 41 02.
www.prades-tourisme.fr - www.eus.fr

Découvrir

- **Chapelle romane** (du bas), XIe, XIIe et XIIIe s classée monument historique.
- **Église St-Vincent** (du haut), XVIIIe s : retables et statues (XVIIe et XVIIIe s).
- **Musée La Solana** : traditions populaires.
- **Village** : visite guidée sur RDV (04 68 96 22 69).
- **Pépinières d'agrumes Bachès** : visites guidées pour groupes sur RDV d'octobre à février (04 68 96 42 91).

Se loger

Chambres d'hôtes
Casa Ilicia (06 95 34 15 32).
Gîtes et meublés
Destination Méditerranée*** (04 68 68 42 88).
Les Calendulas*** (06 84 35 06 11).
Julia Marie** (04 68 96 41 00).
Alexine* (04 34 56 00 26).
Amelia* (04 34 56 00 26).
Autres gîtes et meublés
Rens. : 04 68 68 42 88 ou 04 68 05 41 02
www.prades-tourisme.fr.

Se restaurer

Restaurants
Des Goûts et des Couleurs, salon de thé (06 09 53 32 47).
El Lluert, bar, tapas (04 68 05 37 28).
Le Vieux Chêne d'Eus (04 68 96 35 29).

Saveurs et savoir-faire

Spécialités et produits du terroir
Fruits et légumes du Conflent • Jus de fruits • Miel.

Art et artisanat
Bijoux en verre de Murano • Céramique • Ferronnerie d'art • Coutellerie • Peintures • Photographies • Sculptures • Vitraux • Herbes, huiles et parfums.

Rendez-vous

Janv. : fête patronale de la St-Vincent (22).
Lundi de Pâques : « Goig dels ous » animés par la chorale Cant'Eus.
Juin : Croisée d'arts.
Août : festa Major, festival des « Nits d'Eus », course des lézards (dern. dim.).

Pleine nature

Randonnée : 5 circuits balisés • Parcours aventure (10 parcours) : tubing, paintball, déval'mountain.

Aux alentours

- Prades et l'abbaye Saint-Michel-de-Cuxa (6 km).
- Prieuré de Marcevol (8 km)
- *Villefranche-de-Conflent (12 km), voir p. 262.
- *Mosset (13 km), voir p. 222.
- Vernet-les-Bains et l'abbaye Saint-Martin-du-Canigou (18 km)
- Prieuré de Serrabone (23 km).
- *Évol (24 km), voir p. 197.
- *Castelnou (28 km).
- Vallée de la Têt et Perpignan (44 km).
- Rivesaltes et le fort de Salses (48 km).

Évol

La montagne aux lloses bleues

Pyrénées-Orientales (66) • 40 habitants • Altitude : 800 m

Sur les contreforts du massif du Madrès, au flanc d'un vallon, le hameau d'Évol est né de la montagne.
Pour le chantre du pays catalan Ludovic Massé, qui y naquit en 1900, Évol, « loin de partout », était « un morceau du ciel sur la montagne [qui] ne reçoit d'ombre que du nuage ». Non visible de la route qui mène de la plaine à la Cerdagne, le village apparaît comme un joyau dans son écrin de verdure. Surplombé par l'ancienne forteresse des vicomtes de So et le clocher de son église romane, Évol est toujours en communion parfaite avec la montagne, qui fait encore vivre ses bergers et reste présente dans les schistes des murs et les « lloses » bleues des toits du village dont la taille était l'une des activités des habitants en hiver. Au gré des rues sinueuses et fleuries, fours à pain, séchoir à figues, paillers et cours intérieures témoignent du quotidien d'autrefois.

Par la route : autoroute A9, sortie n° 42-Perpignan Sud (63 km).
Par le train : gare de Prades-Molitg-les-Bains (20 km).
Par avion : aéroport de Perpignan-Rivesaltes (68 km).

Syndicat d'Initiative :
04 68 05 39 09 ou 06 07 23 31 24
www.evol66.fr

Découvrir

- **Cabinet littéraire Ludovic- Massé** (écrivain, conteur et chantre du pays catalan né à Évol en 1900).
- **Chapelle St-Étienne** (XIIIe s).
- **Église St-André** (XIe s) : Conjurador, retable de saint Jean-Baptiste).
- **Musée des arts et traditions populaires :** ancienne école communale, vieux outils, exposition « La llose bleue d'Évol » ; visites guidées sur RDV, association Évol la Médiévale (04 68 97 09 72).
- **Château vicomtal** (XIIIe s).
- **Église St-André** à Olette (XI-XVIIe s).

Se loger

Chambres d'hôtes
La Fontaine, Olette (04 68 97 03 67).
Gîtes et meublés
Mme Jasper** (06 15 55 74 79).
Mme Campredon (04 68 97 03 82).
Mme Grégoire (03 88 35 14 63).
Mme Torrejon (04 68 53 01 41).
Gîtes communaux (04 68 97 02 86).

Se restaurer

Restaurants
L'Houstalet, bistrot de pays (04 68 97 03 90).
La Casa del Sol, bistrot catalan (04 68 97 10 45).

Saveurs et savoir-faire

Spécialités et produits du terroir
Confitures et sirops artisanaux • Miel.

Rendez-vous

Marché traditionnel à Olette jeudi 8 h - 13 h, pl. du village.
Mai : transhumance des mérens.
Juin : fête de la Transhumance (1e w.-e.).
Oct. : foire d'ovins, de bovins et de produits du terroir (3e ou 4e w.-e.).

Pleine nature

Pêche à la truite (rivière d'Évol) • Plans d'eau de La Bastide • Randonnée pédestre.

Aux alentours

- *Villefranche-de-Conflent (13 km), voir p. 262.
- Thuir-d'Évol (1,5 km).
- Train jaune : gare d'Olette (2 km).
- Saint-Thomas-les-Bains (10 km).
- Prades (18 km).
- Vernet-les-Bains et l'abbaye Saint-Martin-du-Canigou (19 km)
- Mont-Louis (22 km).
- *Eus (24 km), voir p. 196.
- *Mosset (31 km), voir p. 222.

Pour la petite histoire

La légende locale confère au village d'Évol d'être une terre d'accueil pour les fées et les sorcières. Ces personnages hantaient les montagnes jusqu'au gorg nègre (lac noir d'Évol). Avant de monter les troupeaux en estive, les habitants accompagnaient le curé du village qui, à partir du Conjurador attenant à l'église, exorcisait le mauvais sort.

La Flotte

Port de Ré

Charente-Maritime (17) • 2 923 habitants • Altitude : 17 m

Par la route : N11-N237 (11 km).
Par le train : gare TGV de La Rochelle (23 km).
Par avion : aéroport de La Rochelle-Laleu (13 km).

Office de Tourisme : 05 46 09 60 38 / www.laflotte-iledere.fr

Face au pertuis breton et au continent, La Flotte-en-Ré, baigné de lumière océane, fait cercle autour de son port.
Devenue presqu'île au bout d'un pont, Ré n'a pas perdu pour autant la magie de ses lumières changeant avec les marées, la douceur de ses paysages mêlant à fleur d'océan vignes et marais salants, champs de primeurs et parcs à huîtres, l'éclatante blancheur de ses maisons aux volets verts. Sur cet « îlot sablonneux balayé par le vent », comme l'appelait Richelieu, La Flotte ajoute, dans un environnement naturel protégé de façon exemplaire, les émouvants vestiges de l'abbaye des Châteliers, érigée par les moines cisterciens au XIIe s, l'imposant fort de La Prée, édifié au XVIIe s face aux invasions anglaises et à la protestante La Rochelle, le dédale de ses venelles restaurées et fleuries autour de l'église Ste-Catherine et du vieux marché couvert de tuiles rondes, un pittoresque port animé toute l'année par les bateaux de pêche et de plaisance. Au large de sa double jetée, l'océan sépare toujours, n'en déplaise au pont, l'« île blanche » du continent.

Découvrir

- **Fort de La Prée** (XVIIe s) : construction Vauban, visite guidée sur RDV (05 46 09 61 39).
- **La Maison du Platin :** musée de la vie rétaise à travers des collections sur les activités traditionnelles de l'île, les liaisons Ré-continent, l'habitat et les costumes ; expositions temporaires (05 46 09 61 39).
- **Vestiges de l'abbaye cistercienne des Châteliers** (XIIe s) : visite libre ou commentée.
- **Village :** visite guidée sur RDV (05 46 09 61 39).

Se loger

Hôtels
Le Richelieu**** (05 46 09 60 70).
Le Français** (05 46 09 60 06).
La Galiotte** (05 46 09 50 95).
L'Hippocampe** (05 46 09 60 68).

Résidence de tourisme
Les Hauts de Cocraud** Odalys (05 46 68 29 21 ou 0825 562 562).

Chambres d'hôtes
Le Château de Sable (05 46 01 75 60).
Stéphanie Gaschet (05 46 09 05 78).
M. Rocklin (05 46 09 51 28).
Mme Vanoost (05 46 09 12 89).
Mme Wyart (05 46 09 63 93).

Gîtes, meublés et campings
Rens. : 05 46 09 60 38
www.laflotte-iledere.fr.

Se restaurer

Restaurants

À la Plancha (05 46 68 10 34).
La Croisette (05 46 09 06 06).
La Poissonnerie du Port, sauf janv.-fév. (05 46 09 04 14).
L'Écailler, gastronomique (05 46 09 56 40).
L'Endroit du Goinfre (05 46 09 50 01).
Le Français (05 46 09 60 06).
Le Richelieu, gastronomique (05 46 09 60 70).
Le Saint-Georges (05 46 09 60 18).
Chez nous comme chez vous, cuisine bistrot-bar à vins (05 46 09 49 85).
Le Nautic (09 67 37 31 73).
L'Escale, brasserie (05 46 05 63 37).
Il Gabbiano, spécialités italiennes (05 46 09 60 08).
La Fiancée du Pirate, crêperie, pizzeria (05 46 09 52 46).
La Fiancée du Sultan, cuisine du monde (05 46 66 58 08).
Le Pinocchio, pizzeria (05 46 09 13 13).
Les Pieds dans l'eau, crêperie (05 46 09 45 68).

Saveurs et savoir-faire

Spécialités et produits du terroir

Huîtres de Ré • Légumes primeur • Pineau, vins • Oursins • Sel de Ré.

Art et artisanat

Décorations • Faïences • Galeries d'art • Peintres • Peintre-décorateur.

Rendez-vous

Marché médiéval : tlj 8 h - 13 h, rue du Marché.
Mai : fête du port et de la mer.
Juin : fête de la musique et feu d'artifice, brocantes.
Juillet : journée des peintres.
Juillet-août : régates nautiques, animations musicales sur le port (tous les soirs), marché nocturne (artisanat).
1e juillet-15 sept. : concerts en l'église Ste-Catherine et visites, concerts classiques sur le port.
Août : rassemblement de gréements traditionnels (1e quinz.), grand spectacle pyromélodique (mi-août).

Pleine nature

Baignade surveillée en juillet-août (plage de l'Arnérault) • Équitation • Navigation de plaisance • Pêche à pied • Promenade à bicyclette (location) • Sports nautiques : natation, voile, planche à voile • Thalassothérapie.

Aux alentours

- La Rochelle (15 km).
- *Ars-en-Ré (17 km), voir p. 159.
- Les îles d'Aix, Madame et d'Oléron (de 30 à 45 km).
- Rochefort (40 km).
- Marais poitevin (40 km).

Fourcès

Ronde médiévale en Gascogne

Gers (32) • 295 habitants • Altitude : 65 m

Dans une boucle de l'Auzoue, au bout d'un pont, Fourcès fait la ronde autour de sa place centrale ombragée de platanes.

Idéalement situé sur les bords de l'Auzoue, dont il épouse la forme, avec l'église St-Laurent qui lui fait face de l'autre côté de la rivière, le village s'est d'abord développé au XIe s sous la protection d'un château, qui occupait la place centrale, et de remparts, dont subsiste la porte de l'Horloge. En 1279, Fourcès tombe aux mains d'Édouard Ier d'Angleterre qui, en lui accordant dix ans plus tard une charte de coutumes, en fait une bastide, unique en Gascogne par sa forme circulaire. Dans un décor théâtral d'arcades et de façades à colombages, la place accueille chaque année un exceptionnel marché aux fleurs. Au bord de l'Auzoue, le château, de la fin du XVe s, a échappé à la ruine en devenant hôtel-restaurant puis en proposant des chambres d'hôtes.

Par la route : autoroute A62, sortie n° 6-Nérac (45 km).
Par le train : gare d'Agen (52 km).
Par avion : aéroport d'Agen-La Garenne (49 km).

Office de Tourisme de la Ténarèze :
05 62 28 00 80
www.tourisme-condom.com

Découvrir
- **Arboretum :** accès libre.
- **Églises** St-Laurent et Ste-Quitterie.
- **Village.**

Se loger
Chambres d'hôtes
♥ Du côté de chez Jeanne**** (09 53 06 04 06).
♥ Le Château de Fourcès**** (05 62 29 49 53).
Solange et Pierre Mondin, Bajolle** (05 62 29 42 65).
Gîtes et meublés
Rens. : 05 62 28 00 80
www.tourisme-condom.com.
Aire pour camping-cars
(05 62 29 40 13).

Se restaurer
Restaurants
L'Auberge (05 62 29 40 10).
♥ Le Carroussel gourmand, salon de thé (09 53 06 04 06).

Saveurs et savoir-faire
Spécialités et produits du terroir
Armagnac • Foie gras, magrets et confits • Vins AOC des Côtes de Gascogne.
Art et artisanat
Antiquaires • Créateur de bijoux et d'accessoires • Cartonnage • Broderie.

Rendez-vous
Avril : marché aux fleurs (dern. w.-e.).
Mai-nov. : marché à la brocante (2e dim. de chaque mois).
Juin : peintres dans la rue.
Juillet : marché aux livres anciens (3e dim.) ; apéritif-concert.
Août : « Marciac in Fourcès » : concert de jazz (mi-août) ; fête locale (3e w.-e.).
Déc. : marché de Noël.

Pleine nature
Chasse • Pêche • Parc de loisirs, aire de jeux pour enfants • Randonnée pédestre • Pétanque.

Aux alentours
- *Montréal (6 km), voir p. 219.
- Village de Poudenas (8 km).
- Bastide de Mézin (9 km).
- *Larressingle (10 km), voir p. 203.
- Condom (13 km).
- Château de Cassaigne (15 km).
- Abbaye de Flaran (18 km).
- Trésor d'Eauze (21 km).
- Cité de Nérac (24 km).
- *Lavardens (41 km), voir p. 208.

Lagrasse

Une abbaye et des vignes

Aude (11) • 615 habitants • Altitude : 132 m

Au cœur des Corbières, où la vigne se mêle aux garrigues odorantes, Lagrasse est un fleuron du pays cathare.
Implantée dans la vallée de l'Orbieu, sur la rive gauche de la rivière, l'abbaye bénédictine de Lagrasse, fondée en l'an 800, est considérée comme l'une des plus anciennes et des plus riches de France, et constitue encore aujourd'hui la plus grande abbaye de l'Aude. Son rayonnement matériel, politique et spirituel s'étendait au-delà des Pyrénées. Devenue bien national à la Révolution, elle est divisée en deux lots – comme en témoignent encore les deux portes d'entrée – puis vendue. Essentiellement médiévale, la partie la plus ancienne se visite et accueille tout au long de l'année concerts, expositions et autres manifestations culturelles. Relié à ce joyau architectural par un pont médiéval enjambant l'Orbieu, Lagrasse invite à flâner dans de pittoresques ruelles, à partager sur ses terrasses ou lors des marchés qui animent sa halle depuis le XIVe s le bonheur d'y vivre, à découvrir le savoir-faire de ses nombreux artisans d'art.

Par la route : autoroute A61, sortie n° 25-Lézignan-Corbières (16 km).
Par le train : gare de Lézignan-Corbières (20 km).
Par avion : aéroport de Carcassonne-Salvaza (57 km).

Office de Tourisme : 04 68 43 11 56
www.lagrasse.com

Découvrir

• Abbaye Ste-Marie d'Orbieu (IXe au XVIIIe s) : possibilités de visite guidée (04 68 43 15 99).
• Église St-Michel (XIVe s) : de style gothique, peintures de Crespy et Gamelin, Vierge en bois sculpté (XIIIe s).
• Maison du patrimoine (ancien presbytère, plafonds peints du XVe s) : exposition permanente « Images oubliées du Moyen Âge, les plafonds peints du Languedoc-Roussillon », œuvres originales provenant de trois plafonds peints lagrassiens de la Renaissance et d'un rare plafond peint du Moyen Âge provenant d'un hôtel particulier de Montpellier (04 68 43 11 56).
• Le 1900 : 300 m² de visite audio-guidée consacrée à la vie et aux métiers en 1900, collections rares : spectacle en 4D sur l'ancien tramway (04 68 32 18 87).
• Village : visite guidée pour les groupes sur RDV (06 81 42 79 63).

Se loger

Hôtel
Hostellerie des Corbières** (04 68 43 15 22).
Chambres d'hôtes
Les Glycines*** (04 68 43 14 54).
Château Villemagne* (04 68 24 06 97).
À la Porte d'Eau (04 68 43 10 45).
À l'Ombre du Tilleul (04 68 43 11 17).
Aux Coquelicots 2 (09 51 59 43 85).
Aux 1000 Délices (04 68 43 59 26).
Château Saint-Auriol (04 68 91 25 92).
Chez Shona (04 68 65 24 33).
La Maison Bleue (06 59 12 85 30).
La Maison de la Promenade (04 68 43 11 58).
Les Trois Grâces (04 68 43 18 17).
Mme Verplaetse-Felter (04 68 49 91 09).
M. Alquier (04 68 43 13 92).
M. Drelon (04 68 43 12 04).
Gîtes
Rens. : 04 68 43 11 56 / www.lagrasse.com.
Camping
Rens. : 04 68 43 15 18 ou 04 68 43 10 05.

Se restaurer

Restaurants
Café de la Promenade (04 68 43 15 89).
L'Affenage (04 68 43 16 59).
Hostellerie des Corbières (04 68 43 15 22).
La Cocotte fêlée (04 68 75 90 54).
Les Remparts (04 68 43 67 49).
Le Temps des courges (04 68 43 10 18).
Les Trois Grâces (04 68 43 18 17).
Au Coupa Talen, pizzeria (04 68 43 19 36).
La Petite Maison, salon de thé (04 68 91 34 09).

Saveurs et savoir-faire

Spécialités et produits du terroir
Huile d'olive • Vinaigre • Miel • Vins AOC des Corbières.
Art et artisanat
Antiquaire • Artisan du cuir • Créatrice de bijoux • Designer en mobilier • Ferronnier d'art • Peintres • Potiers céramistes • Sculpteur et mouleur • Styliste en prêt-à-porter et chapeaux • Tapissier • Vitrailliste.

Rendez-vous

Marché : sam. matin, pl. de la Halle.
Mai-sept. : foires à la brocante (3e dim. du mois).
Juillet : fête du village (le 13) ; festival de musique « Les Abracadagrasses » (3e w.-e.) ; festival de piano (fin juil.).
Août : banquet d'été, rendez-vous littéraire et philosophique (1e quinz.) ; marché des potiers ; festival folk « Les P'tibals » (fin août).

Pleine nature

Pêche • Plan d'eau Saint-Jean • Randonnée : GR 36 et circuits à thèmes pour familles.

Aux alentours

• Châteaux de Termes et Villerouge-Termenès (20 km).
• Abbaye de Fontfroide (28 km).
• Cité de Carcassonne (36 km).
• Narbonne (43 km).

Larressingle

Au pays de l'armagnac et des cadets de Gascogne

Gers (32) • 217 habitants • Altitude : 143 m

Surgissant au-dessus des vignes, le village-forteresse de Larressingle cultive l'art de vivre en Gascogne.
Au-delà d'une porte fortifiée précédée d'un pont enjambant de verdoyantes douves, le village adossé à une couronne de remparts fait cercle autour d'un château-donjon, longtemps résidence des évêques de Condom, et d'une haute église à deux nefs. Sauvé de la ruine par la passion du duc de Trévise, qui créé un comité de sauvegarde financé par de généreux mécènes américains, Larressingle donne aujourd'hui à voir un bel ensemble hérité de son riche passé médiéval : le château des XIIIe, XIVe et XVIe s, avec ses trois étages et sa tour pentagonale, la porte fortifiée et les vestiges des murs d'enceinte, l'église romane St-Sigismond ainsi que les charmantes demeures de bel appareil ornées de fenêtres à meneaux et coiffées de tuiles ocre. Attaché à son terroir, Larressingle est une vitrine des produits du Gers parmi lesquels armagnac, foie gras et croustade aux pommes figurent en bonne place.

Par la route : autoroute A62, sortie n° 7-Périgueux (41 km).
Par le train : gare d'Auch (47 km) ; gare d'Agen (46 km).
Par avion : aéroport d'Agen-La Garenne (40 km) ; aéroport de Toulouse-Blagnac (110 km).

Office de Tourisme de la Ténarèze :
05 62 68 22 49 ou 05 62 28 00 80
www.tourisme-condom.com

Découvrir

• **Camp de siège médiéval :** camp avec ses engins d'attaque et de défense, déclenchement de tir des machines de guerre (05 62 68 33 88).
• **Église St-Sigismond** (XIIe s) : Vierge à l'Enfant, vitraux inspirés de peintures de Chagall.
• **Musée de la Halte du pèlerin :** évocation historique de la vie au Moyen Âge, 75 personnages de cire grandeur nature (05 62 28 11 58 ou 05 62 28 08 08).
• **Verger :** vignoble de collection autour des remparts du village. Site agro-écologique de 3 ha constitué d'un vignoble de raisin de table (23 variétés) et d'un verger (65 variétés) ; collection ancienne et locale (06 89 12 92 33).
• **Village :** visite libre ; visite commentée (payante) sur RDV et ponctuelle en été pour les individuels (05 62 28 00 80).

Se loger

Hôtel
Auberge de Larressingle** (05 62 28 29 67).
Chambres d'hôtes
Maïder Papelorey*** (05 62 28 26 89).
Martine Valeri (05 62 77 29 72).
Gîte
M. Teoran, « Couchet » (05 62 28 17 50).
Gîte d'étape
Rens. : Office de Tourisme (05 62 68 82 49 ou 05 62 28 00 80).
Camping à la ferme
Mme Danto, la Ferme de Laillon (05 62 28 19 71 ou 06 07 69 14 19).

Se restaurer

Restaurants
Auberge de Larressingle (05 62 28 29 67).
Crêperie du Château (05 62 68 48 93).
Aux délices de Flor, salon de thé (05 62 68 10 23).

Saveurs et savoir-faire

Spécialités et produits du terroir
Armagnac • Floc de Gascogne • Conserves fermières de canard (confit, foie gras) et de porc fermier.
Art et artisanat
Antiquaire • Peintre • Verrier.

Rendez-vous

Juillet-août : représentations théâtrales ; visite nocturne de la cité fortifiée avec spectacle de fauconnerie.

Pleine nature

Randonnée pédestre : GR 65 et circuits balisés de petite randonnée.

Aux alentours

• Pont de l'Artigues (1 km).
• Condom (5 km).
• Site clunisien de Mouchan (6 km).
• Château de Cassaigne (7 km).
• Abbaye de Flaran (10 km).
• *Fourcès (10 km), voir p. 200.
• *Montréal (10 km), voir p. 219.
• Collégiale de La Romieu (16 km).
• Trésor d'Eauze (24 km).
• Lectoure (25 km).
• *Lavardens (32 km), voir p. 208.
• Auch (45 km).

Lautrec

Goûts et couleurs du Pays de Cocagne

Tarn (81) • 1 750 habitants • Altitude : 315 m

Au cœur du Pays de Cocagne tarnais, la cité médiévale est le berceau de la famille du peintre Toulouse-Lautrec.
Au sommet de la butte de La Salette, d'où le regard découvre la plaine castraise et la Montagne Noire, le château disparu a cédé la place à un calvaire et à un sentier botanique. Longtemps seule place fortifiée entre Albi et Carcassonne, le village a conservé une partie de ses remparts. À partir des promenades ombragées de platanes qui les longent et où se déroulent chaque année les marchés de l'ail rose dont Lautrec est la capitale, la porte de la Caussade conduit directement à la place centrale. Également accessible par la rue du Mercadial, bordée d'un ancien couvent de bénédictines devenu hôtel de ville après la Révolution, la place continue d'accueillir sous la charpente de sa halle le marché traditionnel du vendredi matin. Elle reste aussi, avec son puits et ses couverts du XVIIe s supportant les belles façades à colombages de demeures en encorbellement, un lieu magique de Lautrec. De la place, la rue de l'Église mène à la collégiale St-Rémy, édifiée au XIVe s puis agrandie et, plus récemment, peinte de ce bleu pastel qui fit longtemps la richesse du Lautrécois et lui valut sa réputation de pays de cocagne.

Par la route : autoroute A68, sortie n° 9-Gaillac (29 km).
Par le train : gare de Castres (16 km).
Par avion : aéroport de Castres-Mazamet (24 km) ; aéroport de Toulouse-Blagnac (75 km).

Office de Tourisme du Lautrécois-Pays d'Agout : 05 63 75 31 40
www.lautrectourisme.com / www.lautrec.fr

Découvrir

• **Atelier du sabotier :** reconstitution d'un atelier ayant existé jusque dans les années 1960, avec ses machines et outils de travail (05 63 75 31 40).
• **Collégiale St-Rémy** (XIVe, XVe et XVIe s) : retable de marbre de Caunes-Minervois, lutrin sculpté (XVIIe s).
• **Moulin à vent de La Salette :** horaires au 05 63 75 31 40. Sur RDV hors saison.
• **Sentier botanique de La Salette :** circuit libre de découverte de la flore et vue panoramique sur le Lautrécois (table d'orientation).
• **Village :** visite commentée tlj pour groupes sur réservation (10 personnes minimum, 05 63 75 31 40).

Pour la petite histoire

L'ail rose serait apparu à Lautrec au Moyen Âge. Un marchand ambulant se serait arrêté au lieu-dit l'Oustallarié à Lautrec afin de faire ripaille. Sans un sou, il aurait réglé son repas en jolies gousses roses. L'hôtelier aurait planté ces gousses et l'ail rose se serait ainsi développé dans la région…

Se loger

Chambres d'hôtes
La Terrasse de Lautrec**** (05 63 75 84 22).
Cadalen**** (05 63 75 30 02).
Château de Montcuquet*** (05 63 75 90 07).
La Fontaine de Lautrec*** (05 63 50 15 72).
Temps de Pause*** (06 37 65 92 95).
Château de Brametourte (05 63 75 01 25).
L'Auberjouille (06 29 73 58 02).
Le Fraysse (05 63 75 35 86).
Les Amis de mes Amis (09 60 19 59 66).
Les Chambres de la Caussade (05 63 75 33 21).
Gîtes et meublés, gîtes de groupes
16 gîtes de 1 à 4*** et un gîte de groupe - Rens. : 05 63 75 31 40
www.lautrectourisme.com.
Campings
Aire Naturelle de Brametourte (05 63 75 30 31).
Aire de camping-car équipée. Rens. : Office de Tourisme (05 63 75 31 40).

Se restaurer

Restaurants

Au Pied du Moulin (06 52 72 22 29).
Auberge Le Garde-Pile, sur réservation (05 63 75 34 58).
Café Plùm (05 63 70 83 30).
Le Clos d'Adèle (05 81 43 61 91).
Le Coq en Pâte (05 63 50 32 33).
Lou Lautrécois, pizzeria (05 63 75 10 58).
Relais Loisirs de Brametourte, sur réservation (05 63 75 30 31).

Saveurs et savoir-faire

Spécialités et produits du terroir

Ail rose de Lautrec, spécialités à l'ail (pain, vinaigre, pâté…) • Croquants aux amandes • Foie gras de canard • Gelée de plantes et plantes aromatiques.

Art et artisanat

Céramiste • Ébéniste • Maroquinier • Teinture au pastel • Facteur de flûtes • Galeries d'art.

Rendez-vous

Marchés : marché traditionnel vendredi 8 h - 12 h, pl. centrale ; marché de l'ail rose de mi-juillet à mi-fév., vendredi 8 h - 10 h, sur les promenades.
Mai : fêtes de Lautrec (dern. w.-e.).
Juin : fête des Moulins et vide-greniers (3e dim.).
Juillet : fête du livre et de ses métiers (1e quinz., années impaires), fête du sabot et des anciens métiers (3e dim.).
Août : fête de l'ail rose (1e ven.) ; fête du pain – fête du goût (le 15) ; festival Festivaoût (vers le 15, 3 jours de concerts).
Sept. : festival des Arts en Pays de Cocagne (1e w.-e.).
Oct. : « Outilautrec », bourse européenne d'échange d'anciens outils (1e w.-e.).

Pleine nature

Base nautique Aquaval (ouverte de mi-juin à fin août) : baignade, beach-volley, boulodrome, mini-golf, modélisme, pêche, volley sur gazon, jeux pour enfants • Boulodrome : pl. du Mercadial (concours de pétanque les vendredis soir en saison) • Équitation • Randonnée cycliste, équestre et pédestre : circuits balisés.

Aux alentours

- Lombers : écomusée du Pigeon (9 km).
- Réalmont : bastide royale (11 km).
- Castres (musée Goya) et le Sidobre (de 15 à 22 km).
- Saint-Paul-Cap-de-Joux : musée du Pastel et château de Magrin (20 km).
- Albi, patrimoine mondial de l'Unesco, musée Toulouse-Lautrec (30 km).
- Cascade d'Arifat (30 km).
- Pays de Cocagne tarnais.

Lauzerte

Bastide du Quercy blanc

Tarn-et-Garonne (82) • 1 535 habitants • Altitude : 220 m

Du sommet d'un éperon dont il a épousé la forme, Lauzerte domine vallées et collines du Quercy blanc.

Bastide dont la charte officielle fut octroyée en 1241 par le comte de Toulouse, Lauzerte fut à la fois cité de négoce, place forte, sénéchaussée qui rendait justice à 50 km à la ronde jusqu'au XVIIIe s et halte au long de l'ancienne *via Podiensis* sur le chemin de Saint-Jacques-de-Compostelle. De ce prestigieux passé le bourg a conservé maints édifices qui en content l'histoire. Lauzerte est un pays de cocagne qui produit aussi bien chasselas, melons, prunes, pêches, poires et nectarines que volailles, foie gras et confits. Douceur du climat, charme des soirées sur la place des Cornières et chemins de promenade ravissent le visiteur.

Par la route : autoroute A62, sortie n° 8-Cahors (35 km) ; sortie n° 9-Castelsarrasin (33 km) ; autoroute A20, sortie n° 58-Cahors Sud (32 km).
Par le train : gare de Moissac (24 km).
Par avion : aéroport de Toulouse-Blagnac (100 km).

Office de Tourisme : 05 63 94 61 94
www.lauzerte-tourisme.fr

Découvrir

• **Église St-Barthélemy** (XIIIe au XVIIIe s) stalles, tableaux, retable baroque, lambris peints attribués à Joseph Ingres et ses élèves.
• **Jardin du Pèlerin** : conçu sous forme de jeu de l'oie grandeur nature sur le thème du pèlerinage de Saint-Jacques-de-Compostelle où la découverte de l'Histoire, la vie des pèlerins au Moyen Âge, le patrimoine culturel et linguistique européen sont proposés sous une approche ludique.
• **Village** : visite guidée (rens. : 05 63 94 61 94).

Se loger

Hôtels
Le Belvédère*** (05 63 95 51 10).
Le Luzerta* (05 63 94 64 43).
Le Quercy* (05 63 94 66 36).
Chambres d'hôtes
Moulin de Tauran*** (05 63 94 60 68).
Bounetis Bas (05 63 39 56 61).
Camp Biche (05 63 29 23 86).
La Stinoise (05 63 95 21 90).
Lavande en Quercy (05 63 94 66 19).
Le Jardin secret (05 63 94 80 01).
L'Horizon (05 63 32 55 04).
Les Figuiers (05 63 94 61 29).
Saint-Fort (06 89 03 09 49).
Sainte Claire (05 63 39 08 62).
Tuc de Saint-Paul (05 63 95 29 80).
Villa Lucerna (06 33 98 03 97).
Gîtes, gîtes d'étape et meublés
Rens. : 05 63 94 61 94.
Camping
Le Grenier des cœurs** (06 67 31 20 19).

Se restaurer

Restaurants
Auberge des Carmes, brasserie (05 63 94 64 49).
L'Auberge d'Auléry (05 63 04 79 13).
La Forge (05 63 95 39 19).
Le Belvédère (05 63 95 51 10).
L'Etna, pizzeria (05 63 94 18 60).
Le Luzerta (05 63 94 64 43).
Le Quercy (05 63 94 66 36).
La Table des trois Chevaliers (05 63 95 32 69).
Aux Sarrazines du Faubourg, crêperie (05 65 20 10 12).
Le Puits de jour, café musical et petite restauration (05 63 94 70 59).

Saveurs et savoir-faire

Spécialités et produits du terroir
Foie gras et produits du canard • Fruits, chasselas AOP de Moissac • Macarons.
Art et artisanat
Céramistes • Enluminure • Ferronniers • Graveur sur cuivre et bois • Luthiers •Huiles essentielles.

Rendez-vous

Marchés : mercredi matin (pl. du Foirail) et sam. matin (pl. des Cornières).
Avril : marché aux fleurs (3e dim.).
Juin : « Rendez-vous aux jardins » (1e w.-e.), les Journées Nature de Midi-Pyrénées.
Juillet : marché de potiers (2e w.-e.).
Juillet-sept. : expositions ; marché gourmand nocturne (les jeu.).
Août : « Les Nuits de Lauzerte » (1e ven., sam.et dim.), brocante professionnelle (le 15).
Sept. : festival littéraire « Place aux nouvelles » (2e w.-e.).
Nov. : journée de l'arbre et du bois (avant-dern. dim.).
Déc. : marché de Noël.

Pleine nature

Équitation • Pêche • Randonnée pédestre : GR 65 sur le chemin de Saint-Jacques-de-Compostelle et chemins de petite randonnée.

Aux alentours

• Saint-Sernin-du-Bosc : chapelle romane (4 km).
• Montcuq (10 km).
• Moissac (25 km).
• *Auvillar (34 km), voir p. 164.

Pour la petite histoire

Une légende raconte qu'au cours de la guerre de Cent Ans, une vieille dame habitant ce lieu au nom prédestiné de Gandilhonne (celle qui sauve) fut interpellée par l'ennemi qui sortait de la ville par petits groupes alors qu'elle vaquait à ses occupations quotidiennes. Illettrée, elle eut cependant l'idée de les comptabiliser en mettant autant de cailloux (ou de marrons) dans son tablier que de soldats qui sortaient, puis alla avertir les consuls, qui décidèrent de fermer les portes de la ville. Ainsi, Lauzerte aurait été l'une des premières cités du Quercy à se libérer des Anglais. Le nom de Gandilhonne est resté en souvenir de cet épisode.

Lavardens

Un vaisseau de pierre dans la campagne gasconne

Gers (32) • 407 habitants • Altitude : 197 m

Tel un vaisseau amarré à son éperon rocheux, l'imposant château de Lavardens domine les verdoyants coteaux du cœur de la Gascogne. Capitale militaire des comtes d'Armagnac, la forteresse médiévale de Lavardens est assiégée et démantelée en 1496 sur ordre de Charles VII. Passé aux mains des familles d'Albret puis de Navarre, le château est cédé par Henri IV à son ami Antoine de Roquelaure en 1585. À 75 ans, pour les beaux yeux de sa jeune épouse Suzanne de Bassabat, celui-ci entreprend la reconstruction du château, qui sera interrompue quelques années plus tard par le décès d'Antoine de Roquelaure, emporté par une épidémie de peste. Le travail réalisé par l'Association de sauvegarde du château de Lavardens depuis la fin des années 1970 rend tout de la singularité de l'ensemble architectural unique : les volumes, les pavements ocre et brique d'origine des salles, les galeries extérieures ou encore les tours sur trompes, prouesse architecturale unique. Au pied de cette sentinelle de pierres blanches, les charmantes demeures du village du XVIIIe s s'égrènent le long des carrelots bordés de roses trémières.

Par la route : autoroute A62, sortie n° 7-Auch (58 km), N21 (23 km).
Par le train : gare d'Auch (22 km).
Par avion : aéroport d'Agen-La Garenne (65 km) ; aéroport de Toulouse-Blagnac (87 km).

Office de Tourisme Cœur de Gascogne : 02 62 68 10 66 - 05 62 64 24 45
www.tourisme-coeurdegascogne.com

Découvrir
• **Château** (XIIe-XVIIe s) : salle de garde, salle de bal, salle de jeux, chapelle… Expositions (05 62 58 10 61).
• **Église** (XIIIe s) : chaire, stalles en bois.
• **Petit musée du téléphone** : sur RDV (05 62 64 56 61).
• **Village** : visite guidée en saison et toute l'année pour les groupes sur RDV (05 62 68 10 66).

Se loger
Chambres d'hôtes
M. et Mme Chaput, Lo Campestre**** (05 62 58 24 30).
M. et Mme Delhaye, Domaine de Mascara*** (05 62 64 52 17).
Mme Ulry, à Nabat* (05 62 64 51 21).
Gîtes et meublés
M. Lloyd** (06 62 64 57 66 ou 06 23 37 06 91).
M. Monello (05 62 64 56 92).

Se restaurer
Restaurants
Le Malthus, brasserie (05 62 64 57 18).
Le Restaurant du Château (05 62 66 20 83).

Saveurs et savoir-faire
Spécialités et produits du terroir
Lentilles vertes du Gers • Pain d'épice de Gascogne • Vins AOC Côtes de Gascogne.
Art et artisanat
Tailleurs de pierre.

Rendez-vous
Mars-juin : exposition d'artisanat d'art au château.
Juillet-août : marchés nocturnes.
Sept. : fête du village (3e w.-e.).
Oct.-jan. : exposition de santons au château.
Déc. : marché de Noël.

Pleine nature
Randonnée.

Aux alentours
• Bastide de Jégun (5,5 km).
• Castéra-Verduzan : station thermale, base de loisirs, hippodrome (10 km).
• Biran : châteaux, église (16 km).
• Saint-Jean-Poutge, châteaux et canoë sur la Baïse (16 km).
• Auch, cathédrale (23 km).
• Valence-sur-Baïse, abbaye de Flaran (22 km).
• *Larressingle (32 km), voir p. 203.
• *Montréal (39 km), voir p. 219.
• *Fourcès (41 km), voir p. 200.
• *Sarrant (43 km), voir p. 252.

Limeuil

Au temps des bateliers

Dordogne (24) • 334 habitants • Altitude : 120 m

Au confluent de la Dordogne et de la Vézère, le port de Limeuil, longtemps actif, est devenu une accueillante plage ombragée. Le village a connu des heures troublées en se défendant contre les Vikings, puis contre les Anglais durant la guerre de Cent Ans. De cette époque demeurent trois portes fortifiées, que l'on franchit pour accéder à la cité bâtie en pente raide. Au fil des ruelles, les maisons présentent leurs façades de pierre dorée frappées d'écussons. Au sommet de la butte se dressent l'ancien château, transformé en demeure privée, et l'église Ste-Catherine, dont le chœur date du XIVe s. En contrebas, un double pont enjambe la Vézère et la Dordogne, et la place du port rappelle que Limeuil fut un centre de batellerie important au XIXe s. Non loin du village, dans la vallée, se niche la chapelle St-Martin, du XIIe s, considérée comme l'un des plus belles chapelles romanes du Périgord.

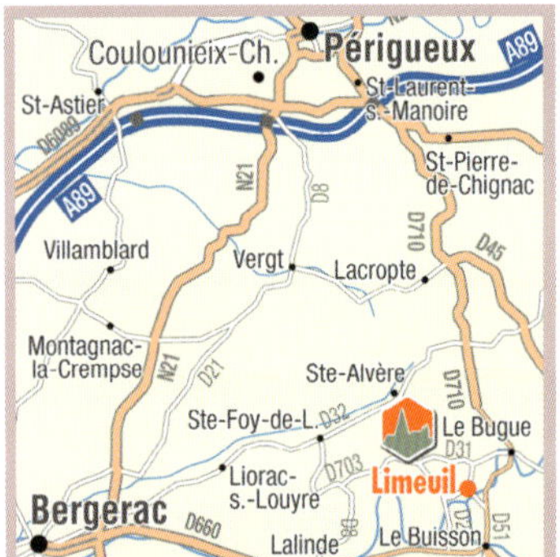

Par la route : autoroute A89, sortie n° 16-Périgueux Est (40 km), N221 (38 km).
Par le train : gare du Buisson-de-Cadouin (5,5 km) ; gare de Bergerac (47 km).
Par avion : aéroport de Bergerac-Roumanière (45 km).

Office de Tourisme : 05 53 63 38 90
www.limeuil-en-perigord.com

Découvrir

- **Chapelle St-Martin** (XIIe s) : fresques (05 53 63 33 66).
- **Jardins panoramiques** (parc du château) : espaces thématiques (jardin des couleurs, jardin des sorcières, jardin d'eau, arboretum, parc paysager) et sentiers de découverte (sentier des arbres, sentier des paysages, la batellerie et le matelotage) ; ateliers d'artisanat (05 53 57 52 64).
- **Village et parc :** visite libre (panneaux informatifs). Rens. : Office de Tourisme (05 53 63 38 90).

Se loger

Hôtels
Les Terrasses de Beauregard** (05 53 63 30 85).
Chambres d'hôtes
Au Bon Accueil (05 53 63 30 97).
La Rolandie Haute (05 53 73 16 12).
Gîtes et meublés
Rens. : 05 53 63 38 90
www.limeuil-en-perigord.com.
Résidence de tourisme
Domaine de la Vitrolle** (05 53 61 58 58).
Campings
La Ferme de Perdigat*** (05 53 63 31 54).
La Ferme des Poutiroux*** (05 53 63 31 62).

Se restaurer

Restaurants
Au Bon Accueil (05 53 63 30 97).
Les Terrasses de Beauregard (05 53 63 30 85).
Le Chai, crêperie-pizzeria (05 53 63 39 36).
À l'Ancre de salut, bar-brasserie (05 53 63 39 29).
Garden Party (05 53 73 36 65).

Saveurs et savoir-faire

Spécialités et produits du terroir
Bière artisanale • Pommes et vin de pays du Périgord • Produits biologiques.
Art et artisanat
Bijoux • Galerie d'art • Orfèvre • Peintres • Potiers • Souffleurs de verre • Perliers d'art • Tresseur de paille.

★ Rendez-vous

Marché : tous les dim. matins pl. du Port, du dernier w.-e. de juin au dernier w.-e. d'août (produits locaux).
Juillet : brocante, fête votive (w.-e. proche du 14) ; marché des potiers (dern. w.-e.).
Juillet-août : concert à la chapelle St-Martin, marchés nocturnes, expositions au château.

Pleine nature

Baignade non surveillée • Canoë-kayak • Pêche • Randonnée pédestre, à cheval ou en VTT : GR 6, boucle de Limeuil (13 km) et route de Périgueux (5 km).

Aux alentours

• Vallée de la Vézère (de 5 à 40 km) : Le Bugue, les Eyzies, *Saint-Léon-sur-Vézère (30 km), voir p. 246, Lascaux, *Saint-Amand-de-Coly (47 km), voir p. 238.
• Cingle de Trémolat, Bergerac (de 10 à 42 km).
• Pays des bastides et cités médiévales : Cadouin, *Belvès (19 km), voir p. 170, *Monpazier (27 km), voir p. 217, Issigeac… (de 10 à 40 km).
• Vallée de la Dordogne : *Beynac-et-Cazenac (29 km), voir p. 172, *Castelnaud-la-Chapelle (33 km), voir p. 184 et *La Roque-Gageac (34 km), voir p. 236.
• Sarlat (35 km).

Pour la petite histoire

Au temps des guerres de Religion, Isabeau de Limeuil, nièce et demoiselle d'honneur de Catherine de Médicis, fut chargée de séduire le prince de Condé pour l'amener à renier ses amis réformés.

Loubressac

Chapeaux de tuiles brunes sur la vallée de la Dordogne

Lot (46) • 520 habitants • Altitude : 340 m

Comme posé sur sa falaise, Loubressac offre au visiteur un vaste panorama sur la vallée de la Dordogne.
Ruiné durant la guerre de Cent Ans, Loubressac fut repeuplé par des Auvergnats et des Limousins et doit son aspect actuel aux efforts de ses habitants. Aujourd'hui, les ruelles fleuries de Loubressac convergent vers une place ombragée où s'élève l'église St-Jean-Baptiste, des XIIe et XVIe s. Coiffées de vieilles tuiles, les maisons médiévales de pierre calcaire s'éclairent des chauds reflets du soleil. Dominé par son château, sur un promontoire naturel, le village offre une large vue sur la vallée de la Dordogne et de la Bave. De Loubressac partent de nombreux chemins de randonnée qui relient tous les hameaux environnants. En les sillonnant, le visiteur découvre au hasard fontaines ou dolmens et débouche sur le Causse, tout proche.

Par la route : autoroute A20, sortie n° 54-Gramat (43 km) ; autoroute A89, sortie n° 21-Aurillac (65 km).
Par le train : gare de Gramat (16 km).
Par avion : aéroport de Brive-Vallée de la Dordogne (55 km).

Office de Tourisme de la Vallée de la Dordogne : 05 65 33 22 00
www.vallee-dordogne.com
www.loubressac.fr

Découvrir

• **La Ferme de Siran** (élevage de chèvres angora) : visite de la chèvrerie, film sur la transformation du mohair (05 65 38 74 40).
• **Cab-Ânes à Truffes :** ferme découverte des ânes. Visite au cœur des secrets de la truffe et du safran (06 09 31 89 90).
• **Visite guidée du village** organisée par le pays d'Art et d'Histoire de la vallée de la Dordogne lotoise (05 65 33 81 36).

Se loger

Hôtels
Le Relais de Castelnau*** (05 65 10 80 90).
Lou Cantou** (05 65 38 20 58).
Chambres d'hôtes
L'Oustal de Juliette (05 65 10 70 44).
Gîtes et meublés
Rens. : 05 65 10 82 18
www.vallee-dordogne.com.
Camping
La Garrigue (05 65 38 34 88).

Se restaurer

Restaurants
Lou Cantou (05 65 38 20 58).
Le Relais du Castelnau (05 65 10 80 90).
Le Vieux Pigeonnier, crêperie au hameau de Py (05 65 38 52 09).

Saveurs et savoir-faire

Spécialités et produits du terroir
Fromages cabécous • Huile de noix • farine.
Art et artisanat
Artisanat d'art • Peintres • Potiers d'art • Création de vêtements en mohair.

Rendez-vous

Mai : fête du printemps (artisanat, art, fleurs, produits du terroir – 1e dim.).
Juillet : fête votive, fête du livre (2e w.-e.).
Août : marché de producteurs et piquenique gourmand (2e jeu.).
Août : foire à la brocante (4e dim.).

Pleine nature

Randonnée pédestre • VTT.

Aux alentours

• *Autoire (5 km), voir p. 163.
• Château de Castelnau (6 km).
• Gouffre de Padirac (6 km).
• *Carennac (9 km), voir p. 181.
• Château de Montal, Saint-Céré (9 km).
• Rocamadour (20 km).
• *Curemonte (22 km), voir p. 191.
• *Collonges-la-Rouge (31 km), voir p. 186.
• *Turenne (31 km), voir p. 260.

Minerve

De vignes et de pierre

Hérault (34) • 122 habitants • Altitude : 227 m

Tapi sur un promontoire modelé par deux canyons creusés dans le calcaire, Minerve est un vaisseau de pierre échoué dans la garrigue languedocienne.
Le village viticole doit la force de son site au Brian et à la Cesse confluant à son pied et le cernant de gorges profondes. Vicomté au Moyen Âge, Minerve édifie son église romane St-Étienne et s'entoure de remparts prenant appui sur un château fort. Ce système de défense permet aux Minervois convertis à l'hérésie cathare de résister sept semaines à l'armée des croisés de Simon de Montfort. La rue des Martyrs et une stèle près de l'église conservent le souvenir des 180 cathares brûlés sur le bûcher après la capitulation, le 22 juillet 1210. Du château démantelé au XVIIe s subsiste une tour octogonale. Au bas du village, un chemin conduit de la poterne sud au lit de la Cesse, dont il emprunte le parcours souterrain sur quelque 300 m sous de larges voûtes calcaires.

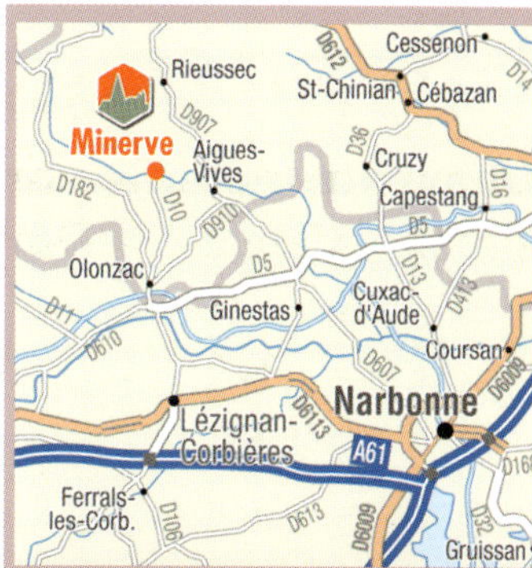

Par la route : autoroute A9, sortie n° 36-Castres (46 km) ; autoroute A61, sortie n° 24 Carcassonne Est (39 km).
Par le train : gare de Lézignan-Corbières (22 km) ; gare de Narbonne (35 km).
Par avion : aéroport de Carcassonne-Salvaza (48 km) ; aéroport de Béziers-Vias (64 km) ; aéroport de Montpellier-Méditerranée (120 km).

Office de Tourisme du Minervois :
04 68 91 81 43
www.minervois-tourisme.fr

Pour la petite histoire

Le nom de Minerve est une transposition française du nom roman occitan *Menerba*, qui proviendrait de l'association d'un mot probablement celte *men* (pierre, roche), et de dérivés tels que *herbec* (refuge, asile).

Découvrir

- **Musée archéologique et paléontologique :** exposition « 3 000 ans d'histoire » (04 68 91 22 92).
- **Musée Hurepel d'histoire cathare :** catharisme et croisades (04 68 91 12 26).
- **Village :** visite guidée pour groupes uniquement et sur réservation (04 68 91 81 43) ; location de visioguides au musée archéologique.

Se loger

Hôtel
Relais Chantovent (04 68 91 14 18).
Chambres d'hôtes
L'Étape Minervoise (04 68 75 50 54).
La Barbacane (04 68 49 10 21).
Gîtes
Rens. : 04 68 91 81 43
www.minervois-tourisme.fr
Camping
Le Maquis (04 67 23 94 77).

Se restaurer

Restaurants
Relais Chantovent (04 68 91 14 18).
Le 1210, pizzeria, saladerie (04 68 75 50 68).
La Table des Troubadours, gril (04 68 91 27 61).
La Terrasse (04 68 65 11 58).
Auberge à la ferme
M. et Mme Poumayrac (04 67 97 05 92).

Saveurs et savoir-faire

Spécialités et produits du terroir
Fromages de chèvre • Vins AOC du Minervois.
Art et artisanat
Artisanat local • Décoration • Librairie • Peintures, sculptures.

Rendez-vous

Juillet : animations, concert anniversaire « 1210 » (autour du 22).

Pleine nature

Baignade • Randonnée pédestre : GR 77 et 2 circuits balisés.

Aux alentours

- Caunes-Minervois, Lastours et Carcassonne (de 25 à 45 km).
- Montagne Noire (30 km).
- Narbonne (32 km).
- Oppidum d'Ensérune et Béziers (45 km).
- *Olargues (46 km), voir p. 228.

Monestiés

Inspirations hispaniques en Ségala

Tarn (81) • 1 430 habitants • Altitude : 210 m

Aux frontières du Causse et du Ségala, Monestiés est lové dans une boucle du Cérou.

Le village médiéval, autrefois fortifié, s'est développé autour de l'église St-Pierre, siège du pouvoir religieux et politique dès le Xe s. De ce passé Monestiés a conservé le labyrinthe de ses rues et venelles bordées d'anciennes demeures. Au fil de la visite, maisons à colombages, portes à linteau sculpté, fontaine, arcades et maisons à encorbellements se succèdent dans une harmonie et une simplicité chaleureuse typiques des villages du Sud-Ouest. L'une de ces bâtisses abrite aujourd'hui le musée de peinture Bajèn-Vega, consacré à un couple d'artistes réfugiés politiques espagnols. Aux portes du village, la chapelle St-Jacques n'accueille plus les pèlerins de Compostelle, qui trouvaient refuge à l'ancien hôpital, mais présente un exceptionnel retable du XVe s. Composé de vingt statues polychromes de grandeur nature, ce retable illustre dans la pierre les trois derniers épisodes de la passion du Christ : la crucifixion, la descente de croix (pietà) et la mise au tombeau.

Par la route : autoroute A68-N88 (8 km) ; autoroute A20, sortie n° 58 Villefranche-de-Rouergue (86 km).
Par le train : gare de Carmaux (7,5 km).
Par avion : aéroport de Rodez- Marcillac (77 km) ; aéroport de Toulouse-Blagnac (109 km).

Office de Tourisme : 05 63 76 19 17
www.tourisme-monesties.fr

Découvrir

• **Chapelle St-Jacques** (XVIe s) : ensemble de 20 statues du XVe s en pierre calcaire polychrome représentant les trois dernières scènes de la passion du Christ (05 63 76 19 17).
• **Musée Bajèn-Vega :** collection de peintures de Francisco Bajèn et Martine Vega présentées sous différentes thématiques renouvelées chaque année, complétée d'une exposition temporaire inédite (05 63 76 19 17).
• ♥ **Pass-découverte :** ticket unique pour la visite de la chapelle Saint-Jacques et la visite du musée Bajèn-Véga. Rens. : Office de Tourisme (05 63 76 19 17).
• **Église St-Pierre** (XIe-XVIe s) : retable du XVIIe s et tableau du XVIIIe s (Vierge évanouie soutenue par saint Jean).
• **Village :** visite guidée pour les groupes (15 pers. mini), sur réservation toute l'année (05 63 76 19 17).

Se loger

Hôtel
L'hostellerie Saint-Jacques (05 63 76 11 72).
Chambres d'hôtes, gîtes, gîtes de groupe et meublés
Rens. : 05 63 36 14 03
www.tourisme-monesties.fr.
Camping
Camping municipal Les Prunettes*, de mi-juin à mi-septembre (05 63 76 19 17).

Se restaurer

Restaurants
L'Auberge occitane (05 63 80 73 41).
L'Hostellerie Saint-Jacques (05 63 76 11 72).
Pause des lices (06 83 32 85 81).

Saveurs et savoir-faire

Spécialités et produits du terroir
Lentilles vertes • Huiles végétales • Miel • Plantes aromatiques et médicinales • Vin AOC Gaillac.
Art et artisanat
Luthier-archetier.

Rendez-vous

Mai : brocante (début du mois).
Juin : puces de la couturière, arts croisés, fête de l'âne.
Juillet-août : expositions d'art, fêtes de village.
Sept. : journées du patrimoine, fête du cheval.
Nov. : brocante (début du mois).
Déc. : marché de Noël.
Toute l'année : concerts musique pour tous (sauf juil.-août).

Pleine nature

Équitation • Pêche • Tennis • Promenade avec âne bâté • Randonnée pédestre et VTT : circuits balisés • Sentier botanique « Les Secrets de la rivière » • Sports nautiques : base du lac de La Roucarié.

Aux alentours

• Cap'Découverte à Le Garric (8 km).
• Carmaux, musée du Verre (8 km).
• Cagnac-les-Mines, musée de la Mine (8 km).
• Cordes-sur-Ciel (15 km).
• Albi, Gaillac (de 20 à 27 km).
• *Najac (30 km), voir p. 224.
• *Castelnau-de-Montmiral (35 km), voir p. 183.
• *Sauveterre-de-Rouergue (37 km), voir p. 254.
• *Bruniquel (48 km), voir p. 177.

Monflanquin

Un air de Toscane

Lot-et-Garonne (47) • 2 398 habitants • Altitude : 181 m

Entre Agenais et Périgord, le paysage environnant Monflanquin reste, comme l'écrivait Stendhal, celui d'une « petite Toscane ». Fondé en 1256 par Alphonse de Poitiers, frère de Saint Louis, Monflanquin est l'une des quelque trois cents bastides ou cités nouvelles créées le plus souvent à l'initiative des rois de France et d'Angleterre ou des comtes de Toulouse, qui se disputaient le sud-ouest de la France. Dès la fin du XIIIe s, la cité, devenue siège d'un bailliage, est entourée de remparts percés de portes fortifiées et surmontés de tours, qui seront démantelés après les affrontements des guerres de Religion sur ordre royal, en 1622. Monflanquin a néanmoins conservé son plan caractéristique en damier et, au cœur du village, la place des Arcades, aux couverts soutenus de piliers de pierre, reste bordée de belles demeures, comme la maison du Prince Noir. Depuis le « Cap del Pech » la vue sur la vallée de la Lède est imprenable.

Par la route : autoroute A62, sortie n° 7-Périgueux (54 km) ; autoroute A89, sortie n° 15-Agen (94 km), N21 (14 km).
Par le train : gare de Monsempron-Libos (17 km) ; gare d'Agen (48 km).
Par avion : aéroport de Bergerac-Roumanière (50 km) ; aéroport d'Agen-La Garenne (56 km).

ⓘ **Office de Tourisme :** 05 53 36 40 19
www.monflanquin-tourisme.com

Découvrir

• **Musée des Bastides :** découverte des bastides, villes neuves du Moyen Âge ; visite ludique et interactive, atelier de calligraphie et jeux pour les enfants (05 53 36 40 19).

• **Village :** d'anecdotes en rencontres insolites au détour des ruelles, une balade-découverte de la bastide conduite par le guide-bouffon Janouille la Fripouille, troubadour du Moyen Âge. Visite pour les individuels en juillet-août, en journée, nocturnes et visites-spectacles ; toute l'année pour les groupes, sur réservation uniquement (05 53 36 40 19).

• **Pollen, pôle d'art contemporain et résidence d'artistes :** expositions, médiations et conférences (05 53 36 54 37).

Se loger

Hôtels
Monform** (05 53 49 85 85).
La Bastide des Oliviers (05 53 36 40 01).
Le Moulin de Boulède (05 53 36 16 49).
Chambres d'hôtes
Le Nid à Nane*** (06 82 41 26 95).
Beslu (05 53 36 56 51).
Château Ladausse (05 53 36 71 63).
La Cambra dé Monflanquin (05 53 71 61 17).
Les Fleurs des Îles (05 53 40 22 38).
Vignes de la justice (05 53 36 32 54).
Résidence de tourisme
Résidence du Lac***, Pierre et Vacances (05 53 49 72 00).
Gîtes, village de gîtes et meublés
Rens. : 05 53 36 40 19
www.monflanquin-tourisme.com.

Se restaurer

Restaurants
Aldayaa (09 64 06 15 55).
La Baldoria, pizzeria (05 53 49 09 35).
Le Bistrot du Prince Noir (05 53 36 63 00).
La Bastide des Oliviers (05 53 36 40 01).
La Grappe de raisin (05 53 36 31 52).
La Pierre Blanche (05 53 40 69 14).
Le Jardin (05 53 36 54 15).
Le Restaurant du Lac (05 53 49 85 86).
Le Moulin de Boulède (05 53 36 16 49).
La Terrasse des Arts'cades, brasserie (05 53 36 32 18).
La Bastide, crêperie (05 53 36 77 05).
Le Temps d'un Thé, salon de thé-restaurant (05 53 36 03 14).
Ferme-auberge
Lou Kakou, sur réservation (05 53 40 97 16).

Saveurs et savoir-faire

Spécialités et produits du terroir
Foie gras • Fromages • Produits bio • Noisettes • Pruneaux • Vins.
Art et artisanat
Antiquités-brocante • Art contemporain • Atelier de reliure-encadrement • Céramistes • Dessinateur humoristique • Jouets en bois • Maroquinerie • Peintres • Savons • Vêtements et bijoux • Artisanats africain et marocain • Galeries.

Pour la petite histoire

Le Prince Noir était en fait Édouard de Woodstock, prince de Galles, fils aîné du roi d'Angleterre Édouard III. L'une des légendes le concernant attribue ce surnom à une vengeance perpétrée par le prince : après avoir failli se faire tuer lors d'une bataille par un chevalier français, il fit exécuter la nuit même tous les soldats français blessés.

Rendez-vous

Marchés : marché traditionnel jeudi matin, pl. des Arcades ; petit marché en juillet-août, dim. matin (entrée de la bastide).
Toute l'année : expositions, concerts et théâtre.
Avril : foire de printemps et courses hippiques.
Mai : foire aux vins et fromages.
Juin : nuit de la Saint-Jean.
Juillet : foire antiquités-brocante (mi-juillet) ; « Les soirées baroques de Monflanquin » (2e quinz.).
Août : soirée des étoiles (début août), journées médiévales (mi-août), festival « Les Arts'Franchis », jazz, concert symphonique, théâtre musical (fin août).
Juillet-août : marché de producteurs de pays (les jeu. soirs).
Déc. : fête de la St-André (1e lundi de déc. et le w.-e. qui le précède).

Pleine nature

Boulodrome • Équitation • Pêche : cours d'eau de 1e et 2e catégorie (lac de Coulon) • Randonnée pédestre et VTT.

Aux alentours

• Montagnac-sur-Lède : moulin du Cros (8 km).
• Château fort de Gavaudun (11 km).
• Bastides de Villeréal, Villeneuve-sur-Lot, Castillonnès et Beaumont-du-Périgord (de 12 à 29 km).
• Cités médiévales de Cancon, Penne-d'Agenais et Issigeac (de 12 à 29 km).
• Saint-Avit : musée Bernard-Palissy (12 km).
• Château de Biron (17 km).
• *Monpazier (22 km), voir p. 217.
• Château de Bonaguil (23 km).
• *Pujols-le-Haut (25 km), voir p. 232.
• *Belvès (38 km), voir p. 170.
• Agen (50 km).

Monpazier

La bastide

Dordogne (24) • 522 habitants • Altitude : 198 m

Huit cents ans après sa création, Monpazier a conservé son plan initial et reste le modèle de la bastide médiévale.
La cité a été fondée en 1284 par Édouard Ier d'Angleterre. Malgré la guerre de Cent Ans, la disette et les épidémies qui l'ont durement frappé à l'époque médiévale, Monpazier est dans un état de préservation exemplaire. Inscrit dans un quadrilatère de 400 m sur 220, avec ses rues droites de 8 m de large et ses maisons aux dimensions identiques qui lui ont valu, au XIXe s, d'être retenu par Viollet-le-Duc comme le modèle théorisé des bastides, le village, traversé de *carreyras* (rues) et de *carreyrous* (ruelles), s'organise autour de l'admirable place des Cornières. De forme parfaitement carrée, celle-ci est bordée de maisons du XIIIe s et entourée d'arcades des XIVe et XVIIIe s. Parmi les témoignages remarquables de l'époque médiévale demeurent la Halle centrale du XIIIe s, qui a conservé ses mesures à grain, l'église St-Dominique, des XIIIe et XVe s, au clocher carré, la maison du Chapitre, la plus haute et la plus ancienne de Monpazier (1292), la grange aux Dîmes où l'on entreposait la part des récoltes réservée à l'impôt, ou encore les trois portes fortifiées. Non loin, les anciens bâtiments du couvent des Récollets abritent le Centre d'interprétation de l'Architecture et du Patrimoine « Bastideum ».

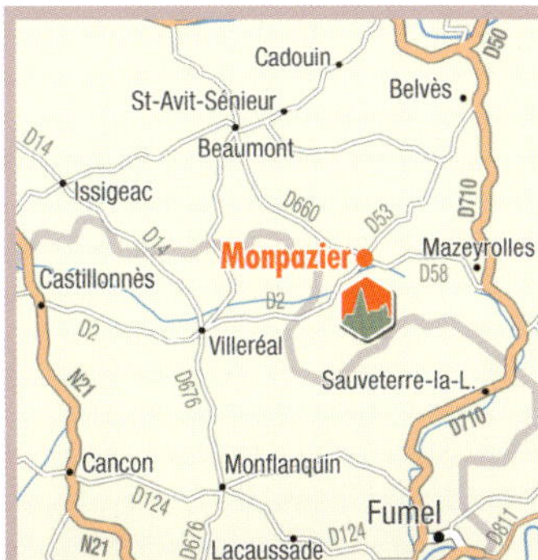

Par la route : autoroute A89, sorties n° 16-Angoulême (66 km). et n° 13-Bergerac (70 km) ; N21 (28 km).
Par le train : gare de Belvès (16 km) ; gare de Bergerac (44 km).
Par avion : aéroport de Bergerac-Roumanière (46 km).

Point Infos Tourisme : 05 53 22 68 59
www.pays-des-bastides.com
www.monpazier.fr

Découvrir

• **Bastideum :** Centre d'interprétation de l'Architecture et du Patrimoine. Documents d'archives, interviews, reconstitution en 3D et survol virtuel de la Bastide (05 53 57 12 12).
• **Église St-Dominique** (XIIIe et XVe s) : stalles.
• **Village :** visite guidée en français les mar. à 11 h et les jeu. en anglais à 15 h en juillet-août pour les individuels, toute l'année pour les groupes sur RDV ; visite aux flambeaux les lun. à 21 h en juillet-août ; visite accessible aux déficients visuels (maquettes tactiles, carnets de visite en braille et caractères agrandis). Rens. : 05 53 22 68 59.

Se loger

Hôtels
♥Hôtel Edward 1er*** (05 53 22 44 00).
Hôtel de France* (05 53 22 60 06).
Chambres d'hôtes
♥Les Hortensias*** (05 53 58 18 04).
Chantal Fleury (05 53 27 97 12).
Chez Janou (05 53 40 65 24).
Jérôme Parlange (06 79 34 47 68).
La Maison du Charron (05 53 74 84 50).
Les Roses d'Emma (06 81 95 66 90).
Gîtes et meublés
Rens. : 05 53 22 68 59
www.pays-des-bastides.com.

Se restaurer

Restaurants
Éléonore, restaurant gastronomique (05 53 22 44 00)
La Bastide (05 53 22 60 59).
Le Bistrot 2 (05 53 22 60 64).
Le Croquant (05 53 22 62 63).
Galerie M (09 61 67 97 14).
Le Privilège du Périgord (05 53 22 43 98).
Les Rigalous (05 53 22 60 06).
Chez Minou, pizzeria (05 53 22 46 59).
Le Chêne vert, pizzeria-petite restauration (05 53 74 17 82).
Le Bonheur est dans le Pot, crêperie (06 18 51 29 69).

Saveurs et savoir-faire

Spécialités et produits du terroir
Produits périgourdins (foie gras…) • Vin.
Art et artisanat
• Bijoux • Bois tourné • Céramique • Création couture • Gravure sur œufs d'autruche et d'émeu • Dorure sur bois • Encadrement • Horlogerie • Maroquinerie • Marqueterie • Peinture • Peinture sur verre • Souffleur de verre • Tentures murales • Tissus d'ameublement • Vêtements féminins.

Rendez-vous

Marchés : foire le 3e jeudi de chaque mois ; marché le jeudi matin ; marché aux cèpes (selon pousse) tous les après-midi en automne ; marché aux truffes de déc. à février.
Avr. : théâtre ; « Printemps de Minou », concerts (2e sam.).
Mai : Printemps des Bastides ; fête des fleurs ; courses hippiques (fin mai).
Juin : rendez-vous aux Jardins (1e w.-e.) ; brocante (2e w.-e.) ; journée nationale de l'archéologie.
Juillet : courses hippiques (2e dim.) ; nocturne cycliste (der. jeu.), fête du livre (der. dim.).
Août : festival « Été Musical en Bergerac » (début août) ; courses hippiques (1e dim.) ; brocante (2e w.-e.) ; « Adoreed », épreuve d'endurance équestre (dern. w.-e.).
Juillet-août : cinéma en plein air ; marché de producteur.
Oct. : brocante (2e w.-e.).

Pleine nature

Boulodrome • Centre équestre • Randonnée pédestre.

Aux alentours

• Château de Biron (8 km).
• *Belvès (16 km), voir p.170.
• Abbaye de Cadouin (16 km).
• *Monflanquin (22 km), voir p. 215.
• Vallée de la Dordogne : *Limeuil (27 km), voir p. 210 ; *Castelnaud-la-Chapelle (34 km), voir p. 184 ; *Beynac-et-Cazenac (38 km), voir p. 172 ; *La Roque-Gageac (39 km), voir p. 236 ; *Domme (40 km), voir p. 192.
• Château de Bonaguil (30 km).
• Issigeac (31 km).
• Monbazillac (43 km).
• Bergerac (45 km).

Montréal

Gascogne antique et médiévale

Gers (32) • 1 266 habitants • Altitude : 130 m

Entre haut et bas Armagnac, la bastide de Montréal, ceinturée de vignes, se dresse au cœur de la terre gasconne et Ténarèze.
En 1255, Alphonse de Poitiers, frère de Saint Louis, construit sur un éperon rocheux contourné par l'Auzoue la première bastide gasconne. Respectant le quadrillage des bastides, rues et carrelots mènent à la place centrale entourée de cornières sur trois côtés. Intégrée aux fortifications dont subsiste une porte en ogive, l'église gothique St-Philippe-et-St-Jacques, du XIIIe s, domine de son clocher plat les maisons à pans de bois. Au nord, l'église préromane St-Pierre-de-Genens, du XIe s, présente une colonnade romaine réemployée et un chrisme taillé dans un marbre antique. Petite église de hameau, la chapelle de Luzanet, avec son plan et son voûtement de style gothique flamboyant, présente un type d'architecture exceptionnel pour le sud-ouest de la France. Distante de deux kilomètres de Montréal, la villa de Séviac, du IVe s, est un palais monumental de 6 500 m^2 doté de somptueuses mosaïques et de vastes thermes. Ce luxueux domaine viticole se dressait sur le territoire de l'illustre Elusa, cité-capitale de la province romaine de la Novempopulanie.

Par la route : autoroute A62, sortie n° 6-Nérac (55 km) ; N124 (46 km).
Par le train : gare d'Auch (53 km) ; gare d'Agen (54 km).
Par avion : aéroport d'Agen-La Garenne (50 km) ; aéroport de Toulouse-Blagnac (126 km).

Office de Tourisme :
05 62 29 42 85 ou 05 62 28 00 80
www.tourisme-condom.com

Découvrir

- **Collégiale St-Philippe-et-St-Jacques** (XIIIe s).
- **Église St-Pierre-de-Genens** (XIe s) : portail sculpté, tympan de marbre blanc.
- **Villa gallo-romaine de Séviac** : tapis de mosaïques polychromes (450 m^2), thermes (500 m^2). Rens. : www.elusa.fr 05 62 29 48 57. Dépôt de fouilles issues de la villa à l'Office de Tourisme (05 62 29 42 85).
- **Village** : visite guidée de la bastide sur demande (05 62 29 42 85).

Se loger

Chambres d'hôtes
Carpe Diem*** (05 62 28 37 32).
Le Couloumé*** (05 62 29 47 05).
Les Agapanthes*** (05 62 29 41 44).
Lou Prat de la Ressego*** (05 62 29 49 55).
Peyrouat*** (06 86 53 82 65).
Château de Malliac (www.vie-de-chateau.com).
La Pôse de Mont Royal (06 74 80 07 48).
Résidence de tourisme
Résidence Hotesia*** (05 62 68 38 93).
Gîtes, gîtes d'étape et meublés
Rens. : 05 62 29 42 85
www.tourisme-condom.com.

Campings
Rose d'Armagnac, aire naturelle et location de mobilhommes (05 62 29 47 70).
M. Lussagnet, camping à la ferme (05 62 29 44 78).

Se restaurer

Restaurants
Daubin (05 62 29 44 40).
La Bombance (05 62 29 28 80).
La Petite Escale (05 62 28 82 05).
L'Escale (05 62 29 59 05).

Saveurs et savoir-faire

Spécialités et produits du terroir
Conserveries (foie gras, confits de canard…) • Croustades • Fromage • Miel • Vin, floc et armagnac.
Art et artisanat
Céramiste • Peintre sur carton • Peintres • Statues en marbre reconstitué.

Rendez-vous

Marché : vend. 8 h - 13 h.
Juillet : fête à thème du hameau d'Arquizan (dern. w.-e.).
Juillet-août : foires nocturnes médiévales ; randonnée nocturne (ts les jeudis).
Août : courses landaises et fête de Montréal (2e dim.).
Nov. : flamme de l'armagnac (3e w.-e.).

Pleine nature

Aire de loisirs • Pêche • Randonnée pédestre (PR et GR).

Aux alentours

- Vallée de l'Auzoue : *Fourcès (6 km), voir p. 200 ; Nérac (34 km).
- *Larressingle (10 km), voir p. 203.
- Condom (15 km).
- *Lavardens (42 km), voir p. 208.

Mornac-sur-Seudre

Perle des marais

Charente-Maritime (17) • 840 habitants • Altitude : 5 m

Typique du littoral charentais, le petit port de Mornac expose au soleil ses blanches façades bordées de roses trémières.
Déjà, à l'époque gallo-romaine, l'attrait de la Seudre faisait du village naissant de Mornac une petite bourgade de pêcheurs installée sur une colline proche de l'actuel château. Avec le développement de l'activité, de jolies maisons basses remplacent peu à peu les modestes cabanes. Aujourd'hui ostréicole, Mornac-sur-Seudre est également un haut lieu de la saliculture, que l'on découvre en visitant les marais. Riche de son passé médiéval, le vieux bourg est traversé de venelles menant au port. Surmontée d'un clocher fortifié, l'église romane, bâtie au XIe s sur un sanctuaire mérovingien, présente un magnifique chevet.

Par la route : autoroute A10, sortie n° 35-Saintes (38 km), N150, sortie D14-Saujon/La Tremblade (9 km).
Par le train : gare de Royan (12 km).
Par avion : aéroport de La Rochelle-Laleu (73 km) ; aéroport de Bordeaux-Mérignac (161 km).

Office de Tourisme : 05 46 22 61 68
www.tourisme-mornac-sur-seudre.fr

Découvrir

• **Église St-Pierre** (XIe s) : fresques médiévales, trésor reliquaire.
• **Marais de Seudre** : balade commentée à la découverte de la biodiversité (05 46 22 92 46).
• **Musée ferroviaire** : installé dans l'ancienne gare de Mornac-sur-Seudre, vieille de 150 ans (07 51 66 92 36).
• **Village** : visite guidée (05 46 22 92 46).
• **Visite d'un marais salant** : rencontre avec le saunier Sébastien Rossignol (06 71 09 03 03).

Se loger

Chambres d'hôtes
Côté Chenal (05 46 02 14 57).
Le Mornac (05 46 22 63 20).
Marjorie (05 46 22 60 87).
Mme Pichon (05 46 22 63 29).
M. Cougot (05 46 22 65 29).
Gîtes, meublés et camping
Rens. : 05 46 22 61 68
www.tourisme-mornac-sur-seudre.fr.
Camping à la ferme
Michel Vinay (05 46 22 72 25).

Se restaurer

Restaurants
La Cabane de l'Ostréa (05 46 06 42 84).
La Cambuse (09 83 27 62 24).
La Gourmandine (05 46 23 38 47).
La Planche à sel (05 46 22 76 53).
Le Bar'Ouf (05 46 22 75 24).
Les Basses Amarres (05 46 22 63 31).
Le Marais (05 46 23 16 78).
Le Parc des Graves (05 46 22 75 14).
Les Écluses Vertes (06 11 77 09 53).
Le Café des Arts, crêperie (05 46 06 40 43).
Le Moulin, crêperie (05 46 05 59 36).

Saveurs et savoir-faire

Spécialités et produits du terroir
Confiserie • Huîtres • Gambas • Conserves de produits de la mer • Sel.
Art et artisanat
Artisanat du cuir • Bijoux • Création de sacs, vêtements et accessoires • Créations artisanales naturelles • Pâte à sel • Peintres, sculpteurs • Potiers • Verrier au chalumeau.

Rendez-vous

Marché : mer. et dim. 9 h - 12 h 30.
Avril : fêtes romanes.
Mai : festival du conte.
Pentecôte : journée de l'art et des saveurs.
Juillet-août : jeudis musicaux et nocturne des artisans (ts les jeu.) ; expositions au port ; visites nocturnes du village.
Août (selon la marée) : « Voiles de Mornac ».
Sept. : marché de potiers.
Déc. : marché de Noël.

Pleine nature

Croisière sur la Seudre • Équitation • Kayak • Pêche • Randonnée : 3 circuits pédestres et 1 circuit cycliste balisés • ULM.

Aux alentours

• Saujon : Train touristique des Mouettes (10 km).
• Royan (12 km).
• Zoo de la Palmyre (15 km).
• Saint-Georges-de-Didonne : parc de l'Estuaire (15 km).
• *Talmont-sur-Gironde (29 km), voir p. 257.
• Marennes, île d'Oléron (30 km).
• Brouage (32 km).

Mortemart

Puissants et croyants du Limousin

Haute-Vienne (87) • 118 habitants • Altitude : 300 m

Bourgade limousine fleurie au passé glorieux, Mortemart raconte dix siècles d'histoire.
Né dans une plaine marécageuse qui lui a donné son nom *Mare mortuum* (Mer morte), Mortemart ne reste pas longtemps à l'état sauvage et connaît ses heures de gloire dès 995. En récompense de sa défense victorieuse de la cité voisine de Bellac contre le comte Guillaume de Poitiers, Abon Drut, seigneur de Mortemart, est en effet autorisé à édifier le château des Ducs, qui devient, au XIIIe s, le berceau de la célèbre famille des Rochechouart-Mortemart. Dans le vieux château du Xe s, dont les fortifications ont disparu, la tour du donjon, les salles de justice et des gardes rappellent les périls qui menaçaient les cités médiévales, comme l'emplacement du pont-levis et l'étang, reste des anciennes douves. Les couvents des Carmes et des Augustins, édifiés en 1330, témoignent pour leur part de la fin du Moyen Âge. La chapelle des Augustins, devenue église paroissiale, abrite des stalles de bois sculpté du XVe s : leurs miséricordes, qui permettaient aux moines de se reposer, rappellent les longs offices d'autrefois. L'ancienne halle et les belles maisons de notables évoquent le commerce florissant du XVIIe s.

Par la route : autoroute A20, sortie n° 23-Bellac (43 km), N145 (15 km) ; N141, sortie Bellac (18 km).
Par le train : gare de Bellac (13 km) ; gare de Limoges-Bénédictins (45 km).
Par avion : aéroport de Limoges-Bellegarde (39 km).

Office de Tourisme : 05 55 68 12 79
www.mortemarttourismelimousin.com

Découvrir

- **Château des Ducs** (Xe s) : donjon, salle de justice, salle des gardes (juillet-août).
- **Couvent des Carmes** (XIVe-XVIIe s) : escalier monumental ; expositions-ventes d'artistes et artisans d'art.
- **Église** : stalles du XVe s, retable du XVIIe s.
- **Village** : visite commentée pour groupes sur RDV (05 55 68 12 79).

Se loger

Hôtel
Le Relais* (05 55 68 12 09).

Chambres d'hôtes
Thomas Raymond*** (05 55 60 20 23).
Philip Webb*** (05 55 60 88 26).
Gisèle Ribette (05 55 68 35 99).

Se restaurer

Restaurants
Le Relais (05 55 68 12 09).
Brasserie-bar (05 55 68 98 61).

Saveurs et savoir-faire

Art et artisanat
Éditeur de poésie • Artistes et artisans d'art au couvent des Carmes.

Rendez-vous

Marché : juillet-août : marché de produits régionaux, dim. matin sous la halle.
Avril : fête des plantes (3e w.-e., tous les 2 ans).
Juin : salon des antiquaires ; concert de l'ensemble Josquin des Prés.
Juillet-août : concerts, expositions de peinture et de sculpture, festival du haut Limousin « Musique et Patrimoine » ; concours « Peintres dans la rue ».
Août : exposition-défilé de véhicules anciens.
Nov. : fête des pommes et fruits du terroir (3e w.-e.).

Pleine nature

Randonnée : 3 circuits balisés • VTT • Golf des Villars (9 trous).

Aux alentours

- Monts de Blond (de 2 à 15 km).
- Oradour-sur-Glane, centre de la mémoire (15 km).
- Bellac, Le Dorat (de 13 à 25 km).
- Confolens, festival folklorique (30 km).
- Saint-Junien, vallée de la Vienne (35 km).
- Limoges et site Corot (40 km).

Mosset

Entre montagne et Méditerranée

Pyrénées-Orientales (66) • 303 habitants • Altitude : 700 m

Entourées de montagnes, les hautes façades de Mosset escaladent un éperon dominant la vallée de la Castellane.
Constitué, jusqu'au XIIIe s, de quelques habitations dispersées situées à une poignée de kilomètres du village actuel, Mosset va peu à peu s'installer sur une butte rocheuse à 700 m d'altitude, regroupant ses maisons autour du château, et devenir une place fort frontalière entre le royaume de France et celui d'Aragon. À la richesse des vestiges de son passé conservés derrière les portes d'anciens remparts – le donjon du château reconstruit au XVIe s –, et l'église romane St-Julien-et-Ste-Baselisse des XIIIe et XVIIe s, le village ajoute celle de la faune et de la flore de son vaste territoire. Sur 2 000 m de dénivelé, Mosset mêle les senteurs méditerranéennes à celles de la montagne et cueille ce bouquet odorant pour l'offrir dans sa tour des Parfums.

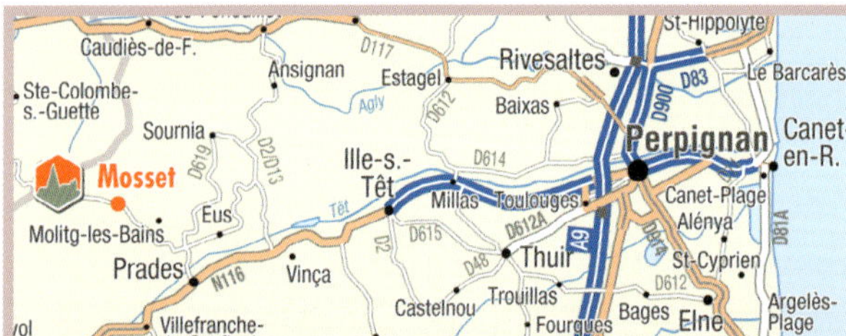

Par la route : autoroute A9, sortie n° 42-Perpignan Sud (55 km).
Par le train : gare de Prades-Molitg-les-Bains (13 km).
Par avion : aéroport de Perpignan-Rivesaltes (60 km).

Office de Tourisme : 04 68 05 38 32 / www.mosset.fr

Découvrir

- ♥ **Tour des Parfums** : musée éducatif, interactif et ludique sur le monde des odeurs et des saveurs (04 68 05 38 32 ou 04 68 05 00 80).
- **Église St-Julien-et-Ste-Baselisse** (XIIIe et XVIIe s) : retables sculptés (04 68 05 38 32).
- **Village** : visite guidée (04 68 05 38 32).

Se loger

Chambres d'hôtes
La Forge** (04 68 05 04 84).
Mas Lluganas** (04 68 05 00 37).
Gîtes, gîtes communaux et meublés
Le Pailler*** (04 68 68 42 88).
Autres gîtes et meublés - rens. : 04 68 05 38 32 / www.mosset.fr.
Gîte de groupe
Centre La Coume (04 68 05 01 64).
Aires naturelles de camping
El Camp del Gat (04 68 05 07 41).
Moli d'Oli (06 83 47 52 04).

Se restaurer

Restaurant
Auberge de la Castellane (04 68 05 01 87).
Auberge à la ferme
Mas Lluganas (04 68 05 00 37).

Saveurs et savoir-faire

Spécialités et produits du terroir
Fromage de chèvre fermier • Liqueur de Coscoll (angélique sauvage) • Produits d'élevage (canards gras, volailles, veaux « Rosée des Pyrénées ») • Légumes.
Art et artisanat
Ébéniste • Potier • Ferronnier.

Rendez-vous

Marché : du 15 juillet au 31 août : marché fermier dim. 10 h - 12 h, pl. San Julia.
Mai : foire des parfums et saveurs de la montagne.
Juin : nuit de la Saint-Jean (23).
Juillet : journée « Lavande en fête » (distillation en plein air, ateliers…).
Août : spectacle d'opéra (1e quinz.), fête du village (15 et 16).
Déc. : crèche vivante et chants catalans de Noël (24).

Pleine nature

Chasse • Pêche • Cueillette de champignons • Promenade à dos d'âne • Randonnée • Sports d'hiver : ski de randonnée, raquettes, luge.

Aux alentours

- Molitg-les-Bains (5 km).
- Prades (12 km).
- *Eus (13 km), voir p. 196.
- Abbayes St-Michel-de-Cuxa et St-Martin-du-Canigou (de 15 à 26 km).
- *Villefranche-de-Conflent (18 km), voir p. 262.
- *Évol (31 km), voir p. 197.
- Prieuré de Serrabone (38 km).
- *Castelnou (40 km), voir p. 185.
- Perpignan (55 km).

Najac

En dévalant les toits de l'Aveyron

Aveyron (12) • 754 habitants • Altitude : 340 m

Campée sur une colline abrupte, la forteresse de Najac domine le village et les gorges sauvages de l'Aveyron.
Simple tour carrée au XIIe s, le château de Najac devient une forteresse au XIIIe s, sur ordonnance du roi Saint Louis. Sa position stratégique, qui en fait le verrou de la vallée, lui vaut une histoire mouvementée. Rois de France et d'Angleterre, comtes de Toulouse, protestants et croquants convoitent longtemps cette « clef de tout le pays ». Des tours rondes, la vue plonge sur la vallée de l'Aveyron et sur les toits de lauses. Convertis à l'hérésie cathare dans les années 1200, les habitants sont condamnés par les inquisiteurs à bâtir à leurs frais l'église St-Jean. Par son art ogival méridional, elle constitue l'une des premières églises gothiques du Rouergue. Au cœur du bourg, qui s'étire sur la crête rocheuse au pied du château, la place du Barry rappelle sa vocation de centre commercial, avec ses maisons en pierre ou à pans de bois des XVe et XVIe s prolongées par des couverts destinés à abriter les marchandises.

Par la route : autoroute A20, sortie n° 59-Rodez (50 km) ; autoroute A75, sortie n° 42-Rodez (120 km), N88 (53 km) ; autoroute A68, sortie n° 9-Gaillac (58 km).
Par le train : gare de Najac ; gare de Villefranche-de-Rouergue (22 km).
Par avion : aéroport de Rodez-Marcillac (81 km) ; aéroport de Toulouse-Blagnac (124 km).

Office de Tourisme : 05 65 29 72 05
www.tourisme-najac.com

Découvrir

- **Forteresse royale** (XIIe et XIIIe s) : donjon, chapelle St-Julien (fresques), chambre du Gouverneur (panorama depuis la terrasse) (05 65 29 71 65).
- **Église St-Jean** (XIIIe et XIVe s).
- **Village :** visites guidées mardis 10 h du 15 juin au 15 sept. ; sur réservation hors saison pour les groupes ; visites guidées aux flambeaux en juil.-août ; jeu de piste pour les enfants « Le maître des secrets de Najac (6 - 12 ans) (05 65 29 72 05).

Se loger

Hôtels
Le Belle Rive*** (05 65 29 73 90).
L'Oustal del Barry** (05 65 29 74 32).
Chambres d'hôtes
La Bastide (05 65 45 08 07 ou 06 81 92 54 93).
El Camino de Najac (05 65 81 29 19).
Marie Delerue**, La Prade Haute (05 65 29 74 30).
J.-P. Verdier**, La Prade Basse (05 65 29 71 51).
Sylvie Frazier, la Contie (05 65 29 70 79).

Gîtes, gîtes d'étape et meublés
Rens. : 05 65 29 72 05
www.tourisme-najac.com.
Villages de vacances
Les Hauts de Najac, VVF Villages
(0825 394 959 / Accueil site :
05 65 29 74 31).
Campings
Le Païsserou***
(Rens. et rés. : 05 65 29 73 96).
Camping des Étoiles* (05 65 29 77 05).
Camping à la ferme
La Prade Basse (05 65 29 71 51).
Aire de camping-cars (05 65 29 71 34).

Se restaurer

Restaurants
La Belle Rive (05 65 29 73 90).
La Cantine Pirate (05 65 81 59 27).
La Salamandre (05 65 29 74 09).
♥ L'Oustal del Barry (05 65 29 74 32).
Les Hauts de Najac (05 65 29 74 31).
Il Cappello, pizzeria (05 65 29 70 26).
Tartines et Compagnie (05 65 29 57 47).

Saveurs et savoir-faire

Spécialités et produits du terroir
Autruches et canards (confits, foie gras...) • Fouace de Najac • Fromages • Gâteau à la broche • Astet najacois (rôti de porc farci).
Art et artisanat
Bijoutière • Coutelier • Potière.

★ Rendez-vous

Marché : dim. matin de juin à sept., 8 h - 13 h.
Avril : salon du goût (1e w.-e.).
Juin : nuit des chiens bleus.
Juillet : festival de cinéma en plein air.
Juillet-août : expositions d'art contemporain « Ateliers du Patrimoine », « l'Été des 6 - 12 ans ». ; marché aux puces et brocante (les dim. de mi-juil. à mi-août) ; marché nocturne (les mer.).
Août : « Festival en Bastides » : théâtre et spectacles de rue (1e sem.), fête du village (3e w.-e.), salon du livre, festival « Les Musicales du Rouergue ».
Septembre : festival de jazz.
Oct. : « Lame à Najac », salon de coutellerie.

Pleine nature

• Canoë-kayak • Course d'orientation • Escalade • Équitation • Pêche • Via ferrata • VTT (espace VTT-FFC) • Randonnée : GR 36 et 8 circuits balisés.

Aux alentours

• Abbaye de Beaulieu, Caylus (de 15 à 20 km).
• Bastides de Villefranche-de-Rouergue (22 km) et Villeneuve et (36 km).
• Château de Saint-Projet (25 km).
• Cordes-sur-Ciel (25 km).
• Gorges de l'Aveyron, Saint-Antonin-Noble-Val (28 km).
• *Monestiés (30 km), voir p. 214.
• *Sauveterre-de-Rouergue (43 km), voir p. 254.
• Albi (50 km).

Pour la petite histoire

Le réalisateur Jean-Henri Meunier a réalisé trois documentaires sur Najac dont *Ici Najac, à vous la Terre* en 2005, l'histoire des habitants d'un petit village aveyronnais résistant à la mondialisation, récompensé en 2006 au festival de Cannes.

Navarrenx

Bastion du Béarn

Pyrénées-Atlantiques (64) • 1 075 habitants • Altitude : 120 m

Située à la croisée du gave d'Oloron et des chemins de Saint-Jacques, Navarrenx est l'une des plus anciennes « villes » du Béarn. Trouvant ses origines dès le Ier siècle de l'ère chrétienne, c'est au Moyen Âge que la cité de Navarrenx joue un rôle majeur. Érigée en bastide en 1316, la ville neuve jouit d'un certain nombre de privilèges qui favorisent son essor. Dotée de premières fortifications au XIIIe s, elle connaît, à partir de 1538, d'importantes transformations sous l'impulsion d'Henri II d'Albret, roi de Navarre qui souhaite protéger ce lieu de commerce et de passage important des convoitises espagnoles. Le travail de l'architecte italien Fabricio Siciliano, qui fit de Navarrenx la première cité bastionnée de France et dont le style préfigure celui adopté un siècle plus tard par Vauban, se lit encore aujourd'hui dans l'ancienne place forte : les imposants remparts hauts de 10 m, d'où l'on distingue la chaîne des Pyrénées et de magnifiques échappées sur le Gave d'Oloron, ainsi que quelques bastions et bâtiments militaires. Étape majeure sur la voie menant vers Saint-Jacques-de-Compostelle, Navarrenx, comme un clin d'œil au passé défensif du village, accueille désormais les pèlerins en quête de paix dans l'ancien arsenal du XVIIe s, pour partie reconverti en gîtes. Offrant la plus longue rivière à saumons de France, le gave d'Oloron a aussi donné à Navarrenx la réputation de « capitale du saumon » que les adeptes de pêche sportive peuvent encore tenter de capturer.

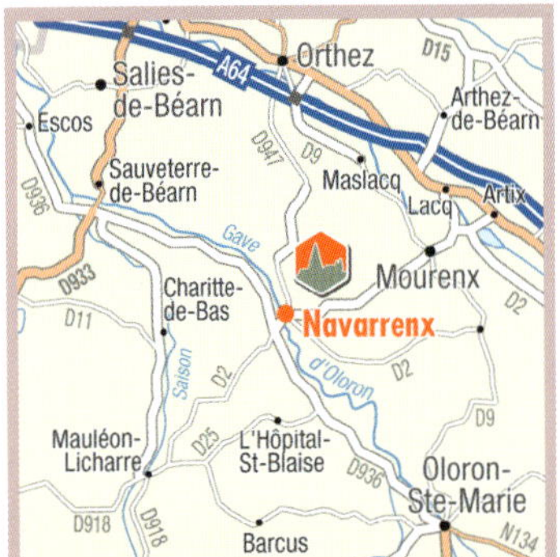

Par la route : Autoroute A64, sortie N°7 Salies-de-Béarn (28 km) et sortie N°9-Mourenx (23 km) puis N117 (21 km).
Par le train : gare d'Orthez (23 km) ; gare de Pau.
Par l'avion : aéroport de Pau-Pyrénées (40 km), aéroport de Biarritz-Anglet-Bayonne (80 km).

Office de Tourisme du Béarn des Gaves : 05 59 38 32 85
www.tourisme-navarrenx.com

Découvrir

- **Centre d'Interprétation :** espace muséographique situé dans l'ancien arsenal et dédié à l'histoire de Navarrenx, maquettes, plans… (05 59 66 10 22).
- **La Poudrière :** exposition permanente sur l'usage du magasin à poudre (05 59 38 32 85).
- **La Porte Saint-Antoine :** Musée des vieux outils (05 59 38 32 85).
- **La Maison du Cigare :** lieu de production du cigare de luxe « le Navarre », né du mariage des savoir-faire français et cubain ; parcours de découverte des différentes étapes de réalisation d'un cigare « Premium », démonstration de roulage. Ouvert toute l'année du lun. au ven. (05 59 66 51 96).
- **Village :** visite libre avec guide de visite (disponible à l'Office de Tourisme) ; visite guidée à thèmes par des guides conférenciers du Pays d'Art et d'Histoire pour les individuels ; visite guidée de groupe toute l'année sur RDV ; maquette commentée de la cité bastionnée à l'Office de Tourisme. (05 59 38 32 85).

Se loger

Hôtel
Hôtel du Commerce** (05 59 66 50 16).
Chambres d'hôtes
Le Relais du Jacquet (05 59 66 57 25 ou 06 75 72 89 33).
Lasarroques Monique et Jean-Pierre (05 59 66 27 36 ou 06 75 59 36 56).
Gîtes, meublés
Le Relais du Jacquet** (05 59 66 57 25 ou 06 75 72 89 33).
Peter French (05 59 66 01 18).
Madeleine Laberthe (05 59 66 51 69).
Bernadette Nargassans (05 59 66 08 39).
Christiane Palas (05 59 66 50 35).
Le Relais du Jacquet (05 59 66 57 25 ou 06 75 72 89 33).
Gîtes d'étape et hébergements collectifs
Rens. : 05 59 38 32 85
www.tourisme-navarrenx.com

Se restaurer

Restaurants

Auberge du Bois (05 59 66 10 40).
Bar des Sports (05 59 66 50 63).
La Taverne de Saint-Jacques (05 59 66 25 25).
Le Commerce (05 59 66 50 16).
Le P'tit Bistrot (05 59 66 50 78).

Saveurs et savoir-faire

Spécialités et produits du terroir

Biscuits « croquignoles de Navarrenx » et curbelets • Conserves artisanales • Salaisons • Confitures • Bières artisanales • Saumon du Gave et truite.

Art et artisanat

Artiste peintre, décorateur • Création de bijoux • Photographe • Potier • Styliste créatrice.

Rendez-vous

Marchés : marché hebdomadaire : le mercredi matin place Darralde ; marché d'été : de juin à septembre le dimanche matin autour de la mairie ; fin janvier : grande foire agricole et du matériel d'occasion et salon du livre.
Week-end de Pâques : salon artisanal.
Juin : feu de la Saint-Jean.
Juillet : fête du saumon (le 14).
Août : fête patronale (début août) ; fête médiévale (fin août).
Juillet-Août : soirée tapas, festival des pierres lyriques et concerts d'Alto en Béarn.
Décembre : animations et marchés de Noël (les 3 prem. dim.).

Pleine nature

Randonnée pédestre : plusieurs circuits balisés • VTT : base VTT de Navarrenx – 225 km de parcours balisés • Pêche au saumon et à la truite (1e catégorie) • Rafting, mini-rafts, canoë, stand up paddle • Complexe de loisirs Le Domaine Nitot.

Aux alentours

- Le camp de Gurs, ancien camp d'internement (6 km).
- Le château de Laàs et ses jardins (10 km).
- L'église de l'Hôpital-Saint-Blaise classée au patrimoine mondial de l'Unesco (15 km).
- L'église Saint-Girons de Monein (18 km)
- Sauveterre-de-Béarn, cité médiévale (20 km).
- Orthez, ancienne capitale médiévale (23 km).
- Salies-de-Béarn, la cité du sel (30 km).

Olargues

Le Languedoc côté nature

Hérault (34) • 600 habitants • Altitude : 183 m

Dans une boucle du Jaur, Olargues offre au cœur du parc naturel régional du Haut-Languedoc des balades parfumées d'histoire. Au pied du Caroux, la montagne de lumière, Olargues marie la fraîcheur des eaux du Massif central avec le soleil du Midi, et mêle dans ses paysages châtaigniers et cerisiers à la vigne et à l'olivier. Si ce site exceptionnel est occupé dès la préhistoire, c'est au XIIe s que les seigneurs du lieu érigent un château et un village fortifié. Depuis le vieux pont sur le Jaur, les calades invitent aujourd'hui à la découverte des maisons de pierre, aujourd'hui coiffées de tuiles canal et non de lauses, comme autrefois, des vestiges des remparts, de l'escalier couvert de la commanderie ou de l'église St-Laurent qui, reconstruite au XVIIe s avec les pierres de l'église romane primitive, a conservé pour clocher un ancien donjon du château.

Par la route : autoroute A75, sortie n° 57-Clermont-l'Hérault (55 km) ; autoroute A9, sortie n° 36-Valras Plage (67 km).
Par le train : gare de Bédarieux (23 km) ; gare de Béziers (65 km).
Par avion : aéroport de Béziers-Cap-d'Agdes-en-Languedoc (64 km) ; aéroport de Montpellier-Méditerranée (117 km) ; aéroport de Toulouse-Blagnac (149 km).

Office de Tourisme du Caroux en Haut-Languedoc : 04 67 23 02 21
www.ot-caroux.fr

Découvrir

• **Centre Cebenna :** centre d'étude et de recherches sur les écosystèmes. Médiathèque, projection en 3D, kaléidoscope géant ; expositions, animations et sorties nature (04 67 97 88 00).
• **Musée des arts et traditions populaires :** histoire du village, outils anciens, géologie de la région, personnages célèbres, maquettes sur la vie d'autrefois, reproduction d'une forge grandeur nature, salle médiévale (04 67 23 02 21).
• **Village :** visite libre ou accompagnée ts les lun. à 18 h en juillet-août, sur RDV hors saison pour 10 pers. mini. (04 67 23 02 21).

Se loger

Hôtel
Laissac-Speiser (04 67 97 70 89).
Chambres d'hôtes
Les Quatr' Farceurs** (04 67 97 81 33).
Fleurs d'Olargues (04 67 97 27 04 ou 06 80 51 96 55).
Gîtes, gîtes d'étape et meublés
Rens. : 04 67 23 02 21 / www.ot-caroux.fr.
Camping
Le Baous* (04 67 97 71 50 ou 06 62 28 33 64).

Se restaurer

Restaurants
Fleurs d'Olargues (04 67 97 27 04).
Laissac-Speiser (04 67 97 70 89).
Le Funambule (04 67 97 72 06).
La Lampisterie, pizzeria (06 23 87 32 51).

Saveurs et savoir-faire

Spécialités et produits du terroir
Spécialités à base de marrons d'Olargues • Plantes et fruits sauvages.
Art et artisanat
Peintre • Luthiers • Artisan potier.

Rendez-vous

Marché : dim. matin, place de la Mairie.
Mai : fête de la Brouette (mi-mai).
Août : Festibaloche (festival de musiques actuelles) ; Estival de la Bio ; festival de musique classique « Autour du quatuor ».
Sept. : fête médiévale d'Olargues (dim. des Journées européennes du patrimoine).
Nov. : fête du marron et du vin nouveau (1e w.-e. ap. la Toussaint).
Déc. : marché de Noël.

Pleine nature

Baignade • Boulodrome • Canoë-kayak, canyoning, spéléologie • Escalade • Randonnée • VTT et VTC • « Passa Païs » : voie verte du haut Languedoc pour piétons et vélos de Mazamet à Bédarieux (75 km).

Aux alentours

- Le Caroux et les gorges d'Héric (6 km).
- Gorges de l'Orb, Vieussan (8 km).
- Monts de l'Espinouse (12 km).
- Saint-Pons-de-Thomières (18 km).
- Roquebrun (19 km).

Pour la petite histoire

Le pont d'Olargues est appelé pont du Diable car la légende raconte que le diable accepta sa construction en échange de l'âme du premier qui le franchirait. Une fois le pont terminé, les Olarguais firent donc passer le pont à un chat, bien entendu de couleur noire.

Peyre
par Comprégnac
Le théâtre du Viaduc

Aveyron (12) • 251 habitants • Altitude : 370 m

Accroché à une falaise abrupte dans laquelle son église primitive s'est encastrée, Peyre domine le Tarn à l'aval de Millau.
Sous le plateau du Causse Rouge parsemé de cazelles dont les toits de lauses et les murs de pierres sèches abritèrent bergers ou vignerons, le bas du village, sillonné d'étroites calades en escalier, plonge vers la rivière. Le haut de Peyre s'étire au pied d'une haute falaise de tuf dont l'avancée en encorbellement le surplombe. Comme les demeures qui l'entourent, l'église St-Christophe s'y est adossée. Fortifiée au XVIIe s pour servir de refuge aux habitants de la paroisse, elle a conservé bretèches, assommoirs et bouches à feu témoignant de sa fonction défensive. Récemment restaurée pour accueillir concerts et expositions, l'église, baignée d'une lumière changeante diffusée par des vitraux contemporains mariant le verre et le cristal, fait désormais face à un autre symbole de modernité : la pile P2 qui, s'élançant à partir du Tarn, fait du viaduc de Millau le plus haut du monde.

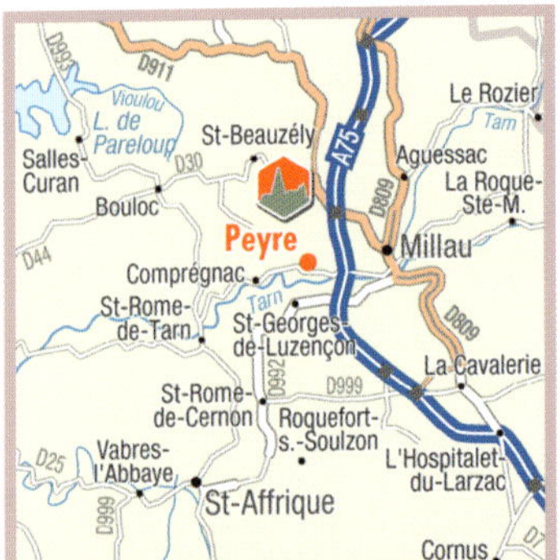

Par la route : autoroute A75, sortie n° 45-Millau (12 km).
Par le train : gare de Millau (8,5 km).
Par avion : aéroport de Rodez-Marcillac (99 km) ; aéroport de Montpellier-Méditerranée (135 km).

ⓘ Office de Tourisme de Millau :
05 65 60 02 42
www.millau-viaduc-tourisme.fr
www.compregnac12.fr

Découvrir
- **Église semi-troglodytique St-Christophe :** expositions d'art contemporain de juin à sept.
- **Village :** visite guidée du 1e juillet jusqu'au w.-e. inclus des journées du patrimoine en sept., sur RDV (05 65 60 02 42).
- **Colombier du Capelier,** Comprégnac (XIVe s) : visite libre.
- **Maison de la truffe,** Comprégnac : découverte de la trufficulture, scénographie sur l'architecture caussenarde.

Se loger
Chambres d'hôtes
M. Espinasse (05 65 58 15 52 ou 06 84 90 32 07).
Les Terrasses de Peyre (06 21 79 61 82).
Gîte et chambres d'hôtes
M. Espinasse (05 65 58 15 52 ou 06 84 90 32 07).
Camping
Le Katalpa, Comprégnac (05 65 62 30 05).

Se restaurer
Restaurant
L'Estival, juillet-août (05 65 62 39 37).

Saveurs et savoir-faire
Spécialités et produits du terroir
Truffes et produits à base de truffe.
Art et artisanat
Décoration, arts de la table • Potière • Atelier Terralhas, Comprégnac.

Rendez-vous
Juin : « Choeurs de Peyre » et concerts.
Juillet : fête de la St-Christophe (dern. w.-e.).

Mi-juillet-mi-août : festival de la Vallée et des Gorges du Tarn.
Fin juillet-début août : fête du pain au four communal.
Déc. : fête de la truffe à Comprégnac et marché de produits du terroir (w.-e. av. Noël).

Pleine nature

Aire de loisirs des Pyramides, sur les bords du Tarn : jeux pour enfants, pique-nique • Randonnée pédestre : sentiers de découverte des cazelles, boucles de 5 km (1 h 30) ou 7 km (3 h) au départ de Peyre ou de Comprégnac et sentiers « Randocroquis » balisés autour du village.

Aux alentours

- Millau (8 km).
- Aire de découverte du viaduc de Millau (15 km).
- Castelnau-Pégayrolles (20 km).
- Saint-Léon : Micropolis, musée des insectes et maison natale de l'entomologiste Henri Fabre (25 km).
- Chaos de Montpellier-le-Vieux (27 km).
- Gorges de la Dourbie (de 21 à 39 km).
- Gorges de la Jonte (de 28 à 49 km).
- Sites des Templiers et Hospitaliers du Larzac (de 27 à 51 km).
- Gorges du Tarn (de 28 à 63 km).
- *La Couvertoirade (49 km), voir p. 190.

Pour la petite histoire

Certaines années, après une période pluvieuse prolongée, les grondements précurseurs d'une arrivée d'eau souterraine réveillent certains habitants, et des masses d'eau tombent du rocher surplombant le village. Elles forment une cascade impressionnante qui dévale la pente en direction du Tarn.
Ce phénomène, qui peut durer plusieurs jours, attire de nombreux curieux de la région.

Pujols-le-Haut

Ancienne place forte albigeoise

Lot-et-Garonne (47) • 3 844 habitants (commune de Pujols) • Altitude : 187 m

Fief des hérétiques détruit pendant la guerre des Albigeois, puis reconstruit, Pujols a gardé son patrimoine médiéval.
L'ancienne place forte de la baronnie de Pujols a traversé les troubles de l'Histoire, de la guerre de Cent Ans à la Révolution, en sauvant la grande part de son patrimoine architectural du XIIIe s. Subsistent, avec une partie des enceintes et du château, deux portes fortifiées, dont une sert de clocher à l'ancienne chapelle seigneuriale St-Nicolas. L'église Ste-Foy a conservé des fresques du XVIe s. Sur la place, la halle construite en 1850 avec des matériaux de récupération provenant de l'église St-Jean-des-Rouets fait face à de belles maisons à colombages de la fin du XIIIe s. Leur rez-de-chaussée de pierre est surmonté de poutres de chêne noir garnies de briques plates.

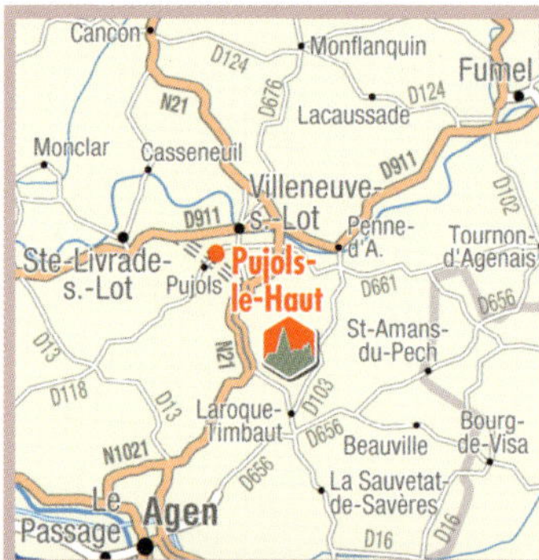

Par la route : autoroute A62, sortie n° 6-Aiguillon (41 km) ; sortie n° 7-Agen (34 km), N21 (24 km).
Par le train : gare d'Agen (29 km).
Par avion : aéroport d'Agen-Lagarenne (36 km) ; aéroport de Bordeaux-Mérignac (150 km).

Office de Tourisme du Villeneuvois : 05 53 36 78 69
www.tourisme-villeneuvois.fr
www.pujols47.fr

Découvrir

- **Église St-Nicolas** (XIVe et XVe s) : ancienne chapelle seigneuriale, porte de ville-clocher.
- **Église Ste-Foy** (XVe s) : fresques du XVIe s.
- **Village :** visite guidée et commentée pour groupes et sur RDV ; audioguides (05 53 36 78 69).

Se loger

Hôtels
Campanile** (05 53 40 27 47).
Bel Air (05 53 36 89 43).
Chambres d'hôtes
Pech des Renards (05 53 36 57 79).
Gîtes et meublés de tourisme
Gîte de la Citadelle*** (05 53 40 66 85).
Gîte des Copains et du Pigeonnier*** (05 53 01 22 93).
Gîte Plaine de Fourtou*** (06 08 24 72 42).
Les Chênes*** (05 53 40 00 07).
Le Gîte Salabert*** (05 53 66 11 82).
Le Gîte de La Petite Maison** (05 53 70 78 14).
Autres gîtes et meublés – rens. : 05 53 36 78 69 www.tourisme-villeneuvois.fr.
Camping
Camping Lot & Bastides*** (05 53 36 86 79).

Se restaurer

Restaurants
La Toque blanche (05 53 49 00 30).
Le Fournil de Pujols (05 53 70 15 55).
Villa Smeralda (05 53 36 72 12).
Aux Délices du Puits, pizzeria (05 53 71 61 66).
Campanile (05 53 40 27 47).

Saveurs et savoir-faire

Spécialités et produits du terroir
Huiles de noix et noisette, amandons de pruneaux • Noix, cerneaux au chocolat • Macarons et sablés • Pruneaux.
Art et artisanat
Peintres • Potier • Maison du Jouet.

Rendez-vous

Mai-Sept. : marché de producteurs le dim. matin, pl. Saint-Nicolas.
Avril-Oct. : expositions de peinture et sculpture à l'église Ste-Foy et à la salle culturelle.
Mai : exposition « Mai de la Photo ».
Juillet : foire aux produits régionaux (3e dim.).
Juillet-août : marché gourmand (les mer. soirs) ; festival « Couleurs du monde » (dern. sem. juillet et 1er sem. août).
Août : foire aux livres (1er dim.) ; marché de potiers (3e dim.).
Sept. : fête du Sport (3e sam.).
Nov. : salon des oiseaux.
Déc. : marché de Noël.

Pleine nature

Chasse • Équitation • Pêche • Randonnée pédestre et VTT : GR 652 et 3 circuits balisés.

Aux alentours

- Villeneuve-sur-Lot (3 km).
- Grottes de Lastournelle (5 km).
- Penne-d'Agenais (14 km).
- Le Temple-sur-Lot (17 km).
- *Monflanquin (23 km), voir p. 215.
- Agen (29 km).
- Bonaguil : château (36 km).
- *Monpazier (47 km), voir p. 217.

Puycelsi

Forteresse des bois

Tarn (81) • 484 habitants • Altitude : 299 m

À la lisière de la forêt de la Grésigne, Puycelsi veille sur la vallée de la Vère.

Occupé dès la préhistoire puis investi par les Celtes d'abord et les Romains ensuite, Puycelsi devient à la fin du XIIe s possession des Comtes de Toulouse, qui en font l'une de leurs résidences fortifiées favorites. Grâce à sa position stratégique et à ses murailles, le village résiste à de nombreux sièges : ceux de Simon de Montfort de 1211 à 1213 lors de la croisade des Albigeois, des pastoureaux en 1320, des troupes anglaises de Duras en 1386 ou bien encore des huguenots au cours des guerres de Religion. Circonscrit dans son périmètre médiéval dont subsistent plus de 800 m de remparts percés de la double porte de l'Irissou, Puycelsi offre depuis son chemin de ronde de superbes points de vue sur la forêt de la Grésigne, la vallée de la Vère et les causses du Quercy. Au cœur du village, l'église St-Corneille, flanquée d'un jardin de simples, abrite un retable classé et s'entoure de demeures, pour la plupart du XIVe ou du XVe s, où la pierre se mêle, sous de belles toitures de tuiles creuses, au bois et à la brique. À l'horizon, la forêt de la Grésigne conserve, à l'abri des vestiges du mur de Louis XIV construit sur ordre de Colbert, les secrets de ses maîtres verriers.

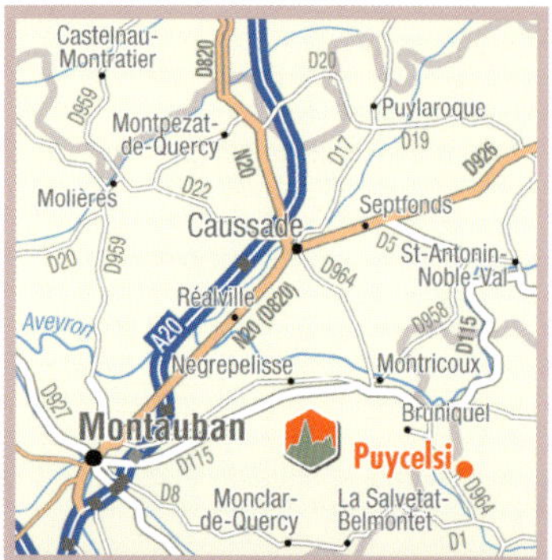

Par la route : autoroute A20, sortie n° 59-Saint-Antonin-Noble-Val (32 km) ; autoroute A68, sortie n° 9-Gaillac (27 km).
Par le train : gare de Gaillac (24 km) ; gare de Caussade (30 km) ; gare de Montauban-Ville Bourbon (43 km).
Par avion : aéroport de Toulouse-Blagnac (95 km).

ⓘ **Office de Tourisme Bastides et Vignoble du Gaillac :** 05 63 33 19 25
www.tourisme-vignoble-bastides.com
www.puycelsi.fr

Découvrir

• **Église St-Corneille** (XVe et XVIIe s.) : statuaire, retable, clocher du XVIIIe s.
• **Institut international du darwinisme** : Rens. : 05 63 33 86 59.
• **Sentier du patrimoine** : accès libre et permanent, parcours accompagné sur RDV (05 63 33 19 25).
• **Verger conservatoire régional d'espèces fruitières anciennes** (cerisiers, pêchers, poiriers, pommiers…) et de vignes. Possibilités de visites guidées (05 63 33 19 41).
• **Village** : visite guidée sur réservation ; plan de ville historique à l'Office de Tourisme (05 63 33 19 25).

Se loger

Hôtel
L'Ancienne Auberge*** (05 63 33 65 90).
Chambres d'hôtes
Chez Delphine (05 63 33 13 65).
La Bâtisse Belhomme (09 53 17 53 51).
La Maison de Martine (05 63 41 03 63).
La Première Vigne (09 75 30 06 13).
Gîtes, meublés et campings
Rens. : 05 63 33 19 25
www.tourisme-vignoble-bastides.com.

Se restaurer

Restaurants
Le Jardin des Lys, bistrot de pays (05 63 33 15 69).
Au Cabanon de Puycelsi, bistrot tarnais (05 63 33 11 33).
Le Puycelsi Roc Café, bar-snack (05 63 33 13 67).

Saveurs et savoir-faire

Spécialités et produits du terroir
Biscuits secs sucrés et salés • Fruits, compotes, jus de fruits et sorbets • Miel • Vins AOC de Gaillac.
Art et artisanat
Artisans d'art, créateurs (les Artistes Créateurs à Puycelsi) • Céramiste • Peintre-sculpteur • Potiers • Atelier de peinture et modelage.

Rendez-vous

Juillet : festival de Puycelsi, festival Harp, le festival qui montre la voix (2e quinz.).
Août : fête du village (fin août), expositions.

Pleine nature

Randonnée pédestre : GR 46, sentiers du patrimoine, forêt de la Grésigne.

Aux alentours

• *Bruniquel (13 km), voir p. 177.
• *Castelnau-de-Montmiral (13 km), voir p. 183.
• Gorges de l'Aveyron : de Bruniquel à Saint-Antonin-Noble-Val (de 15 à 35 km).
• Gaillac (21 km).
• Caussade (25 km).
• Montauban (38 km).
• *Monestiés (44 km), voir p. 214.
• Albi (45 km).

Pour la petite histoire

En 1386, ne parvenant pas à prendre la forteresse, les troupes anglaises décidèrent de réduire la résistance des villageois par la famine. N'ayant plus de réserve, ces derniers promenèrent à plusieurs reprises leur dernier cochon le long des remparts en le faisant crier, laissant ainsi croire à l'ennemi qu'ils avaient encore des ressources malgré le siège. Les Anglais finirent par partir. C'est la raison pour laquelle on trouve sur la porte d'entrée de l'église un petit cochon sculpté dans la pierre.

La Roque-Gageac

Adossée à la falaise

Dordogne (24) • 430 habitants • Altitude : 131 m

Encadrée d'anciens manoirs et couronnée de falaises, La Roque-Gageac se reflète dans les eaux de la Dordogne.
Importante place forte au Moyen Âge, le village se pare à la Renaissance de belles demeures, comme le manoir de l'humaniste Jean Tarde, avant de connaître au XIXe s, sur la Dordogne, un trafic actif de gabares qui conduisaient les vins de Domme jusqu'à Bordeaux. À l'abri de sa falaise exposée plein sud et surplombée par l'église du XVIe s, plantes méditerranéennes et tropicales s'épanouissent dans les rues et jardins du village. Façades de pierre dorée, toits pentus recouverts de tuile brune contrastant avec leur écrin végétal : les maisons de La Roque-Gageac s'apprécient aussi dans leur beauté et leur caractère en naviguant sur la Dordogne.

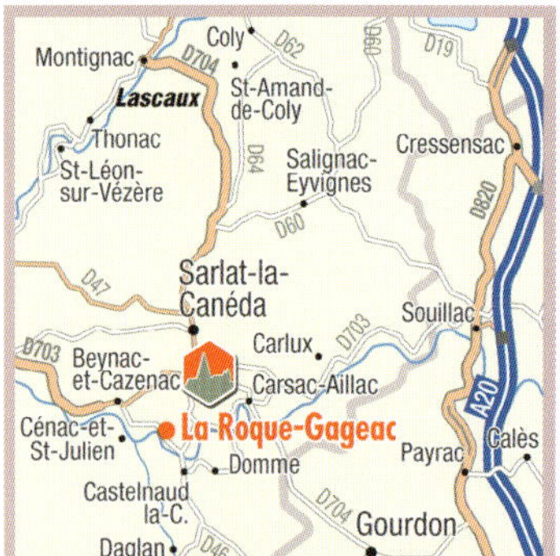

Par la route : autoroute A20, sortie n° 55-Sarlat (35 km).
Par le train : gare de Sarlat-la-Canéda (13 km).
Par avion : aéroport de Brive-Vallée de la Dordogne (52 km) ; aéroport de Bergerac-Roumanière (68 km).

Office de Tourisme de Sarlat-Périgord noir : 05 53 31 45 45
www.sarlat-tourisme.com

Découvrir

• **Jardin exotique** : plantes méditerranéennes et tropicales, visite libre gratuite (05 53 29 40 29).
• **Bambouseraie :** balade-découverte libre de différentes variétés de bambous. Ouvert de 10 h à 19 h (07 81 69 00 56).
• **Jardin de la Ferme fleurie :** jardins en terrasses (jardin romantique, jardin de grand-mère, jardin sauvage, jardin des simples - 05 53 28 33 39).
• **Village :** visite guidée de juin à sept. Rens. - Office de Tourisme : 05 53 31 45 45.

Se loger

Hôtels
La Belle Étoile*** (05 53 29 51 44).
Auberge des Platanes** (05 53 29 51 58).
Le Périgord** (05 53 28 36 55).
Chambres d'hôtes
La Ferme fleurie** (05 53 28 33 39).
Mme Alla (05 53 28 33 01).
Le Pigeonnier de Labrot (05 53 28 37 00).
Le Clos Gaillardou (05 53 59 53 97).
M. et Mme Menu (05 53 59 65 63).
Les Hauts de Gageac (05 47 27 51 30).
La Maison d'Anne Fouquet (06 37 76 83 81).
Gîtes, gîtes d'étape et meublés
Rens. : 05 53 231 45 45
www.sarlat-tourisme.com.
Campings
Beau Rivage*** (05 53 28 32 05).
La Butte** (05 53 28 30 28).
Verte Rive* (05 53 28 30 04).

Se restaurer

Restaurants
L'Ancre d'or (05 53 31 27 66).
Auberge des Platanes (05 53 29 51 58).
La Belle Étoile (05 53 29 51 44).
Le Périgord (05 53 28 36 55).
La Plume d'oie (05 53 29 57 05).
Les Prés Gaillardou (05 53 59 67 89).
Le Palmier (05 53 29 42 61).
Le Patio (05 53 30 22 13).
Ô Plaisir des Sens (05 53 29 58 53).
Auberge à la ferme
Le Colombier (05 53 28 33 97).
Auberge de pays du Périgord noir
La Ferme fleurie (05 53 28 33 39).

Saveurs et savoir-faire

Spécialités et produits du terroir
Foie gras • Spécialités du Périgord.
Art et artisanat
Émailleur • Ferronnier • Peintre-décorateur.

★ Rendez-vous

Marché : de mai à fin sept. : vendredi matin.
Août : fête du village ; marché des gourmands et gourmets.

Pour la petite histoire

Le village, exposé plein sud, jouit d'un microclimat étonnant et grâce à un habitant du village, M. Dorin, qui en fut l'initiateur, un jardin aux plantes méditerranéennes et tropicales a pu croître le long des ruelles. Palmiers, bananiers, dattiers, albizias, yuccas, bambous, lauriers-roses… s'épanouissent ainsi sous le soleil périgourdin.

Pleine nature

Baignade non surveillée sur la Dordogne • Promenade en gabare • Canoë-kayak • Pêche • Boulodrome • Montgolfières du Périgord • Randonnée pédestre • VTT • Vélos.

Aux alentours

- Vallée de la Dordogne : *Castelnaud-la-Chapelle (3,5 km), voir p. 184, *Beynac-et-Cazenac (5 km), voir p. 172, *Domme (6 km), voir p. 192, *Belvès (23 km), voir p. 170, *Limeuil (34 km), voir p. 210.
- Marqueyssac : parc et jardins (4 km).
- Sarlat (13 km).
- Vallée de la Vézère : Les Eyzies (25 km), *Saint-Amand-de-Coly (34 km), voir p. 238. *Saint-Léon-sur-Vézère (36 km), voir p. 246.
- *Monpazier (39 km), voir p. 217.

Saint-Amand-de-Coly

Une abbaye en Périgord

Dordogne (24) • 405 habitants • Altitude : 173 m

Lovée à la croisée de trois vallons boisés, l'abbaye de St-Amand-de-Coly veille sur les maisons typiques du Périgord noir.
C'est à l'ermite Amand, venu évangéliser la population de cette vallée du Coly au VIe s, que le village doit son nom et sa vocation religieuse. La fondation de l'abbaye débuta au XIIe s et assura la prospérité de Saint-Amand durant deux siècles. Avec la guerre de Cent Ans et la mise en place de systèmes de défense, l'église abbatiale reçut le titre de plus belle église fortifiée du Périgord. L'imposant clocher-porche haut de 30 m, son immense arc ogival et son portail à triple voussure dégagent une puissance tout en simplicité que l'intérieur de l'édifice ne dément pas. La nef exprime bien, en effet, ce subtil équilibre entre la sobriété de l'art roman et la recherche de hauteur de l'art gothique. Autour du site, qui fait encore la renommée du village et que des concerts classiques de grande qualité font vivre tout au long de l'année, se rassemblent les maisons périgourdines typiques. Dans un harmonieux contraste de tons ocre et gris, pierres sarladaises et toits de lauses habillent grand et petit patrimoine : abbaye, demeures, pigeonniers et anciens séchoirs à tabac.

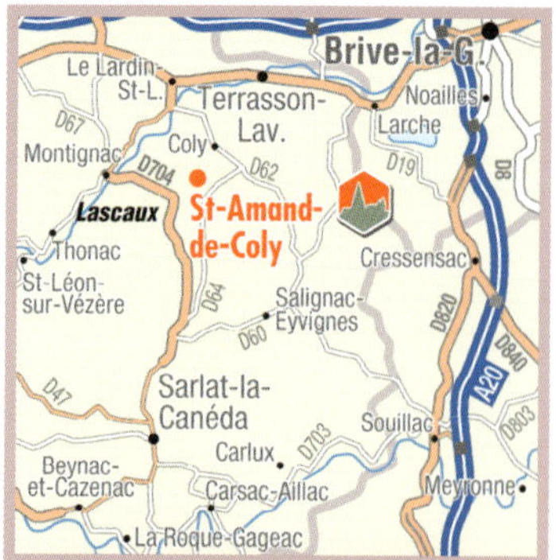

Par la route : autoroute A89, sortie n° 17 (16 km).
Par le train : gare de Condat-le-Lardin (10 km) ; gare de Sarlat-la-Canéda (24 km) ; gare de Brive-la-Gaillarde (36 km).
Par avion : aéroport de Brive-Vallée de la Dordogne (55 km).

ⓘ **Maison du Patrimoine (juillet-août) :** 09 64 01 46 39
Office de Tourisme Lascaux-Dordogne Vallée Vézère (toute l'année) : 05 53 51 04 56
www.lascaux-dordogne.com
www.saint-amand-de-coly.org

Découvrir

- **Visite guidée de l'église abbatiale** (XIIe s) : en juillet-août (09 64 01 46 39) et hors saison sur RDV (05 53 51 47 85).
- **Maison du Patrimoine** (09 64 01 46 39).
- **La ferme du Peuch :** noyeraies, récolte, séchage et cassage de noix ; visite du moulin à huile (05 53 51 27 87).
- **Sentier d'interprétation :** parcours historique et parcours nature ludique.

Se loger

Hôtel
Hôtel de l'Abbaye** (05 53 51 68 50).

Chambres d'hôtes
M. et Mme Delbos (05 53 51 60 48 ou 06 84 57 11 08).
M. Lajoinie (05 53 51 68 76).
La Ferme du Peuch, chambres et table d'hôtes (05 53 51 27 87).

Gîtes
Rens. : 09 64 01 46 39 ou 05 53 51 47 85
www.lascaux-dordogne.com.

Campings
Lascaux Vacances** (05 53 50 81 57).

Se restaurer

Restaurant
Restaurant de l'Abbaye (05 53 51 68 50).

Saveurs et savoir-faire

Spécialités et produits du terroir
Noix, huile de noix, « choconoiseries » du Périgord, confiseries à base de noix.

Art et artisanat
Dinandier d'art.

Rendez-vous

Juillet : le plus petit des plus grands festivals du monde, « St-Amand fait son intéressant » (mardi autour du 14).
Août : fête du village (messe de la St-Hubert, concours de dessins...) (le 15).
Juillet-août : festival de musique classique du Périgord noir (fin juil.-début août) ; marché de producteurs de pays (les mar.).
Octobre : marché aux saveurs de l'automne (1e w.-e. av. la Toussaint).
Toute l'année : concerts, conférences.

Pleine nature

Randonnées pédestres, équestre et VTT (70 circuits balisés) – base VTT Vézère Périgord Noir.

Aux alentours

- Montignac (9 km).
- Sites préhistoriques de Lascaux (12 km) et des Eyzies (30 km).
- *Saint-Léon-sur-Vézère (19 km), voir p. 246.
- Sarlat (22 km).
- Vallée de la Dordogne : *La Roque-Gageac (32 km), voir p. 236, *Beynac-et-Cazenac (34 km) voir p. 172, *Castelnaud-la-Chapelle (34 km) voir p. 184, *Domme (35 km), voir p. 192 et *Limeuil (47 km), voir p. 210.

Pour la petite histoire

Voici comment l'on salue à Saint-Amand-de-Coly : « Adieu soit, brave monde (homme) si vous l'êtes et à se revoir », ou, en occitan « Adiussatz brave monde, si sou setz, e a nous tourna veire » !

Saint-Cirq-Lapopie

Un belvédère sur le Lot

Lot (46) • 223 habitants • Altitude : 220 m

Perché sur un escarpement dont l'arête se profile sur un fond de hautes falaises, Saint-Cirq-Lapopie domine un méandre du Lot. Contrôlant la vallée du Lot, dont l'activité batelière fut longtemps florissante, le site de Saint-Cirq est occupé dès l'époque gallo-romaine et devient au Moyen Âge un puissant ensemble fortifié, englobant les châteaux des quatre dynasties s'y partageant le pouvoir (Cardaillac, Castelnau, Gourdon et Lapopie). Du fait de sa position stratégique convoitée, Saint-Cirq est l'objet de sièges incessants. Si Richard Cœur de Lion échoue au XIIe s, la forteresse passe alternativement, durant la guerre de Cent Ans, sous domination des couronnes d'Angleterre et de France. À la fin du XVIe s, ce sont les huguenots qui s'en emparent à deux reprises, avant qu'Henri IV, suivant l'exemple donné par Louis XI et Charles VIII, la fasse totalement démanteler. Ses châteaux ont ainsi disparu, et seule la porte de Rocamadour subsiste des remparts. Mais, depuis le tertre surplombant le Lot et l'église fortifiée, Saint-Cirq reste un lieu d'une rare harmonie entre le site du village, son architecture et ses paysages. Des artistes et écrivains qui succombèrent à la magie de ce lieu au XXe s, c'est sans doute André Breton qui lui a rendu le plus bel hommage. Découvrant le village un soir de 1950 comme « une rose impossible dans la nuit », il fit de l'ancienne auberge des Mariniers sa résidence d'été et cessa de se « désirer ailleurs ».

Par la route : autoroute A20, sortie n° 57 (de Paris) ou 58 (de Toulouse) – Cahors Centre (30 km).
Par le train : gare de Cahors (26 km).
Par avion : aéroport de Rodez-Marcillac (84 km) ; aéroport de Brive-Vallée de la Dordogne (100 km) ; aéroport de Toulouse-Blagnac (135 km).

ⓘ **Office de Tourisme de Saint-Cirq-Lapopie Pech Merle :** 05 65 31 31 31
www.saint-cirqlapopie.com

Découvrir

• **Musée départemental Rignault** : collections permanentes de mobilier et d'œuvres d'art rassemblées par le collectionneur Émile Joseph-Rignault ; expositions temporaires ; jardins offrant un point de vue exceptionnel sur le Lot (05 65 31 23 22).
• **Village** : visite guidée toute l'année (05 65 31 31 31) et sur RDV pour les groupes (05 65 24 13 95).

Se loger

Hôtels
Auberge du Sombral** (05 65 31 26 08).
Hôtel du Causse (05 65 21 76 61).
Chambres d'hôtes
À la Source (05 65 23 56 98).
Chambres de Cantagrel (05 65 23 81 45).
M. Balmes, chambres d'hôtes à la ferme (05 65 31 26 02).
Gîtes et meublés, gîtes d'étape
Rens. : 05 65 31 31 31
www.saint-cirqlapopie.com.
Campings
La Plage**** (05 65 30 29 51).
La Truffière*** (05 65 30 20 22).

Se restaurer

Restaurants
Auberge du Sombral (05 65 31 26 08).
Le Cantou (05 65 35 59 03).
Hôtel du Causse (05 65 21 76 61).
Lou Bolat (05 65 30 29 04).
Le Gourmet quercynois (05 65 31 21 20).
Le Lapopie (05 65 30 27 44).
L'Oustal (05 65 31 20 17).
La Plage, pizzeria (05 65 30 29 51).
Brasserie Lou Faouré (05 65 30 20 36).
La Tonnelle, brasserie (05 65 31 21 20).

Saveurs et savoir-faire

Spécialités et produits du terroir
Foie gras de canard • Noix • Truffe • Safran • Vin de Cahors.
Art et artisanat
Artisanat du cuir • Bijoux • Chapeaux • Céramique • Décoration, arts de la table • Jeux en bois • Peinture • Gravure • Sculpture • Tournage sur bois • Vêtements.

Rendez-vous

Marché : juillet-août : marché de producteurs mercredi 16 h - 20 h, pl. du Sombral.
Toute l'année : expositions, ateliers, concerts, animations culturelles à la Maison de la Fourdonne (www.maisondelafourdonne.com).
Juin-sept. : cinéma, danse, théâtre, musique.
Juillet : fête du village (3e w.-e.).

Pleine nature

• Canoë-kayak • Randonnée pédestre : GR 36 et 1 circuit balisé.

Aux alentours

• Château de Cénevières (9 km).
• Vallée du Célé : Cabrerets, grottes du Pech Merle, Marcilhac (de 10 à 25 km).
• Causse de Limogne, Villefranche-de-Rouergue (de 15 à 38 km).
• Cajarc et Figeac (de 20 à 45 km).
• Cahors (25 km).

Saint-Côme-d'Olt

Entre Moyen Âge et Renaissance sur les rives du Lot

Aveyron (12) • 1 357 habitants • Altitude : 376 m

Étape sur les chemins de Saint-Jacques dans la fertile vallée du Lot, Saint-Côme-d'Olt se distingue par son clocher flammé et le charme de ses maisons.

Bordé, côté sud, par des coteaux verdoyants que surplombe la masse basaltique de Roquelaure et, côté nord, par les terrasses d'anciens vignobles, le village s'est bâti au fil du temps à l'intérieur des fossés de forme circulaire de l'ancienne cité du Moyen Âge, dont subsistent trois portes fortifiées. Dominant le village de son clocher flammé, l'église du XVIe s est de style gothique flamboyant. Ses lourdes portes en chêne sculpté sont renforcées de 365 clous en fer forgé. La chapelle des Pénitents, du XIIe s, au clocher ajouré, se coiffe d'un toit en accent circonflexe. Le château des sires de Calmont, construit au XIIe s et remanié au XVe s, offre une façade Renaissance et porte deux tours du XIVe s. Les ruelles conservent d'anciennes échoppes médiévales et d'antiques demeures des Xe et XVIe s, comme la maison du consul de Rodelle, aux fenêtres à meneaux et ornée de sculptures. L'Ouradou, édifice au toit octogonal, fut érigé en mémoire des victimes de la peste de 1586.

Par la route : autoroute A75, sortie n° 28-Espalion (87 km) ou sortie n° 42-Rodez (44 km), N88 (20 km).
Par le train : gare de Rodez (34 km).
Par avion : aéroport de Rodez-Marcillac (43 km).

Office de Tourisme d'Espalion : 05 65 44 10 63
Point Info Tourisme : 05 65 48 24 46
www.tourisme-espalion.fr

Découvrir

- **Chapelle des Pénitents** (XIe s) : exposition permanente sur l'Art Roman et la Confrérie des Pénitents Blancs.
- **Église St-Côme-et-St-Damien** (XVIe s) : clocher tors, Christ en bois du XVIe s, retable du XVIIIe s.
- **Village :** visite guidée toute l'année sur demande ; visites à thèmes, circuit découverte de juin à août (05 65 48 24 46 ou 05 65 44 10 63).

Se loger

Chambres d'hôtes
M. Burguière* (05 65 44 10 61).
Les Jardins d'Éliane (05 65 48 28 06).
Le Plateau (05 65 48 07 04).
Gîtes d'étape
Gîte de Combes*** (05 65 48 21 58).
Gîte Compagnon de Route (05 65 48 18 16).
Gîte Del Roumiou (05 65 48 28 06).
Gîte La Halte d'Olt (05 65 44 12 58).
Espace Rencontre Angèle Mérici (05 65 51 03 20).
Camping
Camping Bellerive** (05 65 44 05 85).

Se restaurer

Restaurants
Brasserie du Théron (05 65 48 01 10).
Le Passage (05 65 44 39 68).

Saveurs et savoir-faire

Art et artisanat
Artisanat bois • Bijoux • Potier.

Rendez-vous

Marché : dim. matin.
Mai : fête de la Transhumance et de la Vache d'Aubrac (dim. proche du 25).
Juillet : marché nocturne (le 14).
Août : fête votive (4e w.-e.) ; marché nocturne (mer. proche du 15).

Pleine nature

Boulodrome • Quilles • Canoë-kayak • Pêche • Randonnée pédestre : GR 65 (chemin de Saint-Jacques-de-Compostelle) et 10 circuits balisés • VTT.

Aux alentours

- Hameau fortifié de Flaujac (2 km).
- Espalion : musée du scaphandre, château médiéval de Calmont d'Olt, chapelle romane de Perse et Pont-Vieux, du XIe s, chapelle des Pénitents (4 km).
- Roquelaure : château, coulée de lave (3 à 5 km).
- *Estaing (13 km), voir p. 194.
- Trou de Bozouls (15 km).
- *Sainte-Eulalie-d'Olt (19 km), voir p. 243.
- Abbaye de Bonneval, Laguiole et l'Aubrac (de 10 à 30 km).

Sainte-Eulalie-d'Olt

Création et savoir-faire en vallée du Lot

Aveyron (12) • 377 habitants • Altitude : 410 m

Au cœur de la vallée du Lot, Sainte-Eulalie-d'Olt donne vie à ses vieilles pierres grâce à la présence de nombreux artistes et artisans d'art.

La cité, de structure médiévale, est organisée autour de la place de l'église en une succession de ruelles et de placettes. De riches demeures des XVe et XVIe s évoquent sa prospérité passée, et les maisons construites en galets du Lot jusqu'au XVIIIe s abondent en détails architecturaux. Un moulin à grain restauré fait entendre sa grande roue. L'église, déjà mentionnée en 909, possède un chœur roman entouré d'imposantes colonnes cylindriques, tandis que la nef et la chapelle sont de style gothique. Le déambulatoire donne accès à trois chapelles absidiales, et un reliquaire-buste conserve deux épines de la couronne du Christ. Le village compte aussi parmi ses édifices le château des Curières de Castelnau, du XVe s, et un hôtel Renaissance à encorbellements dont la façade est percée de quatorze fenêtres. Inspirés par ce riche patrimoine et le panorama offert sur la vallée du Lot, de nombreux créateurs ont élu domicile à Sainte-Eulalie-d'Olt pour exercer leur passion.

Par la route : autoroute A75, sortie n° 41-Campagnac (25 km).
Par le train : gare de Campagnac-Saint-Geniez (20 km).
Par avion : aéroport de Rodez-Marcillac (53 km).

ⓘ **Point Accueil Tourisme :** 05 65 47 82 68
www.sainteeulaliedolt.fr

Découvrir

• **Église romane et gothique** (XIe, XIIe et XVIe s) : reliques.
• **« Eulalie d'Art » et divers ateliers :** ateliers de créations artistiques et artisanales, démonstrations, expositions-ventes, possibilités de stages (05 65 47 82 68).
• **Musée-galerie Marcel Boudou :** expositions temporaires en juillet-août (05 65 47 82 68).
• **Village :** visite libre (panneaux descriptifs et plan à disposition au Point Accueil Tourisme) ; visite guidée pour les individuels lun. et ven. 17 h en juillet-août ; Sur RDV pour les groupes toute l'année, sauf 1e janv. et 1e mai (05 65 47 82 68).

Se loger

Hôtel
Au Moulin d'Alexandre** (05 65 47 45 85).
Gîtes et meublés
Rens. : 05 65 47 82 68.
Résidence de tourisme
La Cascade*** (06 88 84 52 65).
Camping, aire de camping-car
La Grave** (camping municipal) du 15 mai au 15 sept. (05 65 47 44 59).
Aire de camping-car à l'année (05 65 47 44 59).
Camping rural
Brise du lac (05 65 47 55 55).

Se restaurer

Restaurants
Au Moulin d'Alexandre (05 65 47 45 85).
Café de la Place, brasserie-glacier (05 65 70 45 60).
Caravan Kitchen, petite restauration de terroir, en saison (06 78 74 12 89).

Saveurs et savoir-faire

Spécialités et produits du terroir
Bouilleur de cru ambulant (de Toussaint à fin avril) • Pain au levain cuit au feu de bois • Poulets bio • Exploitation fruitière.
Art et artisanat
• Peintre et dessinateur de BD • Potière • Sculpteur sur émail • Souffleur de verre • Créateur d'objets en bois • Roulottier • Créateur de bijoux • Artistes peintres.

Rendez-vous

Marché : juillet-août : le lundi matin, place de l'église.
Mai : marché des senteurs et saveurs (1e dim.), concours de pêche (jeu. de l'Ascension).
Juin : feu de la Saint-Jean.
Juillet : procession historique de la Ste-Épine (2e dim.) et fête votive ; festival en Vallée d'Olt (musique classique) ; festival International Choral en Aveyron concerts.
Août : concours de pêche ; rencontres d'écrivains ; concerts.
Sept. : concours européen de pêche à la carpe « Trophée Cabanac » (fin sept.).
Nov. (Toussaint) : La « Poule Un » (vente aux enchères au bénéfice du rachat des âmes du purgatoire).

Pleine nature

Canoë-kayak • Stand Up Paddle • Bateau électrique • Pêche • Randonnée pédestre et VTT • Randonnée moto électrique.

Aux alentours

• Hameaux de Cabanac, Lous, Malescombes (de 3 à 7 km).
• Saint-Geniez-d'Olt (3 km).
• Parc naturel régional des Grands Causses (6 km).
• Village de Pierrefiche et donjon de Galinières (de 6 à 10 km).
• L'Aubrac (10 km).
• *Saint-Côme-d'Olt (19 km), voir p. 242.
• *Estaing (31 km), voir p. 194.
• Gorges du Tarn (40 km).

Pour la petite histoire

La légende veut que, par moquerie des voisins, le nom d'Encaulats, qui signifie « mangeurs de choux », a été donné aux habitants de la commune car il y avait des choux dans tous les jardins. Mais suite à des périodes de famine, tout le monde apprécia d'avoir des choux à manger. Dès lors, le nom d'Encaulat fut porté avec fierté. Depuis l'an 2000, les habitants de Sainte-Eulalie se retrouvent presque chaque année pour un gigantesque repas autour du chou !

Saint-Jean-de-Côle

Symphonie architecturale en Périgord vert

Dordogne (24) • 359 habitants • Altitude : 149 m

Enchâssé dans des collines du Périgord vert, Saint-Jean-de-Côle invite au rêve et à la méditation dans un cadre architectural exceptionnel. Dominant la place du village, le château de la Marthonie a remplacé une forteresse édifiée dès le XIe s pour défendre les confins du Périgord et du Limousin. Brûlée pendant la guerre de Cent Ans, elle a laissé place à un bâtiment des XVe et XVIe s qui associe dans ses deux ailes partageant un magnifique escalier à rampes droites l'élégance de la Renaissance à la rigueur de l'époque classique. Jouxtant un prieuré avec cloître et déambulatoire, l'église de style romano-byzantin fut construite au XIIe s. Elle renferme de belles peintures et une Vierge en pierre polychrome du XVIIe s. Au bout du village, près du vieux moulin, un pont médiéval à avant-becs enjambe la rivière de la Côle. Ce prestigieux ensemble architectural est complété par les ruelles atypiques et les vieilles maisons du village, dont certaines à colombages.

Par la route : autoroute A89, sortie n° 15-Agen (50 km) ; N21 (8 km).
Par le train : gare de Thiviers (8 km).
Par avion : aéroport de Périgueux-Bassillac (39 km) ; aéroport de Limoges-Bellegarde (67 km).

Office de Tourisme du Périgord gourmand : 05 53 62 14 15
www.perigordgourmand.com
www.saintjeandecole.fr

Découvrir

• **Château de la Marthonie** (XIIe, XVe, XVIe et XVIIe s) : extérieurs du château uniquement.
• **Église St-Jean-Baptiste** (XIe - XIIe s) : boiseries, peintures ; son et lumière intérieur.
• **Prieuré** (XIIe s) : visite extérieure pour les groupes uniquement ; documents en braille disponibles à l'Office de Tourisme (05 53 62 14 15).
• **Village** : visite accompagnée et jeu de piste pour enfants. Rens. : Office de Tourisme (05 53 62 14 15).

Se loger

Chambres d'hôtes
La Bouchonnerie (05 53 52 34 11 ou 06 23 29 38 05).
Le Moulin du Pirrou (05 53 52 35 38).
Le Relais de Montgeoffroy (06 37 20 85 81 ou 06 13 46 29 29).
M. Wolff (05 53 52 53 09).
Gîtes et meublés
Rens. : 05 53 62 14 15
www.perigordgourmand.com

Se restaurer

Restaurants
À Table (05 53 62 18 90).
Chez Robert (05 53 52 53 09).
La Perla Café, en saison (05 53 52 38 11).
Le Moulin du Pirrou (05 53 52 35 38).
Le Saint-Jean (05 53 52 23 20).

Saveurs et savoir-faire

Art et artisanat
Céramiste • Galerie d'art.

Rendez-vous

Mai : Floralies (w.-e. le plus proche du 8 mai).
Juin : Musicôle (fête de la musique et feu de la Saint-Jean).
Juillet-août : concerts de musique classique ; théâtre de rue (l'énigme du Peiregord).
Juin-mi-sept. : expositions de peinture et d'artisanat à l'office de tourisme.
Sept. : journées européennes du patrimoine.

Pleine nature

Pêche • Randonnée : voie verte (17 km) pour randonneurs, cavaliers et vététistes, sentiers balisés et sentier d'interprétation sur le thème du chemin de fer.

Aux alentours

• Thiviers : maison du foie gras (7 km).
• Villars : château de Puyguilhem, grottes, vestiges de l'abbaye de Boschaud (de 8 à 11 km).
• Parc naturel régional Limousin-Périgord (10 km).
• Corgnac-sur-l'Isle : château de Laxion (14 km).
• Sorges : écomusée de la truffe, sentier des truffières (15 km).
• Brantôme (20 km).
• Périgueux (35 km).
• *Ségur-le-Château (45 km), voir p. 256.

Saint-Léon-sur-Vézère

L'eau, l'Homme et la préhistoire

Dordogne (24) • 429 habitants • Altitude : 70 m

Niché dans une boucle de la Vézère, à mi-chemin entre Lascaux et Les Eyzies, Saint-Léon est au cœur de la « vallée de l'Homme ». Occupé dès la préhistoire, comme l'attestent les vestiges d'habitat du site de Conquil, Saint-Léon doit son nom à l'un des premiers évêques de Périgueux. Situé à proximité d'une voie romaine, ce village fut surtout, jusqu'à l'apparition du chemin de fer, un port florissant sur la Vézère, au point de mériter sous la Révolution l'appellation de Port-Léon. De la chapelle expiatoire du cimetière à l'entrée est du village, la route conduit, au-delà du château de Clérans et du manoir de La Salle, à une église romane du XIIe s coiffée de lauses, haut lieu du festival musical du Périgord noir. Son plan s'apparente à celui des églises byzantines. À proximité de la côte de Jor, le château de Chabans est daté du Moyen Âge au XVIIe s.

Par la route : autoroute A89, sortie n° 17 (23 km)
Par le train : gare de Condat-le-Lardin (20 km) ; gare de Sarlat-la-Canéda (37 km)
Par avion : aéroport de Brive-Vallée de la Dordogne (65 km) ; aéroport de Périgueux-Bassillac (69 km).

Point Information : 05 53 51 08 42
www.lascaux-dordogne.com
www.saint-leon-sur-vezere.fr

Découvrir

- **Centre d'étude et de méditation bouddhiste :** principal centre européen de préservation de la tradition bouddhiste kagyupa ; enseignement, méditation, stages d'étude de la philosophie bouddhiste… (05 53 50 70 75).
- **Église romane** (XIIe s) : fresques.
- **Parc préhistorique de loisirs du Conquil :** site troglodytique, parc aux dinosaures.

Se loger

Hôtel
Le Relais de la côte de Jor** (05 53 50 74 47).
Chambres d'hôtes
Esprit Nature (05 53 51 35 71).
Gîtes et meublés
La Chênaie du Roc, éco-gîte (06 79 60 31 77).
La Fouillousse (05 53 50 70 64).
Le Pigeonnier (05 53 50 70 64).
Les Landes-La Bugadie (05 53 50 70 64).
Maison Rouge (05 53 50 70 64).
Villa Butzelaar (07 85 53 79 98).
Argiler (07 85 53 79 98).
Campings
Le Paradis***** (05 53 50 72 64).
Camping municipal (05 53 51 08 42).
Aire communale de camping-car (05 53 51 08 42).

Se restaurer

Restaurants
L'Auberge du Pont (05 53 50 73 07).
Le Restaurant de la Poste (05 53 50 73 08).
Le Petit Léon, en juillet-août (05 53 51 18 04).
Le Déjeuner sur l'herbe, petite restauration de terroir (05 53 50 69 17).

Saveurs et savoir-faire

Art et artisanat
Peintres • Créatrice de bijoux • Sculpteur sur bois.

Rendez-vous

Marché gourmand et artisanal les jeudis en juillet-août à partir de 18 h.
Juillet : brocante (1er dim.).
Août : festival musical du Périgord noir – concerts en l'église romane (2e décade), fête du village (2e w.-e.).

Pleine nature

Canoë-kayak • Pêche • Parcours aventure dans les arbres • Randonnée équestre • Randonnée pédestre : GR 36, 3 circuits balisés ; plan départemental des itinéraires de promenade et de randonnée • Vol libre • VTT • Pétanque.

Aux alentours

- Panorama de la côte de Jor (3 km).
- Vallée de l'Homme et ses sites préhistoriques, Les Eyzies (15 km), Lascaux (de 3 à 13 km).
- Montignac-sur-Vézère (10 km).
- Grotte des Cent Mammouths à Rouffignac (18 km).
- *Saint-Amand-de-Coly (18 km), voir p. 238.
- Vallée de la Dordogne : *Limeuil (30 km), voir p. 210, *Beynac-et-Cazenac (33 km), voir p. 172, *La Roque-Gageac (36 km), voir p. 236, *Castelnaud-la-Chapelle (37 km), voir p. 184, * Belvès (38 km), voir p. 170, *Domme (39 km), voir p. 192.
- Sarlat (35 km).

Saint-Robert

La Colline des Bénédictins

Corrèze (19) • 350 habitants • Altitude : 350 m

Construit autour d'un monastère de bénédictins disciples de saint Robert, le village fut baptisé du nom du fondateur de La Chaise-Dieu en Auvergne.
Le village se dresse sur une colline, dans un paysage typique de la Corrèze, à l'emplacement d'une ancienne cité mérovingienne. Sur le plateau de Saint-Robert, quelques vestiges d'une enceinte encerclent le monastère et son abbatiale romane. Les bâtisses cossues en pierre de taille, les castels et les maisons à tourelles furent, en leur temps, des demeures de notables. L'église fortifiée conserve presque l'intégralité de sa structure du XIIe s. Le déambulatoire exposait autrefois aux pèlerins de Compostelle les reliques des saints. Sur les chapiteaux sont gravées des scènes chargées de symboles bibliques. Un Christ grandeur nature du XIIIe s, taillé dans le bois, rappelle l'intensité de la foi médiévale. Saint-Robert, cité aux frontières du Périgord, fut lui-même le théâtre de violents affrontements religieux.

Par la route : autoroute A20, sortie n° 50-Objat (22 km) ; autoroute A89, sortie n° 17-Thenon (25 km).
Par le train : gare d'Objat (13 km) ; gare de Brive-la-Gaillarde (28 km).
Par avion : aéroport de Brive-Vallée de la Dordogne (38 km).

Office de Tourisme de Brive et son Pays : 05 55 24 08 80
www.brive-tourisme.com

Découvrir
- **Église Notre-Dame** (XIIe s).
- **Village :** visite guidée le mardi à 11 h et le jeudi à 16 h 30 en juillet-août ; sur RDV le reste de l'année (05 55 25 21 01).

Se loger
Hôtel
Le Saint-Robert (05 55 25 58 09, d'avril à oct.).
Chambres d'hôtes
La Table d'Aline (05 55 84 11 07).
Gîtes et meublés
Rens. : 05 55 24 08 80
www.brive-tourisme.com.

Se restaurer
Restaurants
Le Saint-Robert (05 55 25 58 09).
La Table d'Aline (05 55 84 11 07).

Saveurs et savoir-faire
Spécialités et produits du terroir
Foie gras et confit • Pain au feu de bois.
Art et artisanat
Artisanat local.

Rendez-vous
Printemps : foire primée aux veaux de lait.
Juillet-août : marchés festifs ; festival de musique classique.
15 août : fête votive.
Oct. : fête du vin nouveau (2e dim.).
Nov. : foire primée aux veaux de lait (2e lundi).

Pleine nature
Randonnée pédestre : 2 circuits balisés.

Aux alentours
- Église de Saint-Bonnet-la-Rivière et site d'Yssandon (12 km).
- Château de Hautefort (16 km).
- Pompadour (22 km).
- Vallée de la Vézère, Terrasson (22 km).
- Brive (25 km).
- *Ségur-le-Château (27 km), voir p. 256.

Pour la petite histoire
Le tournage du téléfilm *Des grives aux loups*, adapté d'un roman de Claude Michelet, habitant de la région, reste imprimé dans la mémoire des villageois. La fiction reflétait en effet l'histoire de leur village et ravivait maints souvenirs oubliés.

Salers

Volcanique et savoureuse

Cantal (15) • 368 habitants • Altitude : 950 m

Dans les paysages majestueux des monts du Cantal, Salers cultive sa beauté minérale et les saveurs uniques de son terroir.
Juste au bord d'une ancienne coulée de lave dominant la vallée de la Maronne, Salers se profile à 950 m d'altitude. Siège d'une baronnie dont les seigneurs se distinguèrent dès la première croisade, Salers reçoit en 1428 l'autorisation de Charles VII de se ceindre de remparts dont subsistent les portes du Beffroi et de la Martille. En 1550, Henri II y fixe le siège du bailliage royal des Hautes-Montagnes d'Auvergne. Sur la place Tyssandier-d'Escous, l'ancien bailliage s'entoure des résidences des officiers de judicature, comme l'hôtel de Ronade, la maison de Flogeac ou la maison de Bargues. Dans la maison du Commandeur de Mossier, un musée historique de Salers et des traditions populaires a été aménagé. L'église St-Mathieu, au portail roman, conserve cinq tapisseries d'Aubusson du XVIIe s et une Mise au tombeau du XVe s. À l'extrémité est du village, l'esplanade de Barrouze s'ouvre sur le puy Violent et les monts du Cantal. Également réputé pour sa viande et pour son fromage, issus de la race bovine Salers, le village porte les couleurs de la gastronomie auvergnate.

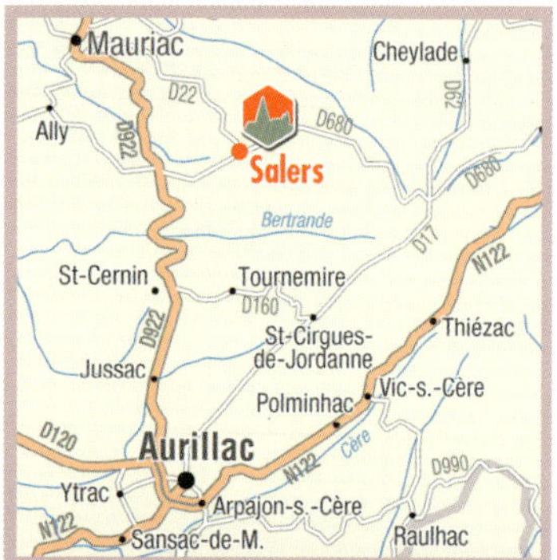

Par la route : autoroute A75, sortie n° 23-Massiac (80 km), N122 (43 km).
Par le train : gare de Mauriac (19 km) ; gare d'Aurillac (42 km).
Par avion : aéroport d'Aurillac-Tronquières (44 km) ; aéroport de Brive-Vallée de la Dordogne (130 km).

Office de Tourisme du Pays de Salers : 04 71 40 70 68
www.salers-tourisme.fr - www.salers.fr

Découvrir

• **Le bailliage** : demeure Renaissance ; mobilier d'époque, tapisseries, tableaux du XVIIe s, sculptures (04 71 40 58 08).
• **Maison de la Ronade** (XIVe s) : caféphilo, galerie d'art (04 71 40 72 91).
• **Musée du Commandeur,** maison dite « des Templiers » : demeure Renaissance ; pharmacie classée, salle bistrot avec surprises…
• **Village** : visite guidée par l'Office de Tourisme de juin à sept. et sur RDV le reste de l'année (04 71 40 58 08).

Se loger

Hôtels
Le Gerfaut*** (04 71 40 75 75).
Le Bailliage*** (04 71 40 71 95).
Les Remparts*** (04 71 40 70 33).
Le Beffroi (04 71 40 70 11).
Saluces (04 71 40 70 82).
Chambres d'hôtes
La Maison de Barrouze*** (04 71 40 78 08).
Le Jardin du Haut Mouriol*** (04 71 40 74 02).
L'Asphodèle (04 71 40 70 82).
Chez Prudent (04 71 40 75 36).
La Jourdanie (04 71 40 29 80).
Les Sagranières (04 71 40 70 50).
Gîtes et meublés
Rens. : 04 71 40 58 08
www.salers-tourisme.fr.
Campings
« Le Mouriol », camping Municipal (04 71 40 73 09).
Fruquière, camping à la ferme (04 70 40 72 26).
Chalets découverte
Rens. : 04 73 19 11 11.

Se restaurer

Restaurants

La Diligence (04 71 40 75 39).
La Martille (04 71 40 77 05).
La Poterne (04 71 40 75 11).
Le Bailliage (04 71 40 71 95).
Le Beffroi (04 71 40 70 11).
L'Évasion (04 71 40 74 56).
Les Remparts (04 71 40 70 33).
Les Templiers (04 71 40 71 35).
La Préfète, brasserie (04 71 40 70 55).
Le Drac, crêperie (04 71 40 72 12).
Le Rétro, crêperie (04 71 40 72 00).

Saveurs et savoir-faire

Spécialités et produits du terroir

Carré de Salers (biscuit) • Apéritif Salers.

Art et artisanat

Bijoux • Jouets et mobilier en bois • Lithographies et aquarelles • Mosaïques • Poterie • Sculpture sur bois • Verrerie.

Rendez-vous

Marché : les mercredis matin.
Mai : marché des sites du goût (le 1er), courses pédestres et de VTT, « La Pastourelle » (fin du mois).
Juillet : fête chasse et nature.
Juillet-août : concerts.
Août : Gala folklorique (le 15) ; journée de la vache et du fromage ; marché potier ; salon du livre.

Pour la petite histoire

Valorisée au XIXe s par Ernest Tyssandier d'Escous, la race bovine Salers, aux cornes en forme de lyre et à la robe acajou, est la reine des pâturages d'Auvergne. Elle donne une viande persillée estampillée « Label Rouge » et du lait servant à la fabrication des fromages AOP Salers et Cantal. Autres spécialités du village, la liqueur apéritive aux racines de gentiane et le « carré de Salers », un biscuit sec à pâte sablée un peu croquante.

Pleine nature

Mur d'escalade • Randonnée • VTT.

Aux alentours

- Saint-Paul-de-Salers (Les Burons de Salers), Fontanges et Anglards-de-Salers, château de La Trémolière (de 3 à 9 km).
- Château de Saint-Chamant (15 km).
- Vallée de la Maronne (de 4 à 15 km).
- Cirque du Falgoux, puy Mary (20 km).
- *Tournemire et château d'Anjony (28 km), voir p. 259.
- Route des Crêtes, Aurillac (45 km).

Sare

Traditions frontalières

Pyrénées-Atlantiques (64) • 2 411 habitants • Altitude : 70 m

La Rhune et l'Axuria, montagnes légendaires du Pays basque, dominent ce village animé par le goût de l'accueil et de la fête.
Cerné de montagnes le séparant de l'océan et de la Navarre espagnole, Sare est fidèle aux traditions restées vivantes du Pays basque. Celle de l'Etxe notamment, la maison basque, prend à Sare toute sa dimension. Parmi les onze quartiers dispersés de cet ancien village de bergers, celui d'Ihalar est l'un des plus anciens et l'on y trouve des maisons datant des XVIe et XVIIe s. Ortillopitz, demeure de 1660 restaurée par une famille du pays soucieuse de transmettre aux futures générations l'histoire et l'importance du foyer basque, ouvre ses portes aux visiteurs à la découverte de « L'Etxe où bat le cœur des hommes ». Les multiples chapelles ou oratoires dressés en ex-voto au gré des tempêtes subies en mer rappellent que les Saratar étaient également un peuple de marins. Enfin, la tradition contrebandière, célébrée par Pierre Loti dans son roman Ramuntcho, revit chaque été à l'occasion d'une course pédestre.

Par la route : autoroute A63, sortie n° 5-Saint-Jean-de-Luz (16 km) ; autoroute A64, sortie n° 5-Bayonne-Sud (24 km).
Par le train : gare de Saint-Jean-de-Luz (14 km).
Par avion : aéroport de Biarritz-Bayonne-Anglet (29 km).

Office de Tourisme : 05 59 54 20 14
www.sare.fr

Découvrir

- **Grottes préhistoriques de Sare :** nouvelle visite en son et lumière sur la géologie du site, les origines et la mythologie du peuple basque (05 59 54 21 88).
- **La Maison basque Ortillopitz** (1660) : au centre d'un domaine de plusieurs hectares, découverte de l'architecture labourdine de l'Etxe, de son mobilier d'origine et de la vie familiale basque (05 59 85 91 92).
- **Musée du Gâteau basque** (maison Haranea) : à la découverte de l'histoire du goût, des saveurs et des étapes de fabrication du gâteau basque tel qu'il était réalisé dans les cuisines d'autrefois (05 59 54 22 09).
- **Parc animalier Etxola :** nombreuses races d'animaux domestiques d'origine française et étrangère (06 15 06 89 51).
- **Village :** église, fronton, voie médiévale, oratoires, évocation des traditions et coutumes basques ; visite guidée de juin à sept., groupes toute l'année sur RDV (05 59 54 20 14).
- **Clocher :** visite guidée du clocher et de sa cloche, la plus décorée de France ; tour avec plancher et poutres en chêne ; visite guidée de juin à sept. pour les individuels et toute l'année pour les groupes sur RDV (05 59 54 20 14).
- **Petit train de la Rhune** (alt. 905 m) : 35 min d'ascension jusqu'au sommet de la Rhune (05 59 54 20 26).

Se loger

Hôtels
Arraya*** (05 59 54 20 46).
Lastiry*** (05 59 54 20 07).
Baratxartea** (05 59 54 20 48).
Pikassaria** (05 59 54 21 51).
Chambres d'hôtes
Rens. : Gîtes de France (05 59 46 37 00).
Chambres chez l'habitant, gîtes, gîtes d'étape et meublés
Rens. : 05 59 54 20 14 / www.sare.fr.
Village de vacances
VVF Villages Ormodia (05 59 54 20 95).
Campings
La Petite Rhune***, location de chalets (05 59 54 23 97).
Tellechea* (05 59 54 26 01).
Goyenetche (05 59 54 28 34).
Aire naturelle de camping
Goyenetche (05 59 54 28 34).

Se restaurer

Restaurants
Arraya (05 59 54 20 46).
Baketu (06 37 38 01 22).
Baratxartea (05 59 54 20 48).
Halty (05 59 54 24 84).
Lastiry (05 59 54 20 07).
Olhabidea (05 59 54 21 85).
Pikassaria (05 59 54 21 51).
Pleka (05 59 54 22 06).
Le Pullman (05 59 54 20 11).
Les Trois Fontaines (05 59 54 20 80).
Urtxola (05 59 54 21 31).
Berrouet (05 59 54 21 96).

Saveurs et savoir-faire

Spécialités et produits du terroir
Gâteau basque • Produits fermiers • fromages • Miel • Cidre.

Art et artisanat
Bentas (magasins frontaliers) • Tissus et créations basques.

Rendez-vous

Marchés : marché de producteurs et d'artisans créateurs : les ven. de 16 h 30 à 20 h d'avr. à oct. ; marché de producteurs : les sam. de 9 h à 13 h de nov. à mars. ; foire de l'été (artisanat et création) : les lun. de 9 h à 13 h de juil. à sept.
Fév. ou mars : carnaval.
Lundi de Pâques : Biltzar des écrivains du Pays basque (rassemblement).
Juin : Sara VTT (randonnée VTT, dern. dim.).
Juillet-août : chants et danses basques, jeux de force, parties de pelote.
Juillet : concours national du pottok (3e sam.).
Août : cross des Contrebandiers (dim. ap. le 18).
Sept. : fêtes de Sare (2e sem., de sam. à mercredi).
Oct. : les Charbonnières ; semaine de la Palombe.
Nov. : fête de la Santa-Katalina (3e dim.).
Déc. : montée en train et descente de la Rhune à pied (1e sam.).

Pleine nature

Chasse à la palombe (oct.-nov.) • Pêche à la truite sauvage en rivière (leçons et guidage) • Équitation • Pelote (2 frontons et 1 trinquet) • Randonnée pédestre : GR 8, GR 10 et 8 circuits balisés ; randonnée transfrontalière • VTT : 3 circuits.

Aux alentours

• Fermes anciennes des quartiers d'Ihalar, d'Istilart, de Lehenbiskaï, de Xarbo Erreka (1,5 km).
• Église St-Martin, du XVIIe s (2 km).
• Xareta : *Ainhoa, voir p. 158, Urdax, Zugarramurdi (8 à 10 km).
• « Terre et côte basques » : Ascain, Ahetze, Arbonne, Biriatou, Ciboure, Guéthary, Hendaye, Saint-Jean-de-Luz, Saint-Pée-sur-Nivelle, Urrugne (14 à 16 km).
• Espelette (15 km).
• Cambo-les-Bains : maison d'Edmond Rostand (19 km).
• Biarritz, Bayonne (20 à 24 km).
• Vallée de la Bidassoa (de 23 à 45 km).
• *La Bastide-Clairence (38 km), voir p. 166.

Pour la petite histoire

Avec 29 km de frontière, Sare est la commune du Labourd qui compte la plus longue ligne de partage avec la Navarre espagnole. Basée sur la solidarité avec, à l'origine, la fourniture de produits de première nécessité, la contrebande porte également les valeurs de l'échange entre des peuples ayant une identité commune. Parmi les anecdotes liées à cette tradition, celle du tournage, à Sare, du film tiré du roman de Pierre Loti Ramuntcho. Outre le développement des pellicules réalisé en Espagne ou le transfert de pottoks nécessaires au décor, on retiendra la composition un peu particulière de l'orchestre, où, parmi les 120 chanteurs et musiciens, on trouva bon nombre de contrebandiers, dont un débutant : Luis Mariano…

Sarrant

De l'Antiquité au Moyen Âge en terre gasconne

Gers (32) • 337 habitants • Altitude : 125 m

Sur l'ancienne voie romaine entre Toulouse et Lectoure, aux confins de la Lomagne, Sarrant enferme à double tour dans son cœur l'église St-Vincent.
Les origines antiques de Sarrant, située sur l'une des cinq grandes voies au départ de Toulouse, sont attestées par le positionnement de « Sarrali » sur les cartes de l'Empire romain. Le village se développe à partir de 1307, grâce à la Charte des coutumes et à ses privilèges annexes, accordée par Philippe Le Bel. Séparé de la sobre chapelle N.-D.-de-la-Pitié et de son cimetière par un large boulevard ombragé de platanes, Sarrant a pour entrée principale une porte voûtée du XIVe s percée dans une massive tour carrée, témoin des anciennes murailles protégeant Sarrant. Si les remparts, investis par les demeures qui s'y sont encastrées, ont aujourd'hui en partie disparu en même temps que les fossés étaient comblés, le village en a cependant conservé la forme circulaire. À l'intérieur de la cité, la rue principale est bordée de hautes maisons de pierre dont l'étage supérieur, souvent en encorbellement, est fait de torchis et de colombages. Au centre du cercle, l'église paroissiale a été reconstruite et agrandie après les guerres de Religion, avant d'être coiffée, au XIXe s, d'une fine flèche octogonale dominant les très belles toitures de Sarrant.

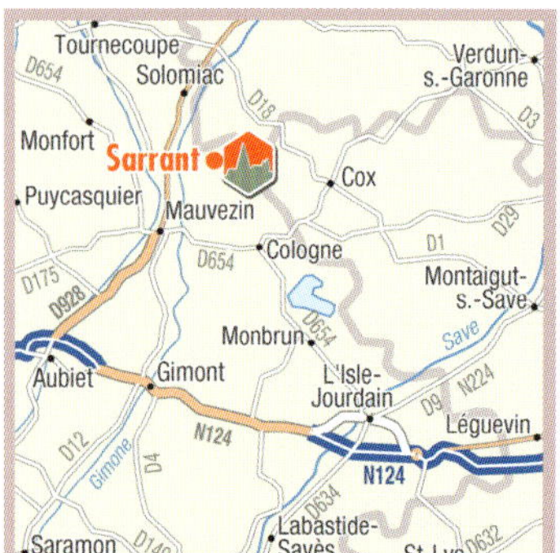

Par la route : autoroute A20, sortie n° 65-Agen (50 km) ; autoroute A624-N124, sortie L'Isle-Jourdain (24 km).
Par le train : gare de L'Isle-Jourdain (23 km) ; gare d'Auch (39 km).
Par avion : aéroport de Toulouse-Blagnac (56 km).

Point Information Tourisme :
05 62 65 00 32 - www.sarrant.com

Découvrir

• **Église St-Vincent et village médiéval** : visite accompagnée sur RDV (05 62 06 79 70) ; découverte du Moyen Âge pour les groupes d'enfants (www.quenouille-tambourin.com).
• **Tour-porte de ville** : visite gratuite en juillet-août du mer. au dim. de 15 h à 19 h.
• **Jardin médiéval** : accès libre.
• **Jardin des Sources** : découverte et usages des plantes aromatiques, médicinales et tinctoriales (05 62 59 39 83).
• **Fontaine romaine.**

Se loger

Chambres d'hôtes
Domaine Mahourat**** (06 70 28 26 43).
En Louison (07 85 10 34 56).
Gîtes
Au Terrascle*** (05 62 65 00 33).
En Gardian*** (05 62 61 79 00).
Les Clarettes*** (05 62 65 02 89).
Lefèvre** (05 62 65 19 40).
Les Gruets** (05 62 07 49 32).
Lo Riberot** (06 61 21 49 04).
La Clé des Champs, gîte itinérant en roulotte (05 62 65 01 40).
Aire de camping-car
Route de Solomiac (05 62 65 00 34).

Se restaurer

Restaurants
Des Livres et Vous, tartinerie-librairie (11 h - 18 h, réservation conseillée pour le soir ; 05 62 65 09 51).

Saveurs et savoir-faire

Spécialités et produits du terroir
Apéritifs et confitures maison • Foie gras, plats cuisinés.
Art et artisanat
Créations de bijoux en perles • Sculpteur-tourneur sur bois.

★ Rendez-vous

Mai : « Tatoulu », prix littéraire jeunesse Midi-Pyrénées (05 62 65 09 51).
Juillet : les Estivales de l'Illustration (du jeu. au dim., après le 14).
Juillet-août : expositions à la chapelle.
Août : fête locale (dern. w.-e.).
Déc. : Marché de Noël (1e w.-e.)

Pour la petite histoire

Durant la Révolution, Sarrant a constitué un îlot de résistance si actif contre les abus de pouvoir républicains qu'il a été nommé « nouvelle Vendée ». Le dimanche des Rameaux 1793, de jeunes révoltés ont profité de la nuit pluvieuse pour abattre l'arbre de la Liberté, symbole vivant de la République, planté l'année précédente face à la porte de ville. Malheur à ceux qui commirent ce crime ! Ils furent incarcérés à Auch, dans la tour d'Armagnac, et aucun n'en sortit vivant.

Pleine nature

Balades à dos d'âne et en calèche • Randonnée pédestre ou VTT : 3 circuits balisés.

Aux alentours

- Moulin de Brignemont (5 km).
- Bastide de Cologne (7 km).
- Bastide de Mauvezin (8 km).
- Château de Laréole (11 km).
- Bastide de Beaumont-de-Lomagne (15 km).
- L'Isle-Jourdain (23 km).
- Fleurance (27 km).
- Auch : cathédrale (40 km).
- *Lavardens (43 km), voir p. 208.

Sauveterre-de-Rouergue

Bastide des métiers d'art

Aveyron (12) • 803 habitants • Altitude : 480 m

Au cœur du Ségala, la bastide de Sauveterre-de-Rouergue s'anime de la passion et du savoir-faire de ses artisans d'art.
De son passé médiéval, la cité a conservé le plan suivi lors de sa fondation en 1281 : ses portes fortifiées de St-Christophe et St-Vital, ses rues orthogonales et sa place centrale ornée de 47 arcades. Ses maisons, en pierre ou à pans de bois aux encorbellements audacieux, sa collégiale St-Christophe, du XIVe s, et son mobilier, ses blasons et pierres sculptées disséminées sur les façades content l'histoire de ce site multiséculaire et toujours vivant. Fier de son passé brillant de centre important de création artisanale, le village est redynamisé depuis plusieurs décennies par de nouveaux pionniers créateurs. Se revendiquant « bastide des métiers d'art », Sauveterre valorise ainsi le patrimoine immatériel qu'elle a reçu en legs : l'exigence du beau métier, la passion du bel ouvrage.

Par la route : autoroute A75, sortie n° 42-Rodez (89 km), N88 (9 km) ; autoroute A68 puis N88 sortie Naucelle (9 km).
Par le train : gare de Naucelle (9 km).
Par avion : aéroport de Rodez-Marcillac (50 km) ; aéroport de Toulouse-Blagnac (138 km).

ⓘ **Office de Tourisme :** 05 65 72 02 52
www.sauveterre-de-rouergue.fr

Découvrir
• **Collégiale St-Christophe** (XIVe s) : style gothique méridional ; retable du XVIIe s.
• **Village** : visite commentée sur RDV auprès de l'Office de Tourisme (05 65 72 02 52).
• **Scénographie** « La bastide au XVIe s » : maquette scénographiée de la vie dans la bastide au XVIe s à travers le journal de voyage d'un étudiant suisse de passage dans la bastide (05 65 72 02 52).
• **Espace Lapérouse** : expositions permanentes et temporaires sur les métiers d'art ; visite des ateliers et artisans sur RDV auprès de l'Office de Tourisme (05 65 72 02 52).

Se loger
Hôtels
Auberge du sénéchal*** (05 65 71 29 00).
La Grappe d'or (05 65 72 00 62).
Chambres d'hôtes
Lou Cambrou*** (07 86 68 41 87).
Parrat (06 19 90 06 92).
Villa Elia (06 63 98 36 60).
Gîtes
Rens. : 05 65 72 02 52
www.sauveterre-de-rouergue.fr.
Résidence de séjour
Les Chalets de la Gazonne (05 65 72 02 46).
Camping-aire naturelle
Le Sardou (05 65 72 02 52).

Se restaurer
Restaurants
La Grappe d'or (05 65 72 00 62).
La Terrasse du sénéchal (05 65 71 29 00).
Le Sénéchal (05 65 71 29 00).
Le Bar des Amis, pizzeria (05 65 72 02 12).
Les Quatre Saisons (en saison), petite restauration (05 65 78 49 32).

Saveurs et savoir-faire
Spécialités et produits du terroir
Canards et foie gras • Tripous et charcuterie • Échaudés (gâteaux aveyronnais) • Fromages de chèvre.
Art et artisanat
Artisan laqueur • Bijoutier • Céramiste • Coutelier • Lumigraphe • Création de sacs en tissu • Création de sacs et bijoux en cuir • Luthier guitare • Maroquinier • Mobilier peint • Peintres • Sculpteur-céramiste • Vêtements de cuir • Macrophotographie • Luthier quatuor à cordes.

Rendez-vous
Marché : juillet-août : marché nocturne vendredi.
Mai : Soft'R, festival de musiques actuelles.
Août : fête de la lumière (2e sam.).
Sept. : fête du melon et de l'accordéon (1e dim.).
Oct. : Root'sergue, festival reggae et musiques du monde (dern. sam.) ; fête de la châtaigne et du cidre doux (dern. dim.).

Pleine nature
Aire de loisirs de la Gazonne : parcours santé, bicross et VTT... • Boulodrome • Randonnée pédestre : 4 circuits balisés.

Aux alentours
• Pradinas : parc animalier (10 km).
• Château du Bosc (15 km).
• Viaduc du Viaur (18 km).
• *Belcastel (27 km), voir p. 168.
• Rodez (35 km).
• *Monestiés (37 km), voir p. 214.

Pour la petite histoire
La petite histoire de Sauveterre raconte que le grand navigateur Lapérouse naquit « fortuitement » à Albi en 1741. C'est à Sauveterre-de-Rouergue, là où sa famille maternelle, les Resseguier, possédait une maison, qu'il aurait en effet dû naître. Cette maison, qui a longtemps abrité le presbytère, a été récemment restaurée pour y accueillir des artisans d'art et fait aujourd'hui partie de l'espace dédié aux créateurs de la bastide, nommé espace Lapérouse.

Ségur-le-Château

« Lieu sûr » entre Limousin et Périgord

Corrèze (19) • 240 habitants • Altitude : 300 m

Berceau des vicomtes de Limoges, Ségur s'illumine de tous ses feux dès la nuit venue, et le reflet de sa forteresse danse dans les eaux de l'Auvezère.

Sur son éperon rocheux entouré de collines qui en barraient l'accès, encerclé de châteaux qui jouaient le rôle d'avant-postes, ce « lieu sûr », comme l'indique son nom, pouvait attendre fièrement l'ennemi. Tout ce dispositif facilita la naissance d'un village blotti à l'abri des murailles. Là se développèrent activités artisanales et commerciales. La renommée du bourg grandit encore, du XVe au XVIIIe s, grâce à la présence d'une cour des Appeaux, chargée des procès en appel de 361 justices seigneuriales du Limousin et du Périgord. Il reste de cette période faste maisons nobles à tourelles ou à colombages, tours d'escaliers à vis, cheminées monumentales, granits sculptés aux fenêtres à meneaux. Le village compte aussi des édifices remarquables, comme une demeure en granit du XVe s ornée d'une tour et d'échauguettes, la tour du Chevalier, la tour du guet, la tour St-Laurent ou la maison Henri-IV.

Par la route : autoroute A20, sortie n° 44- Saint-Ybard (25 km) ; autoroute A89, sortie n° 17-Thenon (46 km) ; N21 (38 km).
Par le train : gare de Saint-Yrieix-la-Perche (15 km).
Par avion : aéroport de Limoges-Bellegarde (67 km) ; aéroport de Brive-Vallée de la Dordogne (75 km).

Office de Tourisme du Pays de Saint-Yrieix : 05 55 73 39 92
www.tourisme-saint-yrieix.com

Découvrir
- **Église St-Léger** (XIXe s) : vitrail de Vincent Corpet symbolisant le supplice de saint Léger.
- **Village** : visite guidée vendredi à 10 h 30 en juillet-août, sur RDV hors saison pour les groupes (8 pers. mini., 05 55 73 39 92).

Se loger
Gîte communal (05 55 73 53 21).

Se restaurer
Restaurants
La Part des Anges (05 55 73 35 27).
L'Auberge Henri-IV, brasserie (05 55 73 38 50).
Le Vert Galant, brasserie (05 55 73 18 02).

Saveurs et savoir-faire
Spécialités et produits du terroir
Truites • Miel • Cochons « culs noirs » à la ferme.
Art et artisanat
Sculpture et modelage en terre cuite • Cosmétiques au lait d'ânesse.

Rendez-vous
Juillet : festival de jazz (3e w.-e.).
Août : fête des culs noirs (1e dim.) ; brocante/vide-grenier (2e dim.) ; journée des peintres dans la rue (proche du 15).
Juillet-août : marché de pays festif (les lun. à 17 h).

Pleine nature
Pêche • Randonnée pédestre : 4 circuits balisés.

Aux alentours
- Château et haras de Pompadour (10 km).
- Château de Coussac-Bonneval (10 km).
- Écomusée, papeteries de Vaux (10 km).
- Saint-Yrieix-la-Perche (15 km).
- Uzerche (25 km).
- *Saint-Robert (27 km), voir p. 247.
- Hautefort (40 km).
- Brive (45 km).
- *Saint-Jean-de-Côle (45 km), voir p. 245.

Talmont-sur-Gironde

Bastide de l'estuaire

Charente-Maritime (17) • 78 habitants • Altitude : 5 m

Défiant la Gironde, la presqu'île de Talmont, ceinturée de remparts, surgit au-dessus des flots, couronnée de son église romane.
Ville close édifiée en 1284 sur ordre d'Édouard Ier d'Angleterre, qui régnait alors sur l'Aquitaine, Talmont a conservé sur un promontoire cerné par la Gironde son plan originel de bastide médiévale. Ponctuées de fleurs, jalonnées de puits monolithes et de cadrans solaires, rues et venelles, qu'animent artisans et commerçants, conduisent vers la pointe de la presqu'île où l'église, construite au XIIe s et dédiée à sainte Radegonde, veille sur l'immensité mouvante du plus grand estuaire d'Europe. De l'église romane, halte sur l'un des chemins de Saint-Jacques-de-Compostelle, la promenade des remparts suit la falaise jusqu'au port, encore fréquenté par quelques yoles traditionnelles, et l'on se laisse surprendre par la beauté du panorama sur la baie, le port, le village, l'estuaire et les carrelets, petites cabanes de pêche incontournables du paysage et du patrimoine de Talmont.

Par la route : autoroute A10, sortie n° 36-Jonzac (28 km).
Par le train : gare de Royan (21 km).
Par avion : aéroport d'Angoulême-Brie-Champniers (112 km) ; aéroport de Bordeaux-Mérignac (131 km).

Office de Tourisme :
05 46 90 16 25 ou 06 80 05 72 09
www.talmont-sur-gironde.fr

Découvrir

• **Église Ste-Radegonde** (XIe-XVe s).
• **Musée historique et de la pêche :** histoire de la géologie du site, de l'église, de la construction de la ville close par Édouard Ier d'Angleterre, du port américain de 1917 et de la pêche dans le bas estuaire de la Gironde (05 46 90 16 25).
• **Cimetière marin :** unique sur la côte atlantique ; nombreux cénotaphes historiés bordés de roses trémières.
• **Village :** visite guidée sur réservation (05 46 90 16 25).

Se loger

Hôtel
L'Estuaire** (05 46 90 43 85).
Chambres d'hôtes
Le Portail du Bas** (05 46 90 44 74).
La Talamo (05 46 91 16 66).
La Vieille Maison de la Douane (06 79 87 44 18).
La Maison de l'Armateur (05 46 93 68 01).
Gîtes et meublés
Chantevent (06 02 24 03 98).
Gîte du Puits (06 80 05 72 09).
La Presqu'île (05 46 95 58 02).
L'Escale (05 46 02 50 97).
L'Oubliance (05 46 90 26 56).
Mille Fleurs (05 46 86 03 06).
Pigeonnier (06 34 52 34 51).
Portail du Bas (05 46 90 44 74).
Rose trémière (06 34 52 34 51).

Se restaurer

Restaurants
L'Âne Culotté (05 46 90 41 58).
L'Estuaire (05 46 90 43 85).
Le Promontoire (05 46 90 40 66).
La Talmontaise (05 46 93 28 24).
La Brise, pizzeria (05 46 90 40 10).
La Petite Cour, crêperie (05 46 90 16 25).
Salons de thé
Les Saveurs de Talmont (06 80 05 72 09).
Les Délices de l'Estuaire (05 46 96 31 44).

Pour la petite histoire

Vers 1917, lors de la révolution russe, une princesse de la famille Romanoff vint en exil dans la région. En visite à Talmont-sur-Gironde, à la vue d'œufs d'esturgeons jetés aux poules et aux canards, elle fit venir un spécialiste qui enseigna aux pêcheurs du village la véritable recette du caviar. Le petit port de Talmont devint dès lors l'un des lieux incontournables de la récolte du caviar.

Saveurs et savoir-faire

Spécialités et produits du terroir
Produits charentais • Vins de Talmont.
Art et artisanat
Bijoux, vêtements • Décoration-artisanat • Minéraux, fossiles, gemmes • Peintres créateurs • Poterie • Artisanat marocain • Savonnerie • Cuirs • Dentelle.

Rendez-vous

Marché fermier : les dim. du 1e avril au 31 oct. de 9 h à 17 h.
Avr.-Oct. : expositions d'art, salle du presbytère.
Mai : fête du vent.
Juillet-août : promenade nocturne (village éclairé aux bougies, ouverture des commerces ; ts les mar. soir à partir de 21 h) ; spectacle son et lumière (du 15 juil. au 31 août).
Août : grande fête de Talmont (2e dim.).
En saison : nombreuses animations.

Pleine nature

Pêche • Randonnée VTT-VTC • Randonnée pédestre : GR 36 et sentier de la falaise du Caillaud • Promenades en triporteur (en saison).

Aux alentours

• Le Caillaud : jeu dans les vignes (1 km).
• Barzan : site gallo-romain du Fâ (2 km).
• Arces-sur-Gironde : église St-Martin, du XIIe s (4 km).
• Meschers-sur-Gironde : grottes troglodytiques, plages, balades dans l'estuaire (5 km).
• Cozes : église et halles (8 km).
• Saint-Georges-de-Didonne (10 km).
• Royan (17 km).
• *Mornac-sur-Seudre (29 km), voir p. 220.
• Saintes (35 km).
• La Palmyre : zoo (40 km).

Tournemire

Château des volcans

Cantal (15) • 142 habitants • Altitude : 800 m

Au cœur des monts du Cantal, dans le parc naturel des volcans d'Auvergne, Tournemire domine la vallée de la Doire.
Ce village de tuf s'étire en longueur jusqu'au château d'Anjony. Dès le Moyen Âge, la famille des Tournemire édifia une forteresse à la pointe du massif cantalien. Mais une rivalité avec les Anjony, dont le château de 1435 était trop voisin du donjon des Tournemire, fit disparaître cette forteresse – il n'en reste aujourd'hui que des ruines. En revanche, le château d'Anjony, avec son corps carré et ses quatre tours d'angle, est resté intact, ainsi que l'aile basse ajoutée au XVIIIe s. À l'intérieur, l'édifice a conservé sa salle basse voûtée au sous-sol. Des fresques du XVIe s ornent la chapelle et la salle des Preux. Encadrée de maisons des XIVe et XVe s, l'église du village, du XIIe s, est caractéristique de l'art roman auvergnat. Elle renferme des sculptures sur bois et la Sainte Épine, rapportée des croisades par Rigaud de Tournemire.

Par la route : autoroute A75, sortie n° 23-Aurillac (84 km) ; N122 (29 km) ; autoroute A89, sortie n° 22-Egletons (87 km).
Par le train : gare d'Aurillac (22 km).
Par avion : aéroport d'Aurillac-Tronquières (25 km).

Office de Tourisme du Pays de Salers : 04 71 40 58 08 - www.salers-tourisme.fr

Découvrir
• **Château d'Anjony** (XVe s) : visites guidées, concerts (04 71 47 61 67).
• **Église** (XIIIe s) : sculptures, reliquaire.

Se loger
Hôtel
Auberge de Tournemire (04 71 47 61 28).
Gîte
Gîte*** (04 71 40 70 68 ou 04 71 48 64 20).

Se restaurer
Restaurant
Auberge de Tournemire (04 71 47 61 28).

Saveurs et savoir-faire
Spécialités et produits du terroir
Produits régionaux auvergnats.
Art et artisanat
Peintre.

Rendez-vous
Marché : juillet-août : marché de pays mercredi à 18 h.
Août : fête patronale.

Pleine nature
Randonnée pédestre.

Aux alentours
• Col de Legal (12 km).
• Aurillac (25 km).
• *Salers (28 km), voir p. 248.
• Puy Griou et puy Mary (35 km).

Pour la petite histoire
Aujourd'hui à l'abri dans l'église, la Sainte Épine a failli pourtant disparaître le jour où deux voleurs s'en emparèrent. Traqués par des habitants de Tournemire, les voleurs cachèrent l'épine dans un arbre. Une manifestation extraordinaire se produisit alors : des larmes de sang coulèrent de l'arbre, indiquant ainsi la cachette aux villageois. Le trésor fut sauvé et les voleurs arrêtés dès qu'ils tentèrent de reprendre le butin.

Turenne

Fière vicomté du Limousin

Corrèze (19) • 811 habitants • Altitude : 270 m

Au pied d'une ancienne citadelle aux vestiges encore imposants, Turenne fut le siège d'une puissante vicomté dix siècles durant. Plantées au sommet d'une butte calcaire témoin du causse de Martel, les tours de César et du Trésor marquent toujours l'emplacement de la forteresse des vicomtes de Turenne, qui régnèrent jusqu'en 1738 sur le Limousin, le Périgord et le Quercy. Le village conserve de cette période de son histoire, au long de ses rues étroites et dans ses faubourgs, un patrimoine d'une remarquable unité architecturale. Ornés de tourelles ou d'échauguettes, exposant au soleil déjà chaud de cette partie méridionale du Limousin des façades d'un blanc immaculé, d'anciens hôtels particuliers du XVe au XVIIe s ou de simples demeures à échoppes, aux toits couverts d'ardoises, côtoient l'église collégiale St-Pantaléon, consacrée en 1661, ou la chapelle des Capucins du XVIIe s.

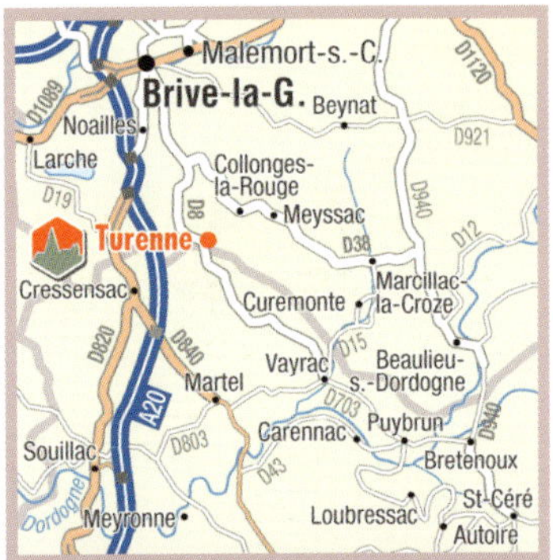

Par la route : autoroute A20, sortie n° 52-Noailles (9 km).
Par le train : gare de Brive-la-Gaillarde (15 km).
Par avion : aéroport de Brive-Vallée de la Dordogne (8 km).

Office de Tourisme de Brive et son Pays : 05 55 24 08 80
www.brive-tourisme.com - www.turenne.fr

Pour la petite histoire

De l'ascendant que lui donne sa positon géographique la vicomté a tiré de substantiels avantages. Ces privilèges furent accordés par les rois d'Angleterre et de France. Le vicomte levait des troupes, battait monnaie, anoblissait ses fidèles serviteurs, et ne dépendait que du roi. Ses sujets ne payaient pas l'impôt du roi, ne logeaient pas ses soldats, et s'assemblaient chaque année pour voter des subsides à leur vicomte. Jusqu'au rachat du domaine par le roi Louis XV, en 1738, la vicomté était ce que l'on appelle aujourd'hui un paradis fiscal, pratiquement autonome de l'autorité des rois de France, possédant même le droit de réunir des États. Ces libertés suscitaient l'envie de leurs voisins et le dépit des fonctionnaires royaux. Ne dit-on pas « fier comme un viscontin » ?

Découvrir

- **Château :** tour César, tour du Trésor et jardin (05 55 85 90 66).
- **Village :** visites historiques, visites costumées et interactives et visites nocturnes en été ; circuits organisés pour les groupes (05 55 85 59 97).

Se loger

Hôtel
La Maison des Chanoines*** (05 55 85 93 43).

Chambres d'hôtes
Au Bon Temps*** (05 55 85 97 72).
Le Clos Marnis*** (05 55 22 05 28).
Château de Coutinard (05 55 85 91 88).
La Rocaille (05 55 22 05 73).

Gîtes et meublés
Rens. : 05 55 24 08 80
www.brive-tourisme.com.

Village de vacances
La Gironie (05 55 85 91 45).

Se restaurer

Restaurants
Au Temps Gourmand (09 84 34 93 06).
La Maison des Chanoines (05 55 85 93 43).
La Vicomté (05 55 85 91 32).
Le Vieux Séchoir (05 55 85 90 46).

Saveurs et savoir-faire

Spécialités et produits du terroir
Huile de noix • Miel • Pain à la ferme.

Art et artisanat
Tourneur sur bois.

Rendez-vous

Mars ou avril (jeudi de la Passion) : foire aux bœufs.
Juillet : fête votive (1e w.-e.), visite aux flambeaux (3e w.-e.), festival de la Vézère.
Août : vide-greniers (3e w.-e.).

Pleine nature

Pêche • Randonnée : GR 46, GR 480 et 6 circuits balisés.

Aux alentours

- Gouffre de la Fage (7 km).
- *Collonges-la-Rouge (10 km), voir p. 186.
- Brive-la-Gaillarde (17 km).
- Lac du Causse (18 km).
- *Curemonte (18 km), voir p. 191.
- *Carennac (24 km), voir p. 181.
- Abbaye d'Aubazine (25 km).
- Vallée de la Dordogne (25 km).
- *Loubressac (31 km), voir p. 212.
- *Autoire (35 km), voir p. 163.
- Padirac, Rocamadour (35 km).
- *Saint-Robert (40 km), voir p. 247.

Villefranche-de-Conflent

Capitale défensive du Conflent

Pyrénées-Orientales (66) • 239 habitants • Altitude : 432 m

Le village doit sa réputation de cité marchande à son fondateur, Guillaume Raymond, comte de Cerdagne et son caractère défensif à l'œuvre de Vauban.

Située dans une vallée encaissée au confluent du Cady et de la Têt, sur une voie stratégique vers l'Espagne, Villefranche est, dès sa création, à la fin du XIe s, pensé comme un site défensif et devient capitale du Conflent. La tour-beffroi de la Viguerie y était siège du pouvoir administratif, et les multiples échoppes témoignent de son passé de centre commercial. En ajoutant aux remparts médiévaux son système de fortifications – aujourd'hui classé au Patrimoine mondial de l'Unesco –, Vauban renforça au XVIIe s son rôle de capitale militaire d'une région longtemps frontalière. Relié au village par l'escalier des Mille Marches, construit à flanc de montagne, le fort Liberia constitue un réseau ingénieux de galeries pourvu de 25 canonnières. À l'intérieur des fortifications, les façades de marbre rose parent les édifices ou les demeures les plus nobles, tandis que l'église romane St-Jacques, dotée d'un riche mobilier, rappelle la position de Villefranche sur l'une des voies menant à Compostelle.

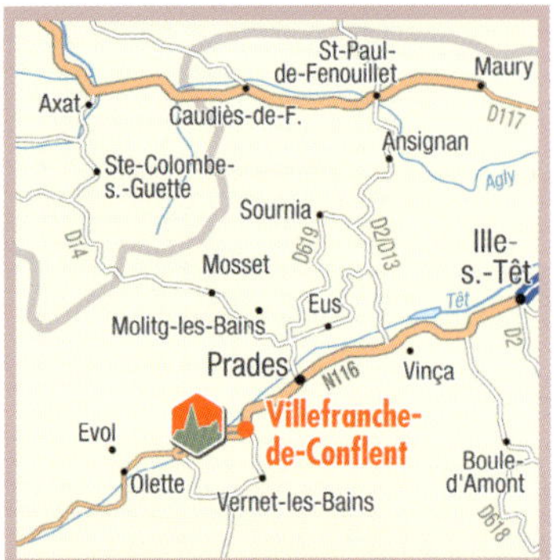

Par la route : autoroute A9, sortie n° 42-Perpignan-Sud (50 km) puis N116.
Par le train : gare de Vilelfranche-Vernet-les-Bains-Fuilla (2 km) ; gare de Prades-Molitg-les-Bains (8,5 km).
Par avion : aéroport de Perpignan- Rivesaltes (55 km).

Point Information Tourisme : 04 68 96 22 96 / www.villefranchedeconflent-tourisme.blogspot.fr

Découvrir

• **Église St-Jacques** (XIe-XIVe s) : portail roman sculpté du XIIe s, mobilier baroque (retable de Notre-Dame créé par Joseph Sunyer en 1715) (04 68 96 22 96).
• **Remparts** : rens. : Point Information Tourisme (04 68 96 22 96).
• **Fort Liberia** (XVIIe s) : visite du site Vauban (04 68 96 34 01).
• **Grottes à concrétions des Petites et Grandes Canalettes** : somptueuses draperies et spectacle son et lumière (04 68 05 20 20).
• **Cova Bastéra** (préhisto-grotte) : cavité fortifiée par Vauban, voyage à travers le temps, des dinosaures à nos jours (04 68 05 20 20).
• **Village** : remparts, église… visite guidée ; visite adaptée aux déficients visuels (circuit de visite sensorielle, audioguides, carnets de visite en braille et caractères agrandis).
Rens. : 04 68 96 22 96.

Se loger

Résidence de tourisme
Le Vauban** (04 68 96 18 03).
Chambres d'hôtes
L'Ancienne Poste**** (04 68 05 76 78).
À l'Ombre du Fort (04 68 97 10 01).
Casa Penalolen (04 68 96 52 35).
Gîtes, meublés
Rens. : 04 68 96 22 96
www.villefranchedeconflent-tourisme.blogspot.fr

Se restaurer

Restaurants
Auberge Saint-Paul (04 68 96 30 95).
La Senyera, (04 68 96 17 65).
Le Bistrot Catalan (04 68 05 70 81).
L'Échauguette (04 68 96 21 58).
Le Patio (04 68 05 01 92).
Le Relais (04 68 96 31 63).
L'Odyssée (04 34 52 93 51).
Ar Bilig, crêperie (06 47 73 68 57).
La Forge d'Auguste, crêperie (04 68 05 08 65).
La Pizzeria des Remparts (06 09 45 10 29).
Le Canigou, bistrot de pays (04 68 05 25 87).
La Barak' a' M'semen, cuisine marocaine (04 68 05 30 99).
La Bonafogassa, petite restauration (04 68 96 33 52).
Le Vauban, petite restauration (04 68 96 18 03).

Saveurs et savoir-faire

Spécialités et produits du terroir
Jus de pomme artisanal • Fromages de chèvre fermiers • Tourteaux à l'anis.
Art et artisanat
Artisan-bijoutier • Artisans sur cuir • Céramiste • Ébéniste • Ferronnier d'art • Atelier lapidaire • Peinture à la cire • Potiers • Créateur de poupées sorcières • Savons et bougies.

Rendez-vous

Dim. de Pâques : fêtes des Géants.
Lundi de Pâques : Aplec (pèlerinage) à N.-D.-de-Vie.
Juin : fête de la Saint-Jean ; fête de la Saint-Pierre.
Juillet : fête de la Saint-Jacques.

Pleine nature

Aventure, grotte et canyon • Canyoning, spéléologie • Randonnées pédestres.

Aux alentours

• Saint-Michel-de-Cuxa (8 km).
• Saint-Martin-du-Canigou (8 km).
• *Eus (12 km), voir p. 196.
• *Évol (13 km), voir p. 197.
• *Mosset (18 km), voir p. 222.
• Vallée de la Cerdagne (30 km).
• *Castelnou (37 km), voir p. 185.

Pour la petite histoire

Chaque année, à Pâques, Villefranche-de-Conflent organise la fête des Géants. Cette tradition catalane met en scène deux marionnettes hautes de plus de 3 m, vêtues de costumes médiévaux et représentant les fondateurs de la cité, Guillem Ramon et Sancia, qui déambulent dans les rues accompagnés de musiciens et d'autres géants de France et de Catalogne du Sud.

Hell-Bourg

par Salazie

Patrimoine créole au cœur de « l'île intense »

La Réunion (97) • 2 000 habitants • Altitude : 270 m

Au flanc sud du cirque de Salazie, porte d'entrée naturelle du site « Pitons, cirques et remparts », inscrit au patrimoine mondial de l'Unesco, Hell-Bourg cultive la tradition, l'art de vivre et l'hospitalité créoles. Le cirque de Salazie, creusé dans le piton des Neiges, plante le décor de Hell-Bourg : ravines plongeant dans la rivière du Mât, cascades jaillissant de parois couvertes d'une végétation luxuriante entretenue par l'humidité des alizés soufflant de l'océan Indien. Longtemps refuge des esclaves fuyant les plantations de la côte, le quartier de Hell-Bourg n'est colonisé qu'à partir de 1830. Avec la découverte, en 1831, de sources aux vertus thérapeutiques, Hell-Bourg devient une station thermale à la mode où les grandes familles de l'île se donnent rendez-vous chaque été. Aux paillotes succèdent cases et villas ornées de frontons et lambrequins, flanquées de varangues ouvertes sur des jardins où murmurent de fraîches fontaines. Depuis le tarissement de ses sources thermales provoqué par un cyclone en 1948, Hell-Bourg entretient et perpétue le patrimoine architectural hérité de cette période fastueuse et s'attache à revenir aux sources de son identité créole.

Par la route : N2 (26 km), D48.
Par avion : aéroport de Saint-Denis (50 km).

Office de Tourisme Intercommunal de l'Est : 02 62 47 89 89
www.est.reunion.fr - www.ville-salazie.fr

Découvrir

- **La Case Tonton :** habitation créole, croyances et traditions. Visite guidée tlj à partir de 8 h 30. Rens. : Freddy Lafable (0 810 160 000 ou 06 92 15 32 32) ou Guid'A Nou (06 92 86 32 88).
- **Circuit des cases créoles :** visite guidée par Fredy Lafable (06 92 15 32 32) ou Guid'A Nou (06 92 86 32 88) ; visite en autonomie avec audio-guides (location à l'Office de Tourisme : 02 62 47 89 89).
- **Villa Folio et son jardin :** maison créole du XIXe s, centre d'interprétation, parc, jardin. Visites pour individuels et groupes (02 62 47 80 98 ou 06 92 22 22 98).
- **Anciens thermes :** découverte de l'histoire de l'ancienne station thermale. Visite guidée ou en autonomie. Rens. : Office de Tourisme (02 67 47 89 89).
- **Mare à poule d'eau :** découverte de la faune et de la flore tropicales dans l'une des plus belles étendues d'eau de La Réunion. Visite guidée avec Guid'A Nou (06 92 86 32 88).
- **Cimetière paysager.**

Se loger

Hôtels
Relais des Cimes** (02 62 47 81 58).
Les Jardins d'Héva** (02 62 47 87 87).
Chambres d'hôtes
Le Relais des Gouverneurs*** (02 62 47 76 21).
L'Orchidée rose (02 62 47 87 22).
Gîtes et meublés
Rens. : 02 62 47 89 89.
Camping à la ferme
Le Relax (02 62 47 83 06).

Se restaurer

Restaurants
Chez Alice (02 62 47 86 24 ou 06 92 68 57 17).
La Cuisine d'Héva (02 62 47 87 87).
L'Orchidée rose (02 62 47 87 22).
Relais des Cimes (02 62 47 81 58).
Ti Chouchou (02 62 47 80 93).
Chez Maxime's, restauration rapide (06 93 13 07 71).
Le Gouléo, restauration rapide (06 92 62 36 24).
P'tit Koin Kréol, restauration rapide (06 92 32 61 16).

Saveurs et savoir-faire

Spécialités et produits du terroir
Produits créoles (association CréaPassion 974).
Art et artisanat
Créations locales : vannerie, poterie, tableaux… (association CréaPassion 974).

Rendez-vous

Juin : fête du Chouchou (christophine).
Août : la Cimasalazienne (course de montagne).
20 déc. : fête de l'Abolition de l'esclavage.

Pleine nature

Randonnée (100 km d'itinéraires) • Escalade • Canyoning.

Aux alentours

- Sites naturels et patrimoniaux de Salazie : point de vue de Bé-Maho, mare à poule d'eau, voile de la mariée…
- Bras-Panon : coopérative de la Vanille (25 km).
- Grand-Îlet : église St-Martin (30 km).
- Saint-André : temple tamoul, parc du Colosse, sucrerie de Bois-Rouge et rhumerie de Savanna (40 km).
- Saint-Denis (50 km).

Index des villages

Crédits iconographiques

L'ensemble de l'iconographie de l'ouvrage a été réalisé avec la collaboration de l'agence Hemis.

4-5 : Philippe Body ; 6 : P. Bernard ; 7 : Philippe Body ; 8 : P. Gilibert ; 9 : Philippe Body ; 10-11 : Pierre Jacques ; 14-15 : Stéphane Lemaire ; 19h : Francis Leroy ; 19b : Hervé Levain ; 20 : Jean-Daniel Sudres ; 21g : John Frumm ; 21d : Christophe Boisvieux ; 22-23 : Franck Guiziou ; 24 : Francis Cormon ; 25h : Jean-Daniel Sudres ; 25b : René Mattes ; 26 : Francis Leroy ; 27 : Philippe Body ; 28 : Francis Leroy ; 29g et d : Hervé Lenain ; 30 : Franck Guiziou ; 31-32 : Hervé Lenain ; 33 et 34b : Bertrand Rieger ; 34h : Emmanuel Berthier ; 35-36h : Francis Cormon ; 36b : Franck Guiziou ; 37-38 : Emmanuel Berthier ; 39 : Hervé Lenain ; 40 : Philippe Body ; 41 : Arnaud Chicurel ; 42h : Hervé Hughes42b : Philippe Body ; 43 : René Mattes ; 44 : Philippe Roy ; 45-46 : Francis Cormon ; 47 : Philippe Body ;49 : Hervé Lenain ; 50-51 : Jean-Daniel Sudres ; 52-53 : Philippe Body ; 54 : Francis Leroy ; 55-59 : Hervé Lenain ; 60 : Franck Guiziou ; 61 : Arnaud Chicurel ; 62 : Sylvain Sonnet ; 63h : René Mattes ; 63b : Denis Caviglia ; 64 : Bertrand Gardel ; 65h Denis Caviglia ; 66 : Bertrand Rieger ;67 : René Mattes ; 68 : Denis Caviglia ; 69h : Denis Bringard ; 69m et b : Denis Caviglia ; 70 : Hervé Lenain ; 71 : René Mattes ; 72 : Denis Bringard ; 73 : Denis Caviglia ; 74 : Philippe Moulu ; 75 : Franck Guiziou ; 76 : Andrea Pistolesi ; 77 : René Mattes ; 78 : René Mattes ; 79 : Denis Bringard ; 80 : Denis Caviglia ; 81 : Gregory Gerault ; 82 : Denis Caviglia ; 83h : Christophe Boisvieux ;83b : Hervé Lenain ; 86-87 : Franck Guiziou ; 88 : Michel Cavalier ; 89h : Camille Moirenc ; 89b : Michel Renaudeau ; 90 : Guy Christian ; 91 : Sylvain Sonnet ; 92 : Jean-Pierre Degas ; 93-94h : Franck Guiziou ; 94b : Laurent Giraudou ; 95 : Pierre Jacques ; 96 : René Mattes ; 97 : Hervé Lenain ; 98 : Denis Caviglia ; 99 : Denis Caviglia ; 100 : Matthieu Colin ; 101 : Franck Guiziou ; 102 : Michel Cavalier ; 103 : Franck Chapus ; 104-105 : Jean-Pierre Degas ; 105 : Camille Moirenc ; 106-107 : Pierre Jacques ; 107 : Denis Caviglia ; 108 : Lionel Montico ; 109 : Franck Guiziou ; 110 : Hervé Lenain ; 111 : Franck Guiziou ; 112 : Michel Cavalier ; 113 : Jean-Pierre Degas ; 114 : Franck Guiziou ; 115 : Lionel Montico ; 116 : Franck Guiziou ; 117 : Pierre Jacques ; 118 : Denis Caviglia ; 119 : Lionel Montico ; 120 : Camille Moirenc ; 121 : Lionel Montico ; 122 : Franck Guiziou ; 123 : René Mattes ; 124 : Jean-Daniel Sudres ; 125 : Denis Caviglia ;126-127 : Pierre Jacques ; 128 : Franck Guiziou ;129 : Michel Gotin ; 131 : Franck Guiziou ;132 : Denis Caviglia ; 133 : Franck Guiziou ; 134 : Franck Guiziou ; 135h : Westend 61 ; 135b : Pierre Jacques ; 137h : Pierre Jacques ; 137b : Franck Guiziou ; 139 : Lionel montico ; 139b : Laurent Giraudou ; 140 : Denis Caviglia ; 141 : Franck Guiziou ; 142-143 : Michel Cavalier ; 144 : Christian Guy ; 145 : Denis Caviglia ;146-147 : Franck Guiziou ; 148 : Denis Caviglia ; 149h : Jean-Pierre Degas ; 149b : Sylvain Sonnet ; 150 : Denis Caviglia ;151 : Christian Guy ; 152 : José Nicolas ; 153 : Franck Guiziou ; 154-155 : Pierre Jacques ; 158 : Pierre Jacques ; 159 : Philippe Body ; 160 : Didier Zylberyng ; 161-162 : Hervé Lenain ; 163 : Jean-Paul Azam ; 164 : Hervé Lenain ; 165 : Jean-Paul Azam ; 166-167b : Denis Caviglia ; 167h : Jean-daniel Sudres ; 168-169 : Pierre Jacques ; 171 : Bertrand Gardel ; 172-173 : Francis Cormon ; 174-175b : Denis Caviglia ; 175h : Hervé Lenain ; 176 : Jean-Paul Azam ; 177 : Francis Leroy ; 178 : Franck Guiziou ; 179 : Jean-Paul Azam ; 180 : Francis Leroy ; 181 : Christian Guy ; 182-183 : Jean-Paul Azam ; 184 : Arnaud Chicurel ; 185 : Franck Guiziou ; 186 : Bertrand Gardel ; 187 : Jean-Paul Azam ; 188 : Stéphane Lemaire ; 189 : Jean-Paul Azam ; 190 : Pierre Jacques ; 191 : Jean-Paul Azam ; 193h : Philippe Body ; 193b : Robert Harding ; 194-195 : Jean-Pierre Degas ; 195 : Jean-Paul Azam ; 196 : Francis Leroy ; 197 : Franck Guiziou ; 198 : Francis Leroy ; 199 : Franck Guiziou ; 200 : Jean-Daniel Sudres ; 201-202 : Franck Guiziou ; 203 : Jean-Paul Azam ; 204 : Didier Zylberyng ; 205-207 : Jean-Paul Azam ; 208 : Jean-Marc Barrere ; 209 : Jean-Paul Azam ; 210-211 : Francis Leroy ; 212 : Arnaud Chicurel ; 213 : Franck Guiziou ; 214 : Jean-Paul Azam ; 215 : Francis Leroy ; 216 : Denis Caviglia ; 217 : Patrick Escudero ; 218h : Denis Caviglia ; 218b : Francis Leroy ; 219 : Franck Guiziou ; 220 : Philippe Body ; 221 : Francis Leroy ; 222-223 : Franck Guiziou ; 224 : Jean-Paul Azam ;225 : Jean-Pierre Degas ; 227 : Jean-Marc Barrere ; 228-229 : Franck Guiziou ; 231 : Pierre Jacques ; 232 : Hervé Lenain ; 233h : Denis Caviglia ; 233b : Jean-Marc Barrere ; 234-235 : Jean-Paul Azam ;236-237 : Patrick Escudero ; 237-238 : Denis Caviglia ;239 : Patrick Escudero ; 240 : Jean-Marc Barrere ; 241 : Jean-Paul Azam ; 242-244 : Hervé Lenain ; 245 : Jean-Daniel Sudres ; 246 : Philippe Roy ; 247 : Christian Guy ; 248 : Gregory Gerault ; 249 : Jean-Paul Azam ;250 : Jean-Daniel Sudres ; 251 : Denis Caviglia ; 252-253 : Jean-Paul Azam ; 254 : Francis Leroy ; 255 : Jean-Paul Azam ; 256 : Christian Guy ; 257 : Francis Leroy ; 258 : Hervé Lenain ; 259 : Jean-Pierre Degas ; 260-261 : Christian Guy ; 262 : Jean-Paul Azam ;263h : Franck Guiziou ; 263b : Jean-Daniel Sudres ; 264-266 : imageBROKER ; 267 : Gil Giuglio ; 268-269 : Jean-Marc Barrere.

Toutes les cartes de cet ouvrage ont été réalisées par Éditerra.

Les éditions Flammarion remercient l'association Les Plus Beaux Villages de France (Anne Gouvernel, Cécile Varillon, Pascal Bernard) et Éditerra (Sophie Lalouette).

Achevé d'imprimer en février 2016 par GPS.